中国石油集团长城钻探工程有限公司年鉴

YEARBOOK OF CNPC GREATWALL DRILLING COMPANY

2021

中国石油集团长城钻探工程有限公司 编

石油工业出版社

图书在版编目（CIP）数据

中国石油集团长城钻探工程有限公司年鉴.2021/中国石油集团长城钻探工程有限公司编.—北京：石油工业出版社，2023.11
　ISBN 978-7-5183-5966-0

Ⅰ.①中… Ⅱ.①中… Ⅲ.①油气钻井—工业企业—中国—2021—年鉴 Ⅳ.①F426.22-54

中国国家版本馆CIP数据核字（2023）第088293号

中国石油集团长城钻探工程有限公司年鉴2021
ZHONGGUO SHIYOU JITUAN CHANGCHENG ZUANTAN GONGCHENG YOUXIAN GONGSI NIANJIAN 2021

出版发行：石油工业出版社
（北京安定门外安华里2区1号 100011）
网　　址：www.petropub.com
编辑部：（010）64250213　图书营销中心：（010）64523731
经　销：全国新华书店
印　刷：北京晨旭印刷厂

2023年11月第1版　2023年11月第1次印刷
787×1092毫米　开本：1/16　印张：26.25　插页：16
字数：600千字

定　价：228.00元
（如出现印装质量问题，我社图书营销中心负责调换）
版权所有，翻印必究

《中国石油集团长城钻探工程有限公司年鉴》
编 委 会

主　　任：马永峰　周　丰
副 主 任：罗　凯
成　　员：（按姓氏笔画排列）
　　　　　马迎新　王小权　王卫东　王志红　王国勇
　　　　　卢毓周　付春波　白洪胜　朱忠伟　刘　鹏
　　　　　纪宏博　李树皎　杨启伟　杨建民　侣　伟
　　　　　张　伟　张洪印　赵伟红　赵洪波　袁铁民
　　　　　高　望　唐茂政　鹿旭东　彭春耀

《中国石油集团长城钻探工程有限公司年鉴》
主 编、副 主 编

主　　编：孙启宏
副 主 编：初　征　刘青贺

《中国石油集团长城钻探工程有限公司年鉴》
编　辑　部

编　　辑：杨晓峰　王　兵
责任校对：杨晓峰　雷志鹏
封面设计：杨晓峰
英文目录：杨晓峰　严　玲

编辑说明

一、《中国石油集团长城钻探工程有限公司年鉴》（简称《年鉴》）为编年体资料性工具书，是中国石油集团长城钻探工程有限公司主办的企业年鉴。《年鉴》编纂工作坚持以马克思列宁主义、毛泽东思想、邓小平理论、"三个代表"重要思想、科学发展观和习近平新时代中国特色社会主义思想为指导，遵循实事求是的原则，力求做到思想性、资料性、准确性和科学性的统一。

二、本卷《年鉴》记述长城钻探工程公司2020年生产经营、企业管理及改革创新等方面的基本情况和重要事项，是广大读者系统了解长城钻探工程公司的重要工具书。

三、《年鉴》采用分类编排法，除特载、大事记等综合性栏目单列外，主体内容均按照类目、分目、条目三个层次分类编排，以文字叙述为主，辅以照片、图表。

四、《年鉴》设总述、大事记、市场开发、工程技术与油气风险作业、科技与信息、安全环保与质量节能、企业管理与监督、党群工作、光荣榜、机构与人物、所属企业概览、附录12个类目。

五、为行文简洁，《年鉴》中的机构名称除在必要处用全称外，一般用简称。"中国石油天然气集团有限公司"简称"集团公司"，"中国石油天然气股份有限公司"简称"股份公司"，"中国石油集团长城钻探工程有限公司"简称"长城钻探工程公司"，不引起歧义时，可使用"公司"。领导讲话、报告以及制度索引、文摘中的机构名称保留原文。

六、《年鉴》由于信息量大，涉及面广，在编辑中难免有误，疏漏之处敬请读者批评指正。

2020年5月6日,集团公司总经理李凡荣一行到长城钻探工程公司北京总部调研,听取相关工作汇报。长城钻探工程公司党委书记、执行董事马永峰主持会议并代表长城钻探工程公司进行工作汇报

2020年4月8日,集团公司党组成员、副总经理焦方正一行到长城钻探工程公司北京总部调研指导工作。长城钻探工程公司党委书记、执行董事马永峰主持会议并代表长城钻探工程公司进行工作汇报

2020 年 1 月 16 日，集团公司党组成员、副总经理黄永章一行到长城钻探工程公司北京总部调研，听取相关工作汇报。长城钻探工程公司党委书记、执行董事马永峰主持会议并代表长城钻探工程公司进行工作汇报

2020 年 12 月 3 日，中国共产党中国石油集团长城钻探工程有限公司第三次代表大会在北京召开。会议选举产生长城钻探工程公司第三届委员会委员、纪律检查委员会委员和集团公司直属第十一次党员代表大会增补代表

2020年1月8日至9日,长城钻探工程公司第三届职工代表大会第三次会议暨2020年工作会议在北京召开。会议作题为《坚持稳中求进,提升发展质量,推进"六个典范"企业建设再上新台阶》的工作报告和《公司财务工作报告》。长城钻探工程公司党委书记、执行董事马永峰主持会议并讲话

2020年7月1日,长城钻探工程公司纪念建党99周年暨"七一"主题党日座谈会在北京召开。长城钻探工程公司党委书记、执行董事马永峰出席会议并讲话,党委副书记、工会主席翟智勇主持会议

2020年7月15日，长城钻探工程公司2020年中工作会议在北京召开。会议总结回顾上半年工作，分析形势，交流经验，安排部署下半年工作。长城钻探工程公司党委书记、执行董事马永峰出席会议并讲话，总经理胡欣峰作题为《直面严峻形势，着力提质增效，坚决打赢疫情防控阻击战和效益实现保卫战》的工作报告

2020年8月21日，长城钻探工程公司干部大会在北京召开。集团公司党组成员、副总经理焦方正参加会议并讲话。会议宣读集团公司党组和集团公司关于长城钻探工程公司领导干部任免文件，任命周丰为长城钻探工程公司总经理、党委副书记。胡欣峰另有任用

2020年1月10日上午，长城钻探工程公司党委书记马永峰到辽河地区钻井三公司30650队现场看望奋战在一线的干部员工，送去新春的祝福和慰问品。从井场到钻台再到泵房、罐区，马永峰每到一处都与在岗员工亲切握手，询问员工的工作和生活情况

2020年2月4日，长城钻探工程公司党委书记、执行董事、新冠肺炎疫情防控工作领导小组组长马永峰一行到工程服务公司检查指导新冠肺炎疫情防控工作。现场了解基层单位贯彻落实国家、集团公司和长城钻探工程公司各项工作部署的具体措施和执行情况，以及在新冠肺炎疫情防控模式下，干部员工倒班、工作及生活情况

2020年8月3日至6日，长城钻探工程公司党委书记、执行董事马永峰带领井控第一检查组到西南地区检查调研，并联合井控第四检查组召开井控专题研讨会议。相关单位和部门主要领导、前线项目负责人、井控检查组成员参加会议。在70186队现场，马永峰代表长城钻探工程公司领导班子，为在长城钻探工程公司主题劳动竞赛中打破威远地区最长水平段的队伍颁发奖励

2020年8月27日下午，长城钻探工程公司与辽河油田公司在辽河举行工作交流会，深入贯彻落实集团公司关于提升工程质量的相关要求，共同研讨钻井工程提质、提速、提效措施，进一步深化协作，实现双方合作共赢、高质量发展。长城钻探工程公司党委书记、执行董事马永峰，党委副书记、工会主席翟智勇，副总经理刘绪全等领导参加交流会。辽河油田公司党委书记、总经理万军，副总经理张方礼出席会议。长城钻探工程公司机关相关科室负责人、东部生产指挥中心、相关二级单位主要领导参加交流会

2020年12月9日，长城钻探工程公司与长庆油田公司在西安举行工作座谈会，就深化合作、扩大业务规模、共同推进提质增效、加强质量安全环保等工作进行沟通商谈。长城钻探工程公司党委书记、执行董事马永峰，副总经理高健参加座谈会。长庆油田公司党委书记、执行董事付锁堂，副总经理石道涵参加会议。长城钻探工程公司相关总经理助理和部门负责人参加座谈会

2020年12月17日，中国石化石油机械公司董事长、党委书记谢永金，副董事长、总经理王峻乔一行到长城钻探工程公司走访。长城钻探工程公司总经理周丰、副总经理高健同到访客人进行了亲切友好的座谈。长城钻探工程公司相关总经理助理和部门负责人参加会见

中国石油集团长城钻探工程有限公司年鉴
CNPC GREATWALL DRILLING COMPANY

　　2020年，面对百年不遇的新冠肺炎疫情和油价断崖式下跌影响，长城钻探工程公司领导班子带领广大干部员工，坚决贯彻习近平新时代中国特色社会主义思想和党的十九大精神，全面落实集团公司打赢新冠肺炎疫情防控阻击战和效益实现保卫战的决策部署，全年完成钻井进尺442.46万米，实现收入175.4亿元，完成集团公司下达的考核指标。实现"十三五"圆满收官。图为2020年辽河油田首口百吨井钻井一公司70131队双229-36-58井井场

　　2020年，长城钻探工程公司新增和扩容8个国内市场，产值实现逆势增长。图为辽河油区兴古2-4-06井压裂施工现场

2020年，长城钻探工程公司国际市场签订及中标待签合同额合计16.4亿美元，产业链延伸成绩突出，油田化学品、服务贸易等业务新签合同额同比增长3倍。图为伊拉克格拉芙油田E井场Ga-E31P酸化作业CTU设备现场

2020年，长城钻探工程公司油气风险作业市场全年生产天然气39.8亿立方米，创历史最高水平。图为四川页岩气项目部威202H4平台气井生产管理现场

中国石油集团长城钻探工程有限公司年鉴
CNPC GREATWALL DRILLING COMPANY

2020年，长城钻探工程公司钻机平均机械钻速同比提高8.7%，事故复杂率同比下降21%，整体建井周期缩短4.3%。图为钻井三公司30561队静62-A124井施工现场

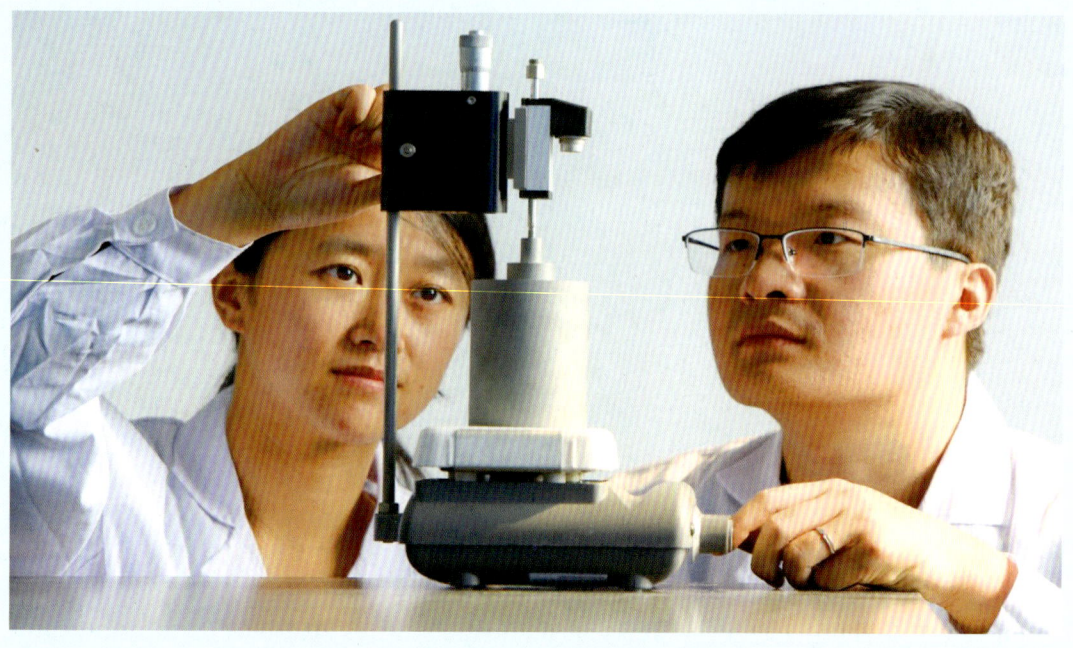

2020年5月30日，长城钻探工程公司工程技术研究院承担的"十三五"国家科技重大专项课题——深井超深井油基钻井液技术在塔里木油田库车山前博孜8井进行现场应用，顺利完成深部地层试验井段的施工任务，完钻井深8235米，创中国石油国内油基钻井液应用最深纪录，标志工程技术研究院自主研发的抗盐抗高温高密度油基钻井液技术实现重大突破。图为工程技术研究院科研人员工作现场

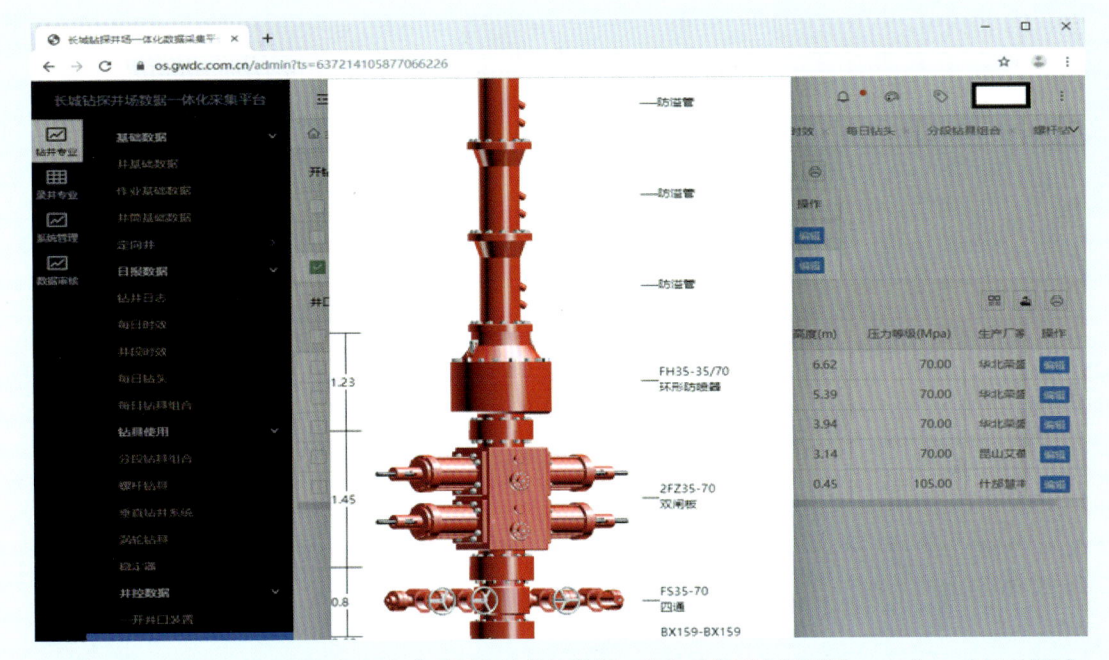

2020年4月2日，长城钻探工程公司开发的井场数据一体化采集平台通过近30口井20余天的测试，完成长城钻探中心主库应用平台、工程技术生产运行管理(A7)系统和钻井信息管理(KeepDrilling)系统的数据录入与共享

2020年，长城钻探工程公司克服新冠肺炎疫情困难，实现快速高效复工复产，完成工作量在油服钻探企业中降幅最小。GW65队运用"2增3减6措施"搬家模式，一手抓疫情防控一手抓安全生产，仅用36.17天完成BAB区块BB-1436井5658米的施工任务，比甲方设计周期短11.06天，获甲方书面表扬

中国石油集团长城钻探工程有限公司 年鉴
CNPC GREATWALL DRILLING COMPANY

2020年，长城钻探工程公司用实际行动诠释了疫情危机下的责任和担当。图为苏里格气田分公司为基层员工及时发放口罩和消毒液，要求员工佩戴口罩上岗，每日3次对作业区和集气站定时消毒

2020年，长城钻探工程公司百万工时损工事件率同比降低92.3%，杜绝重大安全环保和重大质量责任事故。图为压裂公司辽河压裂项目部车场开展全国交通日宣传活动

2020年，长城钻探工程公司制定《长城钻探工程公司"十四五"生态环境保护规划》，为长城钻探工程公司实施低碳发展战略，加快建设资源节约型、环境友好型企业奠定基础。图为9月23日，钻井液公司威204H23-6井循环罐施工现场

2020年，长城钻探工程公司通过优化内部专业管理，进一步发挥各专业公司的资源、技术和能力优势，提高内部运行效率，降低设备使用和维护成本。图为跨国跨区域调整钻机，盘活闲置设备资产

2020年，长城钻探工程公司开展全员参与的主题劳动竞赛，广泛开展基层岗位练兵、工匠选树、操作能手等各种群众性经济技术活动，调动激发员工参与提速增效、提质增效的积极性

2020年6月24日，长城钻探工程公司泰国项目部GW80队平台经理谢建国作为集团公司劳模集体代表，在集团公司第三届"石油精神"论坛主会场作题为《弘扬石油精神，逐鹿国际市场》的事迹报告。讲述长城海外队伍16年来历经艰难，披荆斩棘，从"追赶者"成长为"领跑者"，成功打造国际钻井品牌的故事，长城钻探工程公司广大干部员工深受感动，倍感鼓舞和自豪

2020年2月3日，长城钻探工程公司海外员工在日夜不停的钻机旁，在远离祖国的海外，遥望家乡，坚守岗位，用行动践行对岗位的承诺。图为阿尔及利亚项目部中方员工和当地员工一起贴春联、挂灯笼迎新春

2020年，长城钻探工程公司组织开展各类活动服务员工，走访慰问基层队伍、员工家属，对各类困难群体实施精准帮扶，借助社会专业机构力量和医疗资源加强员工健康管理，发挥文联体协作用，开展各类文化体育活动，丰富广大员工尤其是一线岗位员工的业余文化生活。图为长城钻探工程公司西南地区第二届职工文化节篮球赛

中国石油集团长城钻探工程有限公司 年鉴
CNPC GREATWALL DRILLING COMPANY

2020年1月8日，中国驻古巴大使陈曦一行到长城钻探工程公司 GW119 队现场调研慰问，高度赞扬长城钻探工程公司对古巴石油发展以及中古两国友谊作出的突出贡献。图为陈曦大使一行与长城钻探工程公司 GW119 队员工合影

2020年2月13日晚，苏里格地区气温骤降，大风四起，把道路两边的黄沙吹到道路中间，从苏11区部到苏11-3站的柏油路上有两段陡坡，再加上黄沙的堆积，大大增加了刹车距离，使过往的车辆存在安全隐患。长城钻探工程公司所属苏里格气田分公司员工对黄沙堆积的道路进行清理，他们在党旗下戴着口罩、拿着笤帚，历时2个小时，还原了绿色，清洁了地貌

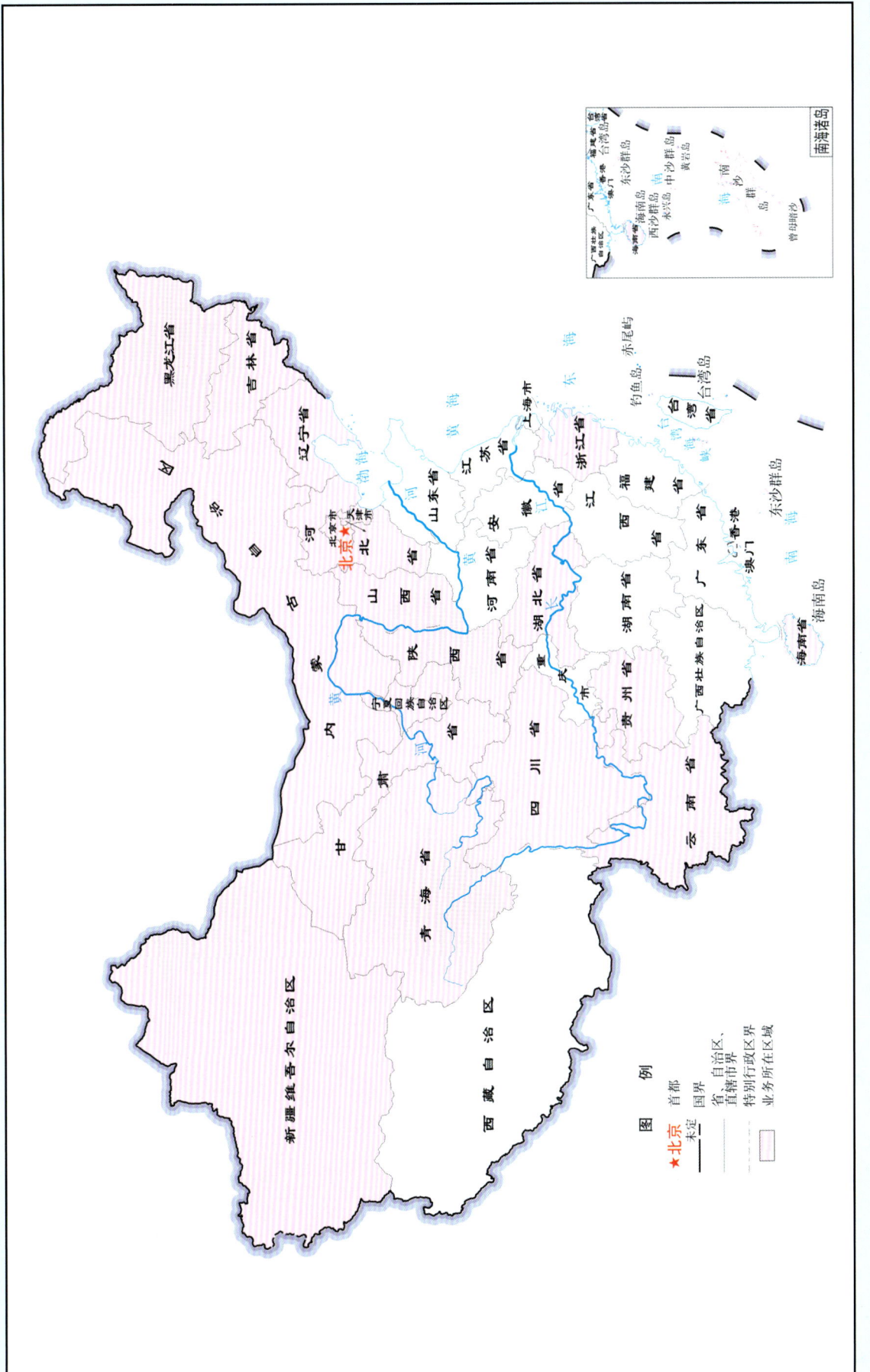

国家税务总局北京市税务局第六税务分局业务所在区域示意图

图例
★北京 首都
—— 国界
——— 未定国界
—·—·— 省、自治区、直辖市界
-·-·-·- 特别行政区界
▓▓▓ 业务所在区域

GS京(2023)1727号

中国石油集团长城钻探工程有限公司海外业务分布范围

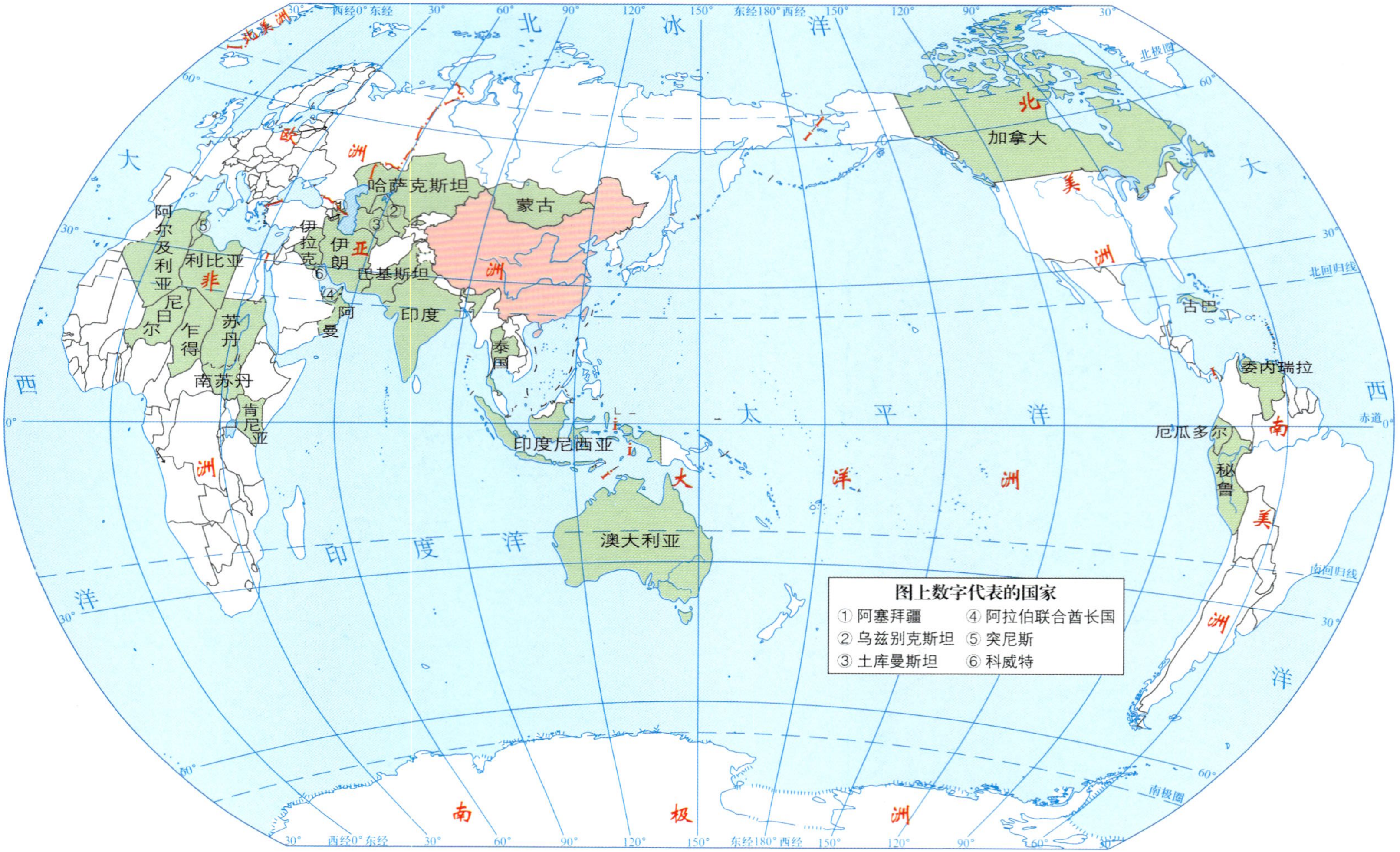

图　例

洲界　未定国界　地区界　军事分界线　业务所在区域

要 目

第一篇　总　　述

第二篇　大 事 记

第三篇　市场开发

第四篇　工程技术与油气风险作业

第五篇　科技与信息

第六篇　安全环保与质量节能

第七篇　企业管理与监督

第八篇　党群工作

第九篇　光 荣 榜

第十篇　机构与人物

第十一篇　所属企业概览

第十二篇　附　　录

目 录

第一篇 总 述

综 述

概述 …………………………………… (3)
生产经营 ……………………………… (3)
市场开发 ……………………………… (3)
工程技术 ……………………………… (4)
服务保障 ……………………………… (4)
科技创新 ……………………………… (5)
质量安全环保 ………………………… (5)
党建工作 ……………………………… (5)
企业管理 ……………………………… (6)

特 载

党委书记、执行董事在长城钻探工程
　公司三届三次职代会暨2020年
　工作会议上的讲话（摘要）………… (6)
总经理在长城钻探工程公司三届三次
　职代会暨2020年工作会议上的
　报告（摘要）………………………… (14)
党委书记在中国共产党长城钻探工程
　公司第三次代表大会上的工作
　报告（摘要）………………………… (27)

专 文

长城钻探工程公司三届三次职代会
　暨2020年工作会议召开 …………… (39)
公司自有钻机全部实现复工 ………… (41)
焦方正到公司调研指导工作 ………… (42)
李凡荣到公司调研指导工作 ………… (43)
公司承担国家科技重大专项课题
　取得突破 …………………………… (44)
公司GW80队再次荣登石油精神
　论坛 ………………………………… (45)
公司召开纪念建党99周年暨
　"七一"主题党日座谈会 …………… (46)
公司召开2020年中工作会议 ………… (47)
黄永章到公司调研指导工作 ………… (49)
公司召开干部大会 …………………… (50)
公司与辽河油田公司举行工作
　交流会 ……………………………… (52)
集团公司党组第五巡视组向公司
　党委反馈巡视情况 ………………… (53)
公司召开巡视整改专题民主
　生活会 ……………………………… (55)
公司非常规天然气累产突破400亿立
　方米年产气量创历史新高 ………… (57)
马永峰一行到长庆油田公司进行
　工作交流 …………………………… (57)

第二篇 大事记

2020年长城钻探工程公司大事记 (61)

第三篇 市场开发

国内市场

概述 (67)
东部市场 (67)
西部市场 (67)
西南市场 (68)

国际市场

概述 (68)
主要工作 (68)

第四篇 工程技术与油气风险作业

钻修井业务

概述 (73)
钻井提速 (73)

井下作业业务

概述 (75)
生产指标 (75)
技术指标 (75)
技术亮点 (75)

技术服务业务

科研成果 (76)
信息化建设 (77)

油气风险作业

概述 (78)
产能建设指标 (78)
日产能力创历史新高 (78)
甩开评价取得新成果 (79)
持续开展针对性科技攻关研究 (79)
提质增效 (80)
阜新煤层气合作项目 (80)
系统制度建设 (80)
油气开发安全环保 (80)
"十三五"期间致密气勘探开发
  工艺技术攻关成果 (81)
"十三五"期间页岩气开发建设
  主要成果 (81)

第五篇 科技与信息

科技发展

概述 (85)
科技立项 (85)
技术攻关进展 (85)
科技成果转化 (88)
科技成果鉴定 (88)
科技管理 (88)
标准化工作 (89)
获奖项目 (89)

信息化工作

概述 (89)
应用系统建设 (90)
信息化基础设施建设 (91)
网络安全管理 (91)

第六篇　安全环保与质量节能

疫情防控

概述 …………………………… (95)
组织领导 ………………………… (95)
落实责任 ………………………… (95)
有效宣传 ………………………… (96)

安全环保

概述 …………………………… (96)
责任落实 ………………………… (96)
隐患排查治理 …………………… (97)
风险管理 ………………………… (97)
HSE 体系运行 ………………… (97)
标准化建设 ……………………… (97)
素质提升 ………………………… (97)
监督管理 ………………………… (98)
环境保护 ………………………… (98)
职业健康 ………………………… (98)
交通消防 ………………………… (98)
承包商管理 ……………………… (99)
特种设备 ………………………… (99)
危险化学品 ……………………… (99)
社会安全 ………………………… (99)

质量计量

概述 …………………………… (100)
质量管理体系 …………………… (100)
井筒工程质量集中整治 ………… (100)
质量风险隐患排查 ……………… (101)
入井材料及流体质量 …………… (101)

"精品工程""满意服务"活动 …… (101)
群众性质量活动 ………………… (101)
计量管理 ………………………… (102)
质量宣传教育活动 ……………… (102)

节能节水

节能技术措施 …………………… (102)

第七篇　企业管理与监督

规划计划

规划管理 ………………………… (105)
投资计划管理 …………………… (105)
工程建设管理 …………………… (105)
后评价管理 ……………………… (105)
统计工作 ………………………… (106)

生产运行

概述 …………………………… (106)
生产运行管理 …………………… (106)
资源优化调整 …………………… (107)

财务资产

概述 …………………………… (107)
提质增效 ………………………… (108)
资金管理 ………………………… (108)
预算管理 ………………………… (108)
"两金"压控 …………………… (108)
会计核算 ………………………… (109)
股权管理 ………………………… (109)
资产管理 ………………………… (109)
税收管理 ………………………… (109)

财会队伍建设 ……………… (110)
资金结算 …………………… (110)

劳动人事

员工总量控制 ……………… (111)
人力资源优化配置 ………… (111)
人员分流安置 ……………… (111)
劳动关系管理 ……………… (112)
规范劳务外包 ……………… (112)
薪酬管理 …………………… (112)
技术专家人才队伍建设 …… (113)
专家人才发挥作用平台搭建 … (113)
技术人才成长环境优化 …… (113)
高技能人才培养 …………… (113)
晋级评审 …………………… (113)
专业技术职务任职资格管理 … (114)

员工培训与技能鉴定

培训管理 …………………… (114)
员工培训 …………………… (115)
技能等级认定 ……………… (116)
题库建设 …………………… (116)
队伍建设 …………………… (116)
认定服务 …………………… (116)
质量管理 …………………… (116)
机构更名 …………………… (116)

企管法规

经营管理 …………………… (117)
合同管理 …………………… (117)
诉讼业务 …………………… (118)
法治建设 …………………… (118)
合规管理 …………………… (118)

规章制度管理 ……………… (119)
管理创新 …………………… (119)
市场准入 …………………… (119)

内控与风险管理

内控体系建设 ……………… (120)
风险管理 …………………… (120)

审计工作

概述 ………………………… (121)
审计管理 …………………… (121)
审计监督与服务 …………… (121)
审计整改 …………………… (122)
违规经营投资责任追究 …… (122)
迎审工作 …………………… (122)
审计理论研究 ……………… (122)
审计队伍建设 ……………… (122)

纪检工作

概述 ………………………… (123)
党风廉政建设 ……………… (123)
监督防控 …………………… (123)
执纪问责 …………………… (123)
巡视巡察 …………………… (124)

外事工作

外事管理与服务 …………… (124)

物资管理

物资计划管理 ……………… (124)
物资采购管理 ……………… (125)
物资库存及质量管理 ……… (125)
供应商管理 ………………… (125)

招标管理 ………………………… (125)

信息化管理 ……………………… (125)

设备管理

设备基础管理 …………………… (125)

设备配置管理 …………………… (126)

设备维修管理 …………………… (126)

设备配套管理 …………………… (126)

设备封存管理 …………………… (127)

节能减排管理 …………………… (127)

内部优势产品管理 ……………… (127)

设备现场运行管理 ……………… (127)

境外设备管理 …………………… (128)

设备自动化管理 ………………… (128)

定额与概预算管理

制度建设 ………………………… (128)

概预算管理 ……………………… (128)

关联交易 ………………………… (128)

资格管理与业务培训 …………… (128)

荣誉称号 ………………………… (129)

土地公路管理

土地管理 ………………………… (129)

行政事务

秘书工作 ………………………… (130)

民主决策 ………………………… (130)

督办信息 ………………………… (130)

文书工作 ………………………… (130)

事务管理 ………………………… (131)

计划生育 ………………………… (132)

档案志鉴

概述 ……………………………… (133)

工作亮点 ………………………… (133)

丰富馆藏资源 …………………… (133)

档案利用与编研 ………………… (134)

档案统计 ………………………… (134)

档案数字化建设 ………………… (134)

档案安全体系建设 ……………… (135)

第八篇　党群工作

党建工作

概述 ……………………………… (139)

基本制度建设 …………………… (139)

基本组织建设 …………………… (139)

基本队伍建设 …………………… (139)

"智慧党建"工作有序推进 ……… (140)

疫情期间党费使用 ……………… (140)

组织党员捐款 …………………… (140)

星级标准化党支部评定 ………… (141)

规范基层党支部建设 …………… (141)

境外党建 ………………………… (141)

思想教育工作

概述 ……………………………… (141)

思想政治工作 …………………… (142)

品牌形象建设 …………………… (142)

新闻宣传

概述 ……………………………… (143)

基层建设

政治建设 …………………… (143)
疫情联防联控 ……………… (144)
基层党建 …………………… (144)

信访维稳工作

概述 ………………………… (145)

机要保密

保密工作 …………………… (146)
机要密码 …………………… (147)

机关工委

党建工作 …………………… (147)
干部管理 …………………… (148)

工会工作

民主管理 …………………… (148)
服务职工 …………………… (148)
群众经济技术活动 ………… (149)
工会自身建设 ……………… (149)
巡视整改工作 ……………… (149)
疫情防控 …………………… (149)
离退休社会化管理移交工作 … (149)

共青团工作

概述 ………………………… (150)
青年理想信念教育活动 …… (150)
青工岗位实践活动 ………… (150)
青年岗位建功实践活动 …… (150)
团组织自身建设 …………… (151)
选树和宣传青年典型 ……… (151)

第九篇 光荣榜

2020年获省部级表彰 ……… (155)
2020年获集团公司党组、集团公司
　表彰 ……………………… (155)
2020年获集团公司直属党委
　表彰 ……………………… (158)
2020年获中油油服公司表彰 … (159)
2020年获公司党委和公司表彰 … (159)

第十篇 机构与人物

2020年长城钻探工程公司组织
　机构 ……………………… (175)
2020年长城钻探工程公司领导 … (178)
2020年长城钻探工程公司总经理
　助理、副总师 …………… (178)
2020年长城钻探工程公司机关职
　能部门领导 ……………… (179)
2020年长城钻探工程公司直属机
　构领导 …………………… (181)
2020年长城钻探工程公司机关附
　属机构领导 ……………… (182)
2020年长城钻探工程公司二级单
　位领导 …………………… (183)
2020年长城钻探工程公司境外大
　区、项目部、作业区领导 … (188)
2020年长城钻探工程公司技术
　专家 ……………………… (191)
2020年长城钻探工程公司高级
　职称任职资格人员 ……… (192)

第十一篇　所属企业概览

钻井一公司 (197)
钻井二公司 (205)
钻井三公司 (210)
长城西部钻井有限公司 (216)
国际钻井公司 (226)
井下作业公司 (230)
压裂公司 (236)
钻井液公司 (239)
固井公司 (245)
钻具公司 (250)
钻井技术服务公司 (253)
顶驱技术公司 (260)
录井公司 (273)
国际测井公司 (276)
测试公司 (277)
苏里格气田分公司 (281)
四川页岩气项目部 (284)
工程技术研究院 (289)
地质研究院 (293)
物资分公司 (297)
昆山公司 (301)
工程服务公司 (306)
委内瑞拉综合项目部 (309)
古巴项目部 (314)
加拿大综合项目部 (319)
厄瓜多尔和秘鲁综合项目部 (320)
阿尔及利亚综合项目部 (324)
乍得综合项目部 (326)
尼日尔综合项目部 (330)
肯尼亚项目部 (332)
苏丹项目部 (333)
苏丹作业区 (336)
突尼斯项目部 (344)
伊拉克综合项目部 (346)
伊朗综合项目部 (348)
阿曼综合项目部 (351)
巴基斯坦测井作业区 (352)
阿联酋项目部 (353)
科威特项目部 (356)
哈萨克斯坦项目部 (359)
哈萨克斯坦测井作业区 (361)
泰国项目部 (365)
印尼项目部 (374)
土库曼和乌兹别克项目部 (377)
阿塞拜疆综合项目部 (380)

第十二篇　附　录

公司规章制度索引 (393)

报刊文摘选录

长城钻探威远页岩气施工连创
　纪录 (396)
长城钻探阿联酋项目获甲方好评 (397)

长城钻探钻井三公司管理创新实现
  扭亏增盈透视……………………(397)
优质服务　甲乙共赢　长城钻一乍得
  项目提质增效……………………(400)
长城钻探 GW215 队钻井进尺破
  万米…………………………………(401)

长城钻探苏里格气田分公司多点
  发力保障勘探开发………………(402)
长城钻探油基岩屑无害化处理装
  置问世……………………………(402)
"雪中保供"长城苏里格采气人保
  证完成任务………………………(403)

CONTENTS

Chapter 1 Overview

Roundup ··(3)
Special Articles ··(6)
Features ··(39)

Chapter 2 Main Events

Main Events of GWDC in 2020 ··(61)

Chapter 3 Marketing Development

Domestic Market ··(67)
International Market ··(68)

Chapter 4 Engineering Technology and Oil&Gas Risk Operation

Drilling and Workover Operation ···(73)
Down-Hole Operation ··(75)
Technological Service ··(76)
Oil and Gas Risk Operation ··(78)

Chapter 5 Technology and Information

Technological Development ··(85)
Informatization Work ···(89)

Chapter 6 Safety, Environmental Protection, Quality and Energy Saving

Prevention and Control of the Novel Coronavirus Pneumonia ············(95)
Safety and Environmental Protection ············(96)
Quality and Measurement Work ············(100)
Energy and Water Saving ············(102)

Chapter 7 Enterprise Management and Supervision

Planning ············(105)
Production and Operation ············(106)
Financial Asset ············(107)
Labour and Personnel ············(111)
Training and Professional Skills Identification ············(114)
Legal Work ············(117)
Internal Control and Risk Management ············(120)
Audit ············(121)
Disciplinary Inspection ············(123)
Foreign Affairs ············(124)
Materials Management ············(124)
Equipment Management ············(125)
Management of Quota and Budget ············(128)
Land and Highway Management ············(129)
Administrative Affairs ············(130)
Archives Management ············(133)

Chapter 8 Work of the Communist Party and the Masses

Development of the Communist Party ············(139)
Ideological Education ············(141)
News Propaganda ············(143)
Construction of Grassroots Units ············(143)
Maintenance of Stability ············(145)
Security Work ············(146)
Working Committee ············(147)
Work of Labor Union ············(148)

Work of the Communist Youth League ··(150)

Chapter 9   Honor Rolls

Obtain the Awards at Provincial and Ministerial Level and above in 2020 ·············(155)
Awarded by the CNPC Party's Core Leading Group and CNPC in 2020················(155)
Awarded by the Party Committee Directly under CNPC in 2020·······················(158)
Awarded by CNPC Service in 2020···(159)
Awarded by the GWDC Party Committee and GWDC in 2020 ························(159)

Chapter 10   Organization and People

Organization···(175)
List of GWDC Leading Group Members ··(178)
List of Assistant General Manager and Deputy Chief Engineers·······················(178)
Chief and Deputy Directors List of Functional Departments···························(179)
Chief and Deputy Directors List of Directly Subordinate Departments···············(181)
Chief and Deputy Directors List of Affiliated Departments····························(182)
List of the Leading Group Members of Affiliated Enterprises·························(183)
Leaders List of Overseas Regions, Project Departments and Operation Areas········(188)
List of GWDC Technical Experts ··(191)
List of Senior Professional Title Holders···(192)

Chapte11   Overview of Affiliated Enterprises

GWDC NO.1 Drilling Company···(197)
GWDC NO.2 Drilling Company···(205)
GWDC NO.3 Drilling Company···(210)
GWDC Western Drilling Company ···(216)
GWDC International Drilling Company···(226)
GWDC Downhole Service Company ···(230)
GWDC Fracturing Service Company ···(236)
GWDC Drilling Fluids Company ···(239)
GWDC Cementing Service Company ··(245)
GWDC Drilling Tools Company··(250)
GWDC Drilling Technology Service Company ······································(253)
GWDC Top-Drive Technology Company···(260)

GWDC Mud Logging Company ···(273)
GWDC International Wireline Logging Company ·································(276)
GWDC Well Testing Company ··(277)
GWDC Sulige Natural Gas Exploration Company ·································(281)
GWDC Sichuan Shale Gas Project Department ····································(284)
GWDC Drilling Engineering and Technology Research Institute ············(289)
GWDC Geology Research Institute ···(293)
GWDC Materials Company ··(297)
GWDC Kunshan Company ···(301)
GWDC Engineering Service Company ··(306)
GWDC Project in Venezuela ··(309)
GWDC Project in Cuba ··(314)
GWDC Integrated Project in Canada ··(319)
GWDC Integrated Project in Ecuador and Peru ···································(320)
GWDC Integrated Project in Algeria ··(324)
GWDC Integrated Project in Chad ···(326)
GWDC Integrated Project in Niger ···(330)
GWDC Project in Kenya ···(332)
GWDC Project in Sudan ··(333)
GWDC Operation Organization in Sudan ··(336)
GWDC Project in Tunis ··(344)
GWDC Integrated Project in Iraq ···(346)
GWDC Integrated Project in Iran ···(348)
GWDC Integrated Project in Oman ··(351)
GWDC Operation Organization in Pakistan ··(352)
GWDC Project in the United Arab Emirates ·······································(353)
GWDC Project in Kuwait ···(356)
GWDC Project in Kazakhstan ···(359)
GWDC Operation Organization in Kazakhstan ····································(361)
GWDC Project in Thailand ··(365)
GWDC Project in Indonesia ···(374)
GWDC Project in Turkmenistan and Uzbekistan ·································(377)
GWDC Integrated Project in Azerbaijan ··(380)

Chapter 12   Appendixes

Rules and Regulations Index ··(393)
Selected Press Digests ···(396)

中国石油集团长城钻探工程有限公司年鉴 2021

第一篇

总　述

综　述

【概述】　中国石油集团长城钻探工程有限公司（以下简称长城钻探工程公司）成立于2008年，由辽河石油勘探局钻探系统与中油长城钻井公司重组而成，随着企业发展，先后经历多次业务划转与整合。主营业务包括工程技术服务和油气风险作业两大业务板块，业务领域涵盖地质勘探、钻修井、录井、井下作业等石油工程技术服务，并向油气田前期地质研究、勘探开发方案设计、天然气（煤层气、页岩气）开发、地热开发、油田生产管理等领域延伸。至2020年底，长城钻探工程公司用工总量17249人，拥有各类工程技术服务队伍1600多支，主要工程技术装备5435台套，资产总额381亿元。长城钻探工程公司定位于建设国际一流石油工程技术总承包商，确立打造"中国石油国内油气风险作业的典范、中国石油海外工程技术业务的典范、工程技术行业技术创新的典范、油田勘探开发服务保障的典范、心系基层群众信任的典范、质量发展安全发展绿色发展的典范"的发展目标。拥有较高的市场化国际化水平，国内市场范围涉及18个省、直辖市、自治区，主要服务于辽河油田、长庆油田等，以及川南页岩气等中国石油重点增储上产区域；海外业务遍及非洲、美洲、中东、中亚等区域27个国家，累计服务全球130多个客户。围绕业务发展实际和市场格局，建立总部机关统一管控，国际事业部统筹负责国际业务，国内东部、西部、西南三个生产指挥中心靠前支持的新型矩阵式管理架构，国内设有23家二级单位，海外设有26个项目部，是长城钻探工程公司主要生产经营创效单元。

【生产经营】　2020年，面对新冠肺炎疫情和油价断崖式下跌影响，长城钻探工程公司领导班子带领广大干部员工，坚决贯彻习近平新时代中国特色社会主义思想和党的十九大精神，全面落实集团公司打赢疫情防控阻击战和效益实现保卫战的决策部署，第一时间制订落实疫情防控方案，第一时间启动提质增效专项行动，第一时间调整市场战略布局，同时间赛跑，与疫情较量，全年完成钻井进尺442.46万米，实现收入175.4亿元（表1），完成集团公司下达的考核指标。实现"十三五"圆满收官。

【市场开发】　国际市场。2020年，长城钻探工程公司国际市场签订及中标待签合同额合计15.45亿美元。关键市场成果丰硕。签订乍得CNPCIC近3亿美元合同，尼日尔、苏丹、伊拉克、古巴4个项目签约额均超过1亿美元。"四个转变"成效显著。中标伊拉克格拉芙探井等优质总包项目2.3亿美元；新签技术服务合同额占比达到41%；新

表1 主要生产经营指标完成情况

指标	2020年	2019年
录井（口）	2578	3196
钻井（口）	1867	2205
钻井进尺（万米）	442.46	513.9
完井（口）	1900	2181
固井（口）	1382（境内）	1548（境内）
井下作业（井次）	1932	2711
试油（层）	7353	9482
国际市场签订及中标待签合同额（亿美元）	15.45	16.9
收入（亿元）	175.4	197.5

签阿塞拜疆海上平台钻机维护服务合同；印度尼西亚地热钻井大包项目顺利实施。产业链延伸成绩突出。油田化学品、服务贸易等业务新签合同额同比增长3倍。

国内工程技术服务市场。2020年，国内市场新增和扩容8个，产值实现逆势增长。东部地区辽河市场创新项目部管理模式，着力提升井筒质量，服务保障坚强有力；吉林市场钻机规模增至33部，产值同比翻番。西部地区长庆市场拓展气井侧钻业务，新签9口井合同；"三煤"市场钻机规模增至34部。西南地区成功挺进四川深层页岩气、西南油气田开发事业部两个重要市场，签订合同超3亿元。

【工程技术】 工程技术进步明显。2020年，长城钻探工程公司平均机械钻速同比提高8.7%；事故复杂率同比下降21%。泰国GW80队年进尺再次突破10万米；威204H21-4井采用自有油基钻井液和自有旋导实现四开一趟钻；YS69024队全年压裂587段，名列中油油服压裂排行榜第二。

重大专项课题获突破。承担的"十三五"国家科技重大专项课题——深井超深井油基钻井液技术在塔里木油田库车山前博孜8成功应用，创中国石油国内油基钻井液应用最深纪录。

【服务保障】 2020年，长城钻探工程公司面对油价暴跌和新冠肺炎疫情肆虐的双重冲击，坚持"成就甲方就是成就自己"的理念，与油气田公司一起抱团取暖，围绕甲方在勘探开发、增储上产、提质增效等方面需求提供一揽子解决方案，共同落实"一家人、一条心、一股劲儿、一起干"要求，以实际行动践行"一体两面"。辽河油区2020年服务保障"千万吨油田、百亿方气库"建设，联合甲方共同成立工程技术决策团队，着力提升井筒质量，成功打造驾探1井、双229-36-58井等一批百吨级高产井，直接推动区块后续规模化勘探开发。创新项目部管理模式，靶向攻克储气库保障瓶颈，有效解决一批施工难题，第二轮储气库井钻井周期同比缩短39.5%。长庆市场优选自营队伍保障气探项目施工，同时发挥侧钻井优势拓展气井侧钻业务，签订9口井服务合同。吉林市场钻机增至33部，完钻进尺首次突破40万米，产值同比翻番。围绕青海、吐哈、新疆、浙江、华北巴彦等市场需求，加大技术支持和资源保障力度，较好地满足甲方勘探开发需要。聚焦集团海外重点投资项目，建立现场生产指挥组、24小时专家线上指导组相结合的保障支持机制，保障勘探开发需求，海外中方员工全年平均在岗290天；

投入2.13亿元对设备进行提档升级，15部钻修井机高效启动运行，服务保障水平持续提升，甲方满意度不断提高。乍得CNPCIC项目创新"一趟钻"钻井模式，应用"个性化设计PDC钻头+螺杆+MWD"组合，实现钻井提速。创造Baobab区块定向井最快施工纪录，钻井提速比邻井提高43.9%。尼日尔二期项目加强资源保障，采用自主品牌PDC钻头，创造机械钻速48.17米/时的单井最高纪录。哈萨克斯坦AMG项目优化施工程序，完善技术模板，总包提速屡创新纪录。MB134井钻井周期2.99天，创造盐上浅钻井最快钻井纪录。

油气风险作业市场。全年生产天然气39.8亿立方米，创历史最高水平。四川页岩气迎限产、破禁区、开发基础逐步向好。全年生产天然气14.76亿立方米，同比增长53.9%。苏里格致密气抗疫情、抓增储、产能建设稳步推进。全年生产天然气25.04亿立方米，10亿立方米产能建设任务高效完成。

【科技创新】 2020年，长城钻探工程公司承担国家级、集团公司级科技项目17项，获得省部级科技成果奖励7项。"稠油热采水平井分段完井技术及推广应用"等3项成果通过集团公司鉴定，整体达到国际先进水平。

科技攻关取得多项进展。甜点精细刻画、CO_2泡沫压裂、保压取心、连续轻烃录井检测分析、随钻电磁波电阻率等技术均取得实质性突破。

成果推广创收显著。强抑制高润滑水基钻井液、元素录井和全可溶桥塞等特色技术推广应用创收5亿元。

【质量安全环保】 2020年，长城钻探工程公司百万工时损工事件率同比降低92.3%，杜绝重大安全环保和重大质量责任事故，获集团公司2020年度质量安全环保节能先进企业称号。

规章制度体系持续规范。整合成立QHSE委员会，修订规章制度19项，顺利通过集团公司、挪威船级社（DNV）等体系审核。

双重预防机制持续深化。推进安全生产隐患整治三年行动，修订安全重点风险防控方案29项，投入资金5612万元，治理现场隐患191项。

现场监管持续强化。创新多种监督形式，及时整改发现问题9525项次、制止违章976起。

专项管理持续加强。建立区域井控应急联管联动机制，实现井控和井下"双安全"；油气勘探开发管理风险全面受控，疫情防控、承包商、社会安全、危险品、交通安全等专项管理全面加强，守住工作场所和生活场所的"零疫情"底线，在集团公司国际业务社会安全管理"五维绩效"考核中获"卓越级"的最高级评价。产品质量监督抽查频次不断加大，计量基础进一步夯实。

【党建工作】 2020年，长城钻探工程公司把学习贯彻习近平总书记重要指示批示精神作为首要政治任务，两级中心组集中学习190场次。规范党建工作议事制度和调研交流机制，着力构建"大党建"工作格局。召开第三次党代会，完善两级党委落实全面从严治党主体责任清单和党建责任制考核制度，265名党组织书记完成现场述职评议。深入开展"战严冬、转观念、勇担当、上台阶"主题教育，深化企业文化建设，严守意识形态阵地。制定6个党支部建设规范化模板，评定54个"三星级示范党支部"。强化巡视问题整改，深入开展"平安工程"子工程建设，廉洁风险防控体系更加牢固。召开工会第二次代表大会，全面落实职代会重点提案，实施精准帮扶、慰问4832人次，圆满完成250名退休人员社会化移交工作。广泛开展主题劳动竞赛，对79支创纪录队伍奖励270余万元。维稳责任逐级压实，获集团公司电报嘉勉。

【企业管理】 改革方面。2020年，长城钻探工程公司调整优化18个机关部门和二级单位的机构编制，撤销海外项目1个，精简二、三级机构40个，实现二、三级机构分级分类管理。钻具、定向、顶驱、物资等业务专业化改革完成。

管理方面。全年应收账款余额同比下降16%；关闭处置法人公司2家、无效分支机构7个。物资采购及时率较2019年提高10%。设备故障停工率小于1%。全年净减员484人，显化调剂富余人员1575人。全年事后合同率同比下降53%。集团公司商业秘密管理试点任务高质量完成。内控、审计、巡察等监督作用有效发挥。外事管理体系进一步健全。"四化"建设稳步推进，特别是工程作业智能支持系统在国内全面推广运行。

（雷春荣　师欢欢　邵思冲）

特　载

党委书记、执行董事在长城钻探工程公司三届三次职代会暨2020年工作会议上的讲话（摘要）

（2020年1月9日）

一天半的会议上，各位代表充分行使民主权利，审议了公司《工作报告》《财务工作报告》，听取了《领导班子建设和选人用人工作情况报告》，对公司领导班子及成员进行了民主测评，刚才还有六家单位作了表态发言。同时，大家围绕会议主题进行了充分的讨论，对2020年工作提出了很好的意见和建议，公司将认真组织研究，制定工作措施，落实相关责任部门，进一步推动今年工作开展。

过去一年，是公司发展极不容易的

一年，能够保持稳中向好的态势，是公司上下艰苦奋斗、辛勤工作赢来的。年初，我们正确预判了国际业务"量价齐跌"、国内业务"量增价跌"的形势，但始料未及的是，国内四川页岩气遭遇了荣县地震，9个平台23口井产建计划受阻；下半年，由于美国对委内瑞拉、伊朗项目的制裁升级，海外近80支队伍全面停工。这两个不可抗力的事件，使公司的生产经营面临着严峻的挑战。在这样严峻的形势下，公司广大干部员工没有驻足不前，而是万众一心，砥砺前行，将三届二次职代会确定的各项工作安排做出了实实在在的效果。市场开发上，东方不亮西方亮，无论是国内还是国外成效都十分显著，有效对冲了不可抗力事件的影响。"两气"运行上，今年能够实现全面超产运行，尤其是四川页岩气翻过了这道"坎"儿，扭转了自2017年以来被动局面，无论是对我们树立信心还是对于下一步的发展，都有着重要意义。改革管理上，一系列措施的推进为企业发展注入了新活力，无论是发展理念、创效意识还是体制机制、管理方法都有了积极的新变化。技术进步上，公司固有的科技创新优势得到巩固和扩大，一批关键技术的突破助推了市场开发，特别是工程技术水平的稳步提升，不仅攻克了一批技术难题，还创下了一批原来不敢想的优秀指标。党建工作上，"不忘初心、牢记使命"主题教育活动开展成效显著，得到了集团公司的认可，补短板、强基础的各项措施落地靠实，工作质量上了一个新台阶。这些工作充分体现了稳中求进工作总基调和高质量发展的根本要求，体现了低油价时期公司作为工程技术服务企业的责任担当，体现了市场变局中广大干部员工抓落实的干劲儿和韧劲儿。在困难和压力面前，公司全体干部员工一步一步走了过来，干得很实，干得也很值，这也说明，公司发展有潜力、有韧性、有优势，任何艰难险阻都挡不住公司高质量发展前行的步伐。

下面，就2020年的工作，我讲三点意见：

一、准确把握公司现阶段发展特点和应对策略

一是国内油气增储上产为我们提供了难得发展机遇的同时，也对我们的自身竞争能力提出了挑战。集团公司按照国家要求大打"勘探开发进攻战"，带动这一轮的工作量大幅增长，是所有钻探企业的机遇。但是公司相比其他钻探企业，我们的关联交易市场份额小，这一次国内勘探开发上升的"红利"对我们来讲相对是有限的，这就要求我们在对外部市场的开拓上，必须比其他企业更努力，在对市场研判上更精准，在运作模式上更多样，在服务质量上更优良。

我们必须树立强烈的危机意识和机遇意识。要结合企业实际客观准确看待国内油气增储上产的大环境，不能盲目乐观，对于外部市场的开发要有紧迫感。党组这几年对工程技术企业发展的定位是："依靠技术革命、市场拓展和降本增效实现生存和发展。"这也是我们的不二选择。各单位各部门要号召全体干部员工，自己唱"国际歌"，不等不靠，抓住市场资源配置"重新洗牌"的机遇期，加快对市场布局的调整步伐，抢占先机，站稳脚跟，实现自我发展。

二是公司固有的海外市场优势为我们提供了发展保障的同时，也对我们的市场敏感性提出了挑战。在国际市场的竞争中，我们相比其他钻探企业有规模优势，这是长城钻探人20多年奋斗出来的。但是"打江山难，守江山更难"。国际市场的运作，已经没有秘密，各家都在奋起直追，在有的市场、有的地区已经不是在蚕食我们的份额，而是从助攻变成了主攻，从配角变成了主角。公司以怎样一种精神状态对待国际市场，是被动地等还是主动地冲，决定着长城钻探"十四五"的发展走向。

我们必须树立强烈的市场意识和创新意识。要全面增强市场开发的敏感性，全面增强市场维护的敏感性，全面增强市场创效的敏感性。坚决摒弃"麻木不仁"、坚决摒弃"盲目自大"、坚决摒弃"故步自封"，始终以"逆水行舟不进则退"的紧迫感和勇争第一的责任感来谋划和推动国际业务发展，坚定不移，主动作为，在市场上实现新突破，规模上实现新扩张，效益上实现新增长。

三是闯市场在为我们扩大规模收入的同时，也对我们的经营和管理能力提出了挑战。石油天然气工程技术服务业务，市场开发是"生命线"。但无论是国内还是国外，"零打碎敲"不是长久之计，不顾效益的"铺摊子"、上规模不重效益更不可取。市场创收、保持一定工作量规模是工作的一个方面，更为重要的是能够创造效益。对于长城钻探这样一个两万人的企业，怎样评价市场、选择市场，对我们至关重要。

我们必须树立强烈的战略意识和效益意识。要着眼于3—5年的中长期发展进行谋篇布局，坚持效益优先原则，在持续巩固国内外已有市场的同时，致力于培育有效益的、稳定的、成规模的新"增长极"。坚持"海外项目有效益、国内单位有边际"的市场开发原则，这是海外闯市场价格的底线。在这一点上，境外项目和国内二级单位必须有清醒认识，尤其是国内二级单位不能再往上加价，如果丢了标，谁都拿不到合同，大家连边际也不会有。国内要坚持"边际贡献"的底线原则，对于纯亏损项目和"流血"的口子，宁可不干也要想办法堵住，钻井一公司、西部钻井公司这两年就通过转换经营模式取得了立竿见影的效果。在解决经营管理的结构性问题上，各单位领导班子必须有清醒的头脑，坚持效益中心，通过一系列工作举措，实现在强手如林的市场竞争中既能拉得出、又能站得住、最终打得赢，这是我们追求的目标。

二、持续全面加强党的领导，高站位引领企业发展

要以习近平新时代中国特色社会主义思想为统领，认真贯彻落实新时代党的建设总要求，把党的政治建设摆在首位，统筹推进党的政治建设、思想建设、组织建设、作风建设和纪律建设，把制度建设贯穿其中，深入推进反腐败斗争，着力营造风清气正的政治生态，确保公司始终沿着党指引的正确方向前进。

一是各级干部和基层党委班子要聚焦中心工作，重点在"保落实"上下功夫。习近平总书记指出，国有企业党组织发挥领导核心和政治核心作用，归结到一点，就是把方向、管大局、保落实。年初各项会议开完以后，"把方向""管大局"这两个大的原则性问题都有明确的要求和指示文件，那么工作的重点就要放在"保落实"上。各单位党委要结合生产经营中心工作和重点工作，在"保落实"上下功夫。要把党委班子带好抓好，采取积极有效的措施，充分发挥"双向进入、交叉任职"的领导体制优势，让每名党委委员承担起应尽的职责，在研究党建工作时紧扣中心任务，在研究业务工作时注重从政治上看问题，实现党建工作与中心任务的良性互动、互相促进，保证生产经营任务顺利完成。要落实党的十九届四中全会部署，巩固"不忘初心、牢记使命"主题教育的成果，强化党员干部政治理论学习，引导党员干部增强对党的政治认同、理论认同、思想认同和情感认同，进一步加强形势任务教育和思想引导，切实把公司抓工作的思路措施转化成干部员工的实际行动。要以解决弱化、虚化、边缘化问题为突破口，着力加强基层党组织建设，尤其是国内外部市场、海外党组织，以及机关党的建设，要作为两级党委关注的重点，进一步充实党建工作力量，提高党务干部素质，确保企业发展到哪里、党的建设就跟进到哪里、党组织的引领保障作用就体现到哪里。要以企业发展成果为检验标准，把准服务生产经营不偏离的要求，多策划易于基层党组织和广大党员发挥作用的活动，使每一级组织、每一个岗位、每一份工作都成为支撑公司发展的支点，用一流党建引领和保障典范企业建设。

二是各级干部和组织要继续在打造风清气正的政治生态、推进党风廉政建设上下功夫。政治生态的问题，近两年一直是我们班子强调的一个问题，这也是集团公司党组和纪检组对公司领导班子提出的明确要求。不良的政治生态会在干部和群众中造成恶劣影响，败坏党风政风，严重制约企业发展，我们应该对照要求、自查自省。要严肃党内政治生活，严格执行民主集中制，充分发扬党内民主，各二级班子特别是主要领导，要敢于发扬民主、善于集中智慧，不搞独断专行、不搞"一言堂"，提高科学民主决策水平。要严守政治纪律和政治规矩，坚决防止"七个有之"，坚决抵制关系学、厚黑学、官场术、"潜规则"等庸俗腐朽的政治文化，反对当面一套、背后一套的"两面人"作派，杜绝裙带关系、人身依附、拉山头、搞派系等不良现象，倡导清清爽爽的同志关系，不断把公司的政治生态推向前进。要深入推进党风廉政建设和反腐败工作，持续加大监督执纪问责力度，保持惩治腐败的高压态势，做到有案必查；建立常态化警示教育机制，在"抓早抓小"中体现"严管厚爱"；依靠党委巡察、执纪审查、合规监察和内部审计，形成监督合力，有效减存量、遏增量。各级领导干部要认真履行好管党治党第一责任人责任，坚持打铁必须自身硬。今年要以"打铁还要自身硬"为主题，结合公司党委要求，组织举办各级纪检队伍、纪检干部培训班，通过学习进一步明确和掌握中央的相关政策，掌握集团公司党组、纪检组的相关要求，进一步提高纪检人员的政治素质、政治人品，确保这支队伍能够坚强有力。要把领导的权力和监督的责任对等起来，持续释放失责必问、问责必严的强烈信号。同时，各级党委要认真学习和理解集团公司党组近期即将下发的鼓励干部担当作为的新要求，通过学习文件精神，使各级组织能够知人善任，拨云见雾，真正为好干部撑腰鼓劲。

三是各级党委班子和各级组织在干部选拔过程中，要在"以德为先"的基础上，更加重视业务水准和专业技术水平。对于石油钻探企业而言，专业技术水平就是我们的"看家本领"。整体上看，公司处科两级干部的总量都不少，然而具体到某一个专业、某一项业务，我们日常工作"拿得出手"、关键时刻"独当一面"的干部又相对少，这说明我们"万金油"式的干部比例太高，这不是一个简单的干部培养问题，而是一个用人导向的问题。随着各项工作的科学化、专业化、精细化要求越来越高，对干部的业务水平和业务水准也提出了更高要求。所以，今年我们要结合工程技术干部缺乏和干部专业水准较低这两个实际，一方面要组织开展培训，另一方面要通过公开选聘，选拔一些有基层经验、学历较高、真在基层踏踏实实工作且有一定专业水准的干部，充实到各级管理机构，使基层同志能够进一步发挥作用。在干部培养选拔过程中，首要的是坚持政治标准、坚持"以德为先"，要在考察干部党性修养、工作热情、事业心和责任感的基础上，重点考察干部的专业能力和技术水平，让那些对工作"略知一二、会干一点、业务不精、没有特长"的干部失去市场。要探索领导班子成员最佳专业化匹配方案，根据不同班子类型，设置不同专业技术类领导职务，防止一个班子中同一类型干部过于集中，尤其要防止没有专业特长的"万金油"干部大量进入。组织上要认真听取二级单位党委和境外项目部党工委的意见，二级单位党委尤其正职领导在选人标准上要结合人才现状，真正从企业可持续发展的高度，注重把有技术、有学历、有基层工作经历的人提拔到班子中来，形成鲜明的用人导向，大家团结一致、共谋发展、干事创业。要强化专业能力实践锻炼，根据岗位实际和干部特点，安排干部在更适合的岗位上历练提高，让干部成为专业领域的行家里手。要提倡专家经营，真正把有专业基础知识的干部选拔出来，委以重任、推进各项业务发展。

四是各级班子要站在为企业可持续发展负责的高度，更加注重年轻干部的培养。近两年来，公司党委在选拔使用年轻干部上做了一些工作，取得了一定成效。到2017年年底公司处级干部的平均年龄是49.2岁，经过两年到2019年年底，处级干部平均年龄是48.6岁。也就是说在干部队伍整体提高2岁的基础上，平均年龄有所下降。但数据也能反映出，我们在年轻干部培养使用上步子迈得还不够大，80后的干部还是偏少。去年上半年，公司党委专门提出要求并下发文件，要求5人以上的班子就要有一个80后干部。今年，各单位党委和公司党委组织部要把这个要求落实好，5人、7人的班子中要有一名80后处级干部，9人的班子中要有两名80后处级干部,这是硬任务。同时,公司按照集团公司要求,把基层钻井队队长的履历视为副科级并已下发文件,就是为了确保公司发展后继有人。

三、关于进一步推进高质量发展的工作方向

2020年,是我国全面建成小康社会和"十三五"规划收官之年,公司上下要坚定必胜信心,把外部压力转化为推动"六个典范"企业建设的强大动力,集中精力抓好企业改革发展各路工作,勠力同心,努力在高质量发展的道路上走深走实。

第一,坚持效益发展理念不动摇。目前,党组出于低油价时期保障集团公司增储上产需要的考虑,对工程技术服务企业的业绩指标要求是相对宽松的,要求油服各家实现收支平衡、略有盈余,但这种状况随着市场的调整,不会持久。要利用这个难得的机遇,对长城钻探的发展进行深入研究,无论是国内还是国外重点就是要实现可持续发展,同时也是为了应对将来更加激烈的市场竞争。关于投资方向的问题,就是要围绕科研、技术、装备等方面内容,在硬件实力上实现提档升级。从目前看,公司经营情况呈现出投资拉动和高资产这两个特点,也就是说与中国石油内部的兄弟企业、同规模的企业比,我们每年的投资量都比较大,近两年平均投资总额都在30亿元以上,支撑着企业的发展。然而同规模的其他企业有的每年投资只有10多亿元,就能够支撑200多亿元规模的企业发展。面对今天投资就是明天成本,但不加大技术装备投入就会影响市场竞争力这个两难的问题,公司层面尤其是规划计划部门要深入研究,把钱用到刀刃上,使投入购买的技术装备真正能对公司未来可持续发展起支撑作用。关于国内二级单位结构性矛盾依然比较突出的问题。二线人越来越多,一线人越来越少,有的专业化公司已经解决了这个结构性矛盾,但还有许多单位在十多年的发展过程中没有解决这个问题。以兄弟钻探企业的钻井公司为例,他们将钻井所属的运输公司、管子站、钻前这三个部分全部去除,二线只剩下极少的人,通过解决人的结构性矛盾,从而解决了成本的结构性矛盾。因此,各二级单位的班子要注重研究这个问题,一定要通过改革的方式,解决我们传统的结构性矛盾。关于工程款回收的问题。鉴于现金流紧张的状况,境外项目和国内二级单位要建立责任制,特别是各单位总会计师、主管经营的经理要把工程款回收当作一件非常重要的工作来抓,在抓好市场开发、拿工作量的同时,通过在合同上明确相关条款等形式,紧随着抓好工程款回收,缓解现金流的紧张状况。关于国内石油工程技术服务效率的问题。我们只有辽河这一个关联交易市场,为了发展大家必须到各个油田去闯市场,由于没有形成成规模的阵地市场,目前就只能打"小战",不是"兵团作战",导致与兄弟企业相比我们的劳动生产率和效率都是最低的。近两年,我们的工资总额增长了20%,但我们的劳动生产率没有增长20%。央企工资总额的决定机制是与劳动生产率紧密关联的,如果始终止步不前,时间长了工资总额就会受到限制,这也是为什么我们2020年收入必须超过200亿元的原因所在。关于全面收窄亏损面的问题。2019年，国内单位在减亏和扭亏上做了许多工作，同比减亏6.9亿元，成效显著，但是我们距离国资委和集团公司的要求仍然存在一定差距，目前公司还有17个亏损单位和项目，任务还很重。无论是什么原因造成的亏损，亏损单位和项目的班子都要制订扭亏方案和步骤措施。今年，公司也将专门召开会议听取亏损单位和项目的情况汇报，推动扭亏工作；与此同时，结合近两年实际，进一步健全完善公司业绩考核办法，毫不动摇地坚持严考核硬兑现的业绩考核导向，对没有按公司要求完成任务的单位与完成任务的单位，将进一步拉大贡献大小的收入差距，做到干多干少、干好干坏不一样。

第二，坚持抓好创新提升不动摇。创新提升既是我们解决制约公司发展瓶颈问题的关键，也是我们为企业不断注入活力的关键，要围绕企业发展的"痛点"和"难点"问题，加强顶层设计和研究，制定切实可行的措施，努力见到新的实效。科技创新方面。这在公司《工作报告》中已经讲了，大家要认真抓好落实。生产提效方面。一方面，要重视海外设备的提档升级。这是公司未来2—3年的一项重点工作，总的目标要求是，通过装备硬实力的提升，满足保障甲方需求从而巩固市场地位，通过提高设备"门槛"从而提高市场竞争力。另一方面，要重视生产效率提升。2020年，要把工程事故放在更加突出重要的位置来抓。去年，部分地区的工程事故率还是很高，尤其西南地区的事故＋复杂可能是创纪录的数字。西南地区所有参战单位和总部机关的同志都应该认真思考这个问题，采取有力措施切实加以解决。人才队伍方面。目前的主要问题是招人难、留人难。招人方面：要创新工作方法，与石油高校加强合作，通过"公司专家进校园"、开展校园宣讲等形式，展示公司的独特优势，吸引更多更优秀的高校毕业生。人事处要与基层单位的人才需求结合起来，在人力资源管理等各个方面再想一些办法、创新一些招法，解决好招人、留人的问题。改革调整方面。改革是一种创新，今年公司安排的改革任务都是集团公司党组明确要求的工作，比如总部机关富余人员压减、企业分级分类、二级单位和三级单位机关的改革，这些都是集团公司三项制度改革中要求的。改革要结合工作实际，稳准把控、先谋后动、压茬推进，确保小步快跑，每年都有进展，持之以恒抓好落实。

第三，坚持从严风险防控不动摇。安全环保对于钻探企业始终是头等大事。去年，公司发生了"11·3"事故，不仅给员工造成了伤害，也使公司本来相对稳定的安全形势急转直下。要对事故进行再一次反省。特别是各级领导干部，绝不能因为事故没有发生在自己单位或自己不是安全工作者，就"麻木不仁"，安全工作没有局外人。要以汲取教训为契机，对安全监督和管理机制进行全方位的评价和完善，坚决反对监、管分开的本位主义作风，确保各级责任得到落实。二级单位主管安全的副职领导和安全监管部门不能成为"法官"，出了安全事故各级安全管理人员都有责任，要落实好党政正职负总责、主管领导负专责、管业务领导负管责这个基本要求。"11·3"起重伤害事故发生后，集团公司调查组分析得出的结论是：现场安全管理和干部监督形同虚设，这个结论一点都不过分。到底怎么评价我们的安全监管系统，质量安全环保处和各单位领导干部、监管部门都要认真进行研究与反思，严格按照集团公司要求制定一系列的整改措施，尤其是追溯管理层面的责任和制度，尽快调整完善。要高度关注井控安全。井控风险始终是钻探行业的第一风险。去年兄弟钻探出现的"10·23"含硫高套压井控险情，再一次警示我们，在工程技术、井控问题上的风险要坚持"宁可信其有、不可信其无"的理念进行防范。要重点完善区域专家组设置，专家资源要依托二级单位培养和管理，但由公司统一掌握和调配专家资源，实现区域井控管理和应急处置不空挡。要更加重视合同管理。我们有相当多的经营控制系统和管理办法，但去年接连出现了两起经营涉诉问题，这给我们内控、财务资金管理都提出了新的更高的要求，也给二级单位的班子和财务管理人员敲响了警钟。公司上下特别是各单位的班子、行政正职和财务管理都要以这两起涉诉问题为戒，高度警惕和重视国内外资金安全管理，对每一项业务进行认真研究，制定相应的防范措施，确保严格管理、不留死角。

第四，坚持以员工为中心不动摇。"以员工为中心"的发展理念是"以人民为中心"的发展思想在公司贯彻落实的具体体现，各级党组织要在积极为员工"办实事"的基础上，着眼更高层次为员工着想。一是要通过企业的效益发展带动员工的收入不断增长，切实保障员工基本福利正常化，不断提高员工对公司的认同感。二是要进一步畅通晋级成长渠道，做好技术人员"双序列"体系推进和技术专家选聘工作，注重从基层生产一线、海外艰苦岗位、技术科研战线上贡献突出的员工中选拔干部，不断提升员工的成就感。三是要全面落实扶贫帮困制度，构建以生产帮扶、医疗帮扶、助学帮扶、就业帮扶为重点的一体化帮扶工作机制，持续加大对重病员工、因公伤残、工亡遗属等特殊群体的走访慰问，不断提升员工的幸福感。四是要全面推进民主管理，健全和落实职工代表大会和厂务公开、民主管理制度，重视职工代表提案的征集、处理和答复工作，保护好职工参与管理、建言献策的积极性，不断提升员工的责任感。五是要及时准确掌握一线的"急难愁盼"，从解决员工后顾之忧、满足员工日益增长的物质文化需要出发，改善一线员工的生产生活条件，不断提升员工的归属感。六是要全面建立创先争优机制，进一步提高各类先进典型的质量，重点选树基层一线和艰苦岗位的优秀员工，广泛宣传先进事迹，形成比学赶超氛围，促进员工全面发展，不断提升员工的荣誉感。

同志们，春节快要到了。我代表公司党委向在座的各位，并通过你们向全体干部员工、职工家属和离退休老同志，致以新春的祝福！祝大家春节愉快、身体健康、工作顺利、阖家幸福！

总经理在长城钻探工程公司三届三次职代会暨 2020 年工作会议上的报告（摘要）

（2020 年 1 月 8 日）

一、2019 年工作回顾

2019 年，是公司遭受市场急剧变化，保增长、保效益压力巨大的一年，也是我们攻坚克难、战胜挑战，取得显著成绩的一年。一年来，公司领导班子带领广大干部员工，坚持以习近平新时代中国特色社会主义思想和党的十九大精神为指导，认真贯彻稳健发展方针和高质量发展根本要求，全面落实集团公司工作部署，大力开展"服务保障年"活动，开拓进取、求实创新，圆满完成了全年各项任务目标，公司高质量发展又迈出坚实一步。主要取得了六个方面的工作成果：

——生产经营稳中有进。实现收入 197.5 亿元，同比增长 4.2%，超额完成集团公司下达的考核指标。完成钻井进尺 513.9 万米，同比增长 7.48%；钻机年均动用率 78.13%，同比提高 6.22 个百分点。在平均井深增加 12.37% 的情况下，平均机械钻速同比提高 2.6%，4000 米以上深井平均机械钻速同比提高 11.5%，事故复杂保持下降态势；服务保障年活动优质开展，在川渝劳动竞赛中创多项优秀指标。

——市场开发成果突出。国际市场签订和中标待签合同额 16.91 亿美元，服务产业链实现延伸，服务贸易创新发展。国内工程技术服务市场开发亮点频现，新项目、新模式屡获突破，全年新增钻修井机 43 部，整体收入增幅达到 12.9%，其中社会市场收入增长 211.5%，高端业务收入增长 17.1%，均大幅超额完成计划指标。

——风险作业超产运行。全年产气量 34.8 亿立方米，超产 1.26 亿立方米。四川页岩气开发成功克服了地震带来的不利影响，先抑后扬，重回科学系统运作的轨道。苏里格致密气开发克服了起步产量低、征地受限等诸多困难，稳中有进，保持高水平运作。

——改革管理不断深化。二、三级机构数量压减 3.7%，总部机关科室长总量压缩 18%，一线员工上岗津贴和夜班津贴同比分别增加 60%、70%，一类一线员工业绩奖按照基数的 1.8 倍投放。创新公开招聘选人机制，首批优秀财务管理人员脱颖而出。党委工作规则、"三重一大"等重要制度优化完善。管理体系融合初见成效，制度精简 20%。开源节流降本增效增利 4.3 亿元。

——科技创新再获突破。全年承担国家级科技项目3项，集团公司科技项目14项；荣获省部级科技成果奖励3项；申请专利34件，2项新产品列入集团公司自主创新重要产品目录，4项成果通过集团公司鉴定并达到国际先进水平。荣获集团公司科技杰出成就奖。自主研发的国内首套指向式旋转导向系统成功完成全水平段钻井现场试验，实现里程碑式突破。

——党建质量显著提高。"不忘初心、牢记使命"主题教育高标准推进，"理论学习有收获、思想政治受洗礼、干事创业敢担当、为民服务解难题、清正廉洁作表率"在企业发展全过程得以体现。中层领导干部选拔配备科学规范，年轻干部比例稳步提高。基层党建基础有了新加强。解难题、办实事各项措施落地靠实。"壮丽70年奋斗新时代"系列活动蓬勃开展，"石油精神"在国内外市场生动实践，凝聚起高质量发展的强大动力。

过去一年，我们迎难而上，主要做了以下工作。

（一）强化扩容增效，市场攻坚赢得胜利

国际市场：采取完善报价机制、优化开发策略、创新合作模式、拓展增值服务等一系列措施，实现市场空间和价值双提升。传统钻修井业务实现新进步。新签尼日尔二期项目总包合同，启动进度全面领先甲方计划。"提档升级"在乍得率先启动，甲方满意度企稳回升，顺利完成CNPCIC钻修井合同续签并新中标2钻1修。在阿联酋实现3台钻机重启。在阿尔及利亚续签2部钻机2年期合同；在科威特中标修井合同，打响了中国石油在当地油服市场的"第一枪"。技术服务市场实现新突破。在伊拉克新增测录试业务合同近1亿美元。在土库曼斯坦成功打破西方公司垄断，获得ENI 38口井测井工作量。测井业务重返巴基斯坦市场，成功中标联合能源1200万美元合同。在厄瓜多尔和秘鲁市场首次中标GMP公司21口井录井服务项目。服务产业链实现新延伸。在印度尼西亚新签2个地热钻井总包项目。在泰国、古巴、乍得等市场通过"服务+贸易"模式，累计签订合同额3373万美元。在伊拉克哈法亚创下综合研究服务最大单笔合同额纪录。在阿塞拜疆中标Umid气田海上平台钻机维修服务合同。客户关系实现新提升。获得尼日尔国务兼石油部长颁发的"优质服务证书"。全年刷新37项生产新纪录，获得内外部甲方及所在国政府104封嘉奖信函。高水平组织参加中油油服油田技术服务国际研讨会，公司国际化运作能力得到了集团公司领导、与会嘉宾和专家的高度评价。

国内工程技术服务市场：辽河油区保持市场份额和结算价格"双稳定"。与甲方建立对接和沟通机制，统筹安排钻机高效运行。大力推进产建示范区建设，深入开展提产提速提质提效活动，赢得甲方高度认可。全年事故复杂率同比降低26.37%，探井机械钻速同比提高40%，新井日产油达到2500多吨、创10年来最高水平，为辽河油田增储稳产发挥了重要作用。既有市场维护与扩容并重。吉林市场钻机增至22部，全年产值同比翻番。冀东市场工作量、产值均创历史新高。中联煤和中澳煤市场规模不断扩大,钻机增至15部。长庆双110产能风险合作业务圆满完成,开发效果超出甲方预期,探索形成助力油气勘探开发的新模式。新市场开拓成效显著。发挥地质工程一体化优势,新开辟华北油田巴彦河套钻井市场,新增钻机3部,助力甲方打造矿权流转示范区。发挥全产业链优势,整合社会优质资源,创新业务模式,成功进入中国石油煤层气市场,新增钻机10部,并带动相关业务全面进入。中标壳牌长北Ⅱ期钻井一体化服务项目,新增3年期2亿元合同。辽河长庆流转区块全面启动,保持了市场主导地位。特色技术服务市场多点开花。二氧化碳混相压裂增产技术从冀东油田推广到胜利油田,年施工14井次,创收2700万元;保压取心、随钻取心业务在大庆、浙江、华北等油田创收2200万元;突出地质工程一体化的先导和引领,开展风险探井评价部署,为浙江紫金坝和华北巴彦提出5口风险探井部署建议;PDC钻头+工具+服务的模式在吉林油田逐步展开;元素录井、核磁录井业务工作量大幅增长,占录井业务收入比例由17%提高到23.4%。

非常规天然气风险作业:四川页岩气开发在上半年因荣县地震陷入困境,面对产量和工程指标全面落后的严峻形势,公司两次召开专题会议,实事求是找差距,眼睛向内抓整改,用一个个真招实措,彻底扭转了被动局面。明确高产主控因素,探索形成了高产井模式,以威202H40为代表的高产井平台越来越多,产量纪录不断被刷新。坚持地质工程一体化,精细地质导向,水平段Ⅰ类储层钻遇率达到95.7%。着力优化压裂生产组织,平均压裂时效同比提高27.1%,套变率、丢段率不断下降,有效减少了减产因素。大力实施气井分类管理,老井措施增产7932万立方米。全年共产气9.59亿立方米,超产1.09亿立方米。苏里格致密气开发把握稳产关键要素,通过井震结合筛选富集区、优化部署各类开发井等措施,直井静态Ⅰ+Ⅱ类井比例达到86.36%。科学开展综合挖潜和储层改造,老井增产2.3亿立方米,措施井平均产量提高18.3%,有效解决了老区开发层间和井间储量动用不充分,接替区地质品质差、单井产量低等问题。全年新建产能8亿立方米,完成产量25.21亿立方米,超产1700万立方米。此外,苏39区块完成评价方案编制,落实圈闭9个,部署评价井20口、三维地震300平方千米,为下一步开发奠定了基础。

(二)兼顾当前长远,改革管理持续深化

采取一系列既利当前、更惠长远的举措,为企业注入活力,为发展打牢基础。

致力于深化改革。加强劳动人事分配制度改革顶层设计,对优化组织结构和人力资源配置、划分二级机构类别,以及企业和领导人员岗位分级分类进行了统筹安排;撤销了4个海外项目,优化了总部机关和13个二级单位机构编制,为推进机构优化、全面定员、去行政化做好了铺垫。全面推进全员绩效考核,充分利用工资存量合理拉开不同层级和岗位的收入差距;完善薪酬二级管理模式，向一线倾斜和精准激励的力度进一步加大。严考核、硬兑现理念深入人心，挖潜力、提效益成为基层广泛共识。

致力于可持续发展。"提档升级"启动实施，工程技术服务装备投资24.9亿元，购置钻机、旋转导向、压裂车组等核心装备72台套，拉动效应愈加显现，硬件竞争能力稳步提升；油气风险作业产建投资33.6亿元，油气生产能力持续提高。低成本发展的理念和措施全面推行，开源节流降本增效工程纵深推进，为全年变动成本增幅低于收入增幅，利润增幅高于收入增幅提供了保障。全年关联交易回款同比增加33亿元，永和项目欠款全部收回，长海、年代喀什北等项目清欠取得实质突破，境外敏感项目回款近10亿元；节约利息支出和资金成本1.2亿元，各类减税退税返还2.4亿元；两级物资集中采购度达98.72%，集采价格较预算控制价降低9.93%，节约采购资金1.5亿元；科学开展设备修旧利废，节约费用7300多万元，调剂各类设备95台套，盘活资产4600万元。

致力于保障生产运行。推动用工转型，严控用工总量，全年压减405人，优化配置1184人。开展专业技术岗位序列改革试点，建立了9级操作技能人才晋级制度，累计培训5.6万人次，选拔推荐青年科技英才5人，晋级5978人。坚持"八字一房"工作原则，物资和招标管理持续加强。装备资源配置全面优化，检测钻修井机等设备238套，整改问题1855个，设备本质安全水平提高。"四化"建设扎实推进，建立专业化服务队伍7支，二层台机械手、RTOC信息化系统等应用范围不断扩大。基层管理进一步规范，工程和服务质量水平总体保持稳定。

（三）突出提速提效，技术进步成果显著

围绕市场需求和现场施工难点，加强项目组织实施，技术创新和推广取得突出成果。主要体现在：气藏精细评价和甜点预测技术助力页岩气单井高产；侧钻水平井技术助推苏里格自营区块持续稳产；指向式旋转导向系统功能的可靠性和稳定性得到进一步验证；保压密闭取心技术在页岩气区块首次成功应用；自主研发的可泵送全可溶桥塞规模推广应用；二氧化碳化学冷采技术大幅提高稠油油藏采收率；同位素录井技术为识别和评价非常规储层增添新手段；近钻头成像伽马仪器现场试验取得合格资料；井下钻井参数测量仪器实现系列化和现场应用；分段热采技术大幅提高老油区稠油开发效果。GW—LWD随钻测井系统、环保型滑溜水压裂液体系等特色技术有效拓展了高端技术服务市场，全年创产值5.7亿元。

组建技术专家组靠前支持、现场把脉、蹲点监督、联合会诊，加强特殊工艺、新技术的创新应用，有效解决了一批"卡脖子"技术难题，工程技术进步呈现多点突破。其中：H36、H40、H2（扩）三个平台12口井实现零套变、零丢段，为页岩气扭转产量被动局面贡献了力量。威202H34-2井水平段长2305米，创区块有效水平段最长纪录。兴古7-H177井打破了辽河油区钻井周期和完井周期最短等多项纪录。泰国 GW80 和 GW221 两支队伍年进尺均突破 10 万米大关。伊拉克 WQ1-490 井打破了西古尔纳油区水平井最快生产纪录。

（四）细化防范措施，安全管控能力提升

细化安全环保管控。根据机构调整厘清责任界面，建立岗位责任清单，出台安全生产约谈制度，将安全联系点与生产要害部位、员工收入与 HSE 职责落实和业绩完成情况挂钩。持续深化体系运行，通过集团公司、DNV 等 HSE 体系审核，及时整改隐患；开展工具方法专项整治，基层各专业资料减少 30% 以上。完善双重预防机制，开展动态风险辨识管控和隐患排查治理，全年隐患治理投入 7000 余万元，整改现场问题 2000 多项。升级管理重要敏感时段和关键风险领域，严格承包商队伍、放射源等专项管控，狠抓冬季安全生产等隐患整治。全年总可记录事件率同比降低 13.5%。推广应用电代油、气代油和电驱压裂设备，累计替代柴油 4 万吨，减少碳排放 3 万吨，新增措施节能量 4200 吨标准煤，节水量 1.3 万立方米。

突出井控风险管控。严格落实"执行细则、突出禁令、7 个做好、井喷可控"的井控四项准则和"高风险区域无空档、'专家＋演练'的井控应急管理、外包钻井承包商实施'一考四查'"三项工作，层层签订井控安全责任状，实现井控压力和责任的有效传递，增强了主动防控性。强化Ⅰ级风险井管理，落实"双盯"责任。实施井控队伍和岗位变更管理，有效增强井控意识。整合内外部资源，建立应急保障机制，进一步提升了井控应急处理能力。全年成功处置上报溢流险情 4 起，杜绝了井喷失控和着火事故。

强化社会风险管控。实施 HSE 管理体系化、过程监管标准化、风险预警及时化、局势应对有效化"四化监管"措施，有效保证了海外业务安全生产平稳受控。收集境外社会安全事件 827 起，发布预警 212 条，妥善应对了委内瑞拉、苏丹、伊拉克、厄瓜多尔和秘鲁等国重大局势变化。在集团公司社会安全"五维绩效"考核中位列所属企业第二名，在中油油服成员企业排名第一。

（五）压紧压实责任，从严治党纵深推进

扎实开展"不忘初心、牢记使命"主题教育，各级党组织集中学习研讨 771 次，调查研究 397 人次，公司各级党组织负责人累计讲授专题党课 783 次，召开民主生活会和组织生活会 665 次，党员干部"守初心、担使命"的思想自觉和行动自觉增强。规范境外单位党组织设置，实施党建工作量化考评，4 个二级党委、367 个基层党（总）支部按期换届，民主评议党员 8737 名。利用"一网两微"融媒体平台，多渠道展示了公司基层风采，"劳模·工匠事迹展演"等活动有力弘扬了"石油精神"。强化执纪审查，突出警示教育，集中整治形式主义、官僚主义见到良好成效，"平安工程"建设形成 8 类 61 项子工程，构筑了廉洁风险"防火墙"。"青春心向党·建功新时代"主题实践活动赢得好评。公司队伍大局保持稳定。职代会重点提案100%落实，为一线配备生活用水装置53套、环保卫生间36栋，辽河文化体育场地建设启动；二级党委为员工办实事立项109个，两级工会立项112个，慰问帮扶7000多人次，心系基层、关爱员工的导向更加明显。

各位代表，同志们！一年来取得的成绩，是集团公司党组正确领导、科学决策的结果，是各所属单位和机关部门共同努力、不懈奋斗的结果，更是广大干部员工无私奉献、辛勤付出的结果。我代表公司领导班子向全体干部员工及家属表示衷心感谢！

在总结成绩的同时，我们更要汲取教训，看到发展中的问题。"11·3"起重伤害事故给公司上下敲响了警钟，我们必须痛改前疏；资产总量大，设备新度系数低，市场创效能力还需提高；"两金"压控没有大的起色，海外库存大的问题没有本质改善，亏损治理任务艰巨，经营中的涉诉问题暴露出我们在经营风险防控上还不到位；井下故障率仍然偏高；机关有的工作推进缓慢；少数干部缺乏纪律意识和进取心，驾驭市场能力不足，为官不为。我们一定要敢于直面这些问题，在今后的工作中切实加以解决。

二、面临的形势和2020年总体工作部署

今年是"十三五"规划收官之年，也是我们为"十四五"发展打基础的关键一年，做好全年工作十分重要。总的看，我们所面临的形势更趋复杂，不确定因素进一步增加。

国际层面：全球经济在中美贸易摩擦的背景下增速放缓，世界大变局加速演变的特征更趋明显，动荡源和风险点显著增多。全球石油供应过剩有所增加，国际油价运行中枢下移，预计今年布伦特原油期货均价在60美元/桶左右。受此影响，全球勘探开发行业投资将进一步缩减，油服行业整体服务能力过剩，低价格、无序竞争更加激烈。资源国石油工业自我发展诉求强烈，对外部队伍以劳工、财税、海关税务为主的稽查活动明显增多。同时，公司国际业务高风险及以上国家占比达到70%，社会安全风险突出，加之美国制裁影响，项目运作面临着极大的不确定性。

国内层面：我国经济稳中向好、长期向好的基本趋势没有改变，受前期美国加征关税影响下行风险加大，但积极的财政政策对经济增长有所支撑。集团公司"大打勘探开发进攻战"势头向上，石油对外依存度升幅趋缓，天然气对外依存度小幅下降，成品油需求保持低速增长，局部已经呈现供过于求的局面。油公司以预期收益倒算投资成本，持续将成本压力向工程技术服务企业转移，"量增价跌"的局面还将长期存在。勘探开发加快向"难动用"领域进军，对工程技术能力不断提出新的挑战。民营企业大量涌入，不断打破市场平衡，竞争更为激烈。

困难和挑战并不可怕。长城钻探的发展从来都是在应对挑战中前进的，没有过不去的坎儿。经过公司上下的共同努力，今年国内市场工程技术工作量基本是夯实的，苏里格致密气、四川页岩气再上一个台阶是有基础的。国际市场运作经验相对更丰富、项目所在国经营

环境相对更熟悉优势没有改变，主要资源国开采需求刚性存在，市场增收创效还有巨大的潜力空间。改革调整不断为企业注入新活力，技术学习曲线在上扬，经营管控持续在优化，特别是经过近两年的市场历练，广大干部员工拼劲正足、士气正旺，我们在市场逆境中所取得的成绩证明了我们是一支无坚不摧的队伍，只要我们万众一心，砥砺前行，就一定能够在高质量发展的道路上取得更大的胜利。

2020年工作指导思想是：以习近平新时代中国特色社会主义思想为指导，全面贯彻党的十九大和十九届二中、三中、四中全会以及中央经济工作会议精神，落实集团公司总体部署，坚持稳健发展方针和高质量发展方向不动摇，坚持推进"六个典范"企业建设不动摇，坚持低成本和提升竞争能力总要求不动摇，大力提升市场运作水平，突出问题导向，着力在生产运行、经营管理、风险管控、科技创新、改革调整、党的建设上取得新进步，全力实现"十三五"圆满收官，为"十四五"发展打下良好基础。

2020年工作任务目标是：全年完成钻井进尺543万米，同比增长5.7%；生产天然气42亿立方米，同比增长20.7%。实现收入210亿元，同比增长6.3%，超额完成集团公司下达的各项经营指标和控制类指标，业绩考核进入A级。

做好今年工作，要把握好五个方面：

一是要坚持党的全面领导。认真贯彻落实新时代党的建设总要求，树立"四个意识"，坚定"四个自信"，把"两个坚决维护"作为最高政治原则和根本政治规矩，筑牢企业的"根"和"魂"。坚持两个"一以贯之"，从严从实加强党的建设，压紧压实管党治党责任，将公司党的建设贯穿改革发展全过程，充分发挥好党组织把方向、管大局、保落实的重要作用，以高质量党建引领高质量发展。

二是要着力扩大规模效益。今年收入安排6.3%速度增长，符合公司稳中求进的要求，与高质量发展目标相衔接，符合经济发展规律和客观实际。达到200亿元以上的规模，我们在市场竞争中才不会失去话语权，才拥有主动权。同时，保证规模效益也是为了消化不断上涨的综合成本，主动对冲不确定因素影响，保障员工切身利益。公司上下要积极进取、挖掘潜力，坚持走低成本发展道路，不断提升竞争能力，坚决完成各项任务目标，争取更好结果。

三是要突出问题导向。要把问题作为研究谋划企业发展的起点，针对民营企业、国外石油公司、兄弟钻探、资源国本地企业的竞争谋策略，针对生产作业、社会安全、守法经营、合规管理四个风险查漏洞，针对技术、装备、后保、人力四种资源挖潜力，针对轻资产、减库存、减人员、优财税四个降本要素想办法，排出时间表、路线图、优先序，务求实效，加快补短板，为"十四五"发展打牢基础。

四是要确保企业稳健发展。稳健发展是集团公司党组提出的新时代统领全面工作的指导方针，面对日趋复杂的形势，各项工作要坚持稳字当头。

从去年出现的事故和发现的问题来看，公司在安全监管上、在经营风险防控上、在合规管理上还有很多不到位的地方。公司上下一定要牢固树立底线思维，在汲取教训和举一反三上下功夫，从偶然中看必然、从个性中找共性，高度重视各类风险防范与管控，确保企业行稳致远。

五是要加快打造适应企业发展的体制机制。要坚持解放思想、转变观念，转变发展方式，尽一切努力破除制约公司发展的体制机制障碍，推动组织架构、管理手段、运作模式更适于市场竞争要求。近两年，公司通过改革，破解了许多制约企业发展的难题。今年我们还要对一些已经达成共识的环节进行持续调整。改革是最大的红利，公司上下要积极支持改革、投身改革、参与改革，特别是各级领导班子要用健康心态凝聚改革共识，要有勇气和智慧推进改革，确保措施落地见效。

三、2020年重点工作

做好今年工作，要实现更高的服务质量、更低的运行成本、更快的施工速度、更稳健的生产运作，重点抓好市场运作水平的提升。在具体工作安排上，我们着重了对战略布局的统筹，加强了相关市场的定向引导和专业指导，考虑了推进市场结构调整的需要，考虑了与稳中求进、高质量发展的目标相衔接，根本上是为了增强公司市场抗风险的能力，最大限度地为"十四五"发展夺得主动权。推动增长的有利因素不少、挑战更多，我们必须付出艰辛努力，确保市场运作水平提升取得实实在在的效果。

提升国际市场运作水平。要坚持"市场价格决定机制、一体化多元发展、资源国融合"竞争策略，抢抓市场机遇、拓展发展空间，重点做好"培育核心""多点布局""推进总包""品牌升级"四篇文章，实现市场签约额18亿美元。培育核心：坚决做大做强乍得、尼日尔、伊拉克、阿尔及利亚、古巴等五大支柱市场，突出战略支点地位，千方百计服务好集团公司投资项目，巩固提升市场地位；深入挖掘培育苏丹、哈萨克斯坦、阿联酋、科威特、阿曼、印度尼西亚、泰国、土库曼斯坦和乌兹别克斯坦、厄瓜多尔和秘鲁、加拿大等十大重点市场，全力扩容增效，对支柱市场形成战略支援。整体上，要扩增（5—10）亿元规模。多点布局：积极跟进国家"一带一路"建设倡议、集团公司海外投资业务动向，以及项目所在国发展态势。在非洲以乍得、尼日尔为基础，探索重返利比亚，开拓加蓬、加纳等环几内亚湾市场；在中东以阿联酋为基点，辐射沙特；在东南亚立足泰国、印度尼西亚，开拓缅甸、孟加拉国市场；在美洲积极跟踪墨西哥、玻利维亚、阿根廷页岩气和页岩油项目。此外，要聚焦甲方需求、多方发力，推进地质研究、油田管理、增储上产、服务贸易和化学产品等市场取得新的突破。推进总包：组建专门团队，整合国内外优质资源力量，加强国际市场总包项目开发，特别要在中东市场取得实质突破。积极探索中小油田产能建设总承包业务，创造新的利润增长点。品牌升级：加强品牌宣传，持续丰富品牌价值；积极参与境外石油技术会展、业界知名会议和论坛；统一优化公司境外标识；专注客户需求，有针对性地做好客户技术推介工作。

提升国内工程技术服务市场运作水平。按照"商务模式先进、竞争环境适应、市场规模适度、管理幅度适当、质量效益明显"的总原则，重点做好"稳固辽河""扩增规模""专业服务""优化布局"四篇文章。稳固辽河：始终将服务保障辽河油田增储稳产作为发展根本。进一步与辽河油区勘探开发实际和区域季节特点相结合，统筹钻机运行计划，保证科学性、系统性；继续开展"产能示范区"建设，努力打造更多效益样板区块；细化技术模板，着力提高施工效率；高度重视辽河储气库群项目建设，探索平台井工厂化作业，为辽河"千万吨油田稳产、百亿方气库建设"提供优质高效服务。扩增规模：将西部，特别是长庆总包和侧钻井市场打造成公司稳定的、成规模的阵地市场，重点加强与油公司沟通，创新合作模式，抓好双110和神木区块联合开发项目，树立一体化服务创新试点标杆。突出抓好吉林、中油煤、中联煤、中澳煤、华北巴彦等项目的拓展，增强市场创收创效能力，新增钻机达到30部以上。专业服务：充分利用地质油藏研究、定录导一体化、措施增油、高端压裂液、旋转导向等特色技术，在吉林、冀东、中油煤、页岩气等市场培育新的效益增长点。继续扩展带压作业、连续油管等业务，发展钻井液不落地、压裂液无害化处理等业务。优化布局：有计划地调减青海、吐哈和新疆等市场的钻机数量。优化调整川渝页岩气市场的钻机型号和数量。超前谋划页岩气富余钻机、新造钻机和海外回国钻机市场布局。做好新增市场经济性评价，坚决守住边际效益底线。

提升非常规天然气风险作业运作水平。四川页岩气：按照"系统运筹、科学组织、效益开发"的工作思路运作，全年生产页岩气15亿立方米。深入开展威202、威204区块地质研究，以及自207井区评价部署，做好资源接替储备。细化地质研究和甜点识别，精心井位部署，坚持地质工程一体化，新井平均测试产量达到25万立方米以上，单井EUR1亿立方米以上。优化压裂方案设计，科学安排组织施工，进一步降低套变率、丢段率，最大限度减少相互干扰。梳理总结成功经验，优化更新施工模板，完善旋转导向、柴油基钻井液、PDC钻头等技术措施，提高施工效率。苏里格致密气：全年完成10亿立方米产能建设任务，生产天然气27亿立方米以上，提前实施3亿—4亿立方米产能建设。全力落实投资计划，着力加快征地和井场建设进度，确保产建任务完成。加强精细地质研究，寻找有利接替区域。优化井位部署，积极开展平台大井丛立体式布井，减少征地数量和制约。扩大小井眼和侧钻井施工规模，降低建井成本。做好水平井套管完井和压裂的评价，积极尝试新的开发方式。继续优化储层改造工艺，提高单井产量。加强排水采气工艺技术研究和应用，提高储层开发效果。精细气井分类管理，优化管理流程及技术措施，将直丛井、水平井综合递减率分别控制在20%、30%以下。2020年，苏39区块先期实施10口评价井、300平方千米三维地震；2021年，在精细地质研究的基础上完钻10口评价井，编制初步开发方案，进入产能建设期。

在着力抓好市场运作水平提升的同时，要突出抓好六项重点工作，以更大的力度和决心，推动公司发展质量实现新提升。

（一）强化生产运行管理

着力做好"四个优化"，使基层一线更全面地释放生产力。优化生产组织：创新资源调控思路和方式，统筹做好国内外钻机协调，提高设备动用率。持续推动区间内设备共享。重点保障辽河油区、苏里格、尼日尔二期、乍得CNPCIC等项目需求，确保高效运行。优化技术支撑：围绕高生态、高质量、高精度和高速度"四高要求"，完善队伍建设、3ABC管理、权责一致和井筒为中心"四项机制"，强化工程技术人才队伍建设，全年整体提速5%、常规井压裂提速30%，事故复杂率控制在1.6%以内，伊拉克总包项目要提速20%以上。加大KeepDrilling等系统对生产运行的支持力度，提高技术管理智能化水平。优化装备资源：针对设备老化的突出问题，统筹推进装备"提档升级"工作，特别是加快推进国际市场装备升级，全力做好重点工程和重点项目的装备资源保障；加强现场维保管理，确保设备安全运行；抓好二层台机械手等成熟产品的推广应用，提高钻修井机自动化水平。优化后勤保障：对成熟区块试点推行区域一体化保障模式，严格执行物资采购全流程时效标准；灵活调整服务保障机制和仓储管理队伍布局；持续推动保障设施、大宗物资共享，研究建立重点物资应急储备库。分区域扩大物资代储代销目录范围，努力实现无缝衔接。

（二）提高经营管理水平

要发挥经营管理的作用，助力公司经营业绩速稳质优。在战略规划上：认真分析影响公司发展的国内外环境新变化，坚持稳健原则，以高质量发展理念为引领，把市场布局、投资优化、结构调整、改革创新作为"十四五"规划的重点，科学制定公司未来五年发展战略、目标任务、各业务发展方向等远景规划。落实年度投资计划，推进重点项目早投产、早见效。牢牢把握正确投资方向，将有限资金投入到高端市场，坚决杜绝无效投资。在经营机制上：深化全面预算管理，优化调整预算指标体系和权重，完善预算考核政策，以积极、科学、全面的预算促进经营水平提高。坚定不移推进全员绩效考核，创效与不创效单位的收入坚决做到不一样。在资金管控上：进一步细化"两金"压降责任和措施，大力提升存货和应收账款周转效率，减少低效无效资金占用，增强现金流管理能力和"造血"机能，保持合理资产负债水平，实现应收账款余额增幅不高于当年营业收入增幅的25%，一年以上应收账款逐年下降20%以上；全年物资库存下降5%、无动态物资减少15%以上。积极争取集团公司注资，科学制定低成本筹资方案。在降本增效上：积极落实低成本发展要求，突出精益成本管控，变动成本增幅要小于收入增幅。进一步加大亏损企业治理力度，力争亏损企业实现整体减亏20%，亏损企业数量和金额"双下降"。持续推进低效、无效及闲置资产治理工作，加大资产调剂和处置力度，最大限度盘活存量。在人力资源上：加大生产一线和科研一线优秀年轻干部选拔、培养和使用力度，逐步在5人以上的中层领导班子中配备"80后"的优秀年轻干部。有序开展岗位转换、内部调剂与分流安置工作，全年富余人员显化调剂5%以上。探索建立"管理＋技术＋核心技能岗位"的直接用工模式，持续推动境外用工国际化和劳务外包。完善分级分类人才评价机制。促进技能专家工作室、科技创新团队发挥实效，服务于生产一线。着力提高培训质量，强化"三支人才队伍"建设，尤其是青年人才的培养。

（三）突出抓好风险管控

强化红线意识，深刻汲取教训，立足当前监管，着眼长远标本兼治，狠抓"四种风险"管控，加快促进整体形势好转。一要狠抓HSE风险防控不放松。坚持"管行业必须管安全、管业务必须管安全、管生产经营必须管安全"的原则，修订HSE职责，完善安全责任清单，确保责任落实到位。以各类审核、检查、事故中暴露的问题为导向，着力整治隐患。强化井控、油气泄漏、承包商、危险品、危化品、放射源、特种设备、火灾、交通等方面的风险控制，着力加强员工岗位操作培训。修订HSE综合管理考核标准，切实将安全业绩与员工切身利益挂钩。全面开展安全监督管理现状评估，重新修订考核、奖惩细则，保证监督管理效果。严格落实"执行细则、突出禁令、7个做好、井喷可控"的井控四项准则，持续抓好"高风险区域无空挡、'专家＋演练'的井控应急管理、外包钻井承包商实施'一考四查'"三项工作，突出做好地质风险评估、坐岗观察、封井器试压、高风险区域无空挡、专家演练、"一考四查"、技能提升等七项具体工作，完善井控管理网络和区域专家管理模式，落实Ⅰ级风险井"双盯"制度，严格外包队伍井控管理，坚决杜绝井喷失控事故。严格执行集团公司承包商管理五项措施，实施风险分级管控、"黄牌警告"和"黑名单"制度，坚决清除不合格的承包商。落实"10+5"节能减排措施，全年替代柴油1.2万吨。二要狠抓社会安全风险防控不放松。修订《社会安全绩效考核标准》，以"五维"绩效考核推动责任落实。完善公司、项目、基地"三级"风险评估机制。强化"三防"措施，推广新技术设施，力争现场提前预警。推动极高风险国家配置专职社会安全管理人员。完善"3+1"应急方案，抓好联动应急演练，提高应对突发事件能力。三要狠抓经营风险防控不放松。强化资金风险、汇率风险、税收风险、债务风险识别，完善预判预警机制。研判美国制裁对国际业务的影响，积极应对国际化经营风险。完善参股、合资公司专项管理制度，规范重大事项决策流程。加大法人实体清理力度，提高法人治理能力。四要狠抓法律合规风险防控不放松。深刻反思经营涉诉问题，着力完善依法治企措施，严格落实重大涉法事项法律论证把关制度。加大纠纷案件、遗留案件处理力度，加快减少案件存量。保持合同治理高压态势全覆盖，上溯源头确保规范运行。充分发挥审计的监督服务作用，着力加强内部控制。

（四）加快科技创新步伐

着力围绕工程技术作业现场难题，加强技术支持与攻关。一是加强页岩气、致密气风险作业技术支持。深入开展页岩气地质精细评价和甜点预测、钻完井及压裂提速提效、深层页岩气钻完井及压裂专用仪器工具集成配套、提高页岩气 EUR 等方面技术攻关研究；加强苏里格致密气薄层水平井开发、侧钻水平井技术推广和苏 39 区块地质综合研究及井位部署。二是加强国内外重点工程项目现场技术难题攻关。做好辽河油区、尼日尔二期、乍得 CNPCIC、印尼地热、伊拉克格拉芙等重点项目钻完井提速提效技术集成应用。重点加强高精度随钻地质导向、垂直钻井、精细控压钻井，以及一趟钻、深井、复杂井钻井配套技术研究。三是加强核心关键技术攻关。开展指向式旋转导向钻井系统、近钻头伽马测井成像仪、随钻中子密度测井仪和 172 毫米存储式工程参数测量仪研发及现场试验，尽快形成施工作业能力。四是加强优势特色技术推广应用。重点推广保压密闭取心、侧钻水平井、韧性水泥浆、钻井废弃物处理、IGD 地质工程一体化、随钻电磁波电阻率测井、元素录井、滑溜水压裂液、可溶式压裂桥塞、气井带压作业等优势特色技术，全年科技成果转化创收 5 亿元以上。同时，积极推进录井技术中心和高端压裂处理剂特色技术中心建设，提升公司技术品牌影响力和美誉度。

（五）持续深化改革调整

瞄准制约企业发展的矛盾问题和瓶颈障碍，确保改革调优不失速。一是按照集团公司要求，总部机关按富余人员的 20% 逐年进行压缩。二是加快推进"双序列"改革，进一步激发科研骨干人才的工作热情。三是按照集团公司进度安排，适时开展中层领导干部"去行政化"工作；对所属单位按年度进行分类动态管理；建立"纵向分级、横向分类"的领导干部岗位层级动态管理机制；推行二级单位机关、三级单位机关全面定员，进一步优化科级职数管理模式。四是进一步深化薪酬分配制度改革，重点提高工效挂钩、收入结构和精准激励的科学性；完善配套市场开发奖惩机制。五是明确定向井等专业技术服务业务在内部单位的划分界面，杜绝交叉重复。六是推进公司科研资源统一调配，科研人员统一管理，科研攻关统一组织，科研经费统一使用，科研条件统一建设，科研成果统一共享的管理模式。鼓励集中研发、联合研发。加快完善项目长负责制。七是推进物资业务优化和物资系统改革。八是深度抓好管理体系融合，形成界面清晰、运转高效、责任可追溯的综合管理体系。九是结合国内外市场岗位需求，创新海外项目因生产经营情况变化而造成的富余人员的调剂方式。探索建立海外业务咨询中心。十是坚定不移开放合作，创新运作模式。国内重点整合社会资源，延伸发展平台；加强技术服务外包管理，统筹做好关键生产设备租赁。国外重点深化与国家石油公司、知名油服企业合资合作，助力开拓新市场；借鉴国际油服公司经验，建立健全国际业务管理体系。

（六）全面加强党的建设

深入学习贯彻习近平总书记重要批示指示和讲话精神，建立"不忘初心、牢记使命"主题教育长效机制，扎实开展形势任务教育，筑牢广大干部员工听党话、跟党走的思想根基。一是压实党建工作责任。逐级研究制定责任清单，完善党建工作责任制考核实施细则，形成全方位全维度的考核机制，强化考核结果应用，推动党建责任真正落地靠实。二是夯实党建工作基础。严格落实"两个1%"要求，做好党务干部选配和教育培训，提高党务人员业务素质。严肃党内政治生活，加强星级标准化党支部创建，将制度建设贯穿于党的建设各个环节，推进党建工作与生产经营深度融合。三是加强党风廉政建设。精准运用监督执纪"四种形态"和"三个区分开来"，一体推进"三不腐"机制建设，聚焦主业主责，着力抓好警示教育、日常监督、执纪审查、责任追究和巡视巡察问题整改、"平安工程"建设等工作，持续正风肃纪反腐。四是加强企业文化建设。编制企业文化专项规划，注重典型选树，讲好长城故事、传播长城声音。开展弘扬石油精神、担当共和国"种子队"等主题宣传，进一步激发员工的干事创业热情。五是加强群团工作。持续推进"安心工程"，加大服务员工的力度。完善职代会重点提案立项制度和员工诉求处理机制。以"高质量推进典范企业建设，全力保障勘探开发"为主题，组织开展全员性、全区域、涵盖各专业的劳动竞赛，以及"青"字号工程，充分调动广大员工的聪明才智，使一切活力要素竞相迸发。妥善处理不同群体利益诉求，打造和谐稳定的发展环境。

各位代表，同志们！我们所做的一切工作，都是为了员工。要坚持"以员工为中心"的发展理念，从企业实情出发，尽力而为，继续出台一批为员工办实事计划，把员工最关切的事一件一件解决好。要在确保公司实现经济效益增长的基础上，积极争取集团公司政策支持，努力增加工资总额，实现员工收入与公司发展同步。进一步拓宽专业技术人员职业发展通道，加快构建员工职业发展纵向岗位提升和横向岗位晋级的管理模式。强化员工社保、计划生育管理，做好养老保险接续，以及退休管理机制建设、服务管理和社会化等工作。进一步改善一线生产生活条件，突出抓好基层队营房升级改造、井队净化水设备和环保卫生间配备、辽河文化体育场地改造、苏53区块生活基地建设等项目实施。加强实事惠民工程新项目论证立项和经费支持，用好用足相关福利政策。积极落实《关于进一步加强服务外部市场员工工作指导意见》，切实解决外部市场员工的后顾之忧。大力推进《心系基层 服务员工八项规定》项目清单制度，提高服务员工的针对性和实效性。实施精准扶贫帮困，更加快捷有效地帮助各类困难群体。

各位代表，同志们！新的一年充满机遇挑战，我们坚信长城钻探的未来必将更加美好！让我们团结起来，真抓实干，使我们的底子再厚一些，能力再强一些，动力再足一些，全力实现"十三五"圆满收官，推进"六个典范"企业建设再上新台阶，为公司"十四五"发展和全体干部员工的美好未来而努力奋斗！

（雷春荣　师欢欢　邵思冲）

党委书记在中国共产党长城钻探工程公司第三次代表大会上的工作报告（摘要）

（2020年12月3日）

一、过去五年党委工作回顾

过去的五年，是公司发展进程中极不平凡、极具挑战的五年。五年来，公司党委坚持以习近平新时代中国特色社会主义思想为指导，坚决贯彻落实中央和集团公司党组决策部署，坚持党要管党、从严治党，把方向、管大局、保落实，全面完成了第二次党代会确定的目标任务，开创了公司各项工作新局面。主要开展了以下六个方面工作：

——突出抓好政治建设，打造"两个维护"石油铁军。公司党委将学习习近平新时代中国特色社会主义思想作为首要政治任务，先后组织开展了"三严三实"专题教育、"两学一做"学习教育、"不忘初心、牢记使命"主题教育，广大党员干部理论水平不断提升，党性意识显著增强。严格执行新形势下党内政治生活的若干准则，严格落实民主生活会、组织生活会等党内组织生活制度，党内政治生活更加严肃，广大党员干部树牢了"四个意识"、坚定了"四个自信"、做到了"两个维护"。坚持党对国有企业的全面领导这一重大政治原则，将党建工作要求写入公司章程，将党委集体研究作为重大决策前置程序，确保党组织在决策、执行、监督各环节的领导作用，实现了党的领导与公司治理的有机统一。

——着力抓好队伍建设，提升干部人才能力素质。把政治标准放在首位，坚持正确的选人用人导向，累计开展了25批次610人次中层领导人员调整任免工作。制定完善《中层领导人员管理规定》等11项干部人事管理制度，推进干部管理制度化、规范化和科学化。举办中层正职、副职、党务干部等各类专业培训班130余期、4500余人次，提升了干部队伍能力素质。强化干部考核评价，推行领导人员业绩奖金与考核结果挂钩，调动了领导人员干事创业热情。加强干部监督，开展"庸政懒政怠政"专项治理，对63名中层干部进行了任中和离任审计，从严管理干部成为常态。深化专业技术岗位序列制度改革，实施技能人才晋级6047人，选拔推荐集团公司青年科技英才10人，为公司发展提供了人才保障。

——持续抓好思想建设，凝聚全员干事创业力量。强化理论武装，完善理论中心组学习制度，两级党委中心组累计学习研讨1416次，开展理论宣讲

450场次。坚持每年一度的形势任务教育，组织"重塑良好形象"大讨论，开展"战严冬、转观念、勇担当、上台阶"主题教育，讲清形势、明确任务、凝聚人心、鼓舞斗志。坚持党管媒体原则，坚持正确舆论导向，一体推进内外宣传，在集团公司主流媒体发稿1431篇，泰国GW80队连续两年在集团公司石油精神论坛进行交流，讲述长城故事、传递长城声音、展示长城形象。严格落实党委意识形态工作责任制，强化意识形态阵地管理和网络意识形态重点管控，牢牢掌握意识形态工作主动权。深化长城特色企业文化建设，积极探索企业文化理念体系创新项目，公司被评为"全国企业文化建设先进单位"和"新中国70年企业文化建设优秀单位"。

——扎实抓好组织建设，筑牢基层党建工作基础。健全基层党组织设置，组建20个境外单位党工委，成立西南地区党工委，指导22个二级党委、721个基层党支部按期完成换届。实施星级标准化党支部建设，出台6个规范化模板，评定54个三星示范党支部，《标准化党支部建设研究》获集团公司思想政治研究成果一等奖。推广应用"石油党建"信息化平台，将党支部建在网上、把党员连在线上，提高了党建信息化水平。创造性开展海外党建工作，"五落实"实践做法在集团公司作经验交流。落实党委全面从严治党主体责任清单和任务清单，完成第一轮基层党组织书记述职评议，逐级开展党建责任制考核，得到了国资委党建考核组"零缺项"的高度评价。配强党组织书记，配足党务工作人员，累计发展党员952人，激发了党务干部和党员队伍的生机活力。

——从严抓好纪律建设，营造风清气正良好环境。围绕"三不腐"建立主体责任、监督责任、一岗双责和监管责任四个责任体系，全面落实责任清单、签字背书、约谈等制度。聚焦关键少数、重点环节、群众监督，建立领导人员廉洁档案和纪委书记述职、项目经理述廉机制，开展形式主义官僚主义、管理人员及亲属经商办企业专项治理，用高质量监督促进高质量发展。突出政治定位，组织四轮巡察和一轮巡察督导，实现国内二级单位、机关部门全覆盖，提出问题建议576个，推动全面整改，巡察利剑作用有效彰显。严格落实中央八项规定精神，组织召开机关作风建设工作会议，建立"四风"问题查改长效机制。持续推进"平安工程"建设，完善了可知、可防、可控的廉洁风险防控体系。精准运用"四种形态"，党纪政纪处理154人次，扎实开展"以案为鉴、不忘初心"百日警示教育活动，重遏制、强高压、长震慑形成常态。

——全面抓好群团建设，充分发挥桥梁纽带作用。深入开展全员素质提升工程、员工创造工程和安心工程，科学组织主题劳动竞赛，对52个创纪录项目表彰奖励226万元；组织基层岗位员工技能"大练兵"，培养100余名岗位能手，选树10名"长城工匠"；完善代表团（组）长联席会议和职工代表巡视制度，规范职工代表提案征集处理，落实答复率达100%；完成250名退休人员的社会化移交工作，保障了退休职工合法权益。扎实推进团组织规范化建设，开展"青"字号岗位建功活动，公司团委荣获"中央企业五四红旗先进集体"称号。坚定履行"护城河"企业政治责任,抓好重点时段维稳信访安保防恐工作,严肃保密工作纪律,保证了企业大局稳定。

五年来,面对复杂多变的内外部环境,公司党委注重战略引领,坚持高质量发展思路,确立了"六个典范"建设目标,通过公司上下团结一心、砥砺奋进,取得了令人振奋的业绩。

一是发展质量效益明显提高。"十三五"期间,公司累计实现收入912亿元,连年超额完成集团公司下达的生产经营指标。在工程技术服务市场持续低迷的情况下,通过开源节流、降本增效等一系列措施,资产总额保持在370亿元左右,"两金"压控初见成效,自由现金流持续改善,边际贡献率逐年提升,财务状况保持稳健。二是服务保障能力大幅提升。国内市场履行服务保障职能,累计实现钻井进尺1747万米,钻井综合提速28%,井下事故复杂率降低39.5%,全力保障甲方增储上产。国际市场抢抓复苏机遇,进退并举、优化布局,累计新签合同额75亿美元,持续扩大伊拉克、阿联酋等高端市场规模。油气风险作业充分利用天然气业务发展战略契机,实现规模快速增长,累计完成天然气产量176亿立方米,商品量169亿立方米,助力"蓝天保卫战"。各基层单位创造111项施工纪录,获得政府、甲方和相关方的广泛赞誉。三是创新驱动发展提档升级。累计科技投入5亿元,形成了油基钻井液体系、钻井信息化、保压取心等30项标志性技术成果,一批关键技术取得突破,一批技术利器助推了市场开发。承担国家重大专项课题3项、集团公司科技项目27项,获得省部级科技进步奖34项、国家专利265项,科技创效30亿元。四是改革调整迈出积极步伐。深化三项制度改革,打破了"铁机关"固有形态,二、三级机构数量压减3.7%,机关科室长总量压缩18%。一线员工各类津贴和业绩奖持续增长,形成了"重基层、凭贡献"的收入分配导向。简政放权、坚守边际贡献、低成本发展等一系列经营管理思路的调整,激发和释放了企业活力,公司面貌发生了积极而主动的变化,2018年获得"全国改革开放40周年优秀单位"荣誉称号。五是企业发展大局和谐稳定。强化风险分级防控,推进隐患排查治理,杜绝了井喷失控、社会安全和重大质量责任事故,安全环保形势总体稳定。员工收入稳步增长,一批实事惠民项目有效落实,累计为员工办实事300余项,解决员工"急难愁盼"问题2000余项,企业凝聚力、向心力显著增强。基层工作标准化建设纵深推进,基础管理水平大幅提升,"三基"工作模式创新实践两获省部级一等奖。信访维稳工作连续五年受到集团公司电报嘉勉。特别需要提出的是,今年年初新冠肺炎疫情发生以来,公司党委坚决贯彻党中央和集团公司党组决策部署,坚持把加强党的领导贯穿始终,坚持把员工生命安全和身体健康放在第一位,坚持把企业政治责任社会责任扛在肩上,坚持统筹协调抓好国内、海外业务联防联控,坚持疫情防控和复工复产两手抓两手硬,牢牢守住了工作场所"零疫情"的底线。

各位代表、同志们，这些成绩的取得，得益于集团公司党组的正确领导，得益于兄弟单位的大力支持，更得益于广大干部员工的辛勤付出。在此，我代表公司党委，向长期关心、支持公司改革发展稳定的广大干部员工及家属，表示衷心的感谢和崇高的敬意！

二、党委工作启示及形势任务分析

公司第二次党代会召开后的五年来，我们及时研判改革发展的内外部环境，结合不同时期新形势新任务，未雨绸缪、积极进取，激发了万众一心谋发展的强大动力，推动了基层党组织全面进步全面过硬，营造了风清气正担当作为的良好氛围，增强了全体职工群众的获得感幸福感，确保了企业始终沿着正确方向前进。这些年的发展实践，我们取得六个方面的认识与体会。

一是必须坚持党的领导不动摇。五年的实践证明，各级党组织在关键时期的关键作用、领导干部在稳定大局中的骨干作用、共产党员在凝聚队伍中的示范带动作用，在企业改革发展进程中至关重要。要牢牢把握党对国有企业的领导这一重大政治原则，毫不动摇坚持党的领导，理直气壮加强党的建设，发挥好把方向、管大局、保落实的重要作用，为企业发展提供坚强保障。

二是必须坚持稳中求进总基调。五年的实践证明，面对错综复杂的内外部发展环境，关键是保持战略定力，稳住公司发展的基本盘。要树立底线思维，坚持稳中求进，科学把握市场机遇，从容应对行业挑战，落实稳健发展方针和高质量发展要求，深入推进管理提升、技术创新、安全环保等工作，推动公司在可持续发展的道路上稳步前行。

三是必须坚持深化改革不停步。五年的实践证明，激发和释放企业发展活力和内生动力，是企业的永恒主题与不变课题。要紧紧围绕制约公司发展的体制机制问题，积极探索、大胆实践、勇于变革，在优化管控模式、完善市场化经营机制、推进提质增效等重点领域和关键环节取得积极成效，破解一些制约发展的难题，办成一些影响深远的大事，持续推进公司治理体系和治理能力现代化。

四是必须坚持从严治党不松懈。五年的实践证明，落实党要管党和从严治党，首先要把党员干部管理好、教育好，从根本上提高党员干部队伍整体素质。要推动全面从严治党向纵深发展，把从严的要求贯穿于思想教育、选用干部、作风建设、监督执纪的全过程，持续打造风清气正的政治生态，营造良好的内外部发展环境。

五是必须坚持夯实基础求实效。五年的实践证明，企业党建工作脱离生产经营就失去了生命力，必须推进党建工作与生产经营深度融合，实现同频共振、共同发展。要积极探索创新基层党组织工作载体和途径，找准推动生产经营、凝聚职工群众、参与基层治理的着力点，增强党组织的政治功能和组织力，以高质量党建推进企业生产经营任务的有效落实。

六是必须坚持以人为本促稳定。五年的实践证明，"员工的心，企业的根"，企业发展离不开广大员工的辛勤工作、无私奉献和坚定支持。要牢固树立"以员工为中心"的发展理念，把为员工办实事、做好事、解难事放在更加重要的位置，推动发展成果更多、更公平惠及全体员工，凝聚万众一心、奋斗新时代的强大动力。

各位代表，同志们，过去五年特别是党的十九大召开后的三年来，公司各方面工作都发生了令人鼓舞的变化，党的领导作用更加突出，发展战略方向更加明确，改革步伐更加坚定，队伍精神风貌更加积极向上，应对复杂局势和风险挑战的经验更加丰富。但是，我们也要清醒地认识到，当今世界正经历百年未有之大变局，公司面临的形势和环境依然严峻复杂，不稳定和不确定因素明显增多，各项工作要求和承担的任务也在不断发生变化。我们要准确识变、科学应变、主动求变，在危机中育先机、于变局中开新局，自觉投身到建设国际一流石油工程技术总承包商的实践中来。

（一）新时代公司肩负着更大使命任务

近年来，习近平总书记就国有企业改革发展作出一系列重要论述，对推进能源生产和消费革命作出战略部署，对弘扬石油精神作出重要批示。党的十九大明确提出，要培育具有全球竞争力的世界一流企业。刚刚闭幕的党的十九届五中全会，对"十四五"时期的发展作出全面规划，确立了2035年远景目标，从明年起将开启全面建设社会主义现代化国家新征程，我国将进入一个新发展阶段。尤其是确立了以国内大循环为主体、国内国际双循环相互促进的新发展格局。这些对于世界经济、能源行业乃至中国石油，都将产生积极而深远的影响。

面对新使命新任务，我们要忠诚践行"我为祖国献石油"的爱国誓言，始终坚定"建设国际一流石油工程技术总承包商"的战略目标。长城钻探作为集团公司国际化程度最高的油服企业，业务领域涵盖石油工程技术服务全产业链，市场队伍分布在国内19个省市自治区、海外26个国家，服务全球130多个客户，形势要求我们必须要有大担当大作为。当前重点是制定好"十四五"规划，完善企业战略定位、发展思路、保障措施、重点部署在内的一整套规划体系，确立公司未来发展的基本纲领，立足长远抓当前，以科学的规划引领公司高质量发展。

（二）新时代对企业党的建设提出了更高要求

党的十八大以来，特别是全国国有企业党的建设工作会议召开4年来，企业党建工作的地位作用提升到了新的高度，承担的责任使命也发生了深刻变化：更加强调党对企业的领导，提出两个"一以贯之"，明确企业党委发挥把方向、管大局、保落实的领导作用，推动企业党建成为现代企业制度的重要组成部分；更加突出政治引领，强调以党的政治建设统领党的各方面建设，干部选拔任用突出政治素质，基层组织建设突出政治功能，严格遵守党的政治纪律和政治规矩，把牢政治方向；更加关注党建质量，着力提高发展党员质量、选人用人质量、组织生活质量等；更加注重常态长效，党内教育从"关键少数"向广大党员拓展、从集中性教育向经常性教育延伸并建立长效机制，健全完善党的制度体系，确保党的建设始终运行在制度轨道上。

面对新形势新要求，我们要旗帜鲜明讲政治，从严从实加强党的建设。公司党委下设22个二级党委、22个党工委、721个基层党支部，拥有近9000名党员。这些年我们坚决贯彻党对企业的领导，培育了忠诚、干净、担当的党员干部队伍，形成了关键岗位有党员、急难险重靠党员、紧要关头见党员的生动局面。实践告诉我们，全面加强党的领导、党的建设，就是要把党的领导优势转化为发展优势，把党的工作实力转化为企业发展实力，把党的组织力转化为企业竞争力，不断巩固发展党建工作成效。

（三）新时代发展中依然面临诸多困难挑战

年初以来，受新冠肺炎疫情和地缘政治影响，世界经济陷入深度衰退，能源需求受到严重冲击，勘探开发行业投资大幅缩减。集团公司新一届党组审时度势，明确提出要以制度优势应对风险挑战，加快推进中国石油治理体系和治理能力现代化。客观审视公司面临形势，当前油服行业整体服务能力过剩，低价格、无序竞争十分激烈，公司国内外生产经营都遇到了前所未有的冲击挑战：国内关联交易市场规模不大，国际市场效益利润持续走低；公司创新能力和尖端技术服务能力有待提升，高端技术装备不足，自主装备处于成长期；资产创效能力不强，净资产收益率处于较低水平；一些安全生产、工程质量事故，暴露出我们的管理仍然粗放、基础还不够牢固。

面对新矛盾新问题，我们要进一步增强忧患意识，以更努力的工作、更扎实的举措加以解决。要创新管理体制，适应发展方式转变；创新技术研发体系，加快自主研发能力建设；创新人才培养模式，满足转型发展需要；创新生产组织运行模式，优化生产成本。要实施低成本战略，走内涵发展道路，以投资回报、经营效益为目标，着力盘活公司现有资源，有效降低服务成本和运营成本。要坚持规模发展向质量效益转型，进一步做实国内市场，做大海外市场，做强非常规业务，保持市场规模稳步增长。

站在新时代的历史方位，我们必须增强政治意识，提高政治站位，认真谋划好未来的发展思路和目标任务，以更大的信心和决心推动新时代党的建设总要求在公司落地靠实，用高质量党建引领和保障公司高质量发展。

三、今后五年党委工作安排

指导思想：以习近平新时代中国特色社会主义思想为指引，深入贯彻党的十九大和十九届中央历次全会精神，紧紧围绕完善中国特色现代企业制度，贯彻落实新发展理念，充分发挥党委把方向、管大局、保落实的领导作用，坚定不移加强新时代党的政治、思想、组织、作风、纪律和制度建设，压紧压实管党治党责任，提升党的建设质量和科学化水平，实现党的领导与公司治理有机统一，奋力开创新时代公司高质量发展新局面。

总体目标：用习近平新时代中国特色社会主义思想指导公司发展的体制机制不断完善，"不忘初心、牢记使命"

长效机制更加健全,"大党建"工作格局全面构建,干部队伍结构进一步优化,基层党建"三基本建设"工作持续规范,党建与生产经营深度融合,党的建设质量稳步提升,管党治党责任进一步压实,风清气正的政治生态进一步巩固。公司组织架构、管理体制机制持续优化,治理体系和治理能力现代化取得显著成效,以员工为中心的发展理念深入人心,员工幸福感、获得感、安全感全面提升。

围绕上述思路和目标,各级党组织要坚决做到"七个始终",全面完成公司党委确定的工作任务。

(一)始终坚定理想信念、知行合一,以党的政治建设为统领强根固魂

聚焦"两个维护",坚定政治信仰、强化理论武装、锤炼政治品格,在思想上政治上行动上同以习近平同志为核心的党中央保持高度一致。

一是强化政治理论武装。持续推进习近平新时代中国特色社会主义思想大学习大普及大落实,巩固"不忘初心、牢记使命"主题教育成果,完善领导作表率、一级抓一级、层层抓落实的工作模式,确保总书记重要讲话和指示批示精神、党中央重大决策部署在长城钻探坚决落实到位。严格执行公司党委《学习贯彻习近平总书记重要指示批示精神落实机制》,提高政治站位、压实主体责任、自觉对标对表、及时校准偏差、落实具体措施,破解改革发展难题,高质量推进"六个典范"企业建设。

二是推动主体责任落实。每半年专题研究全面从严治党情况,研判形势,部署工作。完善两级党委落实全面从严治党主体责任清单和任务清单,明确书记第一责任、副书记直接责任、班子成员"一岗双责",实现全面从严治党各领域各方面各环节全覆盖。坚持抓基层党建述职评议和常态化党建责任制考核,压紧压实、考准考实、问准问实党建工作责任,将考核结果与单位经营考核业绩和领导干部选拔任用、实绩评价挂钩,层层传递压力、传导责任。

三是严肃党内政治生活。严格执行新形势下党内政治生活若干准则,严明政治纪律和政治规矩,认真落实"三会一课"、民主生活会、组织生活会、主题党日、民主评议党员等组织生活制度,提高党内政治生活的政治性、时代性、原则性、战斗性。加强党员干部思想教育和党性锻炼,发扬斗争精神,提高斗争本领,不断提高马克思主义政治觉悟和政治能力。

(二)始终坚持深化改革、释放活力,以党的全面领导为根本推动发展

将党的领导融入公司生产经营、改革发展全过程,补短板、强弱项,争先进、创一流,推动公司实现更高质量发展。

一是建设落实党的领导的标杆企业。认真贯彻中央企业党委(党组)落实党的领导融入公司治理的制度性意见,把党的领导融入公司治理各环节,将企业党组织内嵌到公司治理结构之中,把加强党的领导和完善公司治理统一起来。细化党委在决策、执行、监督各环节的权责和工作方式,将把方向、管大局、保落实的作用发挥进一步组织化、制度化、具体化。完善集体领导制度，严格贯彻民主集中制，构建权责清晰、各司其职、各负其责、规范高效的决策运行机制，使党的全面领导制度上有规定、程序上有保障、实践中有落实。

二是建设保障能力突出的骨干企业。坚决贯彻习近平总书记"大力提升油气勘探开发力度、保障能源安全"重要指示批示精神，统筹利用好国内国际两个市场、两种资源。对内，以辽河关联交易市场为基础，以西南页岩气和苏里格致密气开发为支撑，以工程技术服务为保障，持续扩大总包一体化服务规模，全力保障增储上产；对外，发挥资源潜力和境外项目战略前沿优势，做强非洲、做大中东、拓展美洲、做实中亚，稳固传统市场，开拓新兴领域，寻求效益增长点，巩固扩大自身优势，勇当中国石油海外工程技术服务开疆拓土排头兵。探索能源转型服务，加快实现由施工服务为主向技术服务与施工服务并重转变。

三是建设倡导生态文明的绿色企业。积极践行"绿水青山就是金山银山"的理念，坚持"资源在保护中开发，在开发中保护，环保优先"的原则，大力推进清洁生产和清洁能源开发，强化能源资源节约利用和效率提升，走绿色低碳清洁发展之路。完善环境风险预测预警体系，落实环境风险防控措施，逐步实现重大环境风险源可视化、智能化管控，为创造"天更蓝、山更绿、水更清的优美环境"贡献长城力量。

四是建设持续深化改革的示范企业。充分发挥党委领导作用，全面落实改革三年行动方案，建立定位明确、界面清晰、管控适度、责权统一、协调运转的管理体系，以深化改革撬动发展变革。完善权力配置和运行制约机制，健全分事行权、分岗设权、分级授权、定期轮岗制度，厘清不同层级之间的职责权力边界，积极塑造独立的市场竞争主体，激发各单位参与市场竞争的积极性。创新生产组织模式，强化专业化发展和资源优化配置，持续深化三项制度改革，全面完成二、三级机构压减目标，调动全员改革发展、提质增效的积极性。

五是建设技术优势明显的创新企业。持续完善科技管理体制机制，加大科技投入，重点发展井筒建设工程技术，加快发展非常规油气藏工程技术，特色发展油藏识别和储层改造技术，攻克一批"卡脖子"技术难题，推进成果转化和产业化应用，提升公司核心竞争力。弘扬科学家精神和工匠精神，完善科技人才发现培养激励机制，充分发挥博士后工作站、技术技能人才专家作用，打造全员科技创新平台，构建良好创新环境。深化人工智能、大数据、物联网等信息技术在工程技术服务全产业链的应用，加快数字化转型步伐，推动公司组织方式、业务管理、经营模式全方位变革。

六是建设有效防范风险的和谐企业。保持战略定力，增强底线思维，精准研判、妥善应对可能出现的各类风险，保障公司改革发展始终沿着正确方向前进。紧盯油价、市场、汇率走势，突出国际化经营、工程、物资等重点领域，坚决防范化解经营风险；深化双重预防机制建设,建立井控安全长效机制,落实社会安全"三防"措施,坚决防范化解安全风险;抓好常态化疫情防控,加强公共卫生和职业健康体系建设,坚决防范化解健康风险;严格落实维稳信访责任,做好重点时期、敏感时段、重大改革事项的稳定风险评估和应对预案,坚决防范化解稳定风险。

(三)始终弘扬石油精神、守正创新,以思想文化建设为引领聚心育人

突出思想引领、教育先行和舆论引导,抓好宣传思想文化工作,为公司改革发展汇聚强大力量。

一是加强思想政治教育。规范党委理论中心组学习模式,完善登记备案、统计分析、成果转化制度,学好用好《习近平谈治国理政》第三卷,推动习近平新时代中国特色社会主义思想走深走心走实。弘扬和践行社会主义核心价值观,加强党史、新中国史、改革开放史、社会主义发展史教育。按照中央和集团公司党组安排部署,组织好建党百年系列活动和"岗位建功新时代、党旗飘扬迎百年"主题活动。定期组织"形势、目标、任务、责任"主题教育,开展石油精神和大庆精神铁人精神再学习、再教育、再实践活动。实施员工思想动态调研分析,提高做好"一人一事"思想政治工作能力,引导广大干部员工认清形势、转变观念、凝心聚力、共谋发展。

二是加强企业文化培育。准确理解把握石油精神大庆精神铁人精神核心要义和新的时代内涵,深挖新时代长城钻探文化特质,打造内化于心、固化于制、外化于行的"三化"体系,推动形成具有长城钻探特色的企业价值观、经营理念和行为规范。协同推进形象规划,创新开展形象建设系列活动,优化传播策略和宣传重点,推广优秀技术、服务和品牌,开展精神文明创建活动,大力培养选树先进典型,推进企业形象建设常态化长效化。探索开展企业文化示范单位认证工作,创建文化建设明星单位,构筑企业文化建设新高地。

三是加强意识形态管理。完善意识形态工作责任制,定期总结公司意识形态形势,落实重大情况分析研判和定期通报制度。加强各级各类媒体、教育培训等意识形态阵地归口管理,抓好意识形态工作审查,强化互联网宣传和信息内容管理,完善内部媒体网络登记备案和内容监管机制,定期对各类媒体进行清理规范。实时开展舆情监测,完善重大舆情和突发事件舆论引导机制,研究制定引导策略,及时处置,严防意识形态问题。

四是加强新闻宣传引导。坚持团结稳定鼓劲、正面宣传为主,围绕重大政策、重大工程、重大活动、重大典型、重大成就和重大民生,积极做好主题宣传、形势宣传、政策宣传、成就宣传、典型宣传。以"一网两微"为主体,加强融媒体建设,形成"网上网下一体、内宣外宣联动"的立体宣传格局。规范新闻发布工作流程和标准,完善新闻报道精准化考核激励机制,确保敏感信息披露及时、准确。加强新闻宣传工作培训和专兼职人员培养,强化脚力、眼力、脑力、笔力锻炼,努力打造一支政治过硬、本领高强、求实创新、能打胜仗的宣传思想工作队伍。

（四）始终注重强基固本、深度融合，以基层组织建设为根本激发活力

高质量推进基层党建"三基本建设"，切实把党组织的政治优势转化成为企业创新优势、发展优势、竞争优势。

一是夯实党的基本组织。贯彻落实党支部工作条例、宣传工作条例、党员教育管理工作条例、国有企业基层组织工作条例和基层组织选举工作条例等制度，牢固树立大抓基层的鲜明导向，深化星级党支部达标晋级管理，扩大先进数量、提升中间水平、整顿后进党支部；按照"四同步""四对接"要求，建立健全基层党组织，按期组织换届，做到"应建必建""应换必换"；持续整顿软弱涣散基层党组织，对党建发现问题定期组织排查整改，提升党支部标准化、规范化建设水平。充分发挥基层党组织的战斗堡垒作用和党员的先锋模范作用，注重党建与生产经营的深度融合，增强党组织政治功能，提升组织力。

二是建强党的基本队伍。强化基层党组织书记、党务干部、党员"三支队伍"建设。把党支部书记岗位作为培养选拔领导干部的重要台阶，严格落实同职级、同待遇政策。把党务干部岗位作为培养复合型人才的重要平台，选拔政治素质好、熟悉经营管理、作风正派的党员骨干做党建工作，按照规定比例配备专职人员。完善党务干部培养锻炼、选拔任用、考核评价机制，畅通优秀党务干部成长晋升渠道。把政治标准放在发展党员首位，严把"入口"，向基层一线、青年骨干和党员空白班组倾斜，稳妥有序开展不合格党员组织处置工作。严格党员教育管理，创新党务干部轮训，提升党性修养和专业素养。

三是健全党的基本制度。完善公司党建责任体系、制度体系、保障体系，分类制定基层党组织党建工作规范化模板，抓好执行和监督检查。严肃党内组织生活，严格落实"三会一课"、民主生活会、组织生活会等各项制度。完善党建工作联系点和党员领导干部讲党课制度，指导、帮扶联系单位提升党建工作水平。加强新形势下海外党建工作，建立向驻在国使（领）馆和集团公司地区党工委报到汇报和应急联系机制，严格落实"五不公开"要求，因地制宜开展党内组织生活。深化"铁人先锋"党建信息化平台应用，完善平台使用维护、考核评价、数据分析、支持决策等制度，实现党工团业务线上线下融合开展，推进党建工作全面迈入"智慧党建"新阶段。

（五）始终秉持德才兼备、以德为先，以忠诚干净担当为标准选贤任能

坚定不移实施人才强企战略，着力打造坚强有力的领导班子和奋发有为的干部队伍。

一是树立鲜明用人导向。坚持新时期好干部标准，深化干部人事制度改革，健全党管干部、选贤任能制度，完善管思想、管工作、管作风、管纪律的从严管理机制，把人力资源价值提升作为重要任务，形成能者上、优者奖、庸者下、劣者汰的正确导向。坚持以德为先、事业为上、人岗相适、人事相宜，注重在改革发展、提质增效等重大考验中发现和选拔干部，注重使用有党务工作经历的干部，把合适的干部放到合适的岗位上。

二是优化干部人才队伍。落实"党管干部、党管人才"原则，对照领导干部增强"八大本领""七种能力"和国有企业领导人员"20字"要求，大力弘扬企业家精神，着力培养选配具有国际视野、战略思维、创新意识，特别是有基层磨炼经历、业绩优异、素质全面的领导干部。坚持宜专则专、宜兼则兼的原则，坚持老中青结合的梯次配备，打造分工明确、专业配套、优势互补、功能齐全、年龄合理的中层领导集体。深化人才发展体制机制改革，破除人才引进、培养、使用、评价、流动、激励等体制机制障碍，实施更加积极开放的人才政策，坚持需求导向，精准引进国内外急需紧缺人才，深入推进专业技术岗位序列制度改革，大力实施技能人才培养开发工程，做好党委联系服务专家工作，为人才办实事、做好事、解难事，防止人才流失。

三是加强年轻干部培养。完善年轻干部培养选拔机制，优化成长路径，突出基层经历，加强交流调整，培养斗争精神和斗争本领，把干部放到吃劲、重要岗位去经历思想淬炼、政治历练、实践锻炼、专业训练。着眼近期需求和长远战略需要，分层级建立年轻干部数据库和"成长档案"。不拘一格大胆提拔使用优秀年轻干部，实行递进式配备，以"80后"为中坚，逐步配备"85后"中层干部，持续推进干部队伍年龄结构优化。

四是激励干部担当作为。落实激励干部担当作为若干措施，完善以能力业绩为导向的科学考核评价体系，多渠道、多维度、多角度、近距离了解掌握干部的政治素质、履职能力、经营业绩，对真抓实干、业绩突出、考核排名靠前的领导干部优先提拔重用，对不作为、慢作为的干部坚决调整淘汰。加强干部关心关爱，建立容错纠错机制，坚持"三个区分开来"，及时为受到不实反映的干部澄清正名，减轻干部干事创业思想负担。

（六）始终突出惩防并举、标本兼治，以纪律作风建设为保障从严治党

狠抓党风廉政建设责任制落实，把全面从严治党贯穿于企业改革发展和党的建设全过程。

一是完善党内监督体系。健全党委全面监督、纪委专责监督、部门职能监督、基层组织日常监督、党员民主监督的党内监督体系。主动接受、积极配合中央和集团公司党组巡视监督，强化公司党委巡察监督，加强"三位一体"巡察成果运用，推进巡察工作高质量全覆盖。用好政治巡察、合规监察、执纪审查和审计监督四个平台，带动群众监督、舆论监督等外部监督主体履职，构建"大监督"格局。深入推进"平安工程"建设，强化对权力运行的制约和监督。建立党委支持纪委履职尽责的支持保障机制，推动纪委主业主责向监督再监督集中、向执纪问责转变。

二是持续加强作风建设。严格落实中央八项规定精神，认真执行公司党委为基层减负"十三条措施"和改进会风文风"十四条措施"，持续解决困扰基层的形式主义、官僚主义问题。探索运用"互联网+督查"方式，统筹不同层面、不同业务领域的督查检查，逐步推动机关部门考核结果互认互用。大力推进两级机关作风建设，优化管理机制，简化工作流程，落实首问首办负责制、限时办结制等制度，弘扬"三个面向、五到现场"等优良传统作风，打造讲政治、守纪律、负责任、有效率的机关。

三是精准实施执纪问责。坚持无禁区、全覆盖、零容忍，坚持重遏制、强高压、长震慑，坚持严查快办主基调，依规依纪依法进行监督检查、审查调查和案件审理。突出关键少数，严肃查处问题线索反映集中、群众反映强烈的腐败案件，以及职工群众身边的"微腐败"问题。实事求是运用"四种形态"，履行好监督第一职责，对日常监督检查发现的苗头性、倾向性问题和一般性违纪问题，及时采取约谈提醒、批评教育、责令检查、诫勉谈话等组织方式，抓早抓小、防微杜渐。深化以案促改，加强警示教育，发挥查处一案、警示一片、规范一方的治本作用。

（七）始终践行以人为本、心系基层，以群团统战工作为纽带凝聚合力

加强党对群团统战工作的领导，全心全意依靠职工群众办企业，充分调动发挥职工群众创新创造热情，为公司高质量发展注入生机活力。

一是推动全员建功立业。大力实施全员素质提升工程、员工创造工程和安心工程，增强基层工会组织活力，拓展服务职工领域。深入开展群众性岗位建功活动，广泛组织主题劳动竞赛，激发广大干部职工"比学赶超"的劳动热情。完善全员创新创效运行机制，持续开展技术革新、技术协作、发明创造、合理化建议征集等活动，吸引更多的职工投身技术创新实践。加强劳模培养选树管理，加快"长城工匠"人才队伍建设，广泛宣传先进事迹，让诚实劳动、精益求精蔚然成风。

二是保障职工民主权利。落实以职代会为基本形式的企业民主管理制度，健全完善工会劳动保护监督机制，对涉及职工切身利益的重要问题和生产经营重大事项，按照一定程序向职工公开，听取职工意见，接受职工监督。践行"以员工为中心"的发展理念，做好实事惠民工作，把实事办好、把好事办实，持续改善一线生产生活条件。用好用足相关福利政策，开展重大节日慰问、送文化到基层、送温暖到一线等活动，加大国际和外部市场员工及家属服务力度，精准实施生活帮扶、医疗帮扶、特殊帮扶和"金秋助学"等活动，把关怀送到职工群众的心坎上。

三是培养青年后备力量。坚持党建带团建，推进各级团组织规范化建设，加强对团员的常态化管理，严格落实"三会两制一课"制度，建立团干部配备、培训、考核评价全程管理机制，增强团的组织力。加强对青年的思想政治引领和成长成才服务，制定促进青年发展的政策措施，营造有利于青年发展的良好环境。发扬"党有号召、团有行动"的优良传统，巩固青年论坛、青年讲堂、主题团日三种学习教育模式，积极开展青年文明号创建、"五小"成果攻关、革新创造等活动，引导广大青年立足新时代、展现新作为。

四是筑牢和谐稳定根基。全面排查信访重点领域、重点群体、重点问题、重点人员存在的主要矛盾隐患,探索多元化解机制,实施领导包案攻坚,做好重要时段、重点地区维稳信访安保防恐工作。加强新形势下统一战线工作,搭建党外知识分子创新发展和沟通交流平台,充分发挥党外人士才智作用。坚持"党管保密"原则,强化保密纪律约束,依法依规治密,筑牢公司保密安全防线。进一步完善基层工作标准体系,持续打造基层队实体样板,加强典型选树培育,推动"三基"工作水平整体提升。

同志们,站在即将迎来建党100周年、全面建成小康社会、奋力开启第二个百年奋斗目标的历史交汇点上,让我们更加紧密地团结在以习近平总书记为核心的党中央周围,深入贯彻落实中央和集团公司党组各项决策部署,毫不动摇坚持党的领导,持之以恒加强党的建设,团结带领广大干部员工,为全面建设国际一流石油工程技术总承包商而努力奋斗!

(王广宇)

专 文

长城钻探工程公司三届三次职代会暨2020年工作会议召开

2020年1月8日至9日,长城钻探工程公司第三届职工代表大会第三次会议暨2020年工作会议在京召开。8日上午8时10分,会议在庄严的国歌声中隆重开幕。马永峰、胡欣峰、张柏松、曹建国、翟智勇、宋鹍、韩敏等出席会议并在主席台前排就座。党委书记、执行董事马永峰主持会议并讲话,总经理胡欣峰作题为《坚持稳中求进,提升发展质量,推进"六个典范"企业建设再上新台阶》的工作报告,总会计师曹建国作《公司财务工作报告》;长城钻探工程公司主要领导作领导班子述职报告。与会代表表决通过关于《公司工作报告》《公司财务工作报告》《公司三届三次职代会提案征集及重点立案》的决议。

胡欣峰在报告中从五个方面回顾2019年的主要工作:强化扩容增效,市场攻坚赢得胜利;兼顾当前长远,改革管理持续深化;突出提速提效,技术进步成果显著;细化防范措施,安全管控能力提升;压紧压实责任,从严治党纵深推进。

报告从国际、国内两方面分析公司当前面临的形势以及影响公司发展的诸多因素，提出2020年工作指导思想和任务目标。报告要求，做好今年工作，要把握好五个方面。一是要坚持党的全面领导，二是要着力扩大规模效益，三是要突出问题导向，四是要确保企业稳健发展，五是要加快打造适应企业发展的体制机制。

报告对2020年工作进行安排部署。重点抓好国际市场、国内工程技术服务市场和非常规天然气风险作业运作水平的提升。同时，突出抓好六项重点工作。一是强化生产运行管理，二是提高经营管理水平，三是突出抓好风险管控，四是加快科技创新步伐，五是持续深化改革调整，六是全面加强党的建设。

曹建国作《公司财务工作报告》。报告对2019年主要工作进行回顾，通报预算执行情况和财务资产工作，对2020年财务预算进行安排。

马永峰就做好2020年工作提出三项要求。

第一，要准确把握公司现阶段发展特点和应对策略。一是国内油气增储上产为公司提供难得发展机遇的同时，也对公司自身竞争能力提出挑战，必须树立危机意识和机遇意识；二是公司固有的海外市场优势提供发展保障的同时，也对市场敏感性提出挑战，必须树立强烈的市场意识和创新意识；三是闯市场在为公司扩大规模收入的同时，也对公司的经营和管理能力提出挑战，必须树立战略意识和效益意识。

第二，要持续全面加强党的领导，高站位引领企业发展。一是各级干部和基层党委班子要聚焦中心工作，重点在"保落实"上下功夫；二是各级干部和组织要继续在打造风清气正的政治生态、推进党风廉政建设上下功夫；三是各级党委班子和各级组织在干部选拔过程中，要在"以德为先"的基础上，更加重视业务水准和专业技术水准；四是各级班子要站在为企业可持续发展负责的高度，更加注重年轻干部的培养。

第三，要持续推动"六个典范"企业建设，进一步推进高质量发展。一是坚持效益发展理念不动摇。要准确把握好市场攻坚方向，开展挖潜降本增效，结合实际完善和充实公司业绩考核办法，坚持"严考核，硬兑现"，调动员工积极性。二是坚持抓好创新提升不动摇。围绕企业发展"痛点""难点""焦点"问题，加强顶层设计，在科技创新、生产提效、人才队伍、改革调整等方面制定切实可行的措施。三是坚持从严风险防控不动摇。要对事故再一次反省，高度关注井控安全，更加注重合同管理。四是坚持以员工为中心不动摇。

会议代表分组座谈，审议并通过公司三届三次职代会关于三个报告的决议。会议代表听取《领导班子述职报告》和《选人用人工作报告》，对公司领导班子和成员进行民主测评。

会议期间，西部钻井公司、乍得综合项目部等6家单位进行表态发言。

公司自有钻机全部实现复工

截至2020年3月5日，吉林市场、青海市场、中石油煤层气有限责任公司（以下简称中油煤）、苏南道达尔等市场已全面实现复工复产，长庆油田等市场的外包队伍正陆续复工，辽河油区、冀东市场、四川页岩气一直满负荷作业……至此，长城钻探公司国内各区域市场的自有钻机实现全部复工。

作为市场化程度较高的工程技术企业，长城钻探工程公司需要复工的油田市场近10余家，市场分布广，区域跨度大，各区域新冠肺炎疫情防控的要求不尽相同，跨省级人员返程程序复杂，复工难度相当大。公司随时做好复工复产准备。国内冬休队伍生产复工主要涉及北部的吉林油田、西部的青海油田、新疆油田等十余个市场。集团公司复工复产指令一经下达，长城钻探冬休队伍生产复工保障工作领导小组立即部署实施方案，指导各区域做好冬休队伍生产复工和生产场所疫情防控工作。

加强与油田公司及当地政府沟通，做好复工前各项准备。建立公司、区域和二级单位三级沟通机制，全面对接甲方复产计划和工作要求，落实好复工队伍的工作量及生产安排，科学合理有序复工。同时，与当地政府建立沟通机制，及时掌握各地对复工人员的疫情防控及隔离措施等相关要求，按要求制定好疫情防控方案和保障措施，及时报送备案，履行审批程序。

在此基础上，根据各油田市场冬休队伍复工数量、队伍属性、施工区域、人员情况及动员时间等，制定详细的复工启动计划，把握三项要领，精准落实到位。

员工安全第一，做好人员筛查防护事宜。井队长作为第一责任人，统一行动，统一管理；加强复工人员前往项目部的交通管理；复工人员到达项目地，完成隔离、排除隐患后方可进入作业现场。

科学组织协调，实现施工安全高效快速。做好施工前验收工作：与甲方沟通协商，采取远程视频等灵活方式把好开钻前验收关；加强施工现场管理，对现场实行封闭管理，强化人员日常体温检测，强化现场卫生管理；做好防疫用品和生产物资供应，保障复产队伍防疫和施工需要。

加强技术支持，确保复产队伍施工顺利。增强技术保障力量，加强远程技术指导，提高技术支持力度和效果，及时解决冬季复工队伍遇到的各种技术问题。

坚持复工复产与优化布局并重。优化钻机资源的布局和配置，2部钻机已经从威远调往中油煤；2部钻机已开始调往到深层页岩气市场。坚持复工复产与队伍施工管理并重，强化复产队伍的生产组织，确保队伍优质高效运行，生产运行取得良好效果。其中辽河油区完成进尺41.45万米，同比增加6.03万米，增幅达17.02%，辽河油区进尺上万米的井队同比增加5支，其中首支钻井队突破万米同比提前21天；威远页岩气H34平台4口水平井水平段平均达到2200米，其中一口井常规导向1800米水平段施工钻井周期55.47天，创西南地区最短时间纪录。

焦方正到公司调研指导工作

2020年4月8日下午，集团公司党组成员、副总经理焦方正一行到长城钻探工程公司调研指导工作。股份公司副总裁兼中国石油天然气股份有限公司勘探与生产分公司（以下简称勘探与生产分公司）总经理李鹭光，科技管理部总经理匡立春，中国石油集团油田技术服务有限公司（以下简称中油油服）党委书记、执行董事、总经理秦永和，集团政策研究室副总经济师等参加调研。

公司党委书记、执行董事马永峰主持会议，胡欣峰、张柏松、翟智勇、宋鹍、韩敏、刘绪全，以及公司总经理助理、副总师以上领导出席会议，机关有关部门负责人参加会议。马永峰代表长城钻探工程公司汇报公司基本情况、2019年主要工作情况及今年一季度工作进展、下一步重点工作安排及应对低油价措施等工作。

焦方正听取工作汇报后指出，长城钻探工程公司经过10余年的发展壮大，逐步形成钻修井、技术服务、风险总承包为核心的主营业务，全方位支撑集团公司增储上产国内外重大工程项目建设，在党的建设、队伍建设、生产经营、科技创新、改革发展等方面也取得优异成绩。一是保障国内油气业务增储上产，创造一系列优异的工程技术指标；二是支撑国际油气业务快速发展，为海外油气产量突破1亿吨作出重大贡献；三是创造性开展风险总承包业务，拓展生存和发展空间；四是创新发展六大特色技术，提升公司核心竞争力；五是贯彻落实集团公司党组疫情防控工作部署，防控工作扎实有效；六是党的建设水平不断提升，建设一支高素质的石油工程技术服务队伍。

焦方正就下一步工作提出明确要求。

第一，强化责任担当，全面提升国内国际增储上产重大工程项目建设服务保障能力。国内、国际工程技术服务和风险总承包业务要持续上水平、上台阶。要全面提升致密油气、碳酸盐岩气田钻完井工程技术服务能力，在提速提产上加大力度；保障辽河油田千万吨持续稳产，大力推广水平井钻井技术，把过去没有效益的剩余油变成经济可采储量；大力提升页岩气工程技术服务保障能力，满足4500米以浅页岩气勘探开发需求；大力发展海外业务，巩固扩大非洲、中东等服务的主战场；与油气田加强沟通，高质量完成风险总承包业务，为公司创效提供支撑。

第二,强化创新驱动,全面提升工程技术的核心竞争力。紧密结合国内增储上产和海外业务发展的需要,加大核心技术攻关力度,努力形成一批"杀手锏"技术。要加快发展超深井钻完井技术,大力发展水平井分段压裂技术,持续发展稠油钻完井技术,在全方位、全系统提升致密气、致密油和页岩气产量的关键技术上取得突破,推动难动用储量和低效储量得到高效开发。

第三,强化效益导向,全面提升工程技术服务创效能力。落实提质增效专项行动方案,牢固树立效益意识,全面建立以业绩为导向的工程项目预算管理体系,系统总结海外项目管理经验和做法,对单个项目开展效益评价;全面建立以业绩为导向的单项工程管理预算管理体系,开展劳动竞赛,实施创效指标评比;优化运行管理,提高协调和运行效率;强化成本管控,大幅降低采购和运行费用,实现降本增效。

第四,强化安全环保,全面提升安全环保的管理水平。井控管理是安全管理的重中之重,任何时候只能加强,不能放松,标准和投入不能降低。强化井控管理,抓好钻井现场井控管理人员责任落实,以实操培训为主,培养一支训练有素的抢险队伍。强化安全体系建设,抓好安全责任落实,加强高风险作业井段、作业过程的安全监控和监管,加大专家指导力量。

第五,强化改革创新,率先建成世界一流的工程技术服务公司。与国际油服公司加大对标力度,围绕一流的品牌、一流的技术、一流的业绩、一流的管理、一流的服务、一流的文化,制定建设"世界一流"的指标要求,充分体现长城钻探工程公司的管理和服务能力。

第六,强化党的建设,打造一支新时代的铁人队伍。强化政治建设,以政治建设为引领,用习近平新时代中国特色社会主义思想武装干部职工的头脑,增强"四个意识",坚定"四个自信",坚决做到"两个维护"。传承铁人精神,扛起铁人精神大旗,用广大干部职工的创造力,不断为铁人精神注入新时代的内容。

焦方正强调,要抓好复工复产的疫情防控工作,坚决不能松懈。要进一步加大防控和检测力度,保持"双零"指标,为完成全年任务指标创造良好环境。

李凡荣到公司调研指导工作

5月6日下午,集团公司总经理李凡荣一行到长城钻探工程公司调研,听取相关工作汇报。集团公司办公室副主任王龙、政策研究室副主任陈发晓、规划计划部副总经理李华启、中油油服副总经理李国顺等随同调研。

期间,李凡荣一行参观长城钻探工程公司远程作业支持中心(RTOC),听取系统建设和应用情况汇报。随后，长城钻探工程公司党委书记、执行董事马永峰作公司整体工作汇报，长城钻探工程公司领导班子成员、助理级人员及机关有关部门负责人参加汇报会。

听取汇报后，李凡荣充分肯定长城钻探工程公司各项工作，并指出，长城钻探自2008年成立以来，历经多次重组整合，集成各家业务特点和优势，逐步形成以钻修井、技术服务和风险总承包为核心的三大主营业务，形成六大技术系列，打造长城钻探工程公司国际化品牌，对集团公司国际化经营起到排头兵作用。

关于下一步工作，李凡荣强调：

一要善创新、谋转变、勇开拓，加快推进长城钻探工程公司专业化发展。在未来发展过程中，长城钻探工程公司要充分发挥能力、技术、制度三大优势，以市场化为导向，积极探索创新、转变发展方式，拓展业务范围，用3—5年时间，努力闯出一条专业化发展的道路，走在集团公司同类企业前列。

二要讲政治、强担当、顾大局，坚决扛起重大的政治责任。要讲政治。全面加强党的建设，以党建为统领，夯实干部队伍，转变工作作风，用实际行动弘扬和诠释大庆精神铁人精神。高度重视中央和集团公司巡视反馈问题整改落实工作，逐项回顾，逐一整改，落实到位。公司党委带头执行好中央八项规定精神，健全制度，坚决反"四风"。要强担当。按照董事长对中油油服"一体两面"的新定位和各项具体要求，围绕上游核心业务，在提质增效过程中，把"成就甲方就是成就自己"的理念进一步落实到位，为集团公司可持续发展贡献力量。要顾大局。加强与甲方沟通协作，形成合力，在低油价下保证上游业务发展，保证工作量连续，保证员工队伍稳定，打造命运共同体。

三要抓发展、强管理、保目标，坚决完成提质增效各项工作任务。要聚焦重点，全力以赴推进提质增效专项行动。要认清形势，统一思想，牢固树立"过紧日子、过苦日子"的思想，要加强市场开发，精细经营管理，优化生产组织，狠抓技术创新，深化企业改革，把提质增效专项行动当成长期的任务抓好抓实。要慎终如始，毫不松懈抓好安全环保管理。深刻汲取集团公司今年的亡人事故教训，牢固树立"一切事故都可以避免"和"人人都是安全员"的理念，以如履薄冰的心态，加强体系审核，抓好安全管理。要凝聚合力，动员全体干部员工为提质增效贡献力量。把提质增效作为长城钻探工程公司可持续发展的重要抓手，也为今年顺利完成经营业绩指标作出贡献。

公司承担国家科技重大专项课题取得突破

2020年6月2日，从工程技术研究院油田化学所获悉，工程技术研究院承担的"十三五"国家科技重大专项课题——《深井超深井油基钻井液技术》，

5月30日在塔里木油田库车山前博孜8井进行现场应用，克服超深井盐层恶性阻卡、井壁失稳及井漏等难题，顺利完成深部地层试验井段的施工任务，完钻井深8235米，创中国石油国内油基钻井液应用最深纪录，标志着工程技术研究院自主研发的抗盐抗高温高密度油基钻井液技术实现重大突破。

抗盐抗高温高密度油基钻井液体系研究是"十三五"国家科技重大专项《大型油气田及煤层气开发》项目20课题4《深井超深井优质钻井液与固井完井技术研究》的研究内容之一，主要针对塔里木油田深井超深井油气埋藏深、地层倾角大、高温、高压、盐膏层及储层钻进过程中卡钻等技术难题，围绕抗高温油基处理剂研制，优化体系配方，开展高温高压及盐水侵条件下钻井液流变性和沉降稳定性等方面的研究，建立抗盐抗高温高密度油基钻井液体系，以满足塔里木油田深层油气资源勘探开发的需要。经过大量攻关研究，工程院油化所的科研人员研制出抗温最高达240摄氏度、密度最高达2.6克/厘米^{3}的油基钻井液体系，具有良好的热稳定性、沉降稳定性和抗盐水污染能力。

博孜8井是部署在库车山前高陡构造上的一口预探井，该井于4月6日将钻井液体系转换为油基钻井液，由7650米四开钻进，于4月21日四开完钻，四开中完井深8005米，钻进过程中油基钻井液最高密度2.27克/厘米^3，最高压井液密度2.42克/厘米^3，现场性能良好，四开完井期间，井底静止7天未发生沉降；博孜8井于5月13日五开开钻，5月30日五开完钻，完钻井深8235米。技术人员根据钻进过程中的实际情况及时调整油基钻井液密度及性能，做好防漏工作及井底出水处理工作。施工期间油基钻井液性能在高密度条件下表现稳定，封堵防塌性能良好，抗盐能力突出，具有较强的抗污染能力，钻进过程中未发生因钻井液原因造成的复杂事故。现场应用结果表明，抗盐抗高温高密度油基钻井液体系具有良好的流变性能、抗盐抗污染能力、抗高温性能和抑制性，可有效解决深部地层阻卡与井壁失稳等难题。

抗盐抗高温高密度油基钻井液技术在博孜8井的成功应用，标志着长城钻探工程公司深井超深井钻井液技术取得重大进步，将为国家大型油气田深层油气藏的有效开发动用作出新贡献。

公司GW80队再次荣登石油精神论坛

2020年6月24日，集团公司在北京举办了第三届石油精神论坛。论坛全面贯彻落实习近平总书记重要指示批示精神，弘扬石油精神和大庆精神铁人精神，凝聚石油员工新时期干事创业的精神力量。来自集团公司各行业的9个集体和个人代表在论坛上进行典型事迹宣讲，宣讲采取视频连线的方式进行。公司泰国项目部GW80钻井队平台经理谢建国在主会场作题为《弘扬石油精神　逐鹿国际市场》的事迹报告。展示公司在全力抗击新冠疫情、深入开展主题教育活动、推进提质增效专项行动等方面的工作业绩和奋力夺取疫情防控和生产经营改革发展"双胜利"的决心。这是公司GW80队连续两次荣登集团公司石油精神论坛。

论坛还发布《新时代大力弘扬石油精神和大庆精神铁人精神研究报告》和《石油精神——文献70年》，人民楷模、新时期铁人王启民宣读倡议书。

集团公司党组副书记、副总经理徐文荣出席会议并代表党组讲话。他指出，石油精神和大庆精神铁人精神是石油行业的宝贵精神财富，体现着石油人永远听党话跟党走的坚定政治信念，体现着石油人投身伟大事业、推动伟大变革的价值追求，体现着石油人在任何困难挑战面前勇于斗争善于实践的坚定意志，体现着石油人打造世界一流企业的文化自信。

徐文荣强调，要深入推进主题教育和提质增效，在"大战大考"中彰显石油精神和大庆精神铁人精神的磅礴伟力。提高"战严冬"的政治站位、找准"转观念"的思想"开关"、坚定"勇担当"的行动自觉、落实"上台阶"思路举措，在推进主题教育活动、引领改革创新、率先垂范、推动高质量发展中彰显精神力量。

公司召开纪念建党99周年暨"七一"主题党日座谈会

2020年7月1日，公司召开纪念建党99周年暨"七一"主题党日座谈会。公司党委书记、执行董事马永峰出席会议并讲话，党委副书记、工会主席翟智勇主持会议。机关党群部门主要负责人、相关处室长、"三基"办公室负责人，各单位党（工）委书记、主持党委工作的经理、党委副书记，党群部门科长参加会议。会议设多个视频分会场。会上，9名党组织书记、党务干部、生产一线优秀共产党员、入党积极分子代表进行发言。

马永峰代表公司党委对奋战在国内外各条战线上的广大党员、各级党务工作者致以亲切问候，并就当前和今后一个时期党建重点工作提出明确要求。

一是抚今追昔，坚决拥护党的集中统一领导。全体共产党员都要有这样的共识：99年的历史雄辩证明，中国共产党不愧为伟大、光荣、正确的党，没有共产党就没有新中国，就没有中国特色社会主义，就没有中国今天的繁荣富强。中国共产党的领导，是中国人民应对各种风险挑战、战胜一切艰难险阻的根本保证，必将引领中国从胜利不断走向新的胜利！

二是继往开来，凝聚新时期干事创业的精神力量。牢记习近平总书记关于大力弘扬以"苦干实干""三老四严"为核心的石油精神的重要批示，各级党组织要增强政治自觉、使命自觉和行动自觉，进一步学习贯彻习近平总书记对石油工业的深切关怀和殷切期望，要坚守忠诚担当的政治品格和艰苦奋斗的优良传统，在企业发展进程中激励队伍、凝聚力量。

三是履职尽责，推动全面从严治党落实到位。各级党员干部要对全面从严治党有清醒的认识，明确职责。坚持实践实干实效，精准抓好落实。要深入一线摸实情，精准施策求实效，久久为功持续抓。要推动党组织书记抓基层党建述职评议考核向下延伸，督促引导各级党组织把党的建设牢牢抓在手上。两级党务职能部门要加强统筹协调，建立经常性的联动协同机制，形成齐抓共管的工作合力。

四是夯实基层，着力抓好基层党支部建设。党中央就基层支部颁布实施两个工作条例，充分体现党中央对党支部工作的重视，树立要把全面从严治党落到每个党支部、每名党员的鲜明导向。近段时间，公司党委领导、党委职能部门的同志多次深入不同区域基层一线，了解掌握基层党建情况，重点是了解党支部建设工作。二级党委、党工委要落实政治责任，夯实党支部工作基础，充分发挥党支部的作用。

马永峰强调，无论是国内还是海外，当前最重要的政治任务就是统筹抓好疫情防控和提质增效工作。在常态化疫情防控过程中，要高度警惕厌战情绪和侥幸心理，毫不放松地抓紧抓实抓细各项防控工作。在全面推进提质增效过程中，要结合实际，降成本、强管理，一件一件地推进年初工作会议部署的任务，务求见到实效。

翟智勇要求，各单位党委、党工委、机关工委要学习领会党委书记马永峰讲话精神，把思想和行动统一到公司党委各项工作要求上来，弘扬石油精神，强化责任担当，创新思路方法，勇于攻坚克难，战胜风险挑战，用高质量党建引领高质量发展，坚决打赢疫情防控阻击战和效益实现保卫战。

公司召开2020年中工作会议

7月15日下午，公司召开2020年中工作会议，总结回顾上半年工作，分析形势，交流经验，安排部署下半年工作。公司党委书记、执行董事马永峰出席会议并讲话，总经理胡欣峰作题为《直面严峻形势，着力提质增效，坚决打赢疫情防控阻击战和效益实现保卫战》的工作报告，党委副书记、工会主席翟智勇主持会议，纪委书记宋鸥作上半年党风廉政建设工作通报，副总经理、安全总监高健作上半年新冠肺炎疫情防控和安全环保工作通报。方武、韩敏、刘绪全等副总师以上领导出席会议。机关部门副处级以上领导，公司国内二级单位党政主要领导，境外单位主要领导参加会议。会议以视频方式召开。

会上，钻井一公司、哈萨克斯坦项目部等10家单位作工作经验交流。

马永峰在讲话中，对上半年各二级单位、海外项目部、机关部门落实公司党委部署，在应对疫情、提质增效、安全环保等各个方面取得的工作成果表示充分肯定。就做好下半年工作提出明确要求。

马永峰指出，要凝聚攻坚合力，坚决完成全年各项生产经营任务目标。首先，思想认识要到位。各级领导干部务必认清形势，经受考验，守土有责，守土尽责，带领广大干部员工坚决打赢疫情防控阻击战和效益实现保卫战。其次，困难估计要到位。要加强形势研判，提前做好科学预测；落实集团公司党组和公司的要求，深刻分析企业自身存在的机遇和挑战，查找自身存在的短板弱项。第三，提质措施要到位。

马永峰要求，要加强党的领导，为打赢疫情防控阻击战和效益实现保卫战提供坚强政治保障。要强化政治引领，把思想凝聚到提质增效第一线。持续深入贯彻落实习近平总书记新时代中国特色社会主义思想和总书记的重要批示指示精神，吃准吃透精神实质和核心要义；发挥好党组织把方向、管大局、保落实的领导作用；发挥宣传思想工作的引领要求，使打赢疫情防控阻击战和效益实现保卫战，成为全员的思想共识。要强化作风表率，领导干部要挺在疫情防控和提质增效的第一线。用自身的榜样带头作用展现共产党人的政治本色，坚持初心、勇担使命；把疫情防控和提质增效作为试金石，盯着问题抓住重点落实；贯彻集团公司党组的要求，把干部在大考大战中的表现作为选拔考察任用的重要标准。要建强组织队伍，把党旗插在提质增效的第一线。坚持把生产经营的难点作为党建工作的重点，队伍建设作为党建和业务的结合点，着力提升基层党组织的政治功能和组织力；深化党员发挥作用的平台建设，把疫情防控和提质增效专项行动作为党员担当作为的主战场，检验党性的试金石。

马永峰强调，要把准工作方向，统筹处理好几个关系。一是处理好稳和变的关系。按照集团公司要求，始终把稳作为工作的落脚点，重点要稳考核指标、稳生产、稳疫情防控、稳经营和法律合规风险防控。二是处理好收和放的关系。一方面，牢固树立"量入为出"的经营理念，面对下半年工作量减少及时收缩、降低成本，要迅速反应，对队伍、人员、成本结构等进行优化；另一方面，到手的工作量要按甲方要求干好。三是处理好今年的考核和基层队伍的关系。坚定信心，坚决完成集团公司下达的经营任务，维护广大员工的根本利益，为党组分忧。四是处理好安全环保与生产的关系。高度重视，严格按照集团公司党组要求和公司安排部署，抓好安全和井控工作。

胡欣峰在报告中指出，面对新冠肺炎疫情和国际油价暴跌对油气市场造成双重挤压，钻探行业遭遇"严冬"的严峻形势，公司上下在集团公司党组的坚强领导下，坚定必胜信念、直面严峻挑战、全力攻坚克难，打响疫情防控阻击战和效益实现保卫战。报告回顾上半年重点工作情况：市场运作扎实有效；

管理增效成果明显；技术支撑更加有力；安全环保形势稳定；企业党建持续加强。

报告分析公司生产经营面临的形势和任务，对下半年重点工作进行安排部署。即围绕全年任务目标和"提质增效"这条主线，全面提高发展质量和创效能力。一是在开源上下功夫，强化市场开发，进一步拓宽发展空间。国际业务要聚焦扩增规模，巩固扩大国际化优势；国内工程技术服务业务要聚焦提高份额，不断提升市场运作水平；"两气"业务要聚焦达产增效，充分发挥抵御风险的"压舱石"作用。二是在运营上下功夫，优化人力、技术、物资设备、资金等资源要素，进一步强化提质增效。三是在创新上下功夫，实施"双轮驱动"，进一步支撑引领发展。一方面，依靠管理创新激发内生活力动力；另一方面，依靠科技创新提升核心竞争力。四是在固本上下功夫，加强新冠肺炎疫情、安全环保、社会安全、经营、法律合规等风险防控，进一步筑牢发展根基。五是在聚力上下功夫，突出党建引领，强化思想政治建设、党建责任落实、党建"三基"工作、巡视发现问题整改、党风廉政建设、保密管理和维稳群团等工作，进一步发挥党组织作用。

黄永章到公司调研指导工作

2020年7月16日上午，集团公司党组成员、副总经理黄永章一行到公司调研，听取相关工作汇报。集团公司总经理助理兼国际部总经理李越强，政策研究室副主任王震，规划计划部副总经理李华启，质量安全环保部副总经理赵金法，中国石油国际勘探开发有限公司（以下简称中油国际）总地质师刘合年，中油油服副总经理、安全总监喻著成等陪同调研。

公司党委书记、执行董事马永峰汇报公司发展情况、国际业务具备的比较优势、国际业务上半年主要工作进展和下步重点工作安排等内容。公司领导班子成员、总经理助理和机关有关部门负责同志参加汇报会。

听取汇报后，黄永章充分肯定长城钻探工程公司发展取得的成绩，并指出，长城钻探工程公司作为集团公司唯一拥有20多年海外运营经验的钻探企业，优质高效服务保障集团公司海外油气增储上产，形成了一系列国际化比较优势，近两年公司整体经营业绩稳定向好，国际业务综合竞争力显著增强，海外党建工作成绩突出。

关于下步工作，黄永章强调：

一要坚定必胜信念，深入推进提质增效专项行动，坚决完成全年任务目标。要进一步统一提质增效的思想认识，切实增强紧迫感和使命感，深入开展"战严冬、转观念、勇担当、上台阶"主题教育活动，引导全体干部员工进一步提高政治站位，增强大局意识，树立底线思维，深刻认识低油价形势的严峻性、复杂性和长期性,保持清醒头脑、坚定必胜信念,凝聚起共克时艰的强大力量。要进一步抓好提质增效措施落实,坚决打赢效益实现保卫战。牢牢把握提质增效这条主线,牢固树立过"紧日子"的思想和"一切成本皆可降"的理念,采取超常规思维和革命性举措,深入推进各项措施落实,以更大的工作成效为集团公司"穿越至暗时刻"作出更大贡献。

二要坚持国际化道路,巩固扩大自身优势,勇当集团公司开疆拓土的排头兵。要眼睛向外抢抓机遇、眼睛向内苦练内功,持续提升国际市场竞争力,勇当集团公司开疆扩土的排头兵。做强"一个保障":围绕伊拉克、乍得、尼日尔等集团公司境外重点投资项目,优质高效服务保障油气增储上产。发挥"两个优势":进一步发挥国际化品牌优势和总包一体化优势,增强综合竞争力。加快"三个创新":加快技术创新、管理创新、改革调整,为企业发展注入新的活力和动力。增强"四种能力":增强战略规划能力,做好国际业务顶层设计,引领发展方向;增强市场开发能力,加快市场转型升级,拓宽业务领域,打造新的创效点;增强低成本竞争能力,全员、全要素、全过程精益管理,走出一条低成本发展之路;增强风险防控能力,严防海外社会安全、经营和法律合规风险,守住安全环保底线。

三要坚持和加强党的建设,充分发挥独特政治优势,为企业行稳致远提供根本保证。要持续加强政治建设,学深悟透习近平新时代中国特色社会主义思想,不断增强"四个意识",坚定"四个自信",做到"两个维护";要持续巩固"五落实"等先进经验,落实党建责任,夯实海外党建基础;要大力弘扬石油精神和大庆精神铁人精神,把"苦干实干、三老四严"等优良传统与新时期国际业务发展紧密结合起来,在弘扬传统中持续深化,在狠抓落实中奋发作为,不断提升长城钻探工程公司国际化石油铁军的执行力和战斗力。要慎终如始抓好常态化疫情防控,坚决落实集团公司国际业务新冠肺炎疫情防控专题会议精神,进一步强化形势研判,压紧压实防控责任,健全完善工作机制,防范疫情衍生风险,抓好各项措施落实,确保实现"两稳两争两保"目标,坚决打赢这场疫情防控阻击战。

公司召开干部大会

2020年8月21日下午,长城钻探工程公司在北京召开干部大会。集团公司党组成员、副总经理焦方正出席会议并讲话,集团公司人事部副总经理李刚宣读集团公司党组和集团公司关于长城钻探工程公司领导干部任免文件,马永峰主持会议。

会议宣布,周丰任长城钻探工程公司总经理、党委副书记。胡欣峰另有任用。

胡欣峰、周丰、马永峰先后作表态发言，表示坚决拥护集团公司党组的决定，服从党组的安排。

长城钻探工程公司领导班子成员、所属单位主要领导、机关副处级以上干部参加会议。会议设多个视频分会场。

焦方正对此次长城钻探工程公司领导班子调整进行说明，介绍胡欣峰、周丰同志的工作经历，肯定他们在各自岗位上取得的成绩。

焦方正在讲话中指出，2018年以来，长城钻探工程公司在以马永峰同志为班长的领导班子带领下，经营业绩不断提升，服务保障作用充分发挥，改革创新取得实效，发展基础不断巩固、扎实推进QHSE体系建设，党的建设持续加强。特别是2020年以来，面对新冠肺炎疫情和超低油价带来的严峻挑战，长城钻探坚决贯彻集团公司党组的部署，迎难而上，主动作为，统筹做好疫情防控和生产经营，狠抓提质增效专项行动措施落实。在坚决守住疫情防控"零感染"的基础上，上半年取得主要经营指标完成过半的喜人成绩。

焦方正分析集团公司面临的生产经营形势，对长城钻探工程公司下一步工作提出明确要求。一是学习贯彻集团公司领导干部会议精神，抓好各项部署落实。要结合实际分解目标，制定方案，切实把干部员工的思想统一到集团公司党组的决策部署上来。各级领导班子和领导干部要带头学习，深入研究，带头执行落实推进公司治理体系和治理能力现代化一系列目标任务。要结合会议精神贯彻落实"十四五"规划编制，紧紧围绕率先建成世界一流工程技术服务公司目标，认真谋划企业未来发展，把会议确定的新思路、新目标、新要求融入规划编制中，完善企业发展定位、思路目标和重点部署，形成切实可行的规划方案，为企业高质量发展提供科学行动指南。

二是全力推进提质增效，确保完成全年各项任务目标。坚持把提质增效作为当前最重要、最紧迫的任务和长期战略任务，按照"四精"要求，眼睛盯住市场、功夫下在现场，统筹推进生产经营各项工作。要培育成本竞争新优势，确保打赢效益实现保卫战，实现"十三五"圆满收官。要优化生产组织运行，加大工程技术服务支撑力度，为集团公司国内外油气增储上产提供优质高效的服务。要继续推动国内风险承包业务上水平，加大市场开拓力度，不断提升创效能力和市场竞争力。要在深化内部改革上持续发力，确保集团公司领导干部会议确定的改革任务及时启动实施。要把发展的基点牢固树立在科技进步上，加大核心技术和"卡脖子"技术攻关力度，形成一批"杀手锏"技术和装备利器。要进一步加大与国际油服公司的对标力度，推动企业管理迈上新台阶。

三是突出抓好疫情防控和安全环保，进一步夯实发展基础。长城钻探工程公司海外业务分布广泛，面临较大的防控压力。要坚持把员工生命安全和身心健康放在第一位，按照集团公司和地方党委政府的防控要求，坚决打赢疫情防控阻击战。要从严从实抓好安全环保，扎实推进专项整治三年行动方案，狠抓重点领域监督检查和隐患治理。把井控管理放在突出、重要位置，坚决杜绝井控事故和重特大安全环保事故的发生，不断提升本质安全，牢牢守住安全环保底线。

四是持续加强党的建设、班子建设和队伍建设，为高质量发展提供坚强保障。要始终把政治建设摆在首位，坚持用习近平新时代中国特色社会主义思想武装头脑，指导实践，推动工作。要强化党的建设和业务工作深度融合，持续加强党风廉政建设和作风建设，不断开创全面从严治党新局面。要进一步强化班子建设，加强能力建设，在大战和大考中展现作为。要重视人力资源价值提升，持续加强三支人才队伍建设，加大优秀年轻干部培育选拔使用力度。要大力弘扬石油精神和大庆精神铁人精神，打造政治坚强、本领高强、意志顽强的高素质、专业化干部队伍。

焦方正强调，集团公司党组对长城钻探工程公司的发展高度重视，寄予厚望。相信长城钻探工程公司领导班子一定能够不负党组的信任和干部员工的期盼，无愧肩上的责任和使命担当，团结带领广大干部员工不断开创各项工作新局面，为集团公司打赢疫情防控阻击战和效益实现保卫战，建设世界一流综合性国际能源公司作出新的更大贡献！

公司与辽河油田公司举行工作交流会

2020年8月27日下午，长城钻探工程公司与中国石油天然气股份有限公司辽河油田分公司（以下简称辽河油田公司）在辽河举行工作交流会，深入贯彻落实集团公司关于提升工程质量的相关要求，共同研讨钻井工程提质、提速、提效措施，进一步深化协作，实现双方合作共赢、高质量发展。公司党委书记、执行董事马永峰，党委副书记、工会主席翟智勇，副总经理刘绪全等领导出席交流会。辽河油田公司党委书记、总经理万军，副总经理张方礼出席会议。公司机关相关科室负责人、东部生产指挥中心、相关二级单位主要领导参加了交流会。

会上，辽河油田公司开发事业部（开发部）作题为《强化钻井工程管理，全面提高井筒质量》的工作汇报，安全环保技术监督中心进行《井筒工程质量监督通报》，公司工程技术处作题为《践行一体两面，直面问题挑战，切实履行保障辽河增储上产责任》的工作汇报。

马永峰在讲话中感谢辽河油田公司一直以来对长城钻探工程公司的支持帮助。并强调，长城钻探工程公司高度重视辽河油田区域市场，本着"一家人、一条心、一股劲、一起干"的理念，将优势的技术力量、管理力量集中到辽河市场，切实提高工程技术服务质量，为辽河油田建设高质量"千万吨油田、百亿方气库"提供优质服务。长城钻探工程公司将坚持问题导向，增强质量意识，强化质量管理，细化工作措施，有效管控井筒质量问题。同时进一步加强管理力量，提高质量管理措施的针对性，强化过程管控和事前防范，全面提升工程技术服务质量。要与辽河油田公司共同就行业标准、质量标准、设计方案等方面进行深入研讨，共同研究新地层、新情况、新问题，确保质量安全环保形势平稳可控，为辽河油田公司高质量发展创造良好环境。

万军在讲话中感谢长城钻探工程公司对辽河油田千万吨持续有效稳产发挥的支撑保障作用。他说，回顾过去，双方同舟共济，建立起良好的合作关系和深厚情谊。辽河油田增储稳产离不开长城钻探工程公司提供的高质量工程技术服务。特别是低油价以来，双方抱团取暖，共同协商钻井价格，抵御低油价冲击，助力辽河油田推进高效勘探，深化合作发展共识。当前内外形势复杂，钻井工程提质增效面临建产目标日趋复杂化、钻井运行效率有待提升等挑战。希望双方统一思想行动，采取超常规思维、变革性措施，推进钻井工程提质、提速、提效，上下齐抓实干，坚决打赢提质增效攻坚战、效益实现保卫战。辽河油田千万吨稳产和储气库建设需要长城钻探工程公司持续提供优质的工程技术服务。双方将坚持问题导向，强化对标管理，切实提高钻井工程质量，打造集团公司"油钻合作"标杆，助推双方发展再上新台阶。

刘绪全、张方礼分别就贯彻会议精神、提高工程技术质量提出具体要求。

集团公司党组第五巡视组向公司党委反馈巡视情况

2020年9月21日，集团公司党组第五巡视组向长城钻探工程公司党委反馈巡视情况。集团公司党组巡视工作领导小组成员、党组巡视办公室主任张晓东主持召开向长城钻探工程公司党委书记马永峰、总经理周丰的反馈会议，出席向长城钻探工程公司党委领导班子反馈巡视情况会议，对巡视整改提出要求。会议向马永峰、周丰传达党组书记戴厚良听取集团公司2020年第一轮巡视工作情况的讲话精神，集团公司党组第五巡视组组长冀玉军分别向马永峰、周丰和长城钻探工程公司党委领导班子反馈巡视情况。周丰主持向领导班子反馈会议，马永峰就做好巡视整改工作作表态发言。

根据集团公司党组统一部署，2020年5月25日至7月25日，集团公司党组第五巡视组对长城钻探工程公司党委进行常规巡视。巡视组坚持以习近平新时代中国特色社会主义思想，特别是习近平总书记关于巡视工作的重要论述为指导，贯彻落实全国巡视工作会议精神，突出政治巡视定位，紧扣职能责任，聚焦"四个落实"监督重点，围绕领导班子建设强化监督，围绕集团公司党组推进落实疫情防控、提质增效专项行动等重点工作情况强化监督，围绕落实管党治党责任强化监督，围绕防范化解经营、安全等重大风险强化监督。8月19日，集团公司党组巡视工作领导小组听取巡视组的巡视情况汇报；9月11日，集团公司党组听取2020年第一轮巡视综合情况报告。

冀玉军在反馈时指出，上轮巡视以来，长城钻探工程公司党委认真学习贯彻习近平新时代中国特色社会主义思想和党的十九大精神，围绕建设国际一流工程技术总承包商发展定位，确立打造石油工程技术"六个典范"的新发展目标，持续深化改革、拓展业务领域，党的领导和党的建设不断加强，较好地完成各项生产经营任务。但从巡视情况看，长城钻探工程公司党委在落实"两个责任"、全面从严治党、巡视反馈问题整改等方面仍存在一些问题。一是学习贯彻习近平总书记有关重要指示批示精神不够深入，落实集团公司党组部署要求不够有力。表现在贯彻党组关于防范化解重大风险措施不到位。二是落实"两个责任"不到位，推进全面从严治党向纵深发展力度不够。表现在监督执纪存在偏松偏软问题，违反中央八项规定精神和"四风"问题仍然多发，合规管理问题比较突出，存在一定廉洁风险。三是执行新时代党的组织路线不到位，落实党建工作责任有差距。主要是落实干部管理制度不严格，党建基础工作压实不够。四是巡视反馈问题整改不彻底，举一反三深化整改不到位。主要是上轮巡视反馈问题持续深化整改不够，持续深化领导人员及其亲属经商办企业问题专项整治不彻底。

冀玉军提出六点整改意见建议。一是深入学习贯彻习近平总书记重要指示批示精神。把学习贯彻习近平新时代中国特色社会主义思想，特别是党的十八大以来习近平总书记对中国石油的重要指示批示精神，作为首要政治任务。二是坚决把党中央关于防范化解重大风险的部署和党组的有关要求落到实处。牢固树立底线思维，强化风险意识，增强责任感和自觉性。三是压实"两个责任"，推动全面从严治党向纵深发展。强化部门监管责任和各级领导干部"一岗双责"的落实，把全面从严治党要求贯彻到企业经营管理全过程。四是全面贯彻新时代党的组织路线，落实党建工作责任制。规范选人用人程序，加快完善后备干部队伍建设，健全党建工作制度，强化党建考核评价结果的运用，夯实基层党建工作基础，推进全面从严治党责任压力层层有效传递，切实把党建工作优势转化为企业发展优势。五是履行业务部门监管责任，不断提升合规管控水平。要进一步强化制度执行，业务部门要切实扛起监管责任，严格按照规章制度办事。六是落实巡视整改主体责任，做好"后半篇文章"。

张晓东对加强巡视整改提出明确要求。一是深入学习贯彻习近平新时代中国特色社会主义思想，提高政治站位、履行职能使命，以实际行动做到"两个维护"。要主动适应新时代新形势新任务新要求，不断增强履行职能责任的政治自觉和行动自觉。要落实新时代党的组织路线，切实加强党对企业的全面领导。要持续深化内部改革，激发高质量发展内生动力。二是落实全面从严治党"两个责任"，把"严"的主基调长期坚持下去，巩固发展反腐败斗争压倒性胜利。要强化管党治党责任意识，把全面从严治党要求落实到企业各层级、各领域。要建立健全权力监督制约机制，切实防范廉洁风险。要加强作风建设，持续整治形式主义、官僚主义。三是强化巡视整改和成果运用，压实整改责任、加强日常监督，做好巡视"后半篇文章"。要坚决扛起主体责任，领导班子要发挥表率作用，坚持从本级、本人改起，突出重点，一件一件抓，一件一件改，用整改的实际行动和效果体现"两个维护"。要强化整改日常监督，推进巡视与其他监督贯通融合。要坚持举一反三，建立健全整改长效机制。

马永峰表示，巡视组指出的问题切中要害，提出的整改意见和建议客观中肯，具有很强的针对性和指导性，公司党委诚恳接受、全面认领，并将深入分析症结所在，以最坚决的态度、最有力的措施把巡视组提出的各项要求落到实处。一是不回避，不遮掩，高度重视巡视反馈问题。二是不护短，不手软，坚决抓好反馈意见整改。公司党委将把巡视整改作为鞭策的力量，始终以坚定的信念、严肃的态度、务实的作风，聚焦病灶，对症下药，确保全部整改到位。三是不推诿，不懈怠，从严从实担当"两个责任"。公司党委将把巡视整改作为最大的责任，以这次整改落实巡视组反馈意见为契机，坚定不移将"两个责任"落到实处。四是不畏难，不放松，干事创业检验整改成果。公司党委将把巡视整改作为最大的动力，进一步提振士气，提升能力。

集团公司党组第五巡视组副组长、联络员，纪检监察组、党组巡视办有关同志，长城钻探工程公司党委领导班子成员、机关部门及所属单位负责人、部分职工代表共108人出席会议。

公司召开巡视整改专题民主生活会

2020年10月21日上午，公司召开巡视整改专题民主生活会。会议由公司党委书记、执行董事马永峰主持。公司领导班子成员周丰、张柏松、方武、翟智勇、宋鹍、韩敏、刘绪全、高健参加会议。集团公司纪检监察组一中心一处负责人满志伟出席会议。党委办公室、党委组织部、纪委办公室负责人列席会议。

公司党委贯彻落实集团公司《关于规范巡视整改专题民主生活会和报送巡视整改方案有关事项的通知》要求和巡视整改总体安排，会前精心组织，制定会议方案，认真查摆问题。专题民主生活会召开之前，集团公司巡视办审核公司领导班子和班子成员的对照检查材料，提供许多具体的指导和修改意见，保证会议如期顺利召开。

会上，公司总经理周丰通报公司专题民主生活会前期准备情况，党委书记马永峰作公司领导班子民主生活会对照检查，公司班子成员逐一发言作对照检查，并开展批评与自我批评。批评与自我批评时发言深刻、不遮不掩，相互批评时直指问题、坦率直接，达到预期效果。

马永峰在总结会议时提出四点要求：一是持续抓好政治理论学习。继续深入学习贯彻习近平新时代中国特色社会主义思想，特别是习近平总书记对中国石油的重要指示批示精神，将其作为首要政治任务，健全学习贯彻和督查考核机制，不断增强"四个意识"，坚定"四个自信"，坚决做到"两个维护"。要深入学习贯彻党中央和集团公司党组关于疫情防控、改革发展、防范化解重大风险等各方面的部署要求，确保中央和集团党组的决策部署落实落细落地。

二是落实全面从严治党责任。持续加强政治、思想、组织、纪律和作风建设，健全体制机制，支持纪委工作，加强规范性文件制定管理，推动全面从严治党主体责任的常态化、制度化、规范化。要强化责任担当，狠抓责任落实，带头遵守、执行全面从严治党各项规定，发挥好示范标杆作用，自觉接受党组织、党员和群众监督，以高度的政治自觉把全面从严治党的各项要求落到实处。要进一步压紧压实全面从严治党监督责任，完善监督体制，深化警示教育，加大执纪审查，形成监督合力，切实推动全面从严治党主体责任的有效落实。

三是坚决抓好问题整改。要对照巡视组反馈的各项问题，推进整改工作，坚持真改实改、全面整改。要自觉担责担难担险，在整改中做到把自己摆进去，把职责摆进去，把工作摆进去，自觉对照查摆，举一反三，狠抓整改落实。要对巡视反馈的问题进行再查摆、再梳理，把巡视反馈的问题和公司党委巡察、合规检查和其他专项检查等发现的问题结合起来，一体整改、集成整改。要把解决突出问题与建立长效机制结合起来，健全制度规范，确保整改取得实效。要切实增强纠正问题的责任感、紧迫感，坚决在规定时间完成整改任务，确保事事有着落、件件有回音。

四是用干事创业检验整改成果。坚持把巡视反馈问题整改与改革发展相结合，与打赢疫情防控阻击战和提质增效攻坚战相结合，将巡视组反馈意见纳入公司全局工作之中，进一步优化发展战略，结合实际制定高质量发展措施，推动公司治理体系和治理能力的现代化；坚持把巡视反馈问题整改与全面从严治党结合起来，进一步树立道德的"高线"，划清纪律的"底线"，巩固和落实中央八项规定精神成果，严防"四风"问题反弹回潮，加大督查问责力度；坚持把巡视反馈问题整改与构建公司良好政治生态结合起来，通过整改让员工看到公司党委发现问题、改正问题的态度与决心，以整改成效取信于干部员工，为"十三五"圆满收官和"十四五"顺利开局提供坚强的政治保障，向集团公司党组和公司全体员工交上一份满意的答卷。

公司非常规天然气累产突破400亿立方米年产气量创历史新高

截至2020年11月10日,公司非常规天然气累计产气达到400.08亿立方米,成为中油油服首家突破400亿立方米累产大关的单位。截至12月17日,非常规天然气年度累计产气37.94亿立方米,超越2013年37.91亿立方米的历史峰值,创公司油气风险作业十余年来年产气量最高纪录,对未来非常规天然气开发具有重要意义。

多年来,长城钻探工程公司落实集团公司、股份公司重大决策部署,推进油气合作开发,先后在苏里格致密气、四川威远页岩气等风险作业区域取得突出业绩。

把握战略契机,持续稳定发展。一直以来,公司将油气风险作业作为三大业务之一,利用集团公司天然气业务快速发展带来的战略机遇,集中优势资源,全力保障苏里格稳产,加快页岩气规模上产,进一步发挥"压仓石"的作用。既为公司全年利润指标的完成奠定坚实基础,又为国内工程技术服务队伍提供稳定的工作量。

发挥整体优势,打造开发典范。发挥公司产业链齐全的优势,走地质工程一体化道路,精细气藏地质研究,科学编制开发方案,优化开发地质设计。工程技术服务队伍积极投身气田开发建设,共同解决地质开发难题,产能建设快速组织,气田产量稳步提升,苏里格合作开发项目被股份公司誉为"致密气开发的典范"。

加强队伍建设,管理优势凸显。自参与油气风险作业以来,公司始终高度重视油气勘探开发专业队伍建设,以苏里格气田合作开发项目为基础,培养一大批具有地质研究、方案设计、产建组织、采气工艺、气田管理等专业人才,为实现苏里格致密气长期稳定开发,四川页岩气快速开发上产,以及公司油气风险作业业务拓展奠定人才基础。

马永峰一行到长庆油田公司进行工作交流

2020年12月9日,公司党委书记、执行董事马永峰,副总经理高健一行到中国石油天然气股份有限公司长庆油田分公司(以下简称长庆油田公司)进行工作交流,与长庆油田公司党委书记、执行董事付锁堂,副总经理石道涵就深化合作、扩大业务规模、共同推进提质增效、加强质量安全环保等工作进行沟通商谈。

会谈中,高健简要介绍长城钻探工

程公司业务总体情况，汇报长城钻探工程公司长庆市场工作情况，表示在今后工作中要更好地服务长庆油田公司增储上产、更好地提升服务保障、更好地安全环保施工。石道涵简要介绍长庆油田公司基本情况以及长城钻探工程公司施工队伍的业绩表现，对"双110区块创新合作"、钻井提速、侧钻、深井钻探能力提升等工作给予充分肯定，希望双方以油气生产建设任务为最高指令，强强联手、取长补短，高质量推进长庆油田公司二次加快发展，深入推进降本增效、加大科技攻关力度、扎实抓好质量安全环保等工作。

马永峰代表公司对长庆油田公司长期以来的支持和帮助表示感谢，对长庆油田公司油气当量突破6000万吨表示祝贺。随后介绍长城钻探工程公司的发展历程、业务开展、"十四五"规划等总体情况，以及国际化服务、一体化总包、深井钻探等优势能力。希望长庆油田公司在工程一体化总包、钻深5000米以上钻机安排及经营结算方面给予支持和帮助，共同落实好集团公司市场会戴厚良董事长要求。马永峰表示，长城钻探工程公司一定立足于工程技术，进一步提升服务保障能力，加强质量安全环保，为长庆油田公司二次加快发展作出应有贡献。

付锁堂对长城钻探近两年来面对严峻形势所取得的成绩表示祝贺，对长城钻探工程公司为长庆油田公司发展作出的贡献表示感谢。付锁堂表示，长庆油田公司一定按照集团公司"一体两面""四个一"要求支持帮助长城钻探工程公司。一是立足现有队伍和能力安排好工作量；二是发展新业务，加强侧钻合作；三是创新合作模式，抓好技术创新和组织模式；四是坚持低成本发展、效益发展、高质量发展，实现互利双赢；五是落实好质量安全环保责任。

（孙启宏）

中国石油集团长城钻探工程有限公司年鉴 2021

第二篇

大事记

2020年长城钻探工程公司大事记

一 月

3日 长城钻探工程公司"水平井随钻电磁波矢量化地质导向钻井技术及规模应用"通过集团公司科技成果鉴定,达到国际先进水平。

8日 中国驻古巴大使陈曦一行到长城钻探工程公司GW119队进行现场调研,高度赞扬长城钻探工程公司对古巴石油发展以及中古两国友谊作出的突出贡献。

8—9日 长城钻探工程公司第三届职工代表大会第三次会议暨2020年工作会议在京召开。会议作题为《坚持稳中求进,提升发展质量,推进"六个典范"企业建设再上新台阶》的工作报告和《公司财务工作报告》。长城钻探工程公司党委书记、执行董事马永峰主持会议并讲话。

二 月

2日 长城钻探工程公司召开新型冠状病毒感染肺炎疫情防控工作会。会上宣读《长城钻探工程公司新型冠状病毒感染肺炎疫情防控工作方案》,并就此项工作进行安排部署。长城钻探工程公司党委书记、执行董事马永峰出席会议并讲话。

10日 长城钻探工程公司GW91队在VDW-1011井创造区块17-1/2井眼大位移水平井钻井机械钻速和施工周期两项新纪录,获古巴石油公司CUPET的高度好评和书面嘉奖。

10日 辽宁省盘锦市疫情防控工作第三督导组组长,市委常委、市纪委书记、市监委主任苏萍一行到长城钻探工程公司东部生产指挥中心调研指导工作,对长城钻探工程公司驻辽单位疫情防控和复工复产工作给予肯定。

26日 长城钻探工程公司召开2020年党风廉政建设和反腐败工作视频会议,总结2019年党风廉政建设和反腐败工作,部署2020年任务,表彰先进,交流经验。党委书记、执行董事马永峰出席会议并讲话。

27日 长城钻探工程公司党委理论学习中心组组织专题学习,集中学习近平在统筹推进新冠肺炎疫情防控和经济社会发展工作部署等会议,以及"不忘初心、牢记使命"主题教育总结大会上的系列讲话。长城钻探工程公司党委书记马永峰主持学习并讲话。

三 月

31日 由长城钻探工程公司承钻的长宁H21-5井刷新中国石油页岩气水平段最长纪录,填补中国石油页岩气水平井2823米以上超长段钻井技术空白,为后期页岩气超长水平段钻井积累宝贵经验。

四 月

8日 集团公司党组成员、副总经理焦方正一行到长城钻探工程公司调研。长城钻探工程公司党委书记、执行董事马永峰主持会议并代表公司进行工作汇报。

14日 长城钻探工程公司召开干部大会，宣布集团公司党组对长城钻探工程公司领导班子调整的有关决定。长城钻探工程公司原党委委员、总会计师曹建国到中国石油勘探开发研究院任职，方武、刘绪全、高健加入长城钻探工程公司领导班子。

17日 长城钻探工程公司召开2020年提质增效专项行动推进会暨一季度经营分析视频会，动员广大干部员工进一步认清形势，积极应对新冠肺炎疫情和低油价带来的冲击，坚决打赢提质增效攻坚战和效益实现保卫战。

22日 长城钻探工程公司召开2019年度党组织书记抓基层党建述职评议暨2020年一季度党群工作视频会。会议通报长城钻探工程公司"不忘初心、牢记使命"主题教育活动情况和一季度党的建设工作情况，以及长城钻探工程公司党风廉政建设情况。长城钻探工程公司党委书记、执行董事马永峰出席会议并讲话。

22日 长城钻探工程公司"径向水平井技术""连续管钻井定向装置""GW-HF速溶耐高温压裂液"等项目荣获集团公司技术发明奖和科技成果转化创效奖，并获辽宁省盘锦市知识产权奖励。

五 月

6日 集团公司总经理李凡荣一行到长城钻探工程公司调研，听取相关工作汇报。长城钻探工程公司党委书记、执行董事马永峰主持会议并代表长城钻探工程公司进行工作汇报。

7日 长城钻探工程公司在辽河油田东部凹陷深层火山岩施工的重点风险探井驾探1井喜获高产工业气流，刷新辽河油田40年来天然气勘探单井日产最高纪录。

26日 集团公司党组第五巡视组巡视长城钻探工程公司党委工作动员会在长城钻探工程公司召开。会议传达集团公司党组2020年第一轮巡视工作重点内容和党组书记、董事长、党组巡视工作领导小组组长戴厚良就做好巡视工作的有关要求。长城钻探工程公司党委书记、执行董事马永峰作表态发言。

六 月

2日 长城钻探工程公司承担的"十三五"国家科技重大专项课题——深井超深井油基钻井液技术在塔里木油田库车山前博孜8井成功应用，创中国石油国内油基钻井液应用最深纪录，标志着长城钻探工程公司自主研发的抗盐抗高温高密度油基钻井液技术实现重大突破。

16日 长城钻探工程公司党委理论学习中心组组织集体学习，集中学习2020年全国"两会"精神，习近平总书记关于安全生产的重要论述和集团公司党组相关部署要求，以及2019年中央政治局贯彻执行中央八项规定、解决形式主义突出问题为基层减负工作情况报告等内容。长城钻探工程公司党委书记马永峰主持学习并讲话。

19日 长城钻探工程公司承钻的双229-36-58井试油喜获百吨高产工业油气流，日产油105吨，打破兴隆台采油厂兴古潜山开发后10年间无百吨的沉寂，成为2020年辽河油田首口百吨井。

27日 由长城钻探工程公司承钻的黑98G平2-14井顺利完钻，一举改写吉林油田无2000米以上超长水平段水平井的历史。

七月

1日 长城钻探工程公司召开庆祝建党99周年暨"七一"主题党日座谈会。长城钻探工程公司党委书记、执行董事马永峰出席会议并讲话，党委副书记、工会主席翟智勇主持会议。

15日 长城钻探工程公司召开2020年中工作会议，会议作题为《直面严峻形势，着力提质增效，坚决打赢疫情防控阻击战和效益实现保卫战》的工作报告。长城钻探工程公司党委书记、执行董事马永峰出席会议并讲话。

16日 集团公司党组成员、副总经理黄永章一行到长城钻探工程公司调研，听取相关工作汇报。长城钻探工程公司党委书记、执行董事马永峰主持会议并代表长城钻探工程公司进行工作汇报。

17日 长城钻探工程公司与西南石油大学等单位联合完成的《数字化导向钻井智能决策技术与规模化应用》通过集团公司科技成果鉴定，整体达到国际先进水平，其中随钻伽马能谱测量仪和数字化远程导向钻井智能决策系统达到国际领先水平。

八月

2日 长城钻探工程公司党委书记、执行董事马永峰一行到西南市场进行井控专项检查调研，并传达贯彻2020年集团公司领导干部会议精神。

13日 长城钻探工程公司与宝石花国际医疗健康有限公司举行疫情健康咨询合作协议签约仪式。

21日 长城钻探工程公司在北京召开干部大会。集团公司党组成员、副总经理焦方正出席会议并讲话。会议宣读集团公司党组和集团公司关于长城钻探工程公司领导干部任免文件，任命周丰为长城钻探工程公司总经理、党委副书记。胡欣峰另有任用。

27日 长城钻探工程公司与辽河油田公司在辽河举行工作交流会，共同研讨钻井工程提质、提速、提效措施，进一步深化协作，实现双方合作共赢、高质量发展。长城钻探工程公司党委书记、执行董事马永峰和辽河油田公司党委书记、总经理万军等相关领导出席会议。

九月

8日 由长城钻探工程公司自主研发的油基岩屑无害化处理装置顺利完成

出厂验收工作，该装置处理能力、处理后的岩屑含油率、基础油回收率均达到国内先进水平，与国际先进水平相当，标志着公司在油基废弃物处理领域取得突破性进展。

23日 集团公司党组第五巡视组向长城钻探工程公司党委反馈巡视情况。会议传达党组书记戴厚良听取集团公司2020年第一轮巡视工作情况的讲话精神。马永峰就做好巡视整改工作作表态发言。

25日，长城钻探工程公司GW-CPT保压取心工具在上海举办的ECP国际页岩气论坛2019第九届亚太页岩气峰会上，荣获第四届ECF能源技术创新奖。

29日 长城钻探工程公司举办"情暖中秋同战疫、心系海外共团圆"云直播中秋晚会，为海外与国内的员工、家属搭建起表达思念、互祝平安、共渡难关的云端情感交流平台，累计1.6万名员工及家属观看晚会。

十一月

10日 长城钻探工程公司非常规天然气累计产气达到400.08亿立方米，成为中油技服首家突破400亿立方米累产大关的单位，对未来非常规天然气开发具有重要意义。

15日 由长城钻探工程公司承钻的威202H83平台下半支3口井测试日产超100万立方米，标志着长城钻探工程公司四川页岩气日产气量突破540万立方米，创历史新高。

16日 长城钻探工程公司钻完井试验中心获国家CNAS认可委员会资质证书，达到国家实验室标准，获准列入国家实验室机构名录。

26日 盘锦市委常委、兴隆台区委书记戚宇一行到访长城钻探工程公司。兴隆台区副区长许文欣随同到访。长城钻探工程公司党委书记、执行董事马永峰，总经理周丰，党委副书记、工会主席翟智勇同到访客人进行座谈。

27日 长城钻探工程公司三篇论文在2020年度全国钻井液完井液学组工作会议暨技术交流研讨会上获奖。其中，《基油类型及其理化性质对油基钻井液性能的影响研究》荣获一等奖，《川南页岩气复杂井油基钻井液技术研究与应用》和《常用水基钻井液处理剂及体系环保指标探讨》获二等奖。

十二月

3日 中国共产党长城钻探工程公司第三次代表大会在北京召开。会议选举产生长城钻探工程公司第三届委员会委员、纪律检查委员会委员和集团公司直属第十一次党员代表大会增补代表。

9日 长城钻探工程公司12个集体和个人获"中国石油天然气集团有限公司劳动模范"和"中国石油天然气集团有限公司先进集体"荣誉称号。

17日 长城钻探工程公司非常规天然气年度累计产气37.94亿立方米，超越2013年37.91亿立方米的历史峰值，创公司油气风险作业十余年来年产气量最高纪录。

第三篇

市 场 开 发

国内市场

【概述】 2020年，长城钻探工程公司国内市场分布于辽宁、吉林、黑龙江、北京、天津、河北、山西、内蒙古、陕西、甘肃、宁夏、青海、新疆、云南、贵州、四川、浙江、湖北、海南等19个省、直辖市、自治区，服务甲方单位25家，其中中石油内部17家，辽河油田为关联交易市场，中石油外部6家，境外合作2家。2020年，在新型冠状肺炎疫情和油价下跌双重冲击下，国内市场工程技术服务收入实现逆势增长，全年产值达114.1亿元，同比增加4.6亿元，增幅4.4%，完成年度预算的100%。新增四川页岩气、壳牌长北二期、中澳煤临兴区块、延安能服、西南油气田开发事业部等5个市场，实现收入5.64亿元；有效扩容中油煤、吉林、中联煤神府区块等3个市场，同比增加收入8.26亿元。

【东部市场】 2020年8月，面对辽河油田投资和工作量双降的严峻现实，长城钻探工程公司加强与甲方的沟通力度，保障油田的生存与发展，主要领导带队到辽河地区和辽河油田公司进行工作交流，全力"践行一体两面，直面问题挑战，切实履行保障辽河增储上产责任"。10月召开辽河油区专项整治例会，针对服务质量提出工作要求。针对辽河油区降价要求，双方商定开发井降价2.06%，保证钻井市场100%占有率。抓好重点工作推进工作，优先安排施工业绩好的8部钻机参与辽河储气库群建设，保障甲方施工进度，有效弥补甲方油井产建工作量减少造成的损失。针对辽河油田高度重视的长庆流转区块气探项目，调整自有50钻机参与保障任务，满足甲方钻机需求。注重了解和挖掘甲方新的需求，聚焦油田增产稳产的新思路和新措施，为油田公司量身打造一体化解决方案，从根本上挖掘市场潜力，拓展新的业务增长点。2020年，在吉林油田完成老井侧钻工艺实施方案，促成甲方首批部署30口侧钻水平井，并施工新立采油厂146口井总包项目中的81口井，合同额6721.82万元。在冀东油田，加大特色技术推介力度，与甲方就扩大专业技术服务规模，加大侧钻井、元素录井和远程技术支持等特色技术服务达成共识，促成固井服务重返冀东市场。

【西部市场】 2020年初，长城钻探工程公司与长庆油田签订2020年保底5亿立方米产建工作量，保证自营队伍施工连续性。为解决富余钻机的出路，开拓长庆东部天然气勘探和区域勘探市场，确保4部钻机工作量，其中包括2部70钻机。侧钻服务在油井侧钻基础上，开展采气三厂气井侧钻服务，5月新签署9口老井侧钻总包服务合同，为钻机进入气井侧钻市场奠定基础。拓展长庆周边的"三煤"市场业务：和中油煤层气能源有限公司签订井筒工程技术服务总包一体化合同，钻机数量增至16部，带动压裂、固井、旋转导向、录井等业务同步进入，新增2口井深8煤总包项目，开深层煤层气施工先河；排名第一通过中联煤层气有限责任公司项目2020年钻井资审，中联煤层气有限责任公司钻机总数扩至13部，较2019年增加4部钻机；中澳煤层气能源有限公司项目转战临兴市场，不断扩大市场规模，增至6部钻机规模。

【西南市场】 2020年，长城钻探工程公司西南市场以威远自营市场为支撑，通过提升页岩气施工设备能力和技术水平，不断扩张四川页岩气施工规模。4月签署四川深层页岩气钻井工程总承包项目合同，2个平台8口井4部钻机作业。四川页岩气项目从无到有，增至7部钻机规模。以中标黄206井钻井压裂一体化项目为切入点，开拓西南油气田开发事业部市场，并在11月下旬与甲方开展技术交流和推介，为后续争取工作量掌握主动权。发展压裂、旋导、井下作业、测试等高附加值技术服务，中标泸210井、泸203H66-4井等5口井试油压裂项目、贵州页岩气公司正安安场区块先导试验井组分段工具（清水可溶桥塞）采购项目、正安安场区块3个平台8口井压裂先导性试验项目、浙江油田示范区浅层页岩气井导向工程（第二次招标）项目、浙江油田页岩气示范区2020—2021年古蔺县境内钻前工程施工项目、贵州正安页岩气试气工程8口井项目和重庆页岩气足207井试油测试项目。组织钻井液公司与大庆油田重庆分公司对接钻井工程清洁化生产项目，为后期合作打下基础。

（周　游）

国际市场

【概述】 截至2020年底，长城钻探工程公司国际业务分布在非洲、美洲、中东和中亚的28个国家（包括苏丹、南苏丹、阿尔及利亚、突尼斯、尼日尔、乍得、肯尼亚、利比亚、哈萨克斯坦、印度尼西亚、印度、蒙古国、阿塞拜疆、泰国、土库曼斯坦、乌兹别克斯坦、澳大利亚、阿曼、伊拉克、伊朗、巴基斯坦、阿联酋、科威特、加拿大、委内瑞拉、古巴、厄瓜多尔、秘鲁）。

【主要工作】 2020年，长城钻探工程公司国际市场签订合同额15.45亿美元，其中钻修井项目6亿美元，技术服务和总包一体化项目9.45亿美元。

统一思想，价格复议取得进展。2020年3月，长城钻探工程公司陆续收到乍得、尼日尔、阿尔及利亚、苏丹、伊拉克、阿联酋、古巴等13个国家甲方价格复议或合同终止要求，要求降价幅度在5%—30%，平均降价幅度

20%，受影响合同额高达近 5 亿美元。针对价格复议的集中要求，国际事业部组织专项会议分析现状，制定统一的回复原则，境外项目通过与相关甲方的沟通与谈判，按照不降价、1%—3% 小幅降价等不同降价策略回复甲方。在尼日尔、南苏丹、乍得、阿尔及利亚、阿塞拜疆、阿曼共 8 个项目与甲方达成一致，平均降价幅度控制在 3% 以内，维护长城钻探工程公司国际市场利益。另外，在服务价格下行情况下仍现亮点，哈萨克斯坦坚持推进甲方新区探井和压裂酸化技术服务价格上调工作，最终实现新区探井价格上涨 8%，酸化压裂服务价格上涨 12% 的良好成绩。

直面困境，重点项目有效支撑市场指标落实。深化研究高合同额项目的投标过程，优化投标策略，发挥重点市场在确保长城钻探工程公司完成油服市场签约额考核指标方面的支撑作用。其中：乍得签订 GW40/41 队 CNPCIC 两台钻机服务以及固井、钻井液、定向以及测试服务等项目延期合同总额近 3 亿美元；尼日尔签订大 EEA 项目钻修井、测录合同额 1.7 亿美元；古巴签订 Cupet 四部钻修井机、油水基钻井液服务合同共计 1.1 亿美元；伊拉克签订 IDS7 两部钻机项目分包、哈法亚射孔、测试、酸化以及东巴、绿洲测试服务合同，共计 9300 万美元，中标马季奴 43 口井总包项目哈利伯顿 2 台钻机分包项目，合同额 5000 万美元；阿尔及利亚完成两部钻机续签项目，合同额 7278 万美元；阿曼签订 Daleel 钻机项目五年合同，合同额 4588 万美元；乌兹别克斯坦签订 EPSILON 公司定向井技术服务合同，合同额 3500 万美元；泰国签订 PTTEP 钻井服务及测井射孔合同 2734 万美元；印度尼西亚签订 SAKA 能源 4+2 口井钻机日费合同，合同金额 1400 万美元。

持续推进，确保"四个转变"方针结出成果。主营业务由钻修井引领向技术服务先导转变：技术服务已占海外市场 54% 份额，与钻修井并驾齐驱，逐渐实现技术引领；同时，通过向甲方推介集成适用技术，避免一味追求高精尖；哈萨克斯坦结合一体化井长裸眼水平段特点，研究落实自有 LWD+ 地质导向技术水平段钻井技术替代旋转导向技术，获准在 2020 年施工的水平井尝试使用。商务模式由单项业务为主向总承包一体化服务为主转变：凭借多年来良好的作业表现，签订伊拉克格拉芙 3 口井钻井、12 区块 2 口探井、印度尼西亚中信钻井及哈萨克斯坦 CNPC-AMG 钻井项目等一批优质客户的总包项目，总包一体化服务优势再获展示。业务范围由陆上服务为主，同时拓展海上业务：阿塞拜疆坚定下海方向和战略，签订 UBOC 海上固定式平台钻机长期维护保养服务项目合同，踏出阿塞拜疆市场由陆地钻井向海上业务转型升级的第一步。服务领域由专注常规油气向常规、非常规并重转变：印度尼西亚积极推介地热钻井大包的经验及优势，持续推进与甲方 EJEN 技术及商务交流，有望再获工作量。

聚焦需求，产业链延伸强化综合服务能力。通过高效贯彻延伸产业链策略，丰富服务类别，在油田化学品、油田管理/维护、油田增产等产业链延伸领域新签合同额达 8118 万美元，是 2019 年四类业务全年合同总额 2813 万元的近 3 倍，有效弥补低油价对油服市场带来的影响。其中：尼日尔合计签署生产管理、地面设施维护、防砂控水、监督和运输服务等 7 项合同，合同额累计 4200 万美元；乍得签订 CNPCIC 油田地质科研服务合同；土乌项目签订乌兹别克钻头采购合同，金额 110 万美元。

多元合作，坚持打造国际市场平台。以扩大市场份额为目标，整合国内外资源，推进市场化资源配置。乍得利用与贝克休斯的战略合作协议，共同开发亚撒哈拉地区的钻修井一体化项目，为下一步谋划进入 ESSO 乍得市场做准备；与 OPIC 股东金地公司探讨乍得新区块油田开发和建设合作事宜，推动合作框架协议签署；与伊拉克 IDC 合作进入合作伙伴协议和合作投标协议修改阶段，合作协议签署后将为长城钻探工程公司伊拉克项目的市场开拓提供又一有力支持；与北京石油机械有限公司合作开发尼日尔地质导向服务市场，中标 CNPCNP 8 口水平井地质导向项目，预计合同金额 500 万美元，为甲方增储上产提供优质服务；与北京六合伟业科技股份有限公司、航天深拓（北京）科技有限公司合作，中标 Sonatrach 定向井服务，在阿尔及利亚技术服务市场再获突破。

（吕益祥）

第四篇

工程技术与油气风险作业

钻修井业务

【概述】 2020年，长城钻探工程公司钻修井整体国内外完成1485口，年累进尺350.27万米。其中国内集团内部市场完成1234口，年累进尺289.91万米，平均机械钻速13.54米/时，同比增加9.64%；平均钻机月速度2661米/（台·月），同比提高4.81%。

2020年，长城钻探工程公司累计完成国内4000米以上深井117口，平均井深4702米，与2019年基本持平；平均机械钻速8.61米/时，同比提高13.74%。

【钻井提速】 驾探1井是集团公司一口重点风险探井，2020年，位于辽河坳陷东部凹陷桃园构造喜获高产工业气流，压裂后8毫米油嘴放喷，日产天然气32.5万立方米，刷新辽河油田40年来天然气勘探单井日产最高纪录，展现桃园构造带深层良好的勘探前景，开辟东部凹陷南段深层勘探新领域。

双229-36-58井是辽河油田双229区块一口开发井，完钻井深4175m，该井在沙二段试油期间获105吨高产油流，成为辽河油田2020年首口百吨高产井，打破兴隆台采油厂古潜山10年无百吨井的纪录，为"老区新探"道路指明方向。

双229-34-60井是辽河油区一口重点评价井，该井实现2928米长裸眼段安全钻进，目的层连续取心三次，取心收获率94.1%，在沙二段11小层试采，实现8毫米油嘴自喷，获日产油206.5吨、产气5万立方米的新纪录，成为该区块日产油最高的单井。

胜601-沙H107井是辽河区块的一口水平井，完钻井深4318米，水平位移1125.48米，剔除新工艺膨胀管试验损失29.08天，实际钻井周期42.55天、建井周期64.09天，两项周期同比缩短50%以上，刷新辽河油田胜601-沙H区块最短施工周期纪录。

兴古7-26-032井是一口辽河油田城区高危井，也是兴古7潜山构造部署的一口重点井，完钻井深4272m，钻井周期43.04天，建井周期58.67天，建井周期同比缩短50%以上，创造辽河油田兴古7区块施工周期最快的纪录。

钻井二公司40639队施工的双32-26井，完钻井深2677米，钻井周期32.2天，建井周期45天，比设计提前11天，平均机械钻速12.8米/时，创双6储气库区块最快建井周期纪录。

储气库雷61-H3井，创雷61块最快钻井周期14.04天。

威202H34-3井，完钻井深5590米，创造常规导向水平段2500米，钻井周期69.23天的纪录。威202H34-4井，平均完钻井深5430米，平均水平段长2260米，平均钻井周期74.22天，完井周期84.44天。威202H34平台示范井工程创造"二开一趟钻""二开单趟钻井进尺最多""三开单日钻井进尺最高""三开常规单趟钻井进尺最多""有效水平段最长""自营区块水平段超2000米平台"等多项区域纪录。

长宁H21-5井，完钻井深5750米，水平段长3070米，水平段钻井周期25.47天，水平段机械钻速11.22米/时，打破中国石油川渝页岩气水平段施工最快纪录，同时该井创造国内斜深最深的页岩气超长水平井。

苏10-23-56井是苏10区块一口定向井，该井完钻井深3340米，搬迁周期1.25天，钻井周期6.92天，钻完井周期11.25天，建井周期12.5天，机械钻速37.24米/时，刷新苏10区块钻井周期、钻完井周期、建井周期三项施工纪录。

苏11-50-68井是苏11区块一口定向井，该井完钻井深3429米，钻井周期7.79天，创造苏11区块最快钻井周期纪录。

苏11-38-48CH井是苏11区块一口小井眼侧钻水平井，完钻井深4476米，该井取得钻井周期23.08天，水平段长900米的施工业绩，刷新苏里格自营区块侧钻小井眼水平段钻井周期最短纪录和苏里格自营区块小井眼侧钻水平井完钻井深最深纪录两项纪录。

苏53-66-14H井，首次旋导应用成功。该井是苏里格区块首次采用旋导仪器，从旋导仪器入井至成功落靶中完，落靶点井斜89.5°，方位167.17°，施工井段2881—3563米，进尺682米，纯钻进时间106.23小时，平均机械钻速6.42米/时，各项指标满足设计要求。

风9井是青海油田大风山区块的一口探井，完钻井深4840米，钻井周期48.33天，相比设计提前13.67天。二开通过优选PDC钻头及螺杆钻具，实现1只钻头、1根螺杆、一趟钻完成2800米进尺，机械钻速达到12.61米，比2019年同区块提速23.05%，创造青海油田大风山区块最短钻井周期施工纪录，为青海油田提速提效工作开展积极探索，赢得甲方高度评价。

大吉－平34井是一口煤层气水平井，完钻井深4304米，水平位移1806米，钻井周期59.58天，建井周期64.79天，周期同比缩短30%以上，创造中油煤致密气水平井最短钻井周期、最短建井周期、最长水平段纪录。

大和4-平2井，完钻井深3537米，钻井周期38.28天，建井周期41.75天，平均机械钻速8.81米/时，刷新区块水平井钻井周期最短纪录，收到中石油煤层气勘探开发事业部大和项目部表扬信。

黑98G平2-14井是吉林油田一口两开超长水平段水平井，完钻井深4452米，水平段长2020米，通过优选钻头，优化钻井参数，快速推进裸眼段施工等技术措施，顺利完钻，成为吉林油田水平段2000米以上首口水平井。

井下作业业务

【概述】 2020年,长城钻探工程公司井下作业完成总工作量5704井次,比去年减少662井次,增幅13.13%,主要原因是国内小修作业工作量增加。其中:压裂完成654井次/3293层,比去年减少108井次,降幅14.17%,主要原因是川南页岩气和长庆油田工作量减少;酸化完成24井次/30层,比去年增加7井次,国内和国外酸化工作量都小幅增加;试油测试完成3337井次/5057层次,比去年增加215井次,增幅6.89%;小修完成1278井次,同比增加551井次,增幅75.8%;大修完成284井次,同比增加23井次,增幅8.8%;侧钻完成111井次,同比减少42井次,降幅27.45%。

【生产指标】 2020年,长城钻探工程公司井下作业专业加强生产组织,加快新工艺新技术引进和推广,注重过程质量控制,努力提高施工速度和效率,在施工能力、生产周期及质量指标等方面取得较好效果。

生产周期。试油15.71天/口,小修14.29天/口,大修42.94天/口,侧钻18.35天/口。

试油生产时效。平均生产时效为88.4%,与去年相当。

质量指标。施工一次合格率99.85%,优质井率99.25%,执行设计符合率100%,资料全准率99.89%。

【技术指标】 压裂工艺2.0试验取得阶段性成果。2020年,长城钻探工程公司对12口井开展压裂工艺2.0现场试验,加砂强度比同年常规工艺提高20.7%。其中H83-5井加砂强度提升至2.23吨/米,全井零套变、零丢段,累计产气量是2口邻井平均值的1.74倍,实现提升加砂强度、减缓套变发生概率、增加裂缝复杂程度、提高单井产量的目标。

【技术亮点】 创造区域压裂效率新指标。2020年,长城钻探工程公司宁216H6B平台春节后14天完成压裂41段,压裂效率2.93段/天,打破长城钻探工程公司在长宁地区的最高压裂效率纪录;大吉-平34井、大吉-平35井采用"井工厂拉链式"压裂模式,日均压裂5.96段、单日最高7段,刷新山西煤层气有限责任公司压裂效率纪录。

风险探井驾探1井压裂试油取得突破。压裂公司和井下作业公司在驾探1井压裂和试油测试作业过程中,压裂后8毫米油嘴放喷求产,日产天然气32.5万立方米,刷新辽河油田40年来天然气勘探单井日产最高纪录。后续求产过程中,出现井口超压,井下作业公司优化技术措施,消除隐患。

海外测试创新指标。乌兹别克斯坦Surhan项目1-O井测试均获高产工业油气流,最高气产量达到100.2万米^3/日,CO_2浓度25.0%,H_2S浓度6.3%,创造区域施工纪录。土库曼斯坦项目WJor-101D井测试作业，最高产气量达到123万米^3/日，CO_2浓度3%，获甲方书面表扬。

浙江油田YS112H8平台压裂施工创造3项区块纪录。该平台压裂施工得到中国石油天然气股份有限公司浙江油田分公司（以下简称浙江油田公司）的贺信表彰，其中YS112H8-1井39段压裂施工中，入井液量85483.77立方米，入井总砂量9858.52吨，第39段单段加砂310.17吨，最高加砂强度5.17吨/米^3，施工平均压力高达84兆帕，刷新该区块单井压力最高、单段入井砂量最高、砂比最高三项纪录。

压裂总包平台刷新国内页岩气泵送射孔纪录。YS112H12-1井、YS112H12-3井累计施工34段"1桥15簇"泵送射孔作业，泵送射孔一次成功率100%，创全国多级射孔单段最多簇纪录，打破长城钻探工程公司于2019年在该区块创造的单段压裂"1桥11簇"泵送射孔施工纪录，同时，支撑该区块提高储层改造程度和单井产量、降低压裂成本、提升作业效率。

测试公司为中油国际尼日尔项目公司的两口重点探井测试喜获成功。测试区块为尼日尔Bilma区块，探井Trakes CE-1四层均出油，原油日产量超200立方米，创造Bilma区块单井原油日产量最高纪录，测试结果高于甲方预期，提振中国石油在此区块持续勘探的信心。

技术服务业务

【科研成果】 2020年，长城钻探工程公司技术服务业务井下随钻工程参数测量仪：完成高温升级改造，部分电路板和元器件耐温达到175℃；完成ϕ172毫米存储式工程参数测量仪的研制，形成系列化产品；开发井下钻柱振动和参数实时分析与优化模块，形成一套钻井实时分析与风险监测技术；完成20井次的现场试验与规模应用，累计工作时间4332h，实现进尺23613m。针对泸州深层页岩气地层可钻性差、机械钻速低，井底循环温度高，井漏卡钻事故多发问题，在泸203H52-1井311.1mm井眼完成井下随钻工程参数测量系统现场应用，监测不同层位的钻压、钻具振动情况，制定地面钻压推荐模板，有效解决托压、跳钻、钻具疲劳损坏等问题，同时实时优化现场钻井参数，优选钻压、转速、排量，对比泸203H52-2井，泸203H52-1井二开钻井周期20.10天，减少6.09天，二开机械钻速5.98米/时，提高7.85%，奠定后续深层页岩气钻井施工方案优化基础。在雷77-H7井一体化技术总包服务中，针对本井二开施工裸眼稳斜段长，稳斜段控制困难；三开井眼岩屑床易堆积，易造成起下不畅、摩阻扭矩高等难点，施工前根据地层特点，优选钻头、螺杆，利用系统提前进行参数优化，形成针对性的施工模板。钻中实时进行地面与井下钻压实时对比，结合钻时判断，确定不同工况合理钻压范围，实现最大复合钻进；同时利用实时数据计算全井段摩阻与悬重变化规律，及时判断井下安全状态，避免井下故障发生。面对2386m裸眼段，滑动比仅为6.5%问题，最大程度提高钻头螺杆的时效，二开仅"两趟钻"完成。

保压密闭取心工具。突破大通径球阀密封、气液压力补偿等关键技术，实现80兆帕有效密封，岩心直径达$\phi 80$毫米（全球最大），解决岩心含气量测试失真难题，在水平井、致密砂岩气、油基钻井液条件下首次应用。

稠油热采水平井分段完井技术。研制以"热"为动力源的管外管内耐高温封隔器，开发注采参数优化软件，实现350摄氏度高温裸眼封隔，最高单井动用长度提高43%，单井增产1.5倍，技术水平总体达到国际先进。

径向钻孔技术。成功拓展到辽河油田地热井领域，在马古18井创造单井施工25孔、单趟施工15孔纪录。

抗盐抗高温高密度油基钻井液技术。体系密度达到2.6克/米^3，抗温达到250摄氏度，在塔里木油田博孜8井试验成功，刷新中国石油国内油基钻井液最深作业纪录（8235米），长城钻探工程公司自主研发油基钻井液技术在国内高端试验应用取得重大突破。施工期间油基钻井液性能在高密度条件下表现稳定，封堵防塌性能良好，抗盐能力突出，具有较强的抗污染能力，保障博孜8井钻井顺利进行，未发生因钻井液原因造成的复杂情况。四开、五开钻井周期较设计周期缩短6天，四开完井周期较设计周期缩短3天。

PDC个性化钻头。双229-36-58井采用新研发的浅层快钻系列PDC钻头，二开仅用时13天钻至设计井深，全井段平均机械钻速高达18米/时，创造双229区块最快施工纪录。长城钻探工程公司PDC钻头在尼日尔Koulele C-12井，进尺1106米，纯钻时间22.96小时，机械钻速48.17米/时，创造尼日尔项目的单井最高机械钻速纪录。

控压钻井。驾101井利用控压钻井设备保持井底压力恒定，保证井口安全，实现安全快速钻井，并实现控压起下钻，利用欠平衡钻井技术，四开全井段实现低密度钻进，发现5个显示较好层位，实现对油气层的及时发现和保护。

【信息化建设】 建立工程技术数据库。2020年，长城钻探工程公司健全并完善基础数据库和钻井、压裂知识库，通过系统竞赛、考核等方式强势推进EISS系统，提高系统数据录入质量，为邻井调查、方案制定提供信息支撑。

改善现场硬件配套。ZJ50以上钻机、工厂化压裂100%配齐一体机、摄像头，改善现场网络条件，确保数据上传及时、监控直达井口，构建各级EISC中心到井口无延迟的直达监控线。

构建EISC技术支持体系。建立长城钻探工程公司两级EISC监控中心，制定管理方案，梳理完善工作流程；建立"模板指导、曲线监督、总结优化"技术监管流程，以技术模板为抓手，实时跟踪施工情况；建立事故复杂台账，对重点井、重点区域实施风险提示、精细管控、精准攻关。

（刘　爽　董　凯）

油气风险作业

【概述】 2020年，长城钻探工程公司直接从事油气风险作业业务的机关部门及相关单位有能源事业部、苏里格气田分公司、四川页岩气项目部、地质研究院。

2020年，长城钻探工程公司油气风险作业业务有苏里格气致密气开发、四川页岩气开发。其中苏里格致密气风险作业区探明天然气面积1766.4平方千米，探明天然气地质储量2463.66亿立方米；四川页岩气风险作业区探明页岩气面积538平方千米，探明页岩气地质储量1126.19亿立方米。

2020年，长城钻探工程公司天然气风险作业年累计生产天然气39.8017亿立方米，其中，苏里格致密气风险作业年累计生产天然气25.0417亿立方米，四川页岩气风险作业年累计生产天然气14.76亿立方米。截至2020年12月31日，长城钻探天然气风险作业投产气井1574口，开井1251口，日产气1287.48万立方米，累计产气408.12亿立方米。其中：苏里格致密气风险作业投产气井1433口，开井1124口，日产气780.08万立方米，累计产气364.96亿立方米；四川页岩气风险作业投产气井141口，开井127口，日产气507.4万立方米，累计产气43.16亿立方米。

苏里格致密气采气速度1.0%，采出程度14.80%，剩余经济可采储量502.96亿立方米，综合递减23%。四川页岩气采气速度1.31%，采出程度3.83%，剩余经济可采储量128.95亿立方米，综合递减26.95%。

【产能建设指标】 2020年，长城钻探工程公司苏里格气田分公司按照10亿立方米产能建设方案要求加强老区、滚动部署区综合地质研究，深化气藏开发认识，动静结合预测有效砂体，优化井位部署及筛选实施井位175口，预计可动用地质储量120亿立方米；超前征地、一体化工程设计、优化生产组织、实时跟踪调整，全年完成产能建设井155口，建产能10亿立方米，静态Ⅰ类、Ⅱ类井比例89%，同比提高5%。

四川页岩气项目部围绕38口井产能建设任务，精心组织、强化提速、精细导向、优化设计，深化地质工程一体化理念，产能建设指标同比进一步提高。全年完成产建井39口，建井周期110.5天，同比减少18.1%，龙一$_1^1$小层钻遇率97.3%，同比提高2.7%。

【日产能力创历史新高】 截至2020年底，长城钻探工程公司苏里格致密气风险作业服务、四川页岩气风险作业服务合计日生产能力达1355万立方米，创历史新高。苏里格气田分公司采取精细地质研究、严格筛选实施顺序、加强实施跟踪调整、针对性改造工艺等手段，在资源品质越来越差的情况下，新井产量仍保持较高水平，投产新井112口，平均日产气量达1.43万立方米；采取侧钻水平井挖掘剩余气、老井9类13项针对性排水采气措施等综合治理，老区的生产潜力得到进一步发挥。10口侧钻水平井平均日产气3.75万立方米，累计产气8370万立方米。老井措施增产气2.26亿立方米，措施成功率由80.9%提高到86%，措施增产气量占比由7.3%提高至9.8%。苏里格气田日产能力达到793万立方米。

四川页岩气项目部采取优化新井钻井施工、压裂施工、投产顺序运行组织；精心培育、养护高产井；加大低产井措施挖潜，逐步摆脱疫情、外输压力高、指令性限产等不利因素，日产能力达562万立方米。培育3个百万立方米平台，32口新井平均测试产量21.6万立方米，其中40万立方米以上2口，（30—40）万立方米3口。4大类6小类老井措施挖潜累计增产气1.13亿立方米。

【甩开评价取得新成果】 2020年，长城钻探工程公司在主力区块周边未动用区块，通过综合资料的运用及成藏规律的认识，优化评价部署及实施顺序，钻探取得较好评价效果，可采储量增加，为后续开发的有效接替提供资源基础。其中：苏里格致密气风险作业在苏10区块、苏11区块、苏53区块甩开7口控制井，平均日产气1.6万立方米，新增可动用储量140亿立方米；四川页岩气风险作业威202井区南部地质复杂区实施评价井2口，平均测试产量19.2万立方米。

【持续开展针对性科技攻关研究】 2020年，长城钻探工程公司针对开发生产中存在的矛盾问题，采取一体化研究思路，加强岩心、钻井、录井、测井、测试、生产动态等资料的综合利用，开展针对性的地质气藏、开发规律、增产工艺、开发试验等分析研究工作，指导开发生产，科技支撑力得到增强。

苏里格致密气风险作业利用新老资料分区分层制定新的"四性"关系标准，开展三个区块精细储量核算及评价研究，核实储量基数，启动区块调整方案编制工作；针对苏10区块、苏11区块南部，苏53区块北部高含水区开展攻关研究，初步形成6项开发关键技术；苏11中部高含水区1口侧钻水平井试验获日产气3.5万立方米、苏53区块老区层间加密水平井试验获日产达5.1万立方米、苏53区块薄层区套管完井单段单簇和段内多簇压裂试验井2口取得较好成果。

四川页岩气风险作业开展《威202、威204井区页岩气持续深化地质研究》等4个生产性研究项目，对威202区块、威204区块地质、压裂效果的制约因素及排采规律有更深认识；开展威202区块西北部和自207区块评价部署研究及实施工作，查明威202区块西北部地质特征；《自207井区二期三维地震地质论证及评价井位部署方案》得到勘探与生产分公司审批通过。

【提质增效】 2020年，长城钻探工程公司油气风险作业系统从产能建设、气井管理、合同管理、设备维护、盘活闲置设备等方面制定详细提质增效实施方案，并得到有效落实。老井措施挖潜增产气3.39亿立方米；苏里格致密气风险作业限产期间井口产气5.2亿立方米，完成限产指标的124%；开展5大类16项劳动竞赛，实现提质增效约1300万元；全方位开展合同复议和降价谈判，合同节约资金6800万元，苏里格致密气风险作业投资项目累计减少金额约1.8亿元；四川页岩气风险作业新采购项目按照价格下降10%以上编制招标采购方案；重复利用返排液82.36万立方米，重复利用率95.2%；修复闲置旧橇、阀门等节约投资620余万元。

【阜新煤层气合作项目】 2020年，长城钻探工程公司四川页岩气项目部煤层气作业区累计在阜新矿业（集团）有限责任公司（以下简称阜矿集团）合作区钻40口煤层气抽采井，其中，未采区纯气井34口，动采区混气井6口。2015年，煤层气作业区有17口抽采井由于套变等原因长期关井，安全检查多次提出存在安全隐患，原长城钻探工程公司煤层气开发公司按照长城钻探工程公司《关于煤层气抽采井资产报废及处置的批复》（长钻公司〔2015〕9号），已作资产报废，并以无偿和不支付弃置费用的方式处置移交给阜新集团。

2020年，煤层气作业区有23口纯气井，其中停产井13口，低产井10口，煤层气日产量仅7000立方米。存在的主要问题：因没有煤层气采矿权，阜新市国土资源局多次下发无证开采煤层气责令停止违法行为通知书；阜矿集团通报现有抽采井所在的刘家区煤炭将于一两年内动用，掘进主巷道已开始施工，给抽采井生产安全带来较大风险；剩余煤层气储量少，产气量低；井况陈旧，需要常维修，安全隐患多。鉴于以上原因，财务资产处提出《关于终止阜新煤层气合作开发项目的建议》；四川页岩气项目部提出《关于煤层气井报废处理的请示》，经长城钻探工程公司相关部门审查论证、领导批示后，2020年5月19日，长城钻探工程公司同意对煤层气合作项目实施关闭及23口煤层气井及配套设施报废。

【系统制度建设】 2020年，长城钻探工程公司能源事业部组织修订《长城钻探工程公司油气风险作业业务管理办法》（以下简称《办法》），并起草《长城钻探工程公司油气风险作业钻井质量管理办法（试行）》《长城钻探工程公司油气风险作业储层改造管理办法》《长城钻探工程公司油气风险作业采气工程管理办法》《长城钻探工程公司油气风险作业天然气地面集输管理办法》等4个附件。该《办法》于2020年12月7日通过长城钻探工程公司审核并予以下发。

【油气开发安全环保】 2020年，长城钻探工程公司贯彻落实HSE总体工作部署，强化HSE直线责任落实，持续组织开展油气勘探开发HSE专项审核及安全隐患整治，防范化解油气泄漏、火灾爆炸、环境污染等安全环保风险，实现油气风险作业业务安全平稳运行。

强化安全风险管控。坚持事故、问题、风险导向原则，抓好油气风险作业所属单位开展危害因素辨识、风险评价及监控工作，确保 HSE 风险得到有效控制。

强化安全风险隐患专项整治。组织开展油气勘探开发领域安全风险隐患集中整治和安全生产专项整治三年行动计划实施工作，及时发现和消除油气风险作业领域安全风险隐患，筑牢安全防线。

强化 HSE 专项审核。开展能源开发 HSE 专项专业审核，加强油气风险作业安全生产管理，强化安全生产"四条红线"意识，采取强力措施坚决遏制生产事故发生。

修订完善安全防控方案和专项应急预案。根据长城钻探工程公司部分机关部门机构、人员调整，及时组织相关人员修订完善《长城钻探工程公司能源开发油气泄漏、着火爆炸与井喷安全重点风险防控方案》和《风险作业区块油气站（场）泄漏、着火爆炸突发事件专项应急预案》，保障防控方案和应急预案有效性。

【"十三五"期间致密气勘探开发工艺技术攻关成果】 2020 年，长城钻探工程公司坚持滚动勘探开发，加强储层预测技术攻关，不断深化气藏成藏规律研究，采取一体化研究思路，优化滚动评价井位部署，钻探发现一批富集区，增加持续开发资源基础。在苏 10 区块、苏 11 区块、苏 53 区块共发现 10 个富集区，增加地质储量 347.16 亿立方米，规划部署井位 722 口。

2020 年，接替区资源品质劣质化不断加剧，探索与地质条件相适应的开发方式和工艺技术成为技术攻关方向。在储层改造方面，调整半缝长增大供气半径，平均单井产量较常规设计同比提高 18.3%；优化压裂液体系，应用生物胶清洁压裂液，一次返排成功率达 81.63%；无配液流程，简化压裂施工工序，提高施工效率，降低压裂施工成本。在创新开发方式试验方面，开展苏 11 区块中部高含水区侧钻水平井试验、苏 53 区块老区层间加密水平井试验、苏 53 区块薄互层区水平井套管完井压裂改造试验，均取得较好试验效果，为下一步改变开发方式提供试验基础。

2020 年，加大侧钻水平井技术应用推广力度，完善相应配套工艺技术，累计实施侧钻水平井 29 口，增产天然气 4.72 亿立方米，井均累计增产天然气 1628 万立方米。

2020 年，持续开展气井"全生命周期"开发管理，形成针对性的排水采气工艺技术系列，逐步完善措施增产评价系统，实现经济有效增产，综合递减率逐年下降。实施各类措施 4014 井次，增产天然气 8.4 亿立方米。苏 10 区块综合递减率由 2007 年初期的 45.3% 下降到 2020 年的 19.03%；苏 11 区块综合递减率由 2010 年初期的 25.5% 下降到 2020 年的 19.2%；苏 53 区块综合递减率由 2013 年初期的 44.5% 下降到 2020 年的 27.4%。

【"十三五"期间页岩气开发建设主要成果】 2020 年，长城钻探工程公司集成基于测井综合解释、地震叠后叠前同时反演、裂缝精细刻画及地应力预测技术，形成一套页岩气"甜点"综合评价的技术体系。明确龙一$_1^1$小层中、下部 2—3 米硅质页岩为水平井目标层靶体位置，威 202 井区东部、威远城市规划区，威 204 井区西部为优势建产区。综合利用数值模拟、解析模拟等技术手段，考虑储量动用最大化，形成不同"甜点"特征下的差异化井位部署技术，规划部署稳产期水平井 116 口。以"精细地质评价"为基础，融合随钻对比、地质建模、元素录井等水平井轨迹跟踪调整技术，水平井目的层靶体钻遇率由初期的 41% 提高到末期的 96%。形成"选好区、钻长段、打准层、压多缝、管好井"的高产井培育模式，期间建成川南地区页岩气开发首个百万立方米平台，累计培育出 11 个百万立方米平台，单井测试产量平均 20.43 万米^3/日，13 口井平均测试产量达 40.1 万米^3/日。

2020 年，升级配套钻井装备，强化钻井参数，建立各开次技术模板，全井机械钻速由初期 6.61 米/时逐步提高到 8.83 米/时；制定全工况下的防卡措施模板，每万米卡钻次数较 2014 年初期降低 44.78%，井均损失时间较 2014 年初期缩短 89.25%；钻井液性能不断优化，每万米划眼时间较 2014 年初期下降 75.09%。

2020 年，形成以压前套变风险预测为核心的差异化压裂设计，自主研发粉末型和乳液型减阻剂及变黏滑溜水体系，研制 85—103 毫米全尺寸系列的全可溶桥塞，试验优选出主体支撑剂组合和加砂模式。探索出少段多簇＋暂堵压裂的套变预防措施及连续油管提前钻塞＋小直径桥塞＋暂堵压裂的治理措施，套变丢段率由 7% 降至 1.6%。储层改造效果持续提升，测试产量由 12.9 万米^3/日提高到 21.9 万米^3/日。

2020 年，对页岩气井进行"四大类八小类"分类管理，针对返排初期易出砂采用压降速率法调控油嘴，实现平稳返排；针对生产中后期井筒积液和压窜水淹等问题，确定泡排、气举、柱塞气举和"组合措施"等为主排采工艺技术界限，保证老井稳定生产，措施累增气 2.77 亿立方米。

2020 年，建设丛式井站 31 座、平台增压站 6 座、集气管线 129.85 千米；落实 4 个取水点，建成供水泵站 4 座，中转/返排泵站 35 座，蓄水池 40 座总池容 17.35 万立方米，建成供水及返排管线 33 条 254.4 千米。

2020 年，布井模式、井距、水平巷道、方位、水平段长度等开发技术参数与开发方案一致，开发指标基本达到方案要求。年产 10 亿立方米开发方案投产井 30 口，首年平均日产 7.35 万立方米，平均单井评估最终可采储量 0.66 亿立方米；年产 15 亿立方米开发方案投产井 27 口，首年平均日产 7.32 万立方米，平均单井评估最终可采储量 0.70 亿立方米；年产 50 亿立方米开发方案投产井 81 口，首年平均日产 8.58 万立方米，平均单井评估最终可采储量 0.81 亿立方米，开发效果逐轮提高，累计生产页岩气 41.58 亿立方米。

（吕世全）

第五篇

科技与信息

科技发展

【概述】 2020年，长城钻探工程公司承担国家级科技项目3项，集团公司级科技项目19项；承担工程技术分公司统筹项目（课题）21项；下达公司级科技项目26项，投入科研经费6177.08万元。申请专利62件，其中发明专利39件，集团公司审批通过38件。授权专利33件，其中发明专利10件。3件专利获石油石化联合会专利优秀奖。长城钻探工程公司获省部级以上成果奖励5项，其中"川南3500米以浅页岩气规模有效开发理论、技术及应用"参与获集团公司科技进步奖特等奖，首次获集团公司基础研究奖和省部级专利奖项；"稠油热采水平井分段完井技术及推广应用"等3项成果通过集团公司成果鉴定，均整体达到国际先进水平。多项科技攻关和现场试验取得重要进展，科技成果转化取得良好经济效益。

【科技立项】 2020年，长城钻探工程公司承担国家级科技重大专项——《大型油气田及煤层气开发》，开展抗高温高密度油基钻井液技术、钻井施工智能优化分析系统与页岩气建产区地质与工程条件分析等3项课题研究。取得集团公司长寿命螺杆和高效PDC钻头等提速提效技术现场试验、页岩气水平井套变防范与治理技术攻关、海陆过渡相页岩气开发示范工程、超硬耐研磨材料与自适应钻头研发、气井带压作业技术推广、油田井筒关键化学材料费开发与应用、提高页岩气井抗套损能力的新型套管研发等多个项目（课题），获上级科研经费5000万元以上。

【技术攻关进展】 2020年，长城钻探工程公司利用甜点精细刻画技术助力次核心区威202H83平台下半支三口井日产超百万立方米。针对威远页岩气藏非均质性强、甜点精细刻画难、井间产量差异大、产量影响因素多且复杂等问题，开展甜点精细刻画、精准地质导向、井位优化部署、差异化压裂地质设计、产量主控因素分析等研究。平面上甜点精细刻画分为核心区、次核心区和外围区；纵向上锁定龙一$_1^1$小层中下部3—4米高伽马高硅低钙层段为水平井最优靶体，2020年实施的31口井平均甜点钻遇率高达96%；实施地质工程一体化压裂优化设计，开展套变风险预测与防治，丢段井比例由42.6%降至19.4%；明确Ⅰ类储层厚度、Ⅰ类储层钻遇率、水平井压裂改造长度、加砂强度四项参数为气井高产主控因素，并初步建立页岩气井高产控制模式。2020年长城威远投产井中完成测试井26口，平均测试日产量19.63万立方米，Ⅰ类井和Ⅱ类井比例76.9%，为长城威远页岩气区块完成15亿立方米产能建设任务提供技术支持。

苏11-50-64井完成CO_2（二氧化碳）泡沫压裂取得平均日产比同平台邻

井高60%效果。针对苏里格区块致密气藏存在的储层水锁伤害、堵塞气体流动通道、影响气体产出等问题，开展CO_2（二氧化碳）泡沫压裂液体系技术攻关，攻克CO_2（二氧化碳）泡沫压裂液稠化剂、交联剂、发泡剂等主要配方添加剂，研发形成适用于苏里格地区的CO_2（二氧化碳）泡沫压裂液体系，该体系耐温范围60—120摄氏度、携砂比不低于20%、泡沫质量不低于65%、配伍性良好，体系稳定。2019年11月，在苏里格自营区块苏11-50-64井成功完成CO_2（二氧化碳）泡沫压裂施工，2020年3月投产，初期最高日产量3.6万立方米，平均日产气1.9万立方米，日产量较同一平台相邻常规压裂井提高近一倍，解决常规的水基压裂液造成储层水锁伤害的问题，在苏里格区块具有良好的应用前景。

保压取心在页岩气（油）、煤层气规模应用保持国内技术领先。针对非常规地层取心过程中地层岩心资料获取不全，油气饱和度测试数据失真问题，研制高强度球阀密封装置、内提升差动机构、复合式双保压内筒等关键工具，解决现有保压取心工具保压成功率低的难题，额定保压能力由30兆帕提升至60兆帕，形成我国首套保压能力60兆帕的起钻式保压取心工具和煤层气双保压取心工具。2020年，在合川气田开展3井次保压取心作业，其中合川001-74-H3井实现国内"首次在水平井开展保压取心作业，首次在致密砂岩气开展保压取心作业，首次使用油基钻井液开展保压取心作业"，开创国内非常规油气保压取心技术先例，保压取心技术持续处于国际先进、国内领跑地位。

油基钻井液完成博孜8井8235米施工创塔里木油区最深井纪录。针对塔里木库车山前地区高温、高压、盐膏层钻进等条件下安全钻井存在的瓶颈，研制抗温达240摄氏度、密度2.6克／厘米^{3}的全油基钻井液体系及柴油油包水钻井液体系，具有较强的沉降稳定性和良好的抗污染性能、抗温性能、抑制性能、润滑性能。2020年6月，抗高温高密度油基钻井液在塔里木油田博孜8井进行现场试验，完钻井深8235米，四开油基钻井液最高密度2.27克／厘米^3，现场性能良好，钻进过程中未发生因钻井液原因造成的复杂事故，解决塔里木深部盐层恶性阻卡、井壁失稳、井漏等难题。高温高密度油基钻井液技术在博孜8井的成功应用，标志着长城钻探自主研发的深井超深井油基钻井液技术取得重大技术突破。

固井现场施工混配、泵注实现远程自动控制有效提高作业效率。针对固井施工不能实现自动化、智能化，人为因素严重影响固井质量问题，研制自动化监控稳定下灰系统，改造自动化水泥车，集成固井仿真模拟与监控软件，形成一体化专家系统。在辽河双229、高古、洼14等区块共进行自动化现场测试9井次，现场试验结果基本满足设计要求，达到预期效果。实现固井工程科学化、自动化、智能化，提高复杂井、深井、水平井等固井质量，提升国内固井行业整体技术水平。

井下随钻工程参数测量仪为预防井下事故复杂提供新方法针对现场应用中存在的磁耦合短传通信丢数、耐温指标不够、振动转速量程较小、适应性不足等问题，项目组从通信方式、参数测量方法和控制电路方面对全系列测量仪进行一系列升级与改造，研制直径172毫米存储式工程参数测量仪，形成井下随钻测量参数仪的系列化产品。同时，不断优化完善钻井参数优选和风险监测软件，开发井下钻柱振动状态识别与监控模块和钻井参数实时分析与优化模块，并利用现场试验数据自动校核系统后台模型，回归最优参数，形成一套钻井实时分析与风险监测技术。全年井下随钻工程参数仪现场试验与规模应用共计20井次，其中辽河油区16井次，泸州深层页岩气应用2井次，苏里格区块试验2井次，累计工作时间4332小时，实现进尺23613米。应用过程中，井下随钻工程参数仪发挥优化钻井参数，减少井下复杂事故发生率，提高机械钻速的功能。

连续轻烃录井检测分析技术实现60秒快速识别储层流体性质。在60秒周期连续轻烃分析技术基础上，基于连续轻烃丰富的检测参数，结合区域试油资料，分油区、层位形成解释评价图版，建立形态因子和降解指数模型，实现潜力"甜点"储层和流体性质的快速识别，提高复杂油气藏随钻储层流体性质解释的符合率。2020年，连续轻烃录井检测分析技术在冀东油田、长庆油田累计应用8口井，探井解释符合率提升至81.9%，特别是在长庆油田储层含水性识别准确率达到100%，赢得客户高度赞誉。该技术不仅可以指导试油选层、生产方案等勘探开发决策的制定，而且能够评价油气藏潜力，为后续勘探开发提供重要的基础资料。

分级点火射孔技术助力实现泰国PTTEP高端市场突破。乌兹别克斯坦—卢克项目、尼日尔项目以及泰国PTTEP等多个海外高端甲方对可选择点火控制射孔提出需求。对于一些井下射孔层段多，单个射孔层段短且层间夹层间隔过长的井况，客户明确提出枪串单趟下井能够完成多层射孔的要求，现有的一次下井一次点火的射孔施工方式无法满足要求。2020年，经过技术调研和设计攻关，国际测井完成分级点火射孔技术的方案确定、硬件加工以及样机工厂试验，借助分级点火射孔技术实现泰国PTTEP套管井市场的突破，获一份三年期套管井作业合同，分级点火射孔的设备硬件部分已经到达现场，即将开始新项目第一口井的分级点火射孔作业。

随钻电磁波电阻率实现自主设计制造和规模应用。针对新疆、四川等地的页岩油气资源开采中遇到的高温环境以及地层倾斜角度和边界方位判断难题，在高温随钻方位伽马晶体结构设计、高灵敏度方位伽马传感器定制和高转速下工具面测量等方面进行技术攻关，研制出抗温达150摄氏度、耐压140兆帕的高温随钻方位伽马仪器，开发配套的地面解码软件和工具配置软件各一套。完成非高温版本的样机加工制造，并在雷61-2井进行现场试验一次，试验井段1265—1447米，下井时间44小时，仪器工作正常，测量精度符合要求。下一步将进行高温版本加工制造，在150摄氏度之内伽马测量精度为±5%，150—175摄氏度为±10%，在50—300赫兹频率时，三轴最大抗震动达20G，能够满足新疆、四川、山西等地的页岩油气资源和煤层气资源开采需求。

稠油热采水平井分段完井为提高非均质储层动用程度提供新途径。研制具有"双向机械和自溶"解封功能的管内耐高温注汽封隔器，完成第三方性能测试，工具耐温350摄氏度，最高承压21兆帕。配套了自调节配汽阀及承托器等注汽工具，开发"热流耦合理论计算及注汽参数优化设计软件"。现场试验应用17口井，为辽河热采水平井提高储层动用提供有效工艺措施，统计单井动用长度由原来的32%提高到75.3%，温度平均提高18摄氏度，最高单井增产1.5倍，实现成果转化360万元。

【科技成果转化】 2020年，长城钻探工程公司技术创新成果转化继续提速增效，累计创造产值约5.03亿元。环保型滑溜水压裂液体系在四川威远页岩气地区应用238.5万立方米，实现产值9659万元；全可溶压裂桥塞在四川威远页岩气地区应用774只，实现产值2800万元；GW-CF低残渣压裂液和GW-HF速溶耐高温压裂液体系在吉林油田、苏里格气田、青海油田等地区应用72口井，销售1100吨，实现产值1900万元；钻井液及废弃物处理一体化技术在阿尔及利亚、乍得、古巴等国应用80口井，处理废液56435立方米，处理固废33104立方米，实现产值6479万元；强抑制高润滑水基钻井液在四川页岩气、古巴、尼日尔等地区应用37口井，实现产值18000万元；GW-LWD随钻测井系统在国内辽河油田、吉林油田应用48口井，实现产值796万元；远程技术支持平台系统在国内外累计应用443口井，其中国内辽河油田126口、福山油田37口、川渝页岩气田137口、苏里格气田等地区应用116口井，国外伊拉克1口井、秘鲁9口井，实现产值1200万元；元素录井技术在国内辽河油田、塔里木油田、长庆油田、冀东油田、青海油田、四川页岩气田、浙江油田等地区应用106口井，实现产值1200万元；气井带压作业技术在国内川南页岩气区块应用52井次，实现产值3380万元；保压取心技术在大庆、泸州、昭通等地区推广应用9口井31筒次，累计取心进尺138.75米，实现产值约850万元；钢体PDC钻头在国内外累计应用615只，在国内辽河油田、吉林油田、大庆油田、冀东油田、长庆油田、西南等地推广应用512只，乌兹别克斯坦、印度尼西亚、秘鲁、尼日尔国家推广应用103只，实现产值2359万元；低密度水泥浆体系累计应用892井次，其中国内辽河油田、苏里格气田、道达尔反承包项目、长庆油田等应用860井次，国外乍得、尼日尔、伊拉克等国家应用32井次，实现产值1784万元。

【科技成果鉴定】 2020年，长城钻探工程公司"连续轻烃录井仪""稠油热采分段完井技术"和"连续管电控定向钻井技术"3项成果通过集团公司成果鉴定，达到国际先进水平。

【科技管理】 2020年，长城钻探工程公司科技管理部门加强科研项目全过程控制和监督，确保科研项目顺利运行。对国家、集团、公司重点科研项目实行讲习制度。每周选取一个重点项目进行讲习，对项目的理论方法、技术原理、关键技术、取得的突破性进展以及各项考核指标完成情况进行交流，及时掌握重点科研项目进展情况。组织机关相关技术部门深入现场，协调处理科研中产生的问题，做到跟踪检查及时、依托工程落实及时、协调解决问题及时，对全年科技计划任务目标的完成起到积极推动作用。

结合集团公司关于财务研发费用加计扣除工作要求，长城钻探工程公司科技项目经费管理实行全口径预算，增加人工、折旧摊销费用，组织新开项目进行"三新"鉴定，委托开发合同在科技行政部门登记备案，配合财务部门完成研发费用加计扣除任务。

2020年，中油油服在所属成员企业开展"创新提升年"活动，要求"打造一批新利器和创立一批新标准"。"GW-AMO广谱封堵油基钻井液技术"和"连续轻烃检测与评价系统"完成中油油服技术利器申报、发布材料准备工作，评选中。完成《油基钻井液用有机土》《大功率短螺杆钻具》等5项集团公司标准的制修订工作，全面完成今年标准制修订目标。

【标准化工作】 2020年，长城钻探工程公司参与起草自然资源部科技发展司组织的《页岩气调查测井技术规程》和《页岩气调查录井技术规程》2项地质行业标准；承担修订《油基钻井液用有机土》和《高温高压井测试安全规范》2项集团公司企标；参与修订《产品质量监督抽查规范》《压裂用增粘剂快速水合瓜尔胶技术规范》等9项集团企标；制修订及复审《大功率短螺杆钻具》《录井资料质量等级评定规范》等66项公司企标（含增补项目）。标准信息网经过外协项目验收并上线运行，已入库标准1200余项，已注册用户200余人，不断更新完善入库标准，宣传推广网站和App在基层安装应用。持续推广装备配套改造和钻井提速模板，加快推动标准与工程技术现场服务实际相结合，将标准化管理工作逐步从技术标准管理逐步扩展到生产作业、设备配备、安全环保等多领域，把标准打造成为企业在市场竞争中的优势"利器"。

【获奖项目】 2020年，长城钻探工程公司获中国环境保护产业协会环境保护进步一等奖：《水基钻井废物不落地处理及资源化装备与工程应用》。集团公司科技成果转化创效奖励：《GW-HF速溶耐高温压裂液》《超分子结构重建的压裂用速溶增稠剂》。石油石化联合会专利优秀奖《一种酸性条件下快速分散增粘的压裂增稠剂及其制备方法》《超短半径径向钻井工具系统》《水基钻井液废弃物固液分离设备及方法》。

（黄菊珍）

信息化工作

【概述】 2020年，长城钻探工程公司编制信息化改革三年行动实施方案（2020—2022年），明确"信息技术与主营业务融合应用达到国内行业先进水平,业务数字化转型初步完成"的工作目标,确定"国内外一体化生产指挥、安全管控和远程技术支持平台建设,智能气田建设,决策支持平台建设"等三项重点工作任务。

【应用系统建设】 工程作业智能支持系统。2020年,长城钻探工程公司组织完成生产日报、生产动态等个性化报表开发,录井实时数据对接和压裂子系统集成,84套一体化采集器安装部署和日常运维,威远地区视频监控接入和视频会议一键组会,移动App部署和应用,系统管理员和钻井、井下专业用户操作培训。2020年,工程作业智能支持系统(EISS)已经在国内钻井、录井、井下队伍全面上线运行,生产日报上报率达到100%,工程数据上报率达到95%以上。

视频会议系统。组织完成电话会议服务器更新;组织完成名人大厦7个会议室、1个总控室升级改造,利用分布式技术优化视频会议的运维保障模式,提高视频会议运维保障工作效率;组织完成西南生产指挥中心视频会议室建设。全年召开视频会议10894次,同比增加77%。视频会议系统的广泛应用,在提高工作效率的同时,减少人员密集可能造成的交叉感染,满足疫情时期生产指挥和管理沟通需要。

企业资源规划(ERP)应用集成项目。组织钻具公司、钻井液公司、西部钻井公司、物资公司对出入库单据以及采购订单进行冲销重做,累计冲销入出库金额640万元,实现物资成本节约12万元;组织完成长城钻探工程公司财务系统正式切换到中油技服财务一体化账套下,协调顾问解决系统上线后的各种问题。

海外作业管理系统(OMS)。组织完成HSE社会安全管理、民爆物品管理、管理驾驶舱及测录试专业统计报表等114项新增需求与187项完善需求开发,解决系统功能bug 163项。目前系统累计上线855支作业队伍,用户数达到3276人,生产管理、设备管理、HSE管理、钻井服务、固井服务等11个模块全面上线使用,数据量达80吉字节,有效提升长城钻探工程公司对海外项目的管控能力。

机关工作平台。组织完成物资集中采购管理模块功能开发,优化升级境外投标管理审批模块。通过信息化手段将相关业务管理系统化、流程化、自动化、规范化,两项功能自启用以来,完成70余笔物资集采业务的在线审批,多张境外投标审批表单的自动流转,有效提升管理人员的工作效率。

门户网站系统。新增进尺排行榜栏目,将"领导介绍"等栏目内容进行更新;设计制作长城钻探工程公司第三届职工代表大会第三次会议暨2020年工作会议、防控疫情和夺取高质量发展双胜利、提质增效和主题教育等8个专题网站;组织完成工程技术处、企管法规处、纪委办公室、物资管理部等部门门户重建工作;组织制定长城钻探工程公司中文外部网站建设方案,完成美工设计、主页面和部分二级页面的建设工作。

移动应用平台。组织完成平台架构升级、登录方式优化、新增功能开发和应用集成;移动审批中心、信息发布中心、信息门户、电子公文审批、招标管理、市场准入管理功能上线运行，EISS、财务共享平台、合同管理2.0、油邮、工程技术标准信息网等App完成集成。平台支持安卓和IOS双系统，注册用户数1750人，支持公司领导和各管理层级外出办公，提高业务处理效率。

【信息化基础设施建设】 2020年，长城钻探工程公司组织完成总部到辽河、天津、四川、乌审旗、榆林等地的主干网双链路优化，辽河网络中心到井下、三十里铺、压裂新办公楼网络优化，威远地区二级单位项目部网络接入优化，苏里格气田分公司网络专线建设，长城钻探工程公司总部办公区域WIFI带宽扩容；利用服务器虚拟化技术搭建长城钻探工程公司统一计算资源环境，可提供50多个虚拟服务器供业务系统使用，达到计算资源统一规划、统一管理的目的；组织完成机关部门131台办公自动化设备的配置工作。

【网络安全管理】 2020年，长城钻探工程公司组织开展网络安全检查工作，完成2867台办公计算机安全基线配置核查、78个自建信息系统和66台服务器的高危漏洞和弱口令检查、22台汇聚层以上交换机和路由器的安全基线配置核查以及1118台生产用摄像头统计；持续开展网络安全问题通报整改工作，发布网络安全风险预警32条、网络安全二级通报4起、三级通报5起，所有通报全部完成整改并按时反馈；发布桌面安全管理系统考核通报12期，桌面安全系统（VRV）注册率和杀毒软件安装率达到99%以上。

（雷　颖）

第六篇

安全环保与质量节能

疫情防控

【概述】 2020年，长城钻探工程公司贯彻落实习近平总书记对疫情作出的"要把人民群众生命安全和身体健康放在第一位，把疫情防控工作作为当前最重要的工作来抓"的重要指示精神，在集团公司党组坚强领导下，积极行动、共同努力，统一思想，提高认识，做好疫情防控常态化工作，坚决守住疫情防控底线，长城钻探工程公司中方员工未发现疑似和确诊病例。

【组织领导】 2020年，长城钻探工程公司成立以公司主要领导为组长的新型冠状病毒感染的肺炎疫情防控工作领导小组，生产、安全、工会、维稳、纪检、区域生产指挥中心等相关部门各司其职，在长城钻探工程公司党委统一领导下组织开展疫情防控工作。制定下发长城钻探工程公司疫情防控工作方案，要求各单位、各部门主要负责人对本单位防控工作亲自抓、负总责，建立本单位工作领导机构，明确分工，落实责任，按照国家、所在地政府和集团公司疫情防控要求，协助和配合所在地政府有关部门做好人员跟踪和管理工作，坚决遏制疫情蔓延。

【落实责任】 2020年，长城钻探工程公司各防控主责部门按照防控方案要求，在生产组织、物资保障、休假倒班、隔离措施、劳动纪律、信息报送、办公区域人员出入、餐饮、会议、车辆、卫生、监督等方面落实防控责任，各区域结合实际制定本区域疫情防控工作指导手册，各专业公司分别制定钻修井、压裂、油气生产场所等施工作业现场防控方案，全面部署防控工作；国内优先保障"两气"业务施工队伍的节后复工复产，其他队伍按当地政府要求陆续复工复产，各项措施保障下，长城钻探工程公司各区域施工队伍都如期恢复正常生产经营秩序；组织各区域按照集团公司防控指导手册结合实际编制各区域指导手册，并组织宣贯到每一名员工，提高员工对疫情的认知水平和个人防护意识；在京单位和部门严格落实人员流动管理，刚性落实员工离京审批备案、进返京申报审批以及相应的隔离、核酸检测要求；对滞鄂人员采取"一人一策、一人一档"管理模式；对长途载客车辆实行"一车一案"审批制度，落实疫情防控要求和交通风险防控措施，保障司乘人员安全健康。

按照"稳在当地、稳住人心"的"两稳"要求，根据国际业务疫情防控特点和公司实际，制定境外新冠肺炎防控九项规定。开展外籍雇员教育培训，加强群防群控，累计培训32000余人次，提高现场疫情防控整体水平。利用"一对一"电话咨询、"心理课堂"线上辅导、"压力疏导"团体咨询三种途径，缓解境外中方人员心理压力，累计咨询300余人次。

长城钻探工程公司国内防控物资有60.2万个口罩、55桶9千克装84消毒液、13750升医用酒精、20个红外线体温枪、5万双防护手套、1600个护目镜、220套防护服，除口罩外已全部发放完毕。打通国际货运通道，优先将防疫物资送达物资储备不足的境外单位，累计采购、发运口罩350余箱、药品40余箱、检测试剂5000余份，有效缓解境外单位物资保障压力，做好持久应对疫情准备。

【有效宣传】 2020年，长城钻探工程公司组织各单位深入学习宣传贯彻习近平总书记重要指示精神，加大权威信息发布力度，加强政策措施宣传解读，为打赢疫情防控阻击战提供有力舆论支持。2020年，长城钻探工程公司两级宣传部门累计发布防疫复产专题稿件2552篇，在微信公众号"筑成抗疫新长城"栏目累计刊发45期，先后在集团公司门户网站、集团公司官微、《中国石油报》等主流媒体发稿63篇。动员长城钻探工程公司各级团组织、团干部和团员青年参与防控工作，依托青年文明号、青年突击队、青年志愿服务者，做好疫情防控信息宣传、防护用品配送、工作区域巡察消毒等工作，引导全体员工克服恐慌心理，保持良好精神状态，增强战胜疫情信心。

安全环保

【概述】 长城钻探工程公司质量安全环保节能管理的职能部门是质量安全环保处，负责长城钻探工程公司安全生产、环境保护、职业健康的管理与监督工作，井控、应急、设备管理的监督工作，质量、计量管理工作与节能节水管理工作。

2020年，长城钻探工程公司总工时7043万小时，同比降低17.0%；上报事件总数1685起，同比降低加9.1%；总可记录事件率1.83，同比增加1.7%；百万工时损工事件率0.01，同比降低92.3%；发生一般C级生产安全事故1起，轻伤1人；全年道路行驶里程5513万千米，同比降低13.0%；未发生井喷事故、一般A级及以上有责生产安全事故、全责交通事故、一般及以上火灾爆炸事故；未发生一般及以上职业病危害事故；未发生一般C级及以上环境污染事件；四项（二氧化硫、氮氧化物、化学需氧量、氨氮）主要污染物排放量控制在集团公司考核指标以内；节能4100吨标准煤，节水1.1万立方米。全面完成集团公司下达的质量安全环保目标各项指标。

【责任落实】 2020年，长城钻探工程公司修订副总师以上领导HSE职责，调整领导干部安全生产承包点，制定承包点检查督导计划，固化各级主要领导"四个一"活动；每季度，组织对各单位行政主要领导和安全总监开展安全生产述职工作，年度全覆盖，述职评审结果纳入领导干部业绩考核。调整承包商 HSE 专业委员会机构、成员和职责；以油气风险作业为重点，全面推进高风险区域、高危风险作业安全生产"区长挂牌制"管理。实施全员安全生产记分管理，全员 HSE 责任制落实情况纳入绩效考核。

【隐患排查治理】 2020 年，长城钻探工程公司通过各类监督检查和审核开展隐患排查，对于各单位普遍存在的重大隐患，组织相关专业部门现场调研、论证，会同相关部门统一整改；各单位按要求开展隐患排查、评估，将结果及时录入"HSE 信息系统和作业管理系统"（OMS），实施动态跟踪、分级治理、逐项整改；制定投资计划运行跟踪表，加大对隐患治理资金的提取和使用的考核力度，对各单位计划实施情况实行月度统计、季度例会、年度考核，组织召开驻辽单位安全专项费用投资计划工作座谈和季度例会，提升隐患治理效果。全年下达三批安全专项费用投资计划，共计 5612.48 万元，执行 4794.88 万元，计划调整 817.6 万元，安全专项费用计划执行率 85.43%。

【风险管理】 2020 年，长城钻探工程公司开展年度危害辨识工作，全员参与，辨识危害因素 11256 条，通过评价，确定长城钻探工程公司重大风险 29 条，修订 29 项安全重点风险防控方案，明确防控责任，制定控制措施。

【HSE 体系运行】 2020 年，长城钻探工程公司开展 HSE 规章制度适用性、合规性评价，制修订《生产安全风险防控管理办法》等 19 项规章制度，发布《钻井专业基层队 HSE 资料管理规范》等 7 项企业 HSE 标准，规范工作体系。结合疫情防控形势，创新采取现场审核与视频审核结合的方式，开展 QHSE 一体化审核和入井材料专项审核，覆盖 22 个机关处室和 37 个国内、境外单位。逐级分解指标，签订、公示目标责任书，实现责任归位。

【标准化建设】 2020 年，长城钻探工程公司同步实施基层站队 HSE "标准化建设"、安全文化建设与基层资料减负，并通过现场帮扶、考评，完成标准化示范队创建目标。

【素质提升】 2020 年，长城钻探工程公司进行国内单位实施钻修井队月度考核、季度排名、分类指导，以"每月十题"为抓手，培训基层员工 4014 人次，开展送教上门工作 6 次，培训基层管理人员 210 人次，开展四期驻队指导，培训 25 支基层队伍；推广 HSE 工具清单化、目视化应用；组织国内单位安装吊车、随车吊视频监控系统 159 台（套）；严格违章处罚，开展节假日、夜间等特殊敏感时段升级监督 452 队次，纠正"三违"行为 977 项次；通过远程视频监督抽查 24 个作业现场，及时纠正违章行为 58 起；组织参与"安全生产知识答题"和"全国企业全面质量管理知识竞赛"答题活动，长城钻探工程公司 14000 余名员工参与；制定《全员安全生产记分管理办法》，实施全员安全生产记分管理；开展总监副总监培训、危害辨识、质量业务、职业健康等培训，累计培训干部员工3475人次；制作安全标准化视频163项，通过微信公众号发布宣教内容85期。

【监督管理】 2020年，长城钻探工程公司对钻修井队伍动态分类，开展差异化监督，全年检查施工现场发现问题14358项，全部整改完毕，并复查验证。下发《停工停产整顿通知》29份，《督办通知》2份，《安全问题整改通知书》196份，《违章处罚通知单》144份，罚款84万元（包括交叉互查15万元），开展管理追溯18次。现场培训基层人员8129人次，对设备搬迁、安装、拆装封井器等特殊工况进行现场旁站监督414次，实施"全天候、全覆盖、无死角"监督检查。按照长城钻探工程公司《2020年HSE、质量、节能节水管理考核与奖惩方案》，全年监督奖励132.81万元，实施"全天候、全覆盖、无死角"监督检查，保障长城钻探工程公司安全生产。实施监督分级和队伍分类管理，在高危领域和关键时段，实行升级监管；组织开展监督培训，实现区域巡视监督、巡回监督、驻队监督、外包HSE监督100%取证；实行巡视监督述职制度和区域轮换机制，使各区域、国内外监督相互学习，取长补短，提高监督技能。每月召开监督工作例会统计分析，检查发现的问题，追溯所属单位、业务主管部门管理原因，督促整改；结合安全生产季节性特点，预判隐患问题动态发展趋势，找出事故苗头，定期向各单位发布《预警提示》21份，组织各单位制定防范措施，实现新形势下的安全监督转变，做到精准施策、前端管控、源头防控。

【环境保护】 2020年，长城钻探工程公司按照集团公司要求，制定《长城钻探工程公司强化黄河流域生态环境保护工作方案》，根据长城钻探工程公司实际情况制订生态保护、清洁生产、污染防治、风险防控等7项重点任务，对在黄河流域施工队伍提出具体要求，并开展专项检查，深入推进黄河流域生态环境保护工作；制定《长城钻探工程公司"十四五"生态环境保护规划》，为长城钻探工程公司实施低碳发展战略，加快建设资源节约型、环境友好型企业奠定基础。依据集团公司《生态环境隐患排查治理实施规范》，组织各单位开展生态环境隐患排查治理工作，对生态环境隐患进行分级分类评估，发现环境隐患235项，评估结果均为一般环境隐患。所有隐患都及时得到整改。

【职业健康】 2020年，长城钻探工程公司组织职业病危害作业场所检测419场次、职业健康体检3941人。升级出国健康评估标准，建立体检异常台账，一对一动态跟踪。协调疫情期间加急出国人员健康评估1004人次。对境外员工开展"心理课堂""压力疏导"健康咨询7次，对3起严重突发健康事件人员进行心理危机干预。

【交通消防】 2020年，长城钻探工程公司规范非职业驾驶人和外雇驾驶人管理，组织开展内部准驾证复审，实施载客车辆长途任务安全审批1358台次；完善北斗车辆管理系统功能，结合监控平台反馈信息对违章行为进行通报和追责，建立驾驶人和带车人连责机制，发生事故事件"一事双追"。加强涉油气高风险工业动火作业现场消防管理，在油气田、苇田、稻田、森林、草原禁火期内现场动火实行升级管理。

【承包商管理】 2020年，长城钻探工程公司组织修订《长城钻探工程公司承包商HSE管理办法》。组织各单位建立承包商档案，实行动态管理，每季度进行更新；组织各单位建立关键岗位人员及其他岗位员工HSE培训取证档案，实时更新；对承包商实施风险分级管控，根据承包商专业、类别和风险的不同，完善承包商安全绩效评估细则和评分标准，设置否决项；严格落实末位淘汰3%、黄牌警告停工整治3%，逐步清退不合格承包商，规范承包商管理；承包商管理情况每季度在长城钻探工程公司HSE委员会办公室例会上进行专项汇报。强化承包商事故责任追究。外部承包商发生的生产安全事故，追究建设单位责任；内部承包商发生的生产安全事故，对建设单位和服务单位同等追责，实行"一事双查，一事双免"。

【特种设备】 2020年，长城钻探工程公司明确各级特种设备管理人员职责，跟踪培训和取换证情况，组织各单位落实特种设备注册、检验、安装、维护及日常巡检。

【危险化学品】 2020年，长城钻探工程公司组织各单位，按照《危险化学品目录》梳理本单位涉及危险化学品的业务领域，摸排生产、储存、使用、经营、运输和废弃物处置等环节分布的危险化学品的品种、类别、数量及规模、储存方式、储存位置与风险状况，特别是明确重点监管的危险化学品种类，建立危险化学品普查信息电子档案。通过普查，公司在用危险化学品116种，其中现场使用危险化学品36种，实验室使用危险化学品80种；按照《危险化学品企业安全风险隐患排查治理导则》，持续深入开展安全风险隐患排查和评估工作；严格落实《危险化学品输送管道安全管理规定》（原安监总局第79号令），组织苏里格气田分公司、四川页岩气项目部开展压力管道重点腐蚀部位的检测和定点测厚，提高风险预警能力。

【社会安全】 2020年，长城钻探工程公司围绕社会安全管理体系战略目标，组织境外单位开展"三防"自检自查，指导和修订境外单位的社会安全管理作业文件和应急预案，提供资源保障，推动境外单位安保设施和管理水平当地领先。组织社会安全管理视频培训，加深境外单位专兼职工作人员思想意识和技能水平，力争境外单位的社会安全意识和管理能力行业领先。关注境外社会安全形势，及时发布社会安全风险预警信息79条，风险提示4期，指导阿塞拜疆项目部妥善应对地区冲突，实现境外单位员工社会安全事件零伤害。境外单位尽已所能，帮助所在社区和当地政府抗灾抗疫，努力营造与当地政府（社区）的和谐环境。

（于 杨）

质量计量

【概述】 2020年,长城钻探工程公司质量管理工作贯彻落实集团公司、中油油服工作部署,启动实施油气水气井质量三年集中整治行动,持续推进质量体系量化审核,突出问题导向,强化风险管控,严守质量红线,产品、工程和服务质量总体水平保持稳定,未发生较大及以上质量事故,多项工作取得良好成效。长城钻探工程公司获年度"辽宁省实施用户满意工程先进单位"和"辽宁省质量管理小组活动优秀企业"称号。

【质量管理体系】 2020年,长城钻探工程公司质量管理体系推进工作突出问题导向,以质量风险管控和关键业务流程为重点,强化四个环节工作:制定质量考核分解方案,将19项过程性管理指标和28项结果性专业指标,横向分解到机关16个相关部门,纵向下达到各所属各单位;结合集团公司、中油油服井筒质量整治要求,采取成熟度评价、量化评分的方式,分类修订完善质量管理工作内审及考核量化标准,实现审核、考核内容与体系标准,集团公司、中油油服质量工作要求深度融合和紧密衔接;开展入井材料专项审核、QHSE体系内审、DNV年度QHSE认证监督审核、中油油服下半年井筒质量专项审核,发现并组织整改不符合项和质量问题1108项,制定并落实纠正和改进措施1458项;各级审核发现问题的整改效果,作为体系推进、绩效考核的重要内容和主要抓手,按照举一反三、系统整改的整改要求,由直线责任部门牵头,严格落实纠正措施,实施跟踪验证、闭环销项等措施,持续提升体系运行绩效。

【井筒工程质量集中整治】 2020年,长城钻探工程公司启动实施油气水气井质量三年集中整治行动,成立集中整治工作领导小组和四个专项整治工作组,策划编制以井筒质量、套损套变、躺停井、入井材料及流体质量专项整治为主要内容的《长城钻探井筒工程质量三年集中整治行动方案》和《主要任务分解表》,对28项重点任务进行分解,明确责任部门、实施单位、阶段任务和完成时限,指导整治行动稳妥有序开展。

2020年,长城钻探工程公司制定《井筒质量评价标准》《开发井钻井施工质量考核细则》《钻井工程质量验收标准》等制度标准,为钻井设计、施工和工程质量验收和评定提供制度依据。制定《威202区块钻井技术模板》,对钻头定型、操作定责、井下复杂处置定权;制定威远区块压裂作业、泵送射孔、连续油管、返排测试4项技术模版,明确以技术模板符合率为抓手的技术管理原则和不执行模板为事故主责方等强制性规定。针对页岩气卡钻频发、起钻倒划周期长等难题,深入剖析致密岩屑床导致卡钻等症结,根据机理认识,精准施策,针对性采取通过提升循环排量、坚持短起下、提高转数等措施,大幅降低页岩气钻井事故和复杂情况。

【质量风险隐患排查】 2020年,长城钻探工程公司持续开展质量风险研判、辨识、监测、预警和防控活动,系统评估识别出的风险影响程度,制定针对性防控措施,完善质量风险评估与防控措施清单,组织开展"优秀质量风险评估和防控方案"专项评比。全年累计识别质量风险2521项,制定并落实针对性的质量风险防控措施2981项,系统增强质量风险管控能力。长城钻探工程公司和各单位累计排查基层队站、物资仓储站点421个,抽查施工作业现场592井次,查找执行施工方案与设计不符、变更不及时、采购标准审查不严、现场验收不到位等质量问题隐患926项,整改关闭913项,对热采井固井、储气库固井、高性能钻井液体系封堵剂评价、白沥青样品胶结、海蓝定向探管等27项关键技术和产品开展质量评价,召开质量分析会专题研究,解决质量技术问题154项,促进质量意识和实物质量双提升。

【入井材料及流体质量】 2020年,长城钻探工程公司组织开展产品质量监督集中抽查,抽查覆盖物资仓储站点29个、施工现场18个,抽查各类产品324批次,成为近年来覆盖面最广、抽查产品种类最多、针对性最强的一次产品质量监督抽查行动。配合集团公司对长庆油区、辽河油区实施产品质量监督抽查43批次。对发现的不合格品,质量、物资、市场等相关部门和使用单位协调联动,按规定程序严格进行后处理,形成采购质量倒逼合力,有效增强产品质量监督约束力。组织对2018—2019年集团公司油化剂产品质量认可获证的55家供应商、436种产品执行标准、使用业绩、到货检验和监督抽查等情况组织全面清查。

【"精品工程""满意服务"活动】 2020年,长城钻探工程公司组织各单位按照活动要求,结合所在施工国家、油区实际和专业特点,依靠技术进步和管理创新,拓展市场发展空间,赢得用户的满意和信赖,展现长城钻探工程公司"干一项工程,创一个精品,树一个品牌,占一方市场,留一方美誉"的良好品牌形象。通过推荐评选,评出钻井一公司国内合作部50615队等"名牌施工作业队伍"31支、威202H56-3井压裂工程等"施工作业精品工程"10项、苏53-82-29H井钻井工程设计等"优质设计项目"5项,"质量标兵""质量工匠"各5名。调动各单位打造精品、争优创先的积极性和创造性。钻井三公司、苏里格气田分公司、钻技服公司被授予"辽宁省用户满意企业"和"辽宁省用户满意服务"称号。

【群众性质量活动】 2020年,长城钻探工程公司围绕"践行工匠精神,助力提质增效"活动主题,引导员工聚焦"两气"开发、钻井提速、井筒质量、套损套变、安全环保、节能减排方面的热点和"顽疾"问题,深入开展群众性质量改进和攻关活动。全年注册QC小组课题521项,注册开展质量信得过创建活动班组143个,覆盖31个二级单位和境外项目部，直接参与两项活动员工5540人次，体现广泛参与的群众性。组织评选公司级优秀QC成果110项，质量信得过班组成果55项，其中获年度集团公司级、省级优秀质量科技成果25项，优秀质量信得过班组建设成果6项，获中国油气计量论坛、辽宁省质量学术论坛优秀论文34篇。长城钻探工程公司被授予"2020年度辽宁省质量管理小组活动优秀企业"称号。

【计量管理】 2020年，长城钻探工程公司组织检定、校准强制检定计量器具11648台件，石油专用计量器具9675台件、能源计量器具1843台件，保证量值准确可靠传递。开展和参与行业间实验室能力验证和比对检验，与石油工业油井水泥外加剂质检中心、石油工业入井流体质检中心、华北油田计量检定中心等外部机构开展比对检验产品74次，比对数据310组，提升检验检测能力和技术水平。严格实施质量检验和计量检定人员登记注册、培训、考核和发证管理，根据业务和人员变化，先后对钻井液质检中心、钻具公司检测中心、钻技服务计量检测中心等73名质量检验人员和计量检定人员组织理论培训、能力实操考评和换证考核，确保人员能力满足质量检验和计量检定岗位要求。

【质量宣传教育活动】 2020年，长城钻探工程公司开展以"聚焦实体质量提升，助力高质量发展"为主题的"质量月"活动。门户网站开设活动专栏，宣传活动主题、内容和要求，实时报道各单位活动动态，搭建活动展示交流平台。各单位累计在各级网站、报纸、杂志发表质量宣传报道61篇，悬挂"质量月"宣传标语横幅209条，张贴宣传画520张，制作展示质量宣传展板208块，开设微信公众号，传发质量公益信息231条，组织4034人次观看《大国质量》质量专题片。组织开展各类质量计量业务培训101期，培训员工2795人次，选派业务骨干参加集团、油服质量、计量、审核员等培训班29人次，员工质量意识和素质持续增强。

节能节水

【节能技术措施】 2020年，长城钻探工程钻机燃油替代项目实现替代柴油33176吨，节省费用4945万元。电代油钻机实现替代柴油32229吨，节省费用4405万元；气代油钻机实现替代柴油302吨，节省费用148万元；无功补偿项目替代柴油535吨，节省费用392万元。采取应用钻井液回收利用等技术措施，形成节水能力3万立方米。

（于 杨）

第七篇

企业管理与监督

规划计划

【规划管理】 2020年，长城钻探工程公司初步完成"十四五"发展规划编制。11月23日，长城钻探工程公司党委审议通过长城钻探工程公司"十四五"发展总体规划。围绕国际一流石油工程技术服务企业建设迈上新台阶，"六个典范"企业建设扎实推进的总体目标，确定夯实三个市场基础，实施六大举措、统筹两大板块的规划部署思路，规划"十四五"末，长城钻探工程公司收入规模达到320亿元，年均增长9%左右；盈利水平逐年增长，推动长城钻探工程公司实现高质量发展。

【投资计划管理】 2020年，长城钻探工程公司落实提质增效专项行动实施方案工作部署，牢固树立"以效益为中心"理念，加快投资计划批复效率和规模内综合统筹能力提升。2020年集团公司累计批复投资计划46.3亿元，较年初框架计划59.4亿元压减22%。

取得苏里格10亿立方米产建投资批复。按照长城钻探工程公司党委提出苏里格致密气田重上30亿立方米的目标，强化沟通协调，根据区块开发方案梳理2006—2019年集团公司批复及长城钻探工程公司实施工作量及投资缺口，最终获批2020年10亿立方米产能建设和2021年4亿立方米提前实施工作量投资计划。

抓好工程技术服务设备提档升级。组织开展国内区域市场技术装备竞争对手分析调研，以实现设备提升功能、提高效率、降低作业成本、保障安全、减少人员、清洁生产为目标，按照"建立区域市场设备能力比较优势"的工作理念，全面梳理长城钻探工程公司主力装备现状，查找区域市场竞争劣势，提升长城钻探工程公司整体设备竞争力。

强化已下达投资计划执行跟踪。启动实施已下达投资计划月度执行情况跟踪和通报机制，突出实施节点把控，加强部门衔接沟通。全年下达投资计划管理通报10期。

【工程建设管理】 2020年，长城钻探工程公司组织完成钻井一公司国有资产库迁建等国内9个项目，伊拉克哈法亚基地彩钢板办公室等境外3个项目的竣工验收，密切跟踪苏53区块区部工程项目进度，配合做好本年度基建类采购业务招标管理专项检查工作，开展工程建设项目承包商安全绩效评估。

印发《关于开展国内生产、生活设施租赁业务提质增效反馈和自检自查工作的通知》，落实国内设施租赁业务提质增效阶段性成果。全年实现降本增效合同59份，节约年租赁费用277.49万元。

【后评价管理】 2020年，长城钻探工程公司完成《长城钻探2000年以来投资效益分析》《综合录井仪更新等14个项目简化后评价》《移动式地面测试设备（伊拉克）后评价》《侧钻水平井／分支井新工具现场试验后评价》的组织编制上报，为今后项目安排提供参考，实现投资项目闭环管理。

【统计工作】 2020年，长城钻探工程公司在做好集团公司、地方政府、公司月度季度统计信息报送的同时，结合国内外市场划分调整，适应长城钻探工程公司发展需求，发布长城钻探工程公司2020年定报制度，调整统计信息系统报送表样，修订完成综合统计管理办法。

（孙丰益）

生产运行

【概述】 2020年，长城钻探工程公司国内外管理钻修井机378部，与2019年同期年均相比减少29部，年平均动用255部，与2019年同期年均相比减少63部；年平均动用率与2019年同期年均相比减少10.67个百分点。其中：国内管理钻修井机249部，与2019年年均相比减少18部，年平均动用钻机195部，与2019年年均相比减少26部，年平均动用率同比2019年减少4.46个百分点；国外管理钻修井机129部，与2019年同期年均相比减少11部，年平均动用钻机60部，与去年同期年均相比减少37部，年平均动用率46.51%，同比去年减少22.78个百分点。

2020年，国内外累计开钻1867口，交井1900口，进尺446.68万米，比2019年分别减少16.24%、13.95%、13.08%。其中：国内累计开钻1632口，完钻1645口，进尺384.85万米，比2019年分别减少12.31%、11.03%、9.21%，在四家钻探公司中进尺工作量降幅最小，完成全年计划进尺的84.58%；国外累计开钻235口，完钻255口，进尺61.83万米，比2019年分别减少36.14%、28.97%、31.30%，完成全年计划进尺的70.26%。

【生产运行管理】 生产运行整体平稳高效。2020年，长城钻探工程公司克服疫情困难，实现快速高效复工复产，完成工作量同比降幅在油服钻探企业中降幅最小。面对年初严峻的疫情形势，长城钻探工程公司组织协调复工复产工作，抓好疫情防控工作前提下，针对长城钻探工程公司国内市场分布广、区域跨度大、各地疫情防控要求有差异、跨省人员返程程序复杂、复工复产难度大等困难，组织制定冬休队伍复工复产保障方案，细化各市场复工措施，提前梳理人员信息并按照甲方及当地政府要求做好人员的报备审批，针对各区域的疫情防控要求和队伍情况分类施策、主动推进，在吉林、中联煤、中油煤、中澳煤、青海等市场是第一家启动复工复产单位，3月15日前所有市场115支队伍全部完成复工复产工作，在辽河和西南地区队伍始终保持正常满负荷施工，实现疫情防控和生产经营两不误，有效推进生产组织模式创新，提高施工作业效率。持续推进生产组织模式创新，通过开展项目制+专业化建设、"五统一、六共享"作业法等，全面形成"以压裂机组为中心，备压先行，压裂机组即到即压、即压即走"的高效生产运行模式。在川渝页岩气压裂施工中，由压裂公司牵头成立项目组，统一协调压裂队、射孔队、连续油管、供水、供砂、供液等专业队伍以及压裂施工过程的生产组织，实现压裂各工序无缝衔接，连创平台施工纪录。累计完成压裂施工1694段，工作量同比提高34.8%；压裂YS69024队、YS69025队在中油油服川渝地区页岩气压裂劳动竞赛排行榜中，完成段数综合排名分列第二、第四名，实现中油油服劳动竞赛年压裂400层的竞赛目标。

提质提效取得显著成效。贯彻落实集团公司及长城钻探工程公司提质增效专项行动工作部署，研究并制定具体实施方案和措施，全面推进提质增效，组织进行工程技术服务及设备租赁等支出类项目的降本增效专项检查，确保取得实际效果。长城钻探工程公司国内工程技术服务外包支出类合同在执行合同1012项，合同价格总体降幅同比达10%以上，节约成本1.98亿元。

【资源优化调整】 2020年，长城钻探工程公司完成钻机资源布局及结构优化，将青海、新疆等低效市场钻机及威远页岩气富余钻机调整到中联煤层气有限责任公司、中澳煤层气能源有限公司、中油煤层气能源有限公司、苏里格、四川页岩气等市场，累计优化调整钻机18部。此外，盘活未启动资源，为回国钻机及新造钻机寻找市场，先后启动回国70钻机5部、新造70钻机6部。

实现顶驱及空气钻井设备资源的专业化归口管理，对长城钻探工程公司各钻井公司外租22部顶驱统一交给顶驱技术服务公司（以下简称顶驱公司）进行集中管理，将顶驱公司从国外回运的空气钻井设备划转给钻井技术服务公司进行集中管理，发挥专业化服务保障能力，提高设备使用效率，降低设备运维成本。

通过优化内部专业管理，进一步发挥各专业公司的资源、技术和能力优势，提高内部运行效率，降低设备使用和维护成本。

（叶 芊）

财务资产

【概述】 2020年，长城钻探工程公司资产总额381亿元，所有者权益总额261亿元。拥有非法人子企业55户，法人子企业32户。法人企业中三级企业1户，四级法人子企业16户，五级法人子企业15户。境外法人子企业23户，上市公司0户，金融子企业0户。全年实现收入175.41亿元，同比减少

22.30亿元，减幅11%。

【提质增效】 2020年，长城钻探工程公司制定提质增效专项行动方案。编制"1个总体要求、6大行动计划、19项工作措施、8大保障措施"的提质增效"长城方案"，确定提质增效的各项工作目标；机关各部门在此基础上形成26个子方案，所属各单位分别制定本单位提质增效具体工作方案，将目标层层分解，逐级压实责任，推进提质增效方案落实落细。

加强阶段性总结和动态监控，每月对机关部门和所属单位提质增效行动落实推进情况以及工作成效进行梳理、总结和分析，定期组织所属单位交流好的经验和做法，查找不足，促进各单位抓紧抓实抓出成效。提质增效专项行动取得显著成效。全年物资采购价格复议平均降价12.4%，节支3.7亿元；设备采购价格复议平均降价10.3%，节支1亿元；各类服务采购价格复议平均降价10%，节支2.59亿元；推行修旧利废和节能降耗，节支0.76亿元；动态调整境外项目人员，减少人工成本1亿元；两级机关管理费同比下降2.3亿元，降幅41.8%；五项费用同比下降0.59亿元，降幅51.6%。边际贡献率同比提高5.1个百分点。

【资金管理】 2020年，长城钻探工程公司强化资金紧平衡管理，按照"总量平衡，量入为出"的原则，从紧安排，从严控制，资金收款和付款计划符合率分别提高25个百分点和9个百分点，资金管控能力显著提升；狠抓应收账款清收，将清欠指标细分为外部结算率、内部结算率和回款率等考核指标，实行季度管控、精准考核，推动资金回笼和清欠指标的完成，另外，通过油贸款结算及跨境人民币结算等方式回笼境外资金；强化资金保障和创效能力，开立投标保函、履约保函1.93亿元，为境外项目市场开发提供资金保障，同时开展资金运作，通过资金集中、综合授信、商信通、票据池等方式实现资金运作管理创效；主动运用金融避险工具，通过开展远期结汇操作减少汇兑损失0.85亿元。在保障民营企业款项支付方面，加大民营企业付款力度，协调解决有分歧逾期欠款，强化政治担当，维护长城钻探工程公司信誉。

【预算管理】 2020年，长城钻探工程公司持续优化预算指标体系。以价值提升为目标，建立更加科学的预算体系和预算机制，按照单位业务属性不同分别下达效益类指标和运营管理类指标，凸显预算价值导向和绩效引领作用，以推动长城钻探工程公司规模和效益双提升。强化预算执行过程控制。面对突如其来的变化和不确定因素增多的复杂局面，从7月份开始每月进行后3个月的滚动预算，并对全年经营效益进行滚动预测，密切监控长城钻探工程公司运营状况，紧盯全年预算目标，对与预算偏差较大的单位，及时预警。强化经营财务分析，突出问题导向，超前研判分析资源、市场、价格和政策等关键因素的变化趋势，进行增减利分析和经营压力测试，科学预判对全年效益的影响，发挥财务对长城钻探工程公司决策的支撑作用。

【"两金"压控】 2020年，长城钻探工程公司强化"两金"压降过程管控。成立"两金"压降领导小组，定期召开会议，确定"两金"压降目标，制定切实可行的措施，增加季度时点的考核权重，确保"两金"压降见到实效。

推进关联交易结算。定期督促二级单位及时与甲方签订合同，提交结算资料，办理结算手续，争取早挂账、早收款。协调辽河油田、长庆油田、西南油气田、浙江油田等关联交易单位，推动加快结算进度。

境外敏感项目回款取得一定进展。在集团公司和中油技服的协调下，通过国开行欧元结算和境内第三方人民币结算：委内瑞拉项目，核销外部应收账款21亿元；苏丹项目，与甲方沟通，推行人民币跨境结算，回款5.34亿元。

推进库存物资压降工作。2020年通过明确目标推进提质增效工作开展、持续推动物资业务流程的优化、持续完善物资保障体系、持续优化仓储管理顶层设计、强化物资库存日常管控、强化积压物资盘活和处置、强化物资库存管理绩效考核等管理措施，实现库存下降1.91亿元，完成集团公司下达存货指标的120%，其中，国内单位较年初下降1.64亿元，海外单位较年初下降0.27亿元。

【会计核算】 2020年，长城钻探工程公司按照集团公司推进财务共享服务体系建设的总体部署，制定"试点先行，整体推进，分批上线"的财务共享实施方案，将传统核算中简单重复的费用报销、销售及收款、采购及付款等96项业务剥离，委托集团公司财务共享中心处理。四川页岩气项目部先行先试提前上线，国内25家单位9月末提前一个月全面上线，中哈长城钻井有限责任公司率先完成境外财务共享试点上线，完成总部的工作要求。

【股权管理】 2020年，长城钻探工程公司推进法人清理，通过关闭退出和吸收合并等方式，关闭处置长城钻探阿尔伯塔油田服务公司和加拿大石油公司，长城钻井公司、瑞智石油建井公司的关闭工作已经进入收尾阶段，完成2020年法人压减任务；加大亏损企业治理力度，制定《公司亏损企业治理实施方案》，明确减亏目标和亏损治理范围，在15家亏损治理存量企业基础上，将2019年账面亏损的12家分公司及2020年9月新增亏损的10家子企业纳入治理范围，按"一企一策"制定亏损治理方案；争取国务院国资委重点亏损子企业安置补贴政策，获补助资金483万元。

【资产管理】 2020年，长城钻探工程公司组织开展资产清查工作，全面清查固定资产和长摊资产，清查明细资产39万项，原值556亿元，净值177亿元；组织实施低效无效及闲置资产治理，全年报废钻机、随钻仪器等资产4570项，原值3.8亿元，净值0.3亿元；处置资产原值12亿元，净值0.5亿元；内部调剂资产原值21亿元，净值6.7亿元；3处离退休资产房屋移交盘锦市政府；做好资产保全，采取高低风险组合策略低成本投保，有效转嫁井下仪器落井风险，全年获赔款923万元。

【税收管理】 2020年，长城钻探工程公司争取和落实财税优惠政策，取得自用成品油消费税返还1.46亿元、出口退税0.83亿元；研发费用加计扣除总额和比例大幅提高；争取下调盘锦土地使用税标准，节约税金400万元；落实疫情期间社保减免政策，减少支出1.1亿元；获稳岗补贴资金0.24亿元；争取到北京市政府"高质量发展专项资金"补贴177万元。加强税收筹划和风险防控，通过准确运用转让定价手段和方式规范纳税行为；同时，密切关注哈萨克斯坦、尼日尔等项目涉税问题，加强政策研究。

【财会队伍建设】 2020年，长城钻探工程公司摸清公司财会队伍的家底，梳理和统计公司财务系统人员基本信息情况，补充和完善在岗财务人员（379人）个人技能信息；合理调配境外项目财务力量，整体提高公司财会队伍管理水平，2020年根据长城钻探工程公司对境外项目的整合及境外经营环境的变化等情况，调整委内瑞拉、尼日尔、阿曼等7家境外项目的财务人员，调配境外财务人员10人次，极大缓解部分境外项目财务人员短缺的局面。

（王景伟）

【资金结算】 2020年，长城钻探工程公司应对新冠疫情及低油价带来的冲击，开展应收账款清收工作，不断强化清欠措施，压实清欠责任，加强清欠考核，应收账款清理取得较好成效。2020年，收回资金187亿元，年末应收账款余额58亿元，较上年同期下降11亿元，降幅16%，应收账款余额连续两年实现硬下降，清欠指标综合完成率120%，封顶完成集团公司下达的年度任务。

长城钻探工程公司修订《长城钻探工程公司资金管理办法》，明确应收账款清收责任，强化应收账款全过程管控。

强化清欠考核，对所属单位清欠指标的设置与考核采取新办法。国内单位分别设置"结算率"和"回款率"等单项指标，境外项目设置"回款率"指标，清欠指标按季度考核，每季度设考核权重。通过实行新办法，调动所属单位清欠工作积极性和主动性。

细化措施，压实责任，确保清欠工作见到实效。所属单位根据长城钻探工程公司下达的清欠指标，对各项债权逐笔制定清收方案，做到"一企一策"，将清理目标、清收时限等逐级落实到责任人，确保清欠工作目标落实、措施落实、责任落实。中油油服及集团公司资金部等部门协调下，长城钻探工程公司陈欠款清收取得较好效果：委内瑞拉项目，以"油贸款"结算方式收回历史欠款2.38亿美元；YL项目，克服停工和疫情影响，与甲方保持密切沟通，收回一年以上欠款1.75亿元；苏丹项目，继续加大人民币结算力度，回笼资金2.85亿元。

强化清欠监督管理，及时准确掌握清欠进展情况。开展清欠分析，长城钻探工程公司每月召开经济活动分析会，将应收账款清理情况作为分析的重要内容之一；每月编制《工程款回收及清欠简报》，及时反映工程款回收及清欠进展情况及存在的问题，提出下一步工作要求。

实行风险预警机制。在清欠分析基础上，对清欠指标完成不好的单位每季度下达风险预警函，督促被预警单位加强应收账款清收。同时，要求被预警单位每月报送清欠进展情况表，实时掌握欠款动态。

加强清欠奖惩。每季度考核所属单位清欠指标完成情况，没有完成清欠指标的单位被扣减季度绩效奖，实行"严考核、硬兑现"。同时，长城钻探工程公司单独拿出130万元对完成清欠指标的单位按现金流贡献大小进行奖励，充分调动各单位清欠积极性。

（赵春静）

劳动人事

【员工总量控制】 2020年，长城钻探工程公司根据集团公司"三控制一规范"工作制度，落实员工"进出两条线"管理，实行员工总量计划、新增计划双控制，通过严把入口、压缩新增员工计划、畅通出口、压减员工队伍规模，推进劳务外包、用工方式转型等方法，推行优化人力资源配置、加强退休减册管理、规范劳动关系、强化劳动纪律等具体措施，实现净减员483人，确保集团公司下达的员工总量计划完成。

【人力资源优化配置】 2020年，长城钻探工程公司贯彻落实集团公司三项制度改革有关要求，围绕规模控制、素质提升、服务发展等要素，对不同业务、不同系统的人员配置统筹规划，合理配置一二线人力资源。制定员工管理业务规划，结合生产经营情况和一线人员队伍情况，推进人员流动，打破项目之间、队伍之间人员流动界限。为确保人力资源的合理利用，根据国内外需求完成所属单位间人员优化配置185人次，保障公司重点项目业务发展的各类人才需求。将长城钻探工程公司机关处科两级、海外处级退出岗位人员及内养歇业人员调转到人事服务中心，并履行调动手续、转签手续，签订离岗保密审查单、协议书34人。长城钻探工程公司机关实现净减员26人，压缩比例为29.5%，提前完成年度任务目标。通过有序开展岗位转换、内部调剂与分流安置工作，长城钻探工程公司富余人员显化调剂1575人，完成长城钻探工程公司全年富余人员显化调剂5%以上的工作目标。加强海外等停项目机关及各项目人员的调剂力度，根据海外生产经营现状，开展境外停产项目，特别是境外特殊管控项目管理人员及等停队伍员工压缩工作，向境外单位下发拟调剂人员情况调查表，调查需要调剂回国人员情况。并根据境外单位上报的拟调剂人员情况，形成调剂意见，通知境外单位在满足疫情防控条件的情况下，尽快完成人员调剂工作。2020年共调剂等停项目回国工作557人，安置后核减劳务外包人员327人。

【人员分流安置】 2020年，按照长城钻探工程公司《关于人员分流安置的实施意见》，根据二级单位员工申请情况，批准171人办理提前退休、内部退养、离岗歇业等手续。工作中坚持以人为本，既实现长城钻探工程公司降本增效，又维护岗位退出人员的合法权益，同时稳定业务骨干人员。

【劳动关系管理】 2020年，长城钻探工程公司制定印发《长城钻探工程公司员工奖惩管理办法》《长城钻探工程公司员工考勤管理办法》，组织各单位学习两个办法，要求各单位将办法内容宣贯到每个员工，并按新办法组织实施考勤和奖惩工作。为保持辽河油区员工管理制度的一致性，落实属地化管理原则，长城钻探工程公司人事处、纪委办公室和维护稳定室协商一致，并报请长城钻探工程公司领导同意，参照《辽河油田公司员工违法犯罪处理暂行规定》，制订下发《长城钻探工程公司员工违法犯罪处理暂行规定》。按照集团公司要求，制订下发《关于进一步加强疫情防控期间劳动纪律管理的通知》，加强疫情期间长城钻探工程公司的劳动纪律管理。加强劳动合同的管理和监督，加强对所属单位的劳动合同管理的监督和检查工作，依据相关法律法规和长城钻探工程公司规定订立、续签、变更和解除劳动合同。按照集团公司档案管理要求，梳理和入档管理的劳动合同。ERP系统监控职工的劳动合同信息，组织二级单位维护劳动合同的年限、续签、变更、解除和终止等信息。组织劳动关系热点、难点培训班，邀请企业内部领导、地方劳动仲裁员和专业教师授课，拓展各单位人事业务人员素质能力。

【规范劳务外包】 2020年，长城钻探工程公司劳务外包的开展支持控制用工总量、规避用工风险以及保障生产平稳运行。一是在继续规范、完善现有劳务外包制度基础上，组织召开劳务外包规范管理座谈会，研究制订劳务外包价格定价协调机制。二是组织各单位与劳务外包公司签订年度劳务外包合同签订工作。

（孔德虎）

【薪酬管理】 加强薪酬制度体系建设。2020年，长城钻探工程公司修订《赴境外工作人员薪酬福利管理实施细则》，强化境外项目分配主体责任，突出效益效率，加大人工成本管控和督导检查力度。修订《业绩考核管理办法》，刚性落实严考核硬兑现，体现分配差异，加大对领导班子的奖罚力度，突出向生产一线和科研人员倾斜，岗位奖金系数按照一类一线1.8、二类一线1.5、科研人员1.4进行设置。优化薪酬分级管理体系，计划组织42家国内外单位开展薪酬管理经验分享和座谈交流活动2次，指导各单位建立健全内部考核分配办法，体现向工作条件艰苦、生产一线和贡献大的员工倾斜的原则，强化二级单位薪酬分配自主权和主体责任，下达预支业绩奖，搞活分配。建立常态化督导检查机制，计划开展薪酬业务专项检查2次，组织业务培训班1期，重点检查与交流薪酬制度的建立与执行、工资总额的计划与使用、考勤制度的执行、领导人员薪酬管控、人工成本管控、工资列支渠道及分配纪律，全面促进薪酬管理业务依法合规。

强化全口径人工成本管控。制定人事工作提质增效实施方案，压实人工成本管控责任，重点提高人事费用率、人工成本利润率等经营指标，强化亏损企业治理。妥善安排福利费、工会经费和培训费等项目使用，严控不合理支出，及时传递压力，为工资增长置换成本空间。组织学习集团公司提质增效及亏损治理专项激励约束办法，把握政策导向，科学编制工资总额来源和支出计划，准确核定基本工资和业绩奖基数，加强对工资总额使用情况的监管和分析，强化与生产经营形势的匹配联动。

强化中层领导人员预考核。根据各单位性质，分别选取净利润、经费、产量作为季度预考核指标，完成预算目标的单位，中层领导人员预支业绩奖按下调后的标准全额发放；未完成预算目标的单位，中层领导人员预支业绩奖从下季度首月起按下调后标准的50%发放，年终依据效益完成情况进行总考核总兑现。

有序做好薪酬激励与发放工作。及时制定出台疫情期间薪酬激励和补助措施，有序做好境外员工超期工作临时补助发放工作。规范疫情隔离期间的考勤办法和薪酬待遇标准，维护和谐稳定的分配秩序。加强人力资源系统数据管理、考勤管理、请销假管理，及时准确发放中层领导人员和机关人员近800人的工资。

推进人力资源共享。组织调研会、培训会、对接会等20余场次，优化确认工资范围79个、工资项目91个、运算规则100余项、调整系统权限150余人次，完成长城钻探工程公司所属42家单位和机关部门首批17项业务的人力资源共享的模拟运行工作，提高工作效率，集中精力专注于制度建设、精准激励和决策支持，以政策执行统一化、支付流程标准化、数据统计信息化为基础，严格督导检查为保障，加快薪酬管理工作优化升级。

（王 忠）

【技术专家人才队伍建设】 2020年，长城钻探工程公司完善中层级专业技术岗位人员选拔培养、激励约束和流动机制，印发《长城钻探工程公司中层级专业技术岗位人员管理办法》和《长城钻探工程公司中层级专业技术岗位人员选聘方案》文件，组织一期中层级专业技术岗位人员选聘工作，新聘任企业首席技术专家1名、企业技术专家3名、一级工程师14名。

【专家人才发挥作用平台搭建】 2020年，长城钻探工程公司以科学人才观为统领，以"建立平台、完善机制、发挥作用"为主线，立足长城钻探科研和生产实际，创建地质与采油、钻井工程、井下压裂和测录井四个企业技术专家工作室，制定相应实施方案，完善配套工作机制，搭建科学先进的专家管理体系，加快技术领军人才培养。

【技术人才成长环境优化】 2020年，长城钻探工程公司深入推进党委联系服务专家机制，召开2020年度党委联系服务专家座谈会，听取专家意见，解决专家工作和生活问题，进一步激发专家工作热情；引导专家解放思想，提升认识水平，提高政治站位。

【高技能人才培养】 2020年，长城钻探工程公司钻井、录井技能专家工作室以问题为导向，围绕生产一线难题，开展技能攻关和人才培养工作，解决生产难题52个，取得创新成果7项，推广技术成果43次，开展培训867人次。组织426名在聘高级技师和技师开展年度考核和聘期届满考核，推荐"盘锦工匠"3名，激励和引导技能人才在生产实践中更好地发挥作用。

【晋级评审】 2020年，长城钻探工程公司修订《长城钻探工程公司机关专业管理人员职业晋级办法》文件，组织完成61名专业管理管人员、6378名钻修井队和技术服务队关键岗位员工年度晋级评审工作组织完成集团公司高级技术专家、集团公司技能专家、公司在聘技术专家2019年度绩效考核工作。

【专业技术职务任职资格管理】 2020年，长城钻探工程公司制定工作方案，调整评审组织机构，修订量化评价标准，组织完成2020年度职称评审工作。组织完成涉外考试367人次，学历认证189人次，促进员工立足岗位成才，不断提升岗位技能和综合素质。

（张增辉）

员工培训与技能鉴定

【培训管理】 2020年，长城钻探工程公司贯彻落实推进"六个典范"企业建设的总要求，以提升员工基本素质建设为主线，坚持培训"到位、管用、有用"的原则，积极应对疫情影响，落实长城钻探工程公司提质增效专项活动要求，创新培训方式方法，狠抓员工实操技能培训，为长城钻探工程公司整体发展提供坚实的人才支持和智力保障。

完善公司培训管理，构建新的培训管理架构，夯实培训管理工作基石。整合优化长城钻探工程公司培训管理资源，整合设立钻井一公司、钻井二公司及国际钻井公司等3个单位培训中心，将长城钻探工程公司HSE培训中心、井控培训中心、IADC国际井控培训中心、国际HSE培训中心的具体业务交由三个培训中心组织实施，聚焦管理职能，构建起以人事处统管，机关处室为业务指导，钻井一公司、钻井二公司、国际钻井公司三个培训中心为龙头，其他公司培训业务部门协同配合的培训管理架构。梳理并明确三个培训中心的职责分工以及工作流程等事宜，保证长城钻探工程公司培训业务的顺利实施。

严控预算，明确要求，完成培训计划的编制工作。2020年初，根据机关各个职能部门、二级单位、海外项目部和作业区报送培训需求情况，组织开展培训需求调查工作，并经过与各处室、各单位反复多次沟通、调整，论证审核每个培训项目，发布长城钻探工程公司2020年度培训计划，全年培训经费预算为5749.22万元。年中积极应对疫情影响和低油价冲击，培训工作落实长城钻探工程公司提质增效目标，响应长城钻探工程公司提质增效专项活动要求，组织各单位进行培训费用压减预算，采用线上培训、优先选用长城钻探工程公司内部培训资源等措施深挖费用可降点，确保年度培训费用压减30%以上，完成长城钻探工程公司提质增效任务。

应对疫情冲击，化"危"为"机"，多措并举，确保各级各类培训项目安全顺利实施。疫情期间人员流动受限，疫情冲击严重，培训工作受到一定影响。

2020年大力推进线上、线上+线下培训、直播课堂等培训形式，实现能在线上实现的培训项目，全部通过线上进行，大幅减少差旅和食宿等培训费用的同时，满足员工足不出户获得有效培训的需求；同时增设远程监考、实时图像抓拍等方式进行培训和考试监督管理，加强线上培训管控力度，确保培训效果和质量；除了利用集团和长城远程培训系统开展各种培训外，各单位和机关各部门还广泛采用会"捷通""中油易连""腾讯会议""钉钉"等开展直播课堂，学员可以用文字、视频语音进行实时互动，打破时空界限，有效解决工学矛盾，受到广大员工欢迎。举办各类线上培训班461个，培训36194人次。

创新基层员工培训方法，进一步推进基层队培训模式研究工作。下发《关于基层队培训模式下一步工作安排的通知》，明确基层队培训模式研究各项工作推进计划表，完成基层队工作流程及岗位对应1+N课程清单、基层队1+N培训卡、1+N培训习题库、1+N培训资料库等系列材料的编制和审核工作，完成39个队种、174个岗位、357个工作流程、357张1卡和1974张N卡的编制工作。

推进员工职业岗位晋级培训工作。组织钻修井队司钻以上关键岗位员工职业晋级技能培训2期30个班633人。为发挥远程教育培训优势，解决工学矛盾，降低培训成本，组织各单位编制晋级培训远程课件，放到"长城远程"供员工学习。开展晋级培训专项审查工作，确保钻修井和技术服务队员工职业晋级中培训工作落地落实，从而提高培训质量，助力员工职业晋升。

夯实培训基础，加快信息化平台建设，提升培训管理水平。推进"长城在线"培训系统模块建设，在原有模块基层上又先后开发完成线上考试、电子证书打印、证件真伪核查、教师管理、等新功能，并同时开发手机App版本。这些工作给基层和管理带来方便，培训的标准化、信息化管理水平提高，同时培训费用降低。

加强师资队伍建设，提升培训项目设计水平。开展两批培训教师聘任工作，聘请一批有一定授课能力的员工、在岗专家，以及退休或退居二线的专家为兼职教师，加强师资队伍建设，充实现有师资力量。全年聘任高级教师192人，中级教师511人，初级教师466人。退休人员中5人被聘为高级教师。

【员工培训】 2020年，长城钻探工程公司结合业务发展实际和员工队伍建设需要，在机关部门提出培训意向，二级单位、海外项目部和作业区选报对接的基础上，着眼全员参与培训，突出开展多层次人才队伍建设和急缺人才培养，印发《长城钻探工程公司2020年度培训计划》文件，并按培训计划分层级开展各类培训和送教，为生产和市场提供服务。全年组织举办完成各类培训项目1080个，培训班2072期，累计培训各类人员6.79万人次。

技术类培训。组织培训27982人次，包括：晋级培训、钻井工程技术培训、技术骨干培训、综合技能培训、基础技术培训、高级技术研讨培训等。

管理类培训。组织培训21203人次，包括：组织远程网络学习"党的十九届四中全会精神""学党史、新中国史"和"弘扬爱国奋斗精神、建功立业新时代"等党建思想政治培训、处级干部培训、科级干部培训、基层班组长培训、信息管理培训、物资管理培训等。

QHSE类培训。组织培训18705人次,包括:"三级"安全教育、硫化氢培训、应急管理培训、井控培训、HSE培训、出国人员防恐培训、安全管理知识培训、危险化学品培训、特种作业取(换)证培训、风险辨识培训、HSE监督能力提升培训和质量管理业务培训等。

(郭贞玉)

【技能等级认定】 2020年,长城钻探工程公司有1343人报名参加技能等级认定,其中初级工397人,中级工333人,高级工545人,技师57人,高级技师15人。按照集团公司相互委托鉴定原则,接收辽河油田公司委托鉴定人员27人,中油测井辽河分公司委托鉴定人员6人。共组织包括初、中、高级职业技能等级认定考试7个批次,技师、高级技师职业技能等级认定1个批次,涉及51个工种,认定合格511人,合格率为51.2%。

【题库建设】 2020年,长城钻探工程公司根据集团公司题库开发进程,协助钻井液公司将石油大学出版社再次终审结束后的钻井液工五个级别题库内容录入到题库开发系统。沟通协调压裂公司和井下作业公司相关专家,完成编写井下特种装备操作工国家标准。配合集团公司完成标注钻井液工、特种装备操作工题库中隐含题。

【队伍建设】 2020年,长城钻探工程公司聘任职业技能等级认定考评人员431人,其中考评员人,高级考评员149人。在职业技能等级认定技能操作考核过程中,各评价站派遣专业技术过硬、职业道德优秀的考评人员,完成各批次阶段性工作评价与年度考核工作。

【认定服务】 2020年,长城钻探工程公司按照国家、地方和公司疫情防控有关要求,结合生产经营实际,长城钻探工程公司技能人才评价中心及时调整2020年职业技能等级认定实施方案,采取现场服务与集中认定相结合,批量认定与特殊需求认定相结合,线上考试与现场考核相结合等多种形式满足基层需求。利用"云学帮App"线上考试和视频监考模式,在大庆、四川、山西、榆林、乌审旗等外部市场特设立4个批次,19个场次,累计安排459人进行网络考试。

【质量管理】 2020年,长城钻探工程公司组织4个批次现场质量督导56人次,撰写质量督导报告60份,质量督导员评分表64份,回收满意度测评表307份。认定质量投诉率0,顾客意见处理率100%,认定计划完成率100%,技能操作考核评分差错率0,顾客满意度99.63%。

【机构更名】 2020年,长城钻探工程公司根据集团公司《关于做好2020年职业技能等级认定工作的通知》(职鉴〔2020〕1号)要求,将中国石油集团长城钻探工程有限公司职业技能鉴定中心更名为中国石油集团长城钻探工程有限公司技能人才评价中心,对外使用中国石油长城钻探技能人才评价中心名称。同时将下设的六个职业技能鉴定站更名为技能人才评价工作站。

(侯婧雪)

企管法规

【经营管理】 2020年，长城钻探工程公司夯实业绩考核基础，结合集团公司和中油技服要求和长城钻探工程公司实际，以效益为中心完善考核办法，以激发活力为抓手推进全员绩效考核，以提升管理水平为目标深化对标预测分析。深入研究集团考核政策，分析长城钻探工程公司实际情况和发展需要，学习兄弟单位先进经验，开展业绩考核工作调研和研讨，广泛收取基层和机关部门意见，多次组织部门探讨，反复开展模拟测算，突出效益优先和业务增长，起草完善多稿考核办法修订方案，完成《长城钻探工程公司业绩考核管理办法》修订稿初稿。逐项逐级分解集团考核指标，夯实责任落实，推进全员业绩考核，制定《长城钻探工程公司2020年度集团业绩指标重点任务分解表》。全方位开展指标对标和预测分析，组织机关相关17个主责部门对2020年集团公司考核指标及2018—2020年中期集团公司考核指标完成情况开展预测及分析，完成《长城钻探工程公司2020年上半年主要业绩指标完成情况》分析报告，印发《2019年度集团业绩考核结果对标分析及完成2020年集团业绩考核指标工作要求的通知》，对标分析2019度集团业绩考核结果，深入查找工作中存在的主要问题与薄弱环节，对完成2020年集团业绩考核指标提出工作要求。严考核硬兑现，开展2019年考核兑现、2020年各季度预考核、2020年国内外二级单位分类及2020年各季度机关管理人员考核等，合理拉开收入差距。

（曲 艺）

【合同管理】 2020年，长城钻探工程公司严格合同审查，升级合同管理。落实集团公司部署，升级合同管理系统，完成系统迁移数据验证、电子印章制作、标准合同文本制作、流程测试、用户培训和客户端安装调试等前期推广工作，及时发现并协调解决各类系统和流程问题350余项，并根据实际使用效果提出合理化建议，确保系统按时上线并平稳运行，完成合同管理系统2.0上线工作。严格合同审查优化管理流程。建立完善合同审查责任制，组织国内外45个所属单位修订完善合同管理实施细则，坚持"谁通过，谁负责"原则，严格落实合同承办部门和审查部门的相应职责。截至12月底，签订合同10535份，标的金额约341亿元，上线合同审查率100%。努力提高合同管理效率，针对内部和关联交易合同以及收入类合同，提出优化简化流程建议，组织苏里格气田分公司、测试公司等所属单位优化合同审查审批流程。保持事后合同治理高压态势。通过合同管理动态监控，开展事后合同成因分析，加强与集团公司的沟通协调，治理成效显著，事后合同比例仅0.42%，同比下降53%。配合集团公司巡视、国家审计署审计、集团公司管理层测试，提供合同资料，完成整改任务。参与集团公司2020年度23个合同示范文本编制工作。组织长城钻探工程公司各单位完成涉及民营企业合同订立履行问题清理规范的工作。

【诉讼业务】 2020年，长城钻探工程公司加强纠纷管理，维护合法权益。稳妥推进纠纷案件解决，强化上下联动、横向协同，发挥法律人员专业优势，调动业务人员积极性。长海项目欠款案件，累计追回1.2亿元，针对欠款方支付欠款的滞后行为，采取相应法律救济措施，督促各方履行法律文书义务。巴州分公司油品贸易案件，落实集团公司和中油油服督办要求，分析案情，梳理证据，研究法律程序，制定应诉策略，跟踪上海高院同类案件审理情况。北京税讯委托开发纠纷案件，获北京知识产权法院一审胜诉判决，跟踪最高法院上诉进展。井下陶粒砂合同纠纷上诉案件，总结纠纷案件暴露出来的所属单位业务问题，开展案件过错分析，以案为鉴，规范关键岗位人员对外交易行为。苏丹Staroil工程欠款案件，跟踪胜诉结果执行情况。阿塞拜疆工程欠款等案件，跟踪审理进展。完成纠纷处理相关工作，办理法院、检察院交办的协助执行等相关工作，完成集团公司法律纠纷案件系统各项管理工作和集团公司下达的专项排查等任务。为人才合作、知识产权等事务并提供法律建议，做好日常法律咨询工作。

（袁　园）

【法治建设】 推进企业法治建设。2020年，长城钻探工程公司各级领导干部履行法治建设职责，落实领导人员学法制度，5月长城钻探工程公司党委理论学习中心组学习习近平总书记关于全面依法治国有关重要论述，理解法治在现代企业治理体系和治理能力中的地位作用、法治建设对公司推进治理体系和治理能力现代化国际化的重要意义，分析研究加强法治建设的对策措施，增强法治理念、促进法治实践。机关部门和所属单位组织多种形式的普法活动、法治讲座、法律培训近50场，不断增强全员法治意识，提升全员法治素养和法治能力。

全面梳理法律机构情况。完成长城钻探工程公司国内外参股、控股、全资以及分支机构等子企业全面梳理，从严格管控经营风险的角度，分类别、按步骤推进子企业处置工作，加快处置无效分支机构，完成2个子企业关闭注销、吸收合并。制定《合资公司重大事项决策管理办法》，规范长城钻探工程公司关于国内外近10个参股公司重大事项决策的管理要求。

【合规管理】 全面排查法律合规风险。2020年，长城钻探工程公司组织国内22个单位、国外23个项目部、作业区，针对疫情防控和低油价导致的合同、税务、海关、劳动用工等法律合规风险进行排查和提示，设计风险防控措施并组织实施。排查国际业务应收账款拖欠风险，梳理13个国外单位存在拖欠问题的161个项目，按照"一项目一策略"方式，组织财务部门和国外单位通过多种渠道追收工程款，截至11月底收回20.96亿元人民币。

加强重点领域合规管理。防控反商业贿赂合规风险，组织全员合规培训，宣贯《中国石油反商业贿赂手册》，严格开展服务商、供应商诚信合规审查，完成集团公司730专项依法合规管理专题整治。

助力合同价格复议。法律人员参加谈判近550人次，按照程序完成合同变更约1400份，降低支出类合同额约2.37亿元人民币，确保合同变更程序合规、合法，避免因我方过错发生纠纷。理解不可抗力规则，分析收入类合同履行风险。积极应对客户关于合同中止、降价等要求，争取有利条件，努力获得最大补偿。

（曾　涛）

【规章制度管理】 2020年，长城钻探工程公司在综合管理体系初步建成的基础上继续从制度集约性、科学性和合理性等角度，开展规章制度体系化持续改进工作，提升长城钻探工程公司制度的质量和水平。以长城钻探工程公司管理业务架构为基础，组织机关各业务部门共同梳理和研究有效规章制度，通过系统分析评价现有制度体系存在的问题，提出废止、改进和制订建议，形成长城钻探工程公司规章制度清理评价报告。持续开展长城钻探工程公司规章制度制建设工作，组织开展长城钻探工程公司机关业务部门根据清理评价报告开展制修订工作，全年废止制度文件48项，完成制度制修订64项，党工团文件制修订7项。企管法规处在制度发布过程中承担审核工作，并组织重大制度起草部门落实制度审议要求，以确保长城钻探工程公司重要制度制定过程的规范性。对国内二级单位开展长城钻探工程公司综合管理体系信息平台的宣贯和培训工作，组织二级单位评价和梳理本单位有效制度和制度文件在信息平台的初始化工作。

（吴　雪）

【管理创新】 2020年，长城钻探工程公司组织开展管理创新成果、论文、著作的初审、初评、推荐工作。组织完成《以打造风险合作典范为目标的页岩气开发模式探索与实践》等6篇管理创新成果的编写，并推荐至集团公司和中油油服参加评比。管理创新成果《国有浅钻企业精益思想实践下的转型升级》获中国石油天然气集团有限公司2019年度管理创新优秀成果奖三等奖。开展对标世界一流管理提升行动，建立覆盖长城钻探工程公司重点职能领域和业务领域的对标指标体系，部署管理提升的重点工作。

（姚关久）

【市场准入】 2020年，长城钻探工程公司继续研究精简市场准入业务流程，升级优化准入资质模板。以日常抽查审核工作中发现的问题为导向，进一步优化市场准入审批流程，优化细化供应商、服务商市场准入资质模板，逐步提升国内各单位市场准入规范化管理水平，完成供应商、服务商项目准入36个资质模板的优化升级工作。严格审核市场准入资质，提升审批效率和准确率。加强监督管理，提升供应商、服务商准入审批时效。强化服务商市场准入工作监督检查，实现服务商资质检查全覆盖。

严格供应商、服务商年度考评工

作，持续加强市场准入监督管理工作。组织市场准入相关部门、各单位对往年有签约的供应商、服务商及长城钻探工程公司内部9家单位组织开展考评工作，评出A级65家，B级201家，C级1111家，对考评不及格的5家服务商进行处置，进一步压减库内供应商、服务商数量，提升质量，提出优先选用建议；组织开展长城钻探工程公司年度市场准入管理先进评选工作，从各部门、各单位中评选出市场准入管理先进集体30个、先进个人73名，推动公司市场准入管理水平的提升。

（郑　申）

内控与风险管理

【内控体系建设】 2020年，针对长城钻探工程公司机关机构改革涉及的组织机构调整、部门职责变更、岗位责任变化、规章制度更新等因素导致业务流程和风险控制措施与实际运行不符情况，长城钻探工程公司持续开展业务管理流程和风险控制措施优化及系统建模工作。完成业务流程修订198项，删除冗余、过时和重复业务流程34项。根据集团公司年度内控手册修订要求和体系融合内控符合性检查结果，新增业务流程7项，长城钻探工程公司内控体系得到进一步优化和完善。长城钻探工程公司年度内控体系自我测试涉及16个机关部门，22个二级单位，覆盖重要业务流程159个，关键控制点305个，完成并上载测试任务1889项，接受集团公司管理层测试不存在重大缺陷，内控监督控制持续有效。

【风险管理】 2020年，长城钻探工程公司建立重大风险监督报告机制，定期检测、分析、评估长城钻探工程公司和所属单位重大风险，设计有针对性的风险防控措施并组织落实，全面提高长城钻探工程公司风险防控水平。

全面组织开展2021年度重大风险评估和报告工作，识别确定2021年长城钻探工程公司所面临的前十大风险：井喷失控风险、职业健康风险、工程款结算风险、市场风险、社会安全风险、汇率风险、税收风险、环境保护风险、生产运行管理风险、信息风险，制定风险解决方案和应对措施，形成《长城钻探工程公司2021年度风险管理报告》，为长城钻探工程公司生产经营管理发挥风险警示和决策支持作用。组织所属单位定期收集报送风险事件和重大风险监控情况，提出管理建议，夯实风险管理基础。

（吴　雪　曾　涛）

审计工作

【概述】 长城钻探工程公司审计的职能部门是审计处，主要职责是负责长城钻探工程公司内部审计管理工作。审计处负责制定长城钻探工程公司内部审计规章制度及管理办法，并组织实施；编制长城钻探工程公司审计业务发展规划、年度审计计划，并组织实施；组织实施长城钻探工程公司审计项目，编制审计实施方案，审理审计报告，下达审计意见书和处理决定；组织督促审计发现问题整改工作，提出整改责任追究意见，检查整改落实情况，协调促进审计成果应用；负责长城钻探工程公司违规经营投资责任追究工作；负责长城钻探工程公司所属单位审计业务的指导与管理、人员培训及考核等；负责长城钻探工程公司审计信息化建设以及审计辅助系统的推广及应用；负责审计信息统计分析及上报工作；组织长城钻探工程公司审计理论研究及成果交流工作等。2020年，审计处下设审计一科和审计二科两个科室，员工5人。各所属单位设立独立或合署办公审计机构，配备专兼职审计人员45人。

【审计管理】 2020年，长城钻探工程公司完善经责审计工作方案及审计报告模板，制定基建工程审计工作方案和审计报告模板，促进长城钻探工程公司内部审计规范化、程序化和标准化。通过强化审前调查、采取远程审计、大数据审计等方式方法，有效缩短现场审计时间，提高审计效率。强化审计现场管控，严格落实审计组职责和分工，坚持重大事项和审计要情汇报制度，精心组织审计实施。建立互评共享机制，通过互评共享优秀审计底稿、审计报告，起到示范作用，不断提高审计质量。实行"一项目一考核"工作机制，促进审计质量提升。加强审计审理与审批，严格执行两级审核制，审计质量得到不断提升。长城钻探工程公司三个审计项目被评为集团公司优秀审计项目。

【审计监督与服务】 2020年，长城钻探工程公司两级审计部门计划实施审计项目15个，实际完成16个，其中经济责任审计9个，专项审计5个，建设工程结算和决算审计2个，计划完成率为106%。审计发现问题159个，披露事项13个，涉及问题金额8.2亿元，建设工程结算审减金额6028万元，提出管理建议53条。

全年对9名领导干部开展离任经济责任审计，对领导干部的监督持续强化。扩大审计范围，开展集团级科研项目结题验收经费审计、扶贫帮困资金管理专项审计、研发费用加计扣除审计、扶贫资金专项审计等项目，组织开展设租寻租专项治理工作，促进公司相关业务管理水平提升。从事前、事中、事后三个节点介入，抓住基建工程、价格复议、成本费用支出等成本管控关键点，规范流程，加大审减力度，堵塞管理漏洞，促进提质增效取得实效。转变审计理念，强化提质增效服务支撑，深入贯彻监督与服务并重的审计理念，发挥审计服务作用。与被审计单位沟通，分析问题原因，共同探讨解决办法，并提出合理化审计建议。开展管理咨询服务，答疑解惑，在审计过程中宣贯长城钻探工程公司各项规章制度，促进规范管理。对审计发现问题横向解剖，共享提质增效管理经验及先进做法，推动被审计单位各项工作落实效果。

【审计整改】 2020年，长城钻探工程公司持续推动长城钻探工程公司两级整改机制，在公司和被审计单位两个层面推动审计整改和业务规范。跟踪落实历年一级审计项目发现问题整改情况。全面梳理2017—2019年集团一级审计项目发现问题及整改情况，组织相关单位和机关相关部门跟进问题整改情况，促进相关问题彻底整改。截至年底，完成69个问题的整改，18个问题需长期整改，已制定整改计划，并稳步推进落实。总结并通报长城钻探工程公司内部审计整改情况，全面总结长城钻探工程公司2019年审计发现问题整改情况，并提出管理建议。建立审计发现问题数据库，将该数据库与财务、纪检等相关部门人员共享共用，提高工作质量和效率，形成管理合力，审计成果得到充分利用。组织开展审计署审计发现问题立查立改工作，全程跟踪整改进程，确保整改工作的严肃性与效果性。

【违规经营投资责任追究】 2020年，长城钻探工程公司按照集团公司统一工作部署，制定长城钻探工程公司违规经营投资责任追究体系建设方案，开展组织体系建设、业务培训、制度制定、流程梳理、工作机制建设等体系建设工作，形成长城钻探工程公司违规经营投资责任追究体系；起草《长城钻探工程公司违规经营投资责任追究工作暂行规定》，并规范有序开展责任追究工作，严肃查处违规经营投资问题，发挥责任追究工作综合效能。

【迎审工作】 2020年，长城钻探工程公司组织配合审计署对集团公司领导离任经济责任审计、审计署对贯彻落实国家重大政策措施情况跟踪审计、集团公司对西非项目费用专项审计等工作，协调相关单位和部门，审核和提供相关资料，积极沟通、协调、解释和汇报，确保审计顺利开展。此外，配合集团公司巡视工作。

【审计理论研究】 2020年，长城钻探工程公司组织开展审计理论研究，围绕"提质增效"专项行动及"战严冬、转观念、勇担当、上台阶"主题教育活动，组织长城钻探工程公司审计人员开展九个方面的课题研究。撰写审计论文13篇，其中2篇获集团公司优秀审计论文三等奖。

【审计队伍建设】 2020年，长城钻探工程公司狠抓审计队伍作风建设。注重审计工作与党建工作的融合，把增强"四个意识"、坚定"四个自信"、做到"两个维护"落实到审计监督各项工作，形成长效机制。其次，通过开展警示教育、参观学习、座谈会、以案说法等形式多样的反腐倡廉教育，实现岗位廉政教育常态化，做到警钟长鸣。最后，严格审计"十不准"工作纪律，不逾法律红线，坚守纪律底线，提升审计队伍公信力,党风廉政建设持续加强。加大审计人员培养力度,继续加大以审代培力度,重点培养年轻审计人员,努力打造审计队伍后备力量。推进网络培训,利用网络资源,为审计人员提供丰富的学习机会。购买网络课程58个,同比增加262.5%。截至11月底,有73.2%的审计人员参与网络学习,累计学习时长649课时。

(马 歆)

纪检工作

【概述】 2020年,长城钻探工程公司纪委在集团公司纪检监察组和长城钻探工程公司党委的领导下,加大党风廉政建设和反腐败工作力度,工作重心和方式不断向压实"两个责任"、案件减存量遏增量、发挥巡视巡察的治本作用、强化制度落实等方面转变,全面从严治党向纵深发展,长城钻探工程公司政治生态不断向好。

【党风廉政建设】 2020年,长城钻探工程公司健全责任体系,结合实际确定机关部门和海外项目纪检负责人、联系人92人;逐级签订党风廉政建设责任书2358份,签约率100%;长城钻探工程公司纪委全年5次向党委报告落实监督责任,组织22个二级单位23个海外项目按照责任清单上报"两个责任"落实情况;修订4类党风廉政建设基础考核评价表,纳入党建责任制考核评价体系。

【监督防控】 2020年,长城钻探工程公司组织两级纪委加强对疫情防控的重点监督,开展11次疫情期间处级干部在岗情况检查,转发集团公司12起在疫情工作中违规操作、复工复产中疫情防控不力的典型案例,对两件反映疫情防控相关的信访举报即收即办、快速处置;检查各单位、机关部门提质增效工作方案相关资料2000余份,"三复议"合同1704份,发现问题49个;发挥执纪审查、巡察、审计、内控四个监督平台的作用,双向移交问题线索8个;用好电子监察平台,组织完成49个系统自动预警疑似问题的核实工作,疑似重复立项问题32个、物资采购超均价问题2个;对460多名基层信息员报送信息进行分析研判,向6个长城钻探工程公司业务处室下达举报发现问题监督建议书,督促机关部门发挥监管职责。

【执纪问责】 2020年,长城钻探工程公司处置问题线索46件,立案13件,结案13件,党纪政纪处理10人次;"四种形态"中前三种处置人数分别为50%、45%、5%,"红脸出汗"和"轻处分"占95%,抓早抓小和治病救人取得实效;开展"一案一谈话"130余人次,有效避免重复举报、越级举报,全年信访举报总数、处级干部信访举报数、重复举报数同比均呈现下降趋势,实现减存量、遏增量。

【巡视巡察】 2020年，长城钻探工程公司将集团公司巡视反馈的9个方面26个问题，制定93条整改措施，完成整改22个，长期整改4个，新建制度13项、修订制度7项；长城钻探工程公司党委组建两个巡察组，对国内10个二级单位和22个机关部门进行督导"回头看"，对国内所有单位开展提质增效等6个专项检查，累计查阅资料1万余份，组织谈话600余人次，检查党总支、支部106个，发现问题284个，问题线索3个。

（王鲁狄）

外事工作

【外事管理与服务】 2020年，长城钻探工程公司外事工作贯彻执行中央对外方针政策和集团公司外事管理规定，加强长城钻探工程公司党委对外事工作的统一领导，坚持"外事工作授权有限"原则，将提质增效工作摆在首位，加强统筹协调、优化工作流程、严肃外事纪律，做好疫情防控期间出国立项和手续办理工作，服务于疫情期间境外项目人员倒班动迁。

健全外事管理体系，强化外事工作合规管理。完善长城钻探工程公司外事规章制度流程，加大外事制度宣贯执行力度，制定出国教育材料。建立量化考核体系，加强外事队伍建设。加强疫情防控期间出国立项和手续办理工作，推动境外人员因公护照换发，保障中方人员境外合法停留。落实长城钻探工程公司提质增效专项行动部署，压降长城钻探工程公司机关因公出国费用。加强因公出国业务监管，建立因公临时出国全过程监管机制。深入基层检查指导工作，调研指导境内单位因公出国工作。开展境外单位人员派出情况清查，落实外事合规管理责任。协助进行集团公司翻译和国际业务（外事）人才职业晋级体系的模型搭建工作。

（鄢小琳）

物资管理

【物资计划管理】 2020年，长城钻探工程公司通过调整计划管理指标，优化计划提报流程，并对计划提报质量进行监督，引导二级单位提升计划管理水平。截至年底，提报计划金额55.58亿元，国内二级单位计划准确率80.52%，境外单位提报计划金额2.82亿元，境外单位计划信息化率99.55%。

【物资采购管理】 2020年长城钻探工程公司按照"有质量、有效益、可持续"的发展要求，以强化物资质量管理、提高物资保供时效、控制物耗综合成本、持续提升物资供应链服务水平为目标，持续推进二级物资集中采购工作。截至2020年底，形成集采价格目录9.61万条，涉及物资编码4.09万条；开展集团公司授权一级物资集中采购工作，完成钻杆动力钳、套管动力钳、吊卡及卡瓦等7个物资品种的定商定价招标采购工作，钻井试采工具由定商采购转为定商定价采购，实现了采购模式的提升。2020年统购业务采购效率86.03%，统购物资采购完成率情况95.44%、物资采购及时率79.76%，较2019年大幅提升。

【物资库存及质量管理】 2020年，长城钻探工程公司持续推动物资降库工作。截至年底财务账面库存总额为15.39亿元，较初期降低1.91亿元，降幅11.05%，完成物资调剂金额3170万元。采购物资出入库检验率100%，必检物资检验合格率100%，物资质量抽检合格率为100%。

【供应商管理】 2020年，长城钻探工程公司完成管理的289家二级制造商信息核实，对中间商和不具有合作优势的制造商进行优化。截至年底，终止49家供应商准入资格，中止4家产品不合格供应商。完成对47大类68家一级物资供应商年度考评和ABC分级工作，完成617家二级物资供应商年度考评工作，实现供应商考评率100%。

【招标管理】 2020年，长城钻探工程公司坚持公开招标是常态、邀请招标是例外，严控可不招标的工作要求，切实推进工程、物资和服务的招标管理工作。全年工程、物资和服务总采购金额90.96亿元，完成采购项目2290个，总体招标率85.6%。

【信息化管理】 2020年，长城钻探工程公司完成物采系统2.0系统功能优化完善；完成海外物资管理信息系统2.0功能需求编制、采购立项、投资申请工作；完成物资编码清理与集团物资分类修订工作，完成14.5万条物资编码的梳理工作，对7.5万条拟冻结编码进行复核和公示。截至年底，长城钻探工程公司各单位累计在MDM平台提交编码创建申请7366项，通过MDM平台审核6401项，通过率87.76%。

（苏柯萍）

设备管理

【设备基础管理】 2020年，长城钻探工程公司梳理制度流程，完成体系融合。将原有的8个办法修订、整合为新的《长城钻探工程公司装备管理办法》。组织编制发布设备操作规程目录869项，满足长城钻探工程公司各类设备安全规范操作需要。做好顶层设计，加强组织领导。贯彻落实长城钻探工程公司年度工作会议精神，制定设备管理工作要点，组织召开专题会议，安排部署设备管理专项检查、设备提质增效实施等工作，为二级单位开展各项工作指明目标和方向。根据长城钻探工程公司"十四五"发展规划编制要求，组织完成《装备运行保障专项规划》。重视培训工作，提高人员素质。采取视频等多种方式，组织4期培训，477人在线参训，受到境内外单位普遍欢迎，设备操作人员技能水平提升。推广PMS系统，深化信息化建设。境外钻修井队和国内外钻井液队伍实现全覆盖，钻井液服务队伍应用134支、国内钻修井队新增应用23支。各单位设备管理人员可通过PMS系统随时了解设备运行、保养等情况。及时完成重大装备编号及队伍编号申请。完成7部自动化钻机、2套带压作业和2套地面计量设备编号申请工作，保障设备和队伍及时取得资质、合规生产作业。

【设备配置管理】 2020年，长城钻探工程公司严格执行集团公司技术装备招标采购规定，规范技术装备采购管理和过程监督。全年下达投资计划12900万元，组织实施11868万元，实施完成率92%。组织做好重大技术设备的技术协议签订、采购、监造、验收和配套工作。完成7部7000米自动化钻机、2部5000米钻机和40台压裂车组生产配套，出厂验收合格率100%。加强承包商管理，对6家二级单位的承包商管理进行专项检查，提高长城钻探工程公司承包商管理水平。

【设备维修管理】 2020年，长城钻探工程公司推进"制造+服务"维修模式，利用专业厂家维修基地、技术力量和零部件资源，提升长城钻探工程公司重大设备、关键设备运维服务保障能力，减少设备故障停工时间，设备故障停工率小于1%，设备完好率为96.23%。强化过程管控，设备公开招标和谈判采购累计同比节约费用7600万元，价格平均同比下降10%以上，其中：参加集团公司组织一级物资价格复议方案编制和谈判工作，各类设备价格均下调，降幅从6%—17%不等，平均降幅10%以上；组织完成长城钻探工程公司22个年度框架集中采购价格复议，全部下调10%以上；组织物资公司完成已签合同设备采购项目价格复议45项，采购价格硬下降10.89%。组织各单位设备修造项目公开招标和谈判采购32项，节约费用985.57万元，价格平均同比下降10.05%。组织境内外单位完成修造采购项目复议235个，价格平均下降10.3%，累计节约费用1100.78万元。以抓好设备预防性维护保养和修理为抓手，实现以维免修、以维代修、以小修代替大修，延长设备使用寿命，减少设备大修频次，创效6170.37万元。组织相关单位依托长城钻探工程公司所属修理机构大力开展内部修理，合计费用4793.3万元，节约外委修理费用1658.05万元。组织各单位开展设备修旧利废活动，修复设备设施7362台(件)，节约费用3601.5万元。

【设备配套管理】 2020年，长城钻探

工程公司加强配套审核，优化配套方案，实现调剂设备资产创效5939.88万元；加强对国内外钻机配套项目管理，组织专家审核优化配套方案，GW262队配套过程中统一组织调剂使用钻井液循环罐等闲置设备20台（套），节省投入1075万元；调剂境外回运的GW107和GW167两部7000米电动钻机主体设备107台（套）到西部钻井公司，节省投资4864.88万元。合理调配设备资源，境内外各单位共盘活使用闲置和库存设备667台（套），实现盘活资产创效75701.9万元人民币。

【设备封存管理】 2020年，长城钻探工程公司下发《关于加强境外设备封存管理工作的通知》，指派专人负责长城钻探工程公司设备封存管理，建立设备封存台账，督促指导境外内单位加强对境外设备的封存管理，确保设备保持封存前技术状况，有效缩短设备重启时间，减少启动费用。截至年底，长城钻探工程公司国内外封存设备设施808台（套），设备原值47.4亿元，净值9.31亿元。

【节能减排管理】 2020年，长城钻探工程公司加大推广推广应用电代油技术，继续保持与专业化公司的合作，合作双赢、节能减排、清洁生产，累计创效4538.95万元。四川威远页岩气项目一井双机作业，降低使用成本，提高使用效率。升级改造老旧设备，累计实现10部机械钻机、5部复合驱动钻机开展电代油项目，实现机械钻机电代油项目平稳安全运行。四川威远长宁地区引入电驱压裂新装备新技术，实现节约、环保、降噪、高效，深受基层单位欢迎。长城钻探工程公司累计投入使用网电钻机57部、电动压裂装备35台、无功补偿装置3套，累计实现替代柴油30702.87吨，减少碳排放25483.39吨，节省费用4538.95万元。

【内部优势产品管理】 2020年，长城钻探工程公司加大内部企业支持力度，保护内部优势产品使用。发挥工程服务公司和钻井技术服务公司内部制造能力，采购钻井液循环罐、野营房、油水罐、钻机平移装置、PDC钻头等内部优势产品，实现产值16256.59万元。

【设备现场运行管理】 2020年，长城钻探工程公司加强HSE管理，强化制度执行力。将"六控两规范""设备变更"等管理制度，落实到日常工作中，严格风险管控，组织各二级单位对主要设备进行危害因素再辨识和风险再评估，更新长城钻探工程公司《主要设备危害因素辨识清单》，细化完善控制措施，特别对新增设备和变更设备进行重点识别。继续加强监督检查力度，确保现场管理水平不断提高。4月底下发开展设备管理专项检查的通知，5月组织境内外单位开展自查自改工作，6月组织三个生产指挥中心对各自区域二级单位开展抽查发现问题4860个，问题全部整改完毕。加强设备状况监测和检测，及时消除安全隐患，提高设备本质安全。国内完成77台盘刹检测，27部钻修井机井电系统检测，48部钻修井机资质评估，压裂高压管件检测5148件次；境外钻修井机年检完成21部；检测与评估共发现问题1342项并及时进行整改，确保设备本质安全。

【境外设备管理】 2020年,长城钻探工程公司发挥服务功能,为境外项目保驾护航。统筹安排境外新启动项目钻修井机及境外回运钻机配套。完成乍得、尼日尔等6个项目9部钻修井机的配套方案审查和配套组织工作,配套方案审核率100%,验收通过率100%。统筹安排关键设备维修保障。完成4台卡特柴油发电机组、3台顶驱、1台绞车等关键设备的大修,提高设备维修质量,降低维修成本,确保境外项目设备安全运行。

【设备自动化管理】 2020年,长城钻探工程公司持续推进"四化"建设,实现高质量、低成本发展。新出厂的7部7000米自动化钻机投入现场应用;新购2部5000米自动化钻机进入制造阶段;完成2部在役钻机二层台机械手自动化改造;完成新型液压吊卡现场试验,完成高速离心机和轨道式钻台面机械手制造,准备投入现场试验;新购35套装载机、6套拼接式蓄水装置和2套压裂管汇快速连接装置投入现场应用;推广不锈钢压裂泵头101个、长寿命阀体10250个、阀座5200个;新购6套单管万向压裂管线完成制造。

(王心平)

定额与概预算管理

【制度建设】 2020年,长城钻探工程公司规范长城钻探工程公司造价计价行为,下发《长城钻探工程公司造价与定额管理办法》。按照长城钻探工程公司《2020年提质增效专项行动实施方案》的工作部署,调整苏里格气田钻探工程计价标准,下发《关于调整苏里格气田钻探工程计价标准的通知》。下发《关于发布四川页岩气钻采工程计价标准(暂行)的通知》,合理控制四川页岩气风险作业产能建设投资,规范定额定价管理体系。下发《关于PDC可钻铝合金阻流环和内管注水泥器固井工具定价的通知》《关于发布定向井服务价格的通知》《关于调整辽河油区工程技术服务内部结算价格的通知》,规范长城钻探工程公司内部结算行为。

【概预算管理】 2020年,长城钻探工程公司完成概算审核8项,审核额14.71亿元。科技项目经费预算审核26项,审核额1.28亿元。结算审核3472项,审核额68.41亿元。

【关联交易】 2020年,长城钻探工程公司在辽河油区结算钻井710口、进尺132.45万米,侧钻和大修井131口,结算额27.08亿元。

【资格管理与业务培训】 2020年,长城钻探工程公司组织安排石油工程造价专业人员岗位培训3人次。

【荣誉称号】 2020年，长城钻探工程公司工程造价中心获中国石油天然气集团有限公司发展计划部评选的"2019—2020年度集团公司物探钻井工程造价管理先进集体"荣誉称号。

（刘宏伟）

土地公路管理

【土地管理】 2020年，长城钻探工程公司完成风险作业服务项目征地工作。全年苏里格项目征收土地155宗。其中：苏10区块56口井、苏11区块68口井、苏53区块31口井。及时取得用地手续，保障项目产能建设用地需求。

完成长城钻探工程公司东部生产基地不动产变更登记工作。取得不动产登记证29本，房屋建筑面积85678.68平方米。其中钻井一公司不动产登记证12本，房屋建筑面积29489.98平方米；固井公司不动产登记证7本，房屋建筑面积16887.14平方米；钻井液公司不动产登记证4本，房屋建筑面积8422.96平方米；钻具公司不动产登记证6本，房屋建筑面积30878.57平方米。

完成渤海石油装备制造有限公司管舾装厂资产划转和办理不动产变更登记工作。按照集团公司《关于渤海石油装备执照有限公司管舾装厂资产划转至长城钻探工程有限公司的批复》文件要求，将渤海石油装备制造有限公司管舾装厂资产划转至长城钻探工程公司，划转后办理不动产登记，证号：辽（2020）盘锦市不动产权第7006699号，面积30116.42平方米。

完成2020年度长城钻探工程公司土地变更登记调查工作。截至2020年12月31日，长城钻探工程公司有土地92宗，其中：北京18宗，辽宁66宗，江苏7宗，新疆1宗，面积1892604平方米（2841亩）。2020年长城钻探工程公司缴纳城镇土地使用税2780万元。完成土地信息系统信息更新。

完成对《长城钻探工程公司土地公路管理办法》的修订。2020年5月8日下发关于印发《长城钻探工程公司土地公路管理办法》的通知，从下发之日起开始执行。

完成长城钻探工程公司"三重一大"土地事项修订工作。完善长城钻探工程公司"三重一大"决策事项中关于"土地处置"三项制度的修订工作。包括：审议位于直辖市、计划单列市、省会城市的土地处置，审议位于直辖市、计划单列市、省会城市之外单宗5亩以上的土地处置，审定位于直辖市、计划单列市、省会城市之外单宗5亩以下的土地处置。

（骆　意）

行政事务

【秘书工作】 综合材料。将材料文稿起草摆在突出重要位置来抓，聚焦长城钻探工程公司年初职代会、半年工作会等大型综合报告和领导讲话，以及集团公司领导到长城钻探工程公司调研等重大活动，克服时间紧、任务重等困难，全年累计完成领导讲话、工作报告、向上级汇报等各类综合材料90余篇，近60万字，较好地完成各类文稿起草、整理、把关等工作。

纪要通报起草。坚持"纪实性、时效性和规范性"要求，针对纪要和通报整理的特点，不断改进工作方式，提高工作效率，确保领导思路和各项决策部署能够及时准确传达。全年累计完成各类会议记录193次，整理刊发《领导工作例会纪要》等各类纪要132期、《办公室通报》39期。

此外，开展企业政研成果研究，编写的论文《发挥党组织和党员干部作用，打赢提质增效攻坚战实践研究》获集团公司2020年度优秀党建研究成果优秀奖、长城钻探工程公司2020年党建及思想政治工作课题研究成果一等奖。

【民主决策】 2020年，长城钻探工程公司严格按照集团公司部署要求，全面加强"三重一大"决策制度体系建设，全面规范党委议事决策程序，同时推进监管系统上线运行，结合企业实际进行系统谋划，组织建立规范高效的"三重一大"决策制度体系。严格履行民主议事决策程序，抓好制度落实，做好会议记录，年度编发《党委会议纪要》54期、《领导办公会议纪要》15期。继续推进中国石油"三重一大"决策和运行监管系统上线运行工作，年度上传制度1个、事项38个、会议信息38期。

（雷春荣）

【督办信息】 2020年，长城钻探工程公司根据工作会议安排部署和集团公司业绩指标考核要求，印发《长城钻探工程公司2020年重点工作任务分解表》，将年度重点工作分解成七大项48小项，逐项明确责任部门，逐项录入机关工作管理平台，按季度对工作落实情况跟踪督办，确保长城钻探工程公司各项重点工作有序推进。持续强化高质量、有价值信息的收集和采编，向集团公司综合管理部报送重点工作进展和典型经验成果，被采用信息50篇，在油服企业中排名前列；在油服网站发布信息1713篇，较好地展示长城钻探工程公司及所属单位的工作业绩和亮点；年度刊发《信息摘报》48期供长城钻探工程公司领导班子参阅，发挥信息沟通情况、交流经验、辅助决策的功能。

（吴彬彬）

【文书工作】 公文管理。一是严格控制和规范文件文稿简报，提高质量和效率，控制发文数量，严审机关发文。严格按照长城钻探工程公司党委《关于进一步改进会风文风的十四条措施》要求，执行《长城钻探工程公司文件（函件）发文事项目录》《长城钻探工程公司党委（函件）发文事项目录》，除上级单位要求外，未列入目录的原则上不予印发。删除文件、简报、纪要等60多类不常用文种菜单，机关部门原则上最多保留1种简报、例会性质的纪要，强调"非必要不发文"。二是及时规范跟踪催办来文。本年度收集团来文2078件，二级单位来文73件，外来文件42件。按时间要求、重要程度进行跟踪和催办，紧急和特别重要文件，及时提醒领导批示，督促承办部门尽快办理，催办上报数据材料，并将处理结果按时反馈、及时分类归档。三是做好领导呈批、传阅文件。向长城钻探工程公司领导转呈各类呈批件、汇报材料、审批表（单）等纸质资料800余次，及时与部门沟通，遇有紧急文件，提醒领导尽快批阅，送转相关单位和部门。

印章管理和用印行为安全、规范。严格履行《长城钻探工程公司印章管理规定》，从印章的制发、启用、废止、领取、保管、使用，均严格按照工作流程，确保长城钻探工程公司及长城钻探工程公司党委印章和法定代表人名章、两类介绍信管理无失误；按照规定刻制、启用印章7枚。印章使用，根据领导批示及印章加盖内容综合判断，确保印章使用合理合规无任何漏洞。履行用印手续1200余次、用印8400余个，开具介绍信16号，印章审批单均按周归档留存以备查。

会议活动组织协调周密细致。2020年组织协调领导工作例会、党委会议、集团公司视频会议及调研等会议150余场次，均按照疫情防控有关规定，会议室参会人员之间间隔一米以上，保证会议防疫安全。同时协助相关部门和单位做好会议的筹备和服务工作。从会议通知、会议前期筹备、会场协调、会场布置、会议报到等多方面参与会议全套流程，特别是衔接环节落到实处。通知长城钻探工程公司副总师以上领导参加集团公司及外部会议和其他公务活动30次，通知领导参加长城钻探工程公司会议90余次，同时做好各类报名、时间登记和提醒服务。

【事务管理】 组织名人大厦新冠疫情防控。2020年，长城钻探工程公司将疫情防控作为重要政治任务，及时跟进落实上级政策要求，守住名人大厦"零疫情、零感染"底线。制定印发名人大厦疫情防控方案、预案、紧急通知等文件39项，其中疫情防控细则4版，应急预案3版并组织预案桌面推演、员工核酸检测等工作；组织防疫自查、接受集团公司、大屯街道等检查11次，防控基础工作得到各类检查组肯定；按要求召开会议传达长城钻探工程公司防控办和集团公司在京单位以及石油大厦疫情防控要求，安排布置名人大厦防控措施，及时与物业公司协调，同步贯彻落实；落实集团公司、地方政府组织的涉中高风险地区人员排查10990人次，收集汇总驻厦各单位防疫信息，掌握人员动态数据，强化防疫风险信息动态监控；严格做好人员进出京流动管理，审批报备离京2359人次，进京1119人次；

抓好办公场所进出管控，加强人员、车辆进出入管理和各项防控措施落实，严控外来风险。

做好住房制度改革相关工作。协调处理异地调京职工周转住房申领核销15人，办理住房月补贴及变更41人。协调101名异地调京职工住房差额补贴发放的历史遗留难题彻底解决。及时对103名员工住房档案进行维护。

做好互联网采购办公用品工作。努力兼顾成本管控与多样化需求。将部分物料采购纳入互联网采购模式，降低采购成本和合规风险，提高办公效率。机关办公用品采购费用同比节约51.56。

做好后勤服务工作。重新分配名人大厦车位，做到公平、合理使用，解决一卡多车、超容量发卡、车卡私自转让等问题。规范管理餐卡管理，对疫情期间餐厅布置、菜品等提出要求。组织好名人大厦利民工程。空调机组静电除尘装置全部投入运行，室内空气净化器滤网全部清洗，通过公共区域、办公区域消防安全专项检查治理安全隐患65个，会议室投影设备全部更新，培训教室高清激光投影仪投入使用，合理调整部分机关部门办公位置，重新设置楼层指示牌和办公室门牌。

做好长城钻探工程公司两级机关办公室系统提质增效工作。制定实施长城钻探工程公司《两级机关管理费用控减实施意见》，量化分解各项措施，定期跟踪落实进度，推动各项任务按期完成。长城钻探工程公司两级机关管理费用支出同比下降30%。办公室作为服务领导、驻厦干部员工的中枢部门，结合2020年形势变化，"一项一策"制定细化办公室提质增效目标措施，保证服务质量的同时，实现各项费用大幅压减。办公室五项费用支出同比下降75%，经过逐项合同复议，其他费用降幅达17.3%。

（李世杰）

【计划生育】 2020年，长城钻探工程公司根据集团公司计划生育工作安排，及时报送计生信息表，参加集团公司计生办组织的业务培训和公益活动。与辽河油田公司计生办协商，签订《驻辽单位计划生育服务托管协议》。组织落实退休社会化人员独生子女一次性奖励费政策，规范做好独生子女奖励费、子女医药费、托幼费报销等工作，确保政策执行率达到100%。

协调工作。驻辽计划生育管理单位13个，全年协会访视1次，培训学习1次，召开计生工作部署会议1次，组织大小活动4次，宣传新政覆盖率100%。参加辽河油区举办的"向逆行者致敬 感恩身边有你"征文活动及"5.29会员活动日"计生协会成立40周年纪念活动，长城钻探工程公司上报80个原创作品，50余人参与40周年庆祝活动，40人参与征文活动。组织驻辽各单位参与辽河油田公司计划生育协会举办的油区计划生育干部岗位技能竞赛，长城钻探工程公司获团体二等奖，获金牌宣传员1名、银牌宣传员3名、铜牌宣传员6名、优秀组织者1名、"风采计生人"1名。2018—2019年油区计生工作年终考核，长城钻探工程公司获辽河油区人口与计划生育工作"红旗单位"。

协会建设。5月29日，中国计生协会成立40周年之际，长城钻探工程公司开展基层职工走访慰问活动，先后到顶驱分公司辽河项目部、苏里格项目部、西南指挥中心慰问一线工作人员，派发长城钻探工程公司计生协会赠送的"疫情防护关爱包"。

计生服务。5月10日，开展以"最美妈妈"为主题的母亲节摄影作品征集评选活动，57位女职工参加活动，作品评出一等奖1名、二等奖2名、三等奖3名。年末，组织女职工进行妇科彩超（包括甲状腺、乳腺、子宫附件）检查、HPV内诊等项目。

关注青少年健康。8月29日，开展以"快乐暑假 健康成长"为主题的开蒙礼活动，40组家庭参加。

宣传教育。12月1日"世界艾滋病日"，为职工发放"艾滋病预防资料包"32个，包括《艾滋病宣传条例》《公民膳食素养》《幸福手册》，内容涉及艾滋病的传播途径、预防要点和女性生殖健康保健等内容，受到职工一致好评。

（任 晶 王 兵）

档案志鉴

【概述】 2020年，长城钻探工程公司档案工作业务围绕长城钻探工程公司改革发展中心任务，体制机制不断创新，管理能力不断增强，基础工作不断完善，业务水平不断提升。对上，贯彻集团公司档案馆的安排部署，做好各项会议精神、文件要求的落实工作；对中，做好长城钻探工程公司机关部门档案的管理和服务工作；对下，做好国内外基层单位的业务指导、监督、检查、考核工作。

【工作亮点】 2020年，长城钻探工程公司编写两篇档案故事推荐参评《中国石油档案故事集》。研究编写《不辱使命组织利比亚撤侨》《习总书记对长城钻探海外党建"五落实"给予充分肯定》，发挥馆藏档案价值，传播长城钻探优秀文化，鉴证公司发展历史。3名人员获得集团公司2020年档案、史志、年鉴先进个人。优选8篇档案工作管理创新案例，推送到集团公司档案馆和国家档案局参评。

【丰富馆藏资源】 做好档案资源收集。2020年，长城钻探工程公司建立"谁形成、谁归档"责任机制，编制《机关部门归档范围确认表》29个397条，印发《归档工作通知》，按照范围确认、实物整理、电子化三个阶段开展工作。全年累计接收26个机关部门的归档材料4486卷件。其中，管理类档案3192件，实物类档案12件，会计类档案1282卷，归档完成率100%，做到应归尽归、应收尽收。

确保核心档案集中管理。根据集团公司要求，加大科研、会计、审计、声像类档案管理力度，注重"三重一大"

决策过程档案归档，发挥档案在企业合规管理、防控风险、服务中心的重要作用。

指导建设项目档案归档工作。先后指导"辽河文体活动中心建设项目"、昆山公司建设项目、苏丹项目部库房建设项目、伊拉克项目部建设项目档案归档，参与验收工作，确保在立项、审批、招投标、勘察、设计、采购、施工、监理及竣工验收等全过程中形成的文件材料规范、有效。

做好境外撤销项目的档案接收工作。指导美国项目部按照《境外档案管理办法》整理会计类档案，累计接收142卷。指导壳牌合资公司开展注销后的档案整理工作，真实、完整地保留公司发展各个阶段的重要历史资料。

【档案利用与编研】 2020年，长城钻探工程公司做好档案利用工作，严格遵从档案提供利用三级审批制度，通过实体查阅、信息系统阅览、复制、摘录等方式，满足利用需求，全年累计档案利用78人次，241卷，1284件。其中，为长城钻探工程公司机关人事档案查验提供借阅80件（其中人事任免的文件借阅数77件），纪检监察16件，审计1073件，社会保险135卷件，会计复核106卷，其他业务114件。

坚持开展档案基础编研工作。组织所属单位和机关部门开展《中国石油长城钻探工程公司年鉴2019》编纂工作，制定大纲，收集资料，汇编校对，形成篇目12个，撰稿量40余万字，甄选图片30张，全面记录企业改革发展中的重大事件、重要活动和重要数据，以及企业的新发展、新经验、新成果。同时，按照要求为集团公司年鉴、中油油服年鉴、盘锦市年鉴提供稿件及图片，宣传和反映长城钻探工程公司生产、经营、管理方面的成果。开展档案管理创新案例编写工作。印发《征文通知》，深挖长城钻探工程公司档案管理经验，学习分析集团公司历年获奖案例写作方法，从30多篇基层编写的案例中甄选出好题材，进行一对一辅导修改，推送《油田测录试数据智能管理及利用》《创新稠油热采档案归档工作》等8篇案例到集团公司参加评选。

【档案统计】 2020年，长城钻探工程公司做好各项参数统计，做好总部机关2019年度档案年报统计，收集并汇总基层单位27张统计报表，形成长城钻探工程公司2019年度档案工作统计年报上报集团公司档案馆。

库房面积统计。根据集团要求，组织各单位核实馆库面积、库房数量、占用比例、会计档案占总档案量的比例等参数，汇总形成《档案馆库统计表》。

史料统计。组织开展党和国家领导人有关中国石油文献档案史料统计工作，整理2011年习近平考察古巴项目GW139钻井队的图片。

其他统计。完成档案数字化率、期刊论文发表、编研成果、档案史志年鉴统计工作，汇总形成《企事业单位主要参数统计表》。通过对档案工作的基本统计和定量分析，有效实施档案科学化管理。

【档案数字化建设】 2020年，长城钻探工程公司档案系统2.0注册用户达4900人，用户登录10800人次。坚持电子档案与实体档案"双轨制"同步归档,持续做好库藏档案数字化、新增档案电子化工作。上传档案条目20076个,电子文件7937个,档案管理系统内累计库藏档案条目1087556个,电子文件79616个,丰富的馆藏为档案资源共享和利用创造良好条件。

加强档案管理系统的应用推广,指导机关部门、二级单位利用档案管理系统开展在线归档工作,全年度解答档案2.0系统相关问题426人次。

【档案安全体系建设】 2020年,长城钻探工程公司现有档案用房6584平方米,其中库房面积4013平方米,其中长城钻探工程公司机关档案室344平方米,5间。有档案柜640组、密集架130列,其他专用设备450台(套)。按照库房管理库房管理"八防要求",坚持做到"三个定期",一是定期检查库房安全,包括灭火器有效期、防虫药有效期、干湿度等;二是定期清理库房柜架、档案用具;三是定期预判库房存量,优化存放方式,经常性按照年度、类别清点整理,给未来档案存储留出足够空间,确保档案长久保存和利用。

(杨晓峰)

第八篇 党群工作

党建工作

【概述】 2020年,长城钻探工程公司党委下设基层党(工)委43个,其中国内二级单位党委22个,境外项目部党工委20个,机关工委1个;基层党总支67个,党支部745个,其中境外党支部110个。现有党员8952人,其中预备党员194人,境外党员1122人。

【基本制度建设】 2020年,长城钻探工程公司梳理基层党建制度文件,形成基层党建制度汇编,涉及中央制度文件17个,集团公司制度文件18个,长城钻探工程公司制度文件25个。起草并下发《关于认真学习贯彻〈中国共产党基层组织选举工作条例〉的通知》,组织各级党组织宣贯学习《中国共产党基层组织选举工作条例》,提升基层党组织换届工作的规范性。起草并下发《关于调整长城钻探工程公司党委委员党建工作联系点的通知》《关于完善党建责任清单的通知》等文件,修订完善《长城钻探工程公司党委委员党建责任清单》,收集备案各二级党(工)委委员党建责任清单,建立所属单位党(工)委委员党建责任清单数据库,推动党建责任层层落实。针对境外党建面临的严峻形势,根据集团公司和长城钻探工程公司保密规定要求,传达境外党建新形势新要求,利用境外单位党工委委员、书记回国休假时间,做好沟通和传达工作,强化"五不公开""暂不留痕"等政策要求,并在日常工作过程中,严格按规定做好特殊时期境外党建相关工作。

【基本组织建设】 2020年,长城钻探工程公司下发《关于做好2020年度党组织按期换届工作的通知》,严格规范基层党组织按期换届工作,督促指导6家单位党委按期完成换届选举工作,确保基层党组织应换尽换。指导境外新组建党工委调整优化所属党支部,保持党的组织和基层党建工作全覆盖。下发《关于加强班组党员覆盖的实施意见》,通过开展排查、调整优化党员分布与班组设置、结合发展党员计划等方式,确保班组党员全覆盖。运用长城钻探工程公司原有党建信息化平台,对国内22个单位党委进行2019年度党建思想政治工作考核;通过邮箱报送自考自评材料的方式,考核境外原组建的13个项目部党工委。组织相关部门对二级党(工)委自考自评项目进行复核以及对直接考核项目进行考核打分,最终形成2019年度党建思想政治工作考核结果。

【基本队伍建设】 2020年,长城钻探工程公司把抓好党务干部队伍建设作为夯实党建基层基础的首要任务,下发《关于统计党务干部配备情况的通知》,形成专兼职党务干部名册,了解掌握党务干部队伍整体情况,严格落实"两个1%"要求,进一步推动所属单位加强党务干部队伍建设。为进一步提升党支部书记的素质和能力，2020年度举办4期党支部书记培训班，组织678名基层党支部书记参加学习，取得较好效果。做好发展党员工作，落实发展党员制度，规范党员发展工作程序，对集团公司直属党委下拨的2020年发展党员指标共188人进行科学分配，举办两期发展对象培训班，规范有序推动2020年发展党员工作。春节期间，长城钻探工程公司党委走访慰问困难党员177人、群众13人，发放慰问金75万元，解决生产生活困难121个，听取工作意见建议93条，实现"慰问一人、温暖一户、带动一片"的效果。按照退休人员社会化相关要求，部署126名离退休党员党组织关系移交工作，通过专人逐一与相关街道社区进行对接等方式，提前规定时间完成全部已退休党员的党组织关系转接工作，并得到集团公司表扬。做好2020年度党组织书记抓基层党建现场述职评议工作，做好测评票样设计、得分比例测算、投票人员范围划分等工作，组织好北京、辽河两地开展测评工作，有序发放测评票并做好测评结果统计工作，年度内开展两轮评议工作，涉及13人。

【"智慧党建"工作有序推进】 2020年，长城钻探工程公司在抗击疫情期间，各级党组织和党员干部中涌现出一批防控疫情斗争中发挥作用的先进典型和感人事迹。党委组织部加大疫情防控信息收集和发布力度，督促13家二级单位党委上报各类信息26篇，其中14篇发布在"石油党建"平台门户网站的堡垒先锋、经验典型和图说党建等板块，激励引导更多党组织和党员干部在打赢疫情防控阻击战中发挥积极作用。中国石油报社和中国石油"互联网+国企党建"研究中心联合举办"我和平台的故事"征文及微视频征集活动，党委组织部转发通知并督促各二级党（工）委踊跃投稿，征集到文字作品60个，微视频作品8个，经过审核后统一上报，进一步推广"石油党建"平台。按照集团公司要求，结合长城钻探工程公司实际，下发《关于做好党建信息化平台基础数据维护工作的通知》，组织各级平台管理员根据中组部报表、国务院国资委报表和集团公司报表等党内统计要求，在已有数据基础上做好对包括20项党员基本信息、15项发展党员有关信息、29项党组织基本信息和34项业务信息等有关数据进行核对和补充工作，进一步发挥"石油党建"平台的数据统计和智能分析作用。

【疫情期间党费使用】 2020年，长城钻探工程公司在疫情期间下发《关于用好党费、党组织工作经费开展新型冠状病毒感染的肺炎疫情防控工作的通知》，先后四次下拨党费558.98万元，用于支持基层党组织开展疫情防控、党内教育培训等工作，进一步将长城钻探工程公司党委的关心、牵挂送到奋战在疫情防控一线的基层党组织和党员、干部、群众。

【组织党员捐款】 2020年，长城钻探工程公司在全体党员中开展党员自愿捐款支持新冠肺炎疫情防控工作，下发《关于组织党员捐款支持新冠肺炎疫情防控工作的通知》，8628名党员累计捐款146.8571万元，87名党员通过其他渠道捐款4.3073万元，在抗击疫情中发挥广大党员先锋模范作用。

【星级标准化党支部评定】 2020年，长城钻探工程公司组织开展长城钻探工程公司2019年度"三星示范党支部"评定工作。经各二级党（工）委审核把关、征求长城钻探工程公司纪委、安全部门意见，并经公示等程序，下发《关于评定长城钻探工程公司2019年度"三星示范党支部"的决定》，评定54个"三星示范党支部"。同步备案181个二星优秀党支部、188个一星标准党支部，进一步推进星级标准化党支部建设工作。

【规范基层党支部建设】 2020年，长城钻探工程公司在前期调研、检查基础上，针对基层党支部开展工作中存在的问题，有针对性地研究制定并下发《"三会一课"标准化操作规范及模板》《党支部主题党日指导书》《发展党员工作相关资料及表格参考模板》《党支部换届选举标准化操作规范及模板》《组织生活会操作规范及模板》《民主评议党员操作规范及模板》等6个加强基层党支部建设的标准化规范化模板，规范指导基层党支部工作，下发后得到各单位和广大党务工作者一致好评，为实现基层党建工作标准化、规范化提供基础支撑。

【境外党建】 2020年，长城钻探工程公司针对国际化程度较高、境外项目部和党员高度分散等实际，出台《关于进一步加强和改进境外单位党建工作的实施意见》，坚持有利于党组织活动开展、有利于境外业务高质量发展的原则，根据项目规模、党员人数、驻在国（地区）实际，建立健全境外单位党的组织，对党员人数较少，不能成立党支部的项目，将党员就近编入中油国际公司国别党工委或中国驻在国（地区）使领馆中的党组织。持续调整优化党组织机构设置，撤销4个境外大区党工委，组建7个境外单位党工委，保证境外项目部党组织在生产经营中发挥凝聚人心、稳定队伍、防范风险、维护安全、保证监督、促进发展的作用。

（杨彦辉）

思想教育工作

【概述】 2020年，长城钻探工程公司党委贯彻落实集团公司党组和直属党委各项工作部署，以习近平新时代中国特色社会主义思想为指导，全面贯彻党的十九大和十九届二中、三中、四中全会精神，坚持党管宣传、党管意识形态、党管媒体，坚持融入中心、服务大局，固本培元、守正创新，内聚合力、外树形象，自觉承担"举旗帜、聚民心、育新人、兴文化、展形象"使命任务，持续抓好理论学习、舆论引导、思想教育、新闻宣传、企业文化、统一战线等工作，着力推动政治优势文化优势转化为发展优势竞争优势，为高质量推进"六个典范"企业建设提供思想保证、舆论支持、精神动力和文化支撑。

【思想政治工作】 深入推动政治理论学习。2020年，长城钻探工程公司紧密结合改革发展党建实践，及时跟进学习习近平总书记最新重要讲话，深入推进政治理论学习，组织两级党委理论学习中心组集中学习190次，专题研讨70次。

持续开展主题教育活动。以"战严冬、转观念、勇担当、上台阶"为主题，全面启动2020年度形势目标任务责任主题教育，制定实施方案，细化活动措施，开设"扎实推进提质增效专项行动"和"主题教育活动"专栏，组织开展专题宣讲、举办全员主题大讨论，广泛凝聚长城钻探工程公司员工干事创业合力。

切实做好思想政治工作。聚焦长城钻探工程公司高质量发展，全面开展干部员工思想状况调查，形成工作建议，为长城钻探工程公司改革发展建言献策；聚焦新冠疫情防控，关心关爱员工及家属身心健康，组织境外员工及家属节日慰问，指导境外项目部开展谈心谈话，掌握动态员工队伍思想状态，为长城钻探工程公司非常时期顺利推进各项工作提供思想保障。

积极推进统一战线工作。制定《公司党员领导干部与党外代表人士联谊交友制度》，开展长城钻探工程公司党委成员与党外代表人士联谊交友活动，构建长效机制，搭建统战人士建言献策平台，为长城钻探工程公司改革发展提供智力支撑。

【品牌形象建设】 深化特色企业文化建设。2020年，长城钻探工程创新企业文化理念，对长城钻探工程公司企业文化定位、核心理念、专项文化进行重新梳理和诠释，研究编制"十四五"企业文化建设规划。

创新公司品牌形象。拍摄制作长城钻探工程公司形象宣传片，改版升级长城钻探工程公司外部门户网站，首次举办"云游中国石油，走进长城钻探"主题企业开放日活动，举办第五届新媒体大赛，广泛宣传长城钻探工程公司良好企业形象。

打造重大先进典型。立足泰国项目GW80钻井队先进事迹，组织实施长城钻探工程公司重大典型宣传方案，GW80队平台经理第二次在集团公司年度"石油精神"论坛登台宣讲，优秀事迹在"新华网"等主流媒体网站发布。

强化公司舆情环境管理。开展长城钻探工程公司所属媒体网络备案登记工作，完善媒体内容监管机制，建立境外舆情管理机制，加强敏感信息披露管理，组织规范长城钻探工程公司所属各级各类媒体，停办报刊3份、关停外网1个、注销微信公众号8个、抖音1个。

（李美琳）

新闻宣传

【概述】 2020年，长城钻探工程公司按照"坚持稳健发展方针和高质量发展方向不动摇，坚持推进'六个典范'企业建设不动摇"的根本要求，策划宣传具有代表意义的管理创新典型案例，在全公司范围推动典型示范作用的发挥。深度报道企业发展亮点，加强外宣策划意识，为企业树品牌、树形象。坚持以《中国石油报》、集团公司网站为主渠道，以《石油商报》为辅助渠道，以《中国石油石化》杂志、《中国石油企业》杂志等为补充载体，以部分中央媒体为优选渠道，建立完整的对外宣传网络体系，确保长城钻探工程公司各方面业绩亮点得到宣传展现。主流媒体发稿262余篇，其中《中国石油报》发稿60余篇。向中石油信息报送平台投稿160余篇，采用120余篇，获集团信息报送先进单位。在中国石油微信公众号及中国石油报微信公众号发布作品10余篇，并引起广泛反响。

2020年，聚焦长城钻探工程公司发展战略、围绕贯彻长城钻探工程公司年度会议精神、深化改革、保障油气生产等重大决策，策划主题宣传。重点围绕长城钻探工程公司"战严冬、转观念、勇担当、上台阶"主题教育和提质增效专项行动，夺取疫情阻击战和效益保卫战双胜利等主题展开宣传。在门户网站和微信公众号开辟相应专栏，先后推出《致敬！最美战"疫"逆行者！》《公司助力储气库双31区块高质高效启动》等重点报道。引导和动员干部员工对长城钻探工程公司的决策部署在理解中支持，在团结中奋斗，不断形成发展合力。加强对境外典型的报道，促进长城钻探工程公司境外市场影响力不断提升，展现境外员工精神风貌，鼓舞和振奋境外员工干事创业的斗志。完成长城钻探工程公司网站新闻板块编发工作，编发长城钻探工程公司新闻100余条，基层新闻1600余条。完成微信公众号、微博240余期编发工作，每期2到5条不等。

（张明昭）

基层建设

【政治建设】 强化政治理论武装。2020年，长城钻探工程公司坚定不移向党中央看齐、向党的理论和路线方针政策看齐，建立《学习贯彻习近平总书记重要指示批示精神落实机制》，学好用好《习近平谈治国理政》第三卷，迅速传达学习党的十九届四中、五中全会精神，坚定不移沿着习近平总书记指引的方向前进，树牢"四个意识"、坚定"四个自信"、做到"两个维护"。

坚持党的全面领导。将党委集体研究作为重大决策前置程序，通过党委会议决策32个重大事项，确保党组织在决策、执行、监督各环节的领导作用。

推动主体责任落实。完善两级党委落实全面从严治党主体责任清单和任务清单，建立党委委员党建责任清单数据库，每半年专题研究全面从严治党情况，每季度召开党群工作例会，每月召开党建工作月度例会，推动党建与生产经营全方位融合。

严肃党内政治生活。严格执行新形势下党内政治生活的若干准则，严格落实党内组织生活制度，提高党内政治生活的政治性、时代性、原则性、战斗性。

【疫情联防联控】 有序开展疫情防控。2020年，新冠肺炎疫情，长城钻探工程公司党委坚持把员工生命安全和身体健康放在第一位，统筹协调国内、境外业务联防联控，坚持疫情防控和复工复产两手抓两手硬，守住工作场所"零疫情"底线。

突出思想政治引领。制定应对疫情思想政治、宣传、维稳工作方案，开展"一人一事"思想政治工作，慰问境外一线员工及家属800余人次，开展心理疏导326人次，利用各类媒体全方位宣传，引导员工足不出户反映信访诉求。

落实关爱员工措施。国内境外同步发力，协调配备防疫物资，合理安排境外员工休假，慰问奖励11名主动请缨援鄂抗疫的员工家属，解决职工就餐、交通等各类困难729个，体现长城钻探工程公司党委的关心关爱。

【基层党建】 夯实基本组织。2020年，长城钻探工程公司召开长城钻探工程公司第三次党代会，完成"两委"换届，督促指导6个二级党委、158个基层党支部按期完成换届；调整优化基层党支部，消灭党员空白班组，评定54个三星示范党支部，基层党建工作进一步规范。

建强基本队伍。严格落实"两个1%"要求，制定加强党务干部队伍建设相关措施，对专职党务干部不满足要求的3家单位下达整改通知书；组织党务培训12期、866人次，高质量发展188名党员，15个基层党组织和35名党员、党务工作者荣获集团公司直属"两优一先"荣誉称号。走访慰问困难党员177人、群众13人，解决生产生活困难121个，听取工作意见建议93条，传递党组织的关怀和温暖。

健全基本制度。开展党建制度适用性、合规性评价，废止19个，纳入制修订计划22个。出台6个基层党组织标准化操作模板，制定《党支部书记工作实用手册》。出台《关于进一步加强机关党建工作的指导意见》，做好新形势下境外党建工作，严格落实"五不公开""暂不留痕"等要求，因地制宜开展党内组织生活。组织265名基层党组织书记进行党建述职评议，完善党建工作责任制考核体系，制定基层党组织考核指导意见，推动党建责任层层落实。

提升党建质量。组织3期基层党建工作调研督导，对照党建存在问题开展专项排查整改，查改问题331个。组织纪念建党99周年系列活动，表彰奖励26个精品党课和40个优秀党建课题。推广应用"石油党建"信息化平台，提高党建信息化水平。

（姜青松）

信访维稳工作

【概述】 2020年，长城钻探工程公司做好维稳信访和网络舆情监测工作，完成集团公司维稳信访工作任务。2020年访情总量比2019年下降26%，初信办结率、"四重"排查掌控率均100%，无群访发生。完成集团公司下达的"信访总量"和"进京访总量"双下降工作目标。全年重点稳控9名重点人。合力攻坚化解两件信访积案。做好退休人员群体社会化转移相关稳定工作，编制《退休人员社会化管理稳定风险评估报告书》，稳控化解退休人员矛盾隐患3人次。督办国际钻井公司做好长期停等人员群体返岗复工问题。做好长城钻探工程公司"物资公司改革""定向井业务整合"两项改革维稳工作，督办指导编制改革风险评估报告，监控改革过程中因人员分流转岗引发的矛盾隐患并督办稳控化解，累计稳控化解9人次，确保各项改革顺利进行。强化网络舆情监测工作。组织开展对在职员工注册使用《今日头条》等8个网络新媒体情况进行全面排查，掌握所属员工使用网络新媒体数据信息。督办指导物资公司对某员工发布不良信息情况进行处置，及时妥善化解。

落实工作部署，全面保障重点时段平稳顺利。全国两会、集团公司巡视、节假日等7个重点时段期间，密切监控8名重点人员。对22家重点单位下达《维稳信访安保防恐特别重点阶段责任令》《维稳网络舆情特别重点阶段监测指令》，严格执行访情日报告制度。各重点时段期间未发生一起进京访和不稳定事件，再获集团公司特别重点时段《维稳信访安保防恐工作嘉勉电报》和《网络舆情监测工作嘉勉电报》。

贯彻落实集团公司专项维稳信访工作部署。组织落实"四重"不稳定因素大排查工作和信访"四零"承诺创建工作。推进枫桥经验与长城钻探工程公司实际相结合，提炼自身典型工作经验。其中3项工作措施在集团公司《维护稳定工作简讯》中推广应用。

强化联防联动，进一步巩固企地合力工作格局。配合辽河油田公司、盘锦市信访局、四川省内江市政府等部门做好维稳信访工作，协助稳控重点人员6人次，落实联防联控措施。共同创建"一主多元"网格化社会防控体系建设。

完善维稳信访制度建设。印发《长城钻探工程公司改革重大事项稳定风险评估实施办法》，明确长城钻探工程公司改革重大事项风险评估责任主体、评估内容和程序、运行跟踪及责任追究。

推进综治保卫工作。落实集团公司"关于定期报送反内盗工作情况的通知"要求，会同质量安全环保处，每月定期报送反内盗工作情况的通知。重点时段，做好驻疆队伍和北京放射源库安保防恐工作，严格执行新安防标准并定期检查。

（李　达）

机要保密

【保密工作】2020年，长城钻探工程公司贯彻集团公司保密办的安排部署，做好各项会议精神、文件要求的落实工作；对中，做好长城钻探工程公司机关部门保密的管理和服务工作；对下，做好国内外基层单位的业务指导、监督、检查、考核工作。

明确目标，成果丰硕。牵头承担《集团公司商业秘密保护工作—失泄密风险评估工作指南》编写工作。组织业务骨干参加集团公司保密讲课比赛，国际测井公司《核心商密科研资料保密管理》课件荣获优秀奖。被集团公司优选纳入商业秘密保护体系20家试点单位之一。

组织全公司开展保密宣传教育活动。制定《宣传周活动实施计划》，设计制作12块宣传展板，从保密形势、国密商密定义、定密、保护、违规惩处等5方面，图文呈现保密基础知识；设计微信公众号宣传内容，分5天推出，将宣传标语、电视教育片和基础知识配套推送；组织机关和基层员工参与答题，依托问卷星设计电子答题，提升答题投放范围和投放效率，便于统计，收到答题8167人次。总结提炼好经验、好做法，收到20个国内单位和4个境外项目部的总结、图片、员工心得、视频漫画作品。

强化制度约束，严格监督考核。印发《2020年保密工作要点》，明确8类23项重点工作，调整更新保密委员会成员。制定出台《涉商业秘密人员管理办法》和《保密违法违规行为处分办法》，规范商业秘密人员岗前、岗中、离岗管理，明确11类违法违规行为的处罚标准和处罚程序，形成以保密管理规定为总纲、管理办法为支撑、通知要求为补充的制度体系。组织召开2020年保密工作会议，4家单位做经验交流，表彰15个先进单位和93名先进个人，工作动态简报在集团公司办公厅网站上刊发。

规范"三员"管理，严控资料销毁，筑牢保密基础管理。起草印发《关于确定公司保密要害部门、部位，保密重点部门、部位的通知》，确定1个要害部门、2个要害部位、11个重点部门、4个重点部位，编制管理要求。完成长城钻探工程公司 11 个涉国密岗位和人员变更工作，组织新任领导班子成员签订《领导人员保密责任书》，向集团报备；确定涉商密岗位和人员 102 人，结合试点工作，开展上岗审查、签订《商密人员承诺书》，形成涉密人员管理完整链条。印发《关于做好疫情防控期间的保密工作的通知》，部署特殊时期的涉密资料的传输保管、个人电脑处理公务报备工作，提出 10 项工作要求编制下发PPT，指导国内二级单位 897 人和机关部门 107 人个人电脑加装安全基线策略。规范资料销毁方法和渠道，坚持集中收集、集中存放，全年累计集中销毁资料 7.2 吨，确保领导办公室搬迁遗留资料和机关部门重要资料处置安全受控。

（初 征）

【机要密码】 长城钻探工程公司涉密文件主要包括中央文件、油商密文件等，主要工作是签收、登记、传阅、清退等工作。2020 年，长城钻探工程公司处理集团涉密文件 170 份，文件的收取、存放、传阅及清退过程严格遵守保密规章制度。处理中央文件 94 份，按照要求严格执行各项操作，每月定期前往集团公司取件并逐份签字核对，在机要室进行登记、录名等操作，传阅时严格控制知悉范围。除领导阅文时间，机要文件均保存于机要室密码柜中，确保文件不在办公室过夜，确保文件安全。其他涉密文件严格按照长城钻探工程公司保密管理规定执行，防止失泄密事件发生。

做好密码管理工作。严格按照集团公司密码相关规定，严格密码设备管理，做到密码及密码相关设备的台账清楚、账物相符、责任到人。2020 年更换专网电脑及屏蔽机柜，均按照集团公司要求，先申请、再换装，做好各类登记。按照集团要求每月至少四次保密安全自查并在月初按时提交保密检查表。

（李媛媛）

机关工委

【党建工作】 组织设置持续规范。2020 年，长城钻探工程公司按照《中国共产党国有企业基层组织工作条例（试行）》要求，优化整合机关党组织设置，调整、增补机关工委委员 5 人，提醒督促 20 个党支部及时完成换届选举和委员增补，机关党组织框架进一步健全。

制度建设不断完善。制定年度机关党建工作要点，出台《关于加强机关党建工作的指导意见》，完善机关工委委员党建责任清单，建立机关工委委员挂点联系支部制度，动态调整联系支部，持续加强对机关支部的分类指导和监督管理。

党员队伍充满活力。开展纪念建党 99 周年系列活动，组织 5 个支部到红色教育基地进行主题教育，组织 29 个党支部开展党课讲授、重温入党誓词等主题党日活动，评选表彰优秀共产党员29人、优秀党务工作者8人、先进基层党组织6个，发展新党员2人，激发机关党组织活力。

基础工作更加扎实。编发6期党建学习材料，组织各支部学习《习近平谈治国理政》（第三卷），分层次举办党支部书记和党员学习教育网络培训班，提升党性修养和专业素养，推动机关党的建设工作高质量开展。规范党费收缴使用管理，将支部活动经费列入机关工委年度党费预算，指导支部规范使用。

【干部管理】 2020年，长城钻探工程公司落实科级干部管理办法，强化干部选拔任用工作全过程纪实。以服务机关部门、满足工作需要为原则，全年召开机关工委会议14期，组织48名科级干部的调整任用工作；完成机关专业管理人员晋级组织申报和核心素质测评，开展机关人员职称摸底并完成择优推荐。

（郝新颖）

工会工作

【民主管理】 2020年，长城钻探工程公司职代会期间以《公司行政工作报告》《财务工作报告》等形式向职工代表公开企业经营管理状况、总体发展战略、重大决策等事项，并形成决议，落实员工的知情权。职代会闭会期间通过代表团组长联席会议制度，审议通过长城钻探工程公司《党建考核管理办法》《绩效考核管理办法》《员工奖惩管理办法》等事关员工切身利益的制度和办法，落实员工的参与权。组织职工代表巡视长城钻探工程公司职代会精神贯彻、实事惠民项目立项及落实、劳保用品质量等安全监督活动情况，落实员工的监督权。狠抓提案质量和跟踪处理，三届三次职代会征集提案51件，立案45件，处理、答复率100%，其中关于"组织开展公司全员参与的主题劳动竞赛""推进'两气'高质量发展""建立国际市场开发奖励机制"三项重点提案以及三届二次职代会关于"加强驻辽单位文化体育场地建设"的重点提案均得到有效推进和落实，落实员工的表达权。

【服务职工】 2020年，长城钻探工程公司落实《服务员工八项规定》《关于进一步加强服务外部市场员工工作指导意见》，重要节日走访慰问各类困难群体、基层队伍、国际国内外部市场员工家属达到全覆盖。不断加大帮扶力度，对各类困难群体实施精准帮扶1832人次，支出帮扶资金487万元。加强员工健康管理，借助社会专业机构力量和医疗资源，解决400余名员工及家属求医就诊疑难问题，开展送医上门服务600余人次，组织员工参加安康保险5368人，获赔重大疾病保险金70.5万元；协调解决子女托学、转学、入学20人次，努力解除员工家属的后顾之忧。下发《关于落实〈长城钻探工程公司员工疗养管理办法〉的指导意见》，规范体检机构选定原则。妇女节期间，开展系列女职工关爱活动，评选各类先进84名。发挥文联体协作用，开展各类文化体育活动60场次，五一和中秋组织"共克时艰筑辉煌"和"情暖中秋 同心筑梦"网络晚会，丰富广大员工尤其是一线岗位员工的业余文化生活。

【群众经济技术活动】 2020年，长城钻探工程公司开展全员参与的主题劳动竞赛，竞赛活动紧扣高质量发展主题，规范组织，严格考核，调动激发员工参与提速增效、提质增效的积极性。54支队伍创纪录，7个施工项目获集团公司和中油油服嘉奖。广泛开展基层岗位练兵、工匠选树、操作能手等各种群众性经济技术活动，组织录井、井下等专业岗位大练兵15场次，评出金银铜牌选手96名。规范五项成果选题立项、跟进实施、考核评价，评选创新创效成果165项，年度节约成本1500万元，实现增产创效4600万元。

【工会自身建设】 2020年，长城钻探工程公司筹备工会第二次代表大会，选举产生新一届工会委员会、常委会、经费审查委员会，健全工会组织，完善议事规则和管控机制。探索"互联网＋工会"工作模式，"长城工会"App平台上线试运行。加强工会职工之家建设，长城钻探工程公司工会和11个二级工会被集团直属工会授予《模范职工之家》。

【巡视整改工作】 2020年，长城钻探工程公司配合集团公司巡视工作，按照长城钻探工程公司纪委统一部署，对巡视反馈的问题立行立改。以巡视反馈的问题为导向，整改消项，做到解决一个问题，堵塞一个漏洞，完善一项制度。修订完善《公司工会经费管理办法》，制定《文联体协工作章程》。对长城钻探工程公司工会经费和帮扶资金分别进行专项审计，并整改审计中反映的问题。

【疫情防控】 2020年，长城钻探工程公司强化防控物资保障，组织发放口罩近270万个，其他物资近8万件，为国际倒休班人员筹备防疫物资近3万件；协调境外项目员工远程医疗会诊、急救药物免疫球蛋白以及出国人员注射新冠病毒疫苗等紧急事宜。出台《关于各级工会组织做好疫情期间一线员工关心关爱工作的通知》，依托钻井二公司EAP心理咨询平台和15个单位"远程"服务热线，通过电话和视频连线4000余次，开展心理疏导1200余人次，对1800余名境外员工进行谈话家访。五一、端午、中秋等传统节日对境外员工家属多次全覆盖慰问3000余人次，帮助员工家庭解决实际困难1000多个。加强防疫复产事迹宣传，为11名家属远赴湖北抗击疫情的职工家庭命名"援鄂抗疫模范家庭"荣誉称号，授予南苏丹测井作业区王国强等9名同志"长城钻探国际市场抗疫复产先锋"荣誉称号并策划制作专题宣传片。

【离退休社会化管理移交工作】 2020年，长城钻探工程公司整理移交人事档案12636卷，党组织关系转接126人。联系街道社区46个，沟通对接数百次；召开退休人员座谈会3次，家访200多次，征集意见14条；解决老同志特殊诉求5人次。实现退休人员社会化管理移交250人，退休人员活动场所划转3处，实现退休人员社会化移交工作100%，集团公司考核排名并列第一。

（赵桓巍）

共青团工作

【概述】 2020年，长城钻探工程公司团委深入学习贯彻习近平总书记关于青年工作的重要思想，贯彻落实共青团十八大、十八届历次全会精神和上级团组织有关部署，以"青年成才行动"为主要抓手，持续深化青年职业生涯定位、职业技能提升、岗位建功成才和青春激情能量四项引领计划，不断加强团组织自身建设，引导团员青年发挥生力军和突击队作用，为长城钻探工程公司全面建设国际一流石油工程技术总承包商贡献青春力量。

【青年理想信念教育活动】 2020年，长城钻探工程公司深入学习宣传贯彻习近平新时代中国特色社会主义思想和党的十九届五中精神，帮助广大团员青年深刻理解当代中国马克思主义的丰富内涵、精神实质和实践要求，结合自身实际学而信、学而用、学而行。持续深化青年大学习行动，邀请中央团校专家在线讲授习近平总书记五四青年节寄语精神，给中国石油大学（北京）克拉玛依校区毕业生、复旦大学青年师生党员回信精神等专题团课，各级团组织通过集中学习、网上讨论、岗位能手宣讲等多种方式开展学习，3000余名团员青年参加学习研讨，引导广大团员青年牢固树立"四个意识"，坚定"四个自信"，做到"两个维护"。

【青工岗位实践活动】 2020年，长城钻探工程公司开展岗位实践，助力企业提质增效。按照长城钻探工程公司2020年"提质增效"专项行动整体部署，发动青年员工结合岗位，聚焦"战严冬、转观念、勇担当、上台阶"开展宣讲，围绕日常生产操作，促进现场提速增效，做到思想、行动、任务、结果互相促进、持续提升，宣讲1273人次。组织开展青年"好方法、好习惯、好工具"征集、第二届青年岗位创新大赛、青年安全隐患随手拍、青年科技论文评选等活动，引导青年员工从岗位做起、从身边做起、从点滴做起，实现更高服务质量、更低运行成本、更快施工速度、更稳健生产运作，征集"好方法、好习惯、好工具"作品139篇、岗位创新成果119项、安全隐患警示图片483幅、优秀科技论文42篇。

【青年岗位建功实践活动】 2020年，长城钻探工程公司精准服务青年需求，搭建建功展示平台。激励青年岗位建功，青年文明号、青年突击队、青年岗位能手等先进集体和个人竞相涌现。"五四"期间，3个青年集体、2个团组织、16

名团员青年获集团公司先进集体和个人荣誉，阿尔及利亚项目GW112队平台经理陈英杰荣获第四届"集团公司直属十佳青年岗位能手"称号。服务广大青年学习成才、融入企业、婚恋交友等迫切需求，与人事处共同举办2020年毕业生集中入厂教育活动，召开新员工入职满月座谈会，了解青年员工思想动态，答疑解惑，加油鼓劲。开展疫情防控、复工复产、关心关爱境外项目部员工及家属等青年志愿服务活动，开展志愿服务活动297次，志愿服务时长695小时，受益人数1983人次。

【团组织自身建设】 2020年，长城钻探工程公司全面规范组织建设，团建水平不断提升。加强团的基层组织建设，深入推进各级团组织规范化建设，召开长城钻探工程公司第二次团代会，完成换届选举；指导国内12家二级单位完成团组织换届，境外23个项目部完成青年工作委员会增补委员工作。做好集团公司党建信息化平台2.0全面推广工作，建立共青团组织数据，完成团员信息录入、13项重点功能和9项通用功能试用工作。依托集团公司共青团魅力夜校，对各单位团委书记和团支部书记进行为期100天的网上业务培训，提升沟通协调能力。

【选树和宣传青年典型】 2020年，长城钻探工程公司将工作刻苦、技术精湛、管理精细、业绩突出、无私奉献的青年集体和青年员工纳入选树典型的视野，实现先进典型选树与青年成才的有效衔接。2020年"五四"评选表彰活动，命名14个"青年文明号"，表彰28家先进团组织和144名先进个人。向上级团组织推荐先进集体和个人，荣获集团公司团工委和直属团委青年文明号3个、五四红旗团支部2个、青年岗位能手14名、优秀共青团员1名、优秀共青团干部1名、十佳青年岗位能手1名。

（张 霁）

第九篇

光荣榜

2020 年获省部级表彰

序号	奖 项	获奖单位、集体、个人、项目
1	中央企业从事信访工作 20 年以上的信访工作者	刘新伟　宁秀霞　付淑华
2	第二批辽宁工匠	鲁政权

2020 年获集团公司党组、集团公司表彰

序号	奖 项	获奖单位、个人、项目
1	集团公司劳动模范	杨国涛　赵松江　杜兴隆　王向农　胥向明 李　建　叶应庆
2	集团公司先进集体	泰国项目部 GW80 钻井队 井下作业公司大修项目一部 D08204 队 录井公司辽河项目部 L10391 录井队 苏里格气田分公司采气作业二区苏 11-2 集气站 尼日尔综合项目部 GW131 钻井队
3	集团公司海外油气合作先进集体	中哈长城钻井公司 苏丹测井作业区 伊拉克综合项目部 委内瑞拉综合项目部
4	集团公司海外油气合作模范员工	肖恩来　孔祥忠　陈宝华
5	集团公司海外油气合作优秀员工	于中洋　杜明翰　郭宝民　王相森　刘金良 张晓东　张元伟
6	集团公司海外油气合作突出贡献者	韩　敏
7	集团公司政策研究工作先进集体	工程服务公司
8	集团公司政策研究工作先进个人	齐志博　刘志良
9	集团公司 2019 年度质量管理先进个人	陈靖华　马淑华

续表

序 号	奖 项	获奖单位、个人、项目
10	集团公司2019年度先进HSE标准化站（队）	钻井一公司辽河项目部70149钻井队 钻井二公司水平井项目部70030钻井队 古巴项目部GW139钻井队 阿尔及利亚综合项目部GW135钻井队
11	集团公司2019年度安全管理先进个人	李传华
12	集团公司2019年度安全监督先进个人	白洪胜 黄 磊
13	集团公司2019年度安全生产先进个人	刘 欢 赵智勇
14	集团公司2019年度绿色基层队（站）、车间（装置）	四川页岩气项目部作业区油基岩屑管理队
15	集团公司2019年度环境保护先进个人	温景东
16	集团公司2019年度节能节水先进基层单位	钻井二公司西南项目部70110队
17	集团公司2019年度节能节水先进个人	杨 勇
18	集团公司2019年度HSE管理体系优秀审核员	高 远 高重阳 姜胜军 罗 光 田长建 王 勇 王瑞瑀 杨超登
19	集团公司2019年度HSE管理体系先进审核员	陈祖龙 迟文刚 邓志平 黄绍军 纪 伟 刘凤明 刘青贺 刘万里 陆亚楠 慕发利 王 楠 王宏丽 吴 波 夏 勇 翟云龙 张 铁 赵金亮
20	集团公司抗击新冠肺炎疫情先进集体	古巴项目部 钻井二公司西南项目部50022钻井队
21	集团公司抗击新冠肺炎疫情先进个人	邓 南 于 阳 吴 桐 张全伟
22	集团公司2019年度优秀审计项目二等奖	哈萨克斯坦项目部原经理离任经济责任审计
	集团公司2019年度优秀审计项目三等奖	钻井三公司原经理离任经济责任审计 阿尔及利亚综合项目部经理任中经济责任审计
23	集团公司2019年度管理创新获奖成果	国有浅钻企业精益思想实践下的转型升级（三等奖）
24	集团公司档案工作先进个人	李 昕
25	集团公司史志工作先进个人	王 兵
26	集团公司《集团年鉴》工作优秀个人	杨晓峰
27	集团公司2019年度工程技术业务市场开发先进单位三等奖	长城钻探工程公司

续表

序号	奖项	获奖单位、个人、项目
28	集团公司2019年度工程技术业务市场创新先进集体一等奖	国际事业部
	集团公司2019年度工程技术业务市场创新先进集体二等奖	尼日尔综合项目部
	集团公司2019年度工程技术业务市场创新先进集体三等奖	生产协调与市场处
29	集团公司2019年度工程技术业务市场开发先进个人	白国斌 于德良 贾晓刚 喻 晨 刘 阳 孟 凯 宋建锋 吴春军 依秀军 王 民 张 旭 崔景海 胡祖光 石 磊 邹 鑫 张精伟 周灵佐 陈坚磊 邱新江 宋立新 杨 晨 普明闯 汤代远 曾爱民 路进平 豆 旺 黄 威 夏福志 尹红辉 庞立源 罗胜勇 刘树卿 曾治国 卢海洋 孙法胜
30	集团公司2019年度井控工作先进企业	长城钻探工程公司
31	集团公司2019年度井控工作先进个人	刘海涛 朱振今 吕保山 蒲秋平 张新胜 魏 伟 邹洪波 张 柳 王 勇 田长建 杜 军
32	集团公司第十届党建思想政治工作优秀研究成果一等奖	新时代石油企业宣传思想工作守正与创新研究和实践
33	集团公司第十届党建思想政治工作优秀研究成果二等奖	石油企业思想政治工作网络阵地建设方法研究
34	集团公司第十届党建思想政治工作优秀研究成果三等奖	提升海外党支部党建工作效率和工作质量的方法研究
35	集团公司第十届党建思想政治工作优秀组织单位	长城钻探工程公司
36	集团公司2018—2019年度五四红旗团支部（总支）	钻井三公司后勤保障中心生活服务队团支部 苏里格气田分公司采气作业二区直属团支部
37	2018—2019年度集团公司优秀共青团员	庄子建
38	2018—2019年度集团公司优秀共青团干部	漫肃宁 熊 伟
39	2018—2019年度集团公司最美青工	杜兴隆

2020年获集团公司直属党委表彰

序号	奖项	获奖单位、集体、个人、项目
1	集团公司直属优秀共产党员	耿继东 冯东 茹红钰 刘建 李君胜 时磊 杨建云 冯文强 刘丰产 崔雷 杨鹏 袁世海 赵飞彪 王工厂 汪远良 刘以乔 霍春德 陈新友 郑清国 王超
2	集团公司直属优秀党务工作者	吴丹 敬松 韩伟 罗伟强 陈泽升 姚进 孙宝均 丛云海 张松原 王全 高岗 康建军 隋红伟 谭仕开 白一彤
3	集团公司直属先进基层党组织	钻井一公司四川页岩气项目部50103队党支部 钻井二公司党委 钻井三公司党委 井下作业公司西部项目部党支部 压裂公司页岩气压裂一项目部党总支 钻井技术服务公司党委 顶驱技术公司党委 录井公司党委 钻井液公司四川项目部党支部 四川页岩气项目部荣县作业区党支部 伊拉克综合项目部哈法亚基地党支部 古巴项目部机关党支部 哈萨克斯坦项目部扎那诺尔前线党支部 尼日尔综合项目部机关党支部 办公室（党委办公室）党支部
4	集团公司直属青年文明号	钻井一公司辽河项目一部70149队 长庆石油工程监督公司陕北项目二部40603队 压裂公司页岩气压裂项目部
5	2019年度集团公司直属青年岗位能手	何鑫 冯小强 黄占超 陈警龙 段进忠 高原 黄轲 李健楠 张健 吴捷 王楠
6	第四届集团公司直属十佳青年岗位能手	陈英杰

2020年获中油油服公司表彰

序号	奖项	获奖单位、集体、个人、项目
1	中油油服2019年度"四化"建设先进项目一等奖	三标建设提速模板——西部钻井实践 一队双机模式应用 电驱压裂机组应用
	中油油服2019年度"四化"建设先进项目二等奖	70030钻机自动化改造升级
	中油油服2019年度"四化"建设先进项目三等奖	专业化队伍建设 二层台机械手改造 70233队一代自动化钻机应用
2	中油油服2019年度"四化"建设先进个人	扈道明 尹伟涛 赵友贵 王晋宁 赵松江 王 猛 逯向阳 李清伟 孙 刚 顿长坤 魏 佳 蔡 意 宋明会 王小权 孟庆华 管德全 曹红伟 高庆忠 夏泊泖 张铁铭 刘远飞 刘亚峰
3	资质管理先进个人	周灵佐 徐万里 吕金桥 刘佳坡 耿明明

2020年获公司党委和公司表彰

序号	奖项	获奖单位、个人、项目
1	长城钻探工程公司科技进步一等奖	稠油热采水平井分段完井技术及推广应用 GW-CP保压取心技术
2	长城钻探工程公司科技进步二等奖	3500米以浅页岩气钻井提速提效技术集成研究与推广 苏丹Melut盆地砂岩油藏高含水期剩余油分布规律研究 威202区块页岩气水平井高产关键技术研究与应用 苏53区块水平井排水采气技术创新集成与应用
3	长城钻探工程公司科技进步三等奖	压裂实时监控与远程支持平台研发与规模应用 裂缝型碳酸盐岩储层综合评价方法研究 苏53区块开发接替区优选与实践 录井解释评价技术在海外油区的研究与应用

续表

序号	奖项	获奖单位、个人、项目
4	长城钻探工程公司HSE先进单位	钻井二公司、钻井三公司、西部钻井公司、井下作业公司、压裂公司、钻井液公司、固井公司、钻具公司、顶驱技术分公司、录井公司、测试公司、苏里格气田分公司、四川页岩气项目部、工程技术研究院、工程服务公司、古巴项目部、尼日尔综合项目部、苏丹项目部、阿尔及利亚综合项目部、苏丹作业区、伊拉克综合项目部、泰国项目部、土库曼和乌兹别克项目部
5	长城钻探工程公司质量管理先进单位	钻井一公司、钻井二公司、西部钻井公司、压裂公司、钻井液公司、钻井技术服务公司、录井公司、测试公司、苏里格气田分公司、地质研究院、物资公司、昆山公司、古巴项目部、阿尔及利亚综合项目部、乍得综合项目部、苏丹作业区、阿联酋项目部、哈萨克斯坦项目部、哈萨克斯坦作业区
6	长城钻探工程公司HSE先进部门	办公室、党委工作处、设备处、工程技术处、外事处、企管法规处、工会、国际事业部、能源事业部、东部生产指挥中心
7	长城钻探工程公司质量管理先进处室	生产协调与市场处、工程技术处、企管法规处、国际事业部、能源事业部、物资管理部
8	长城钻探工程公司自主管理基层队	钻井一公司：辽河项目部40611队、辽河项目部70149队 钻井二公司：探井项目部40127队、陕北项目部50277队 西部钻井公司：40619队 井下作业公司：大庆项目部DY06719队 录井公司：辽河项目部L11207队、辽河项目部L10325队 钻井液公司：四川项目部ZY3043队 固井公司：苏里格项目部GJ12111队 苏里格气田分公司：采气作业三区安全环保监察队 四川页岩气项目部：威远作业区压裂供水队 古巴项目部：GW139队（国际钻井公司） 阿尔及利亚综合项目部：GW135队（钻井一公司） 伊拉克综合项目部：GW309队（井下作业公司） 泰国项目部：GW80队（国际钻井公司） 伊拉克综合项目部：格拉芙录井GW-ML12队（录井公司）、绿洲项目测井GW-WL54（国际测井公司） 土库曼乌兹别克乌项目部：测试GW-WT106队（测试公司） 乍得综合项目部：测井GW-WL112（国际测井公司）
9	长城钻探工程公司HSE金牌队	钻井一公司：辽河项目部70149队 钻井二公司：水平井项目部70030队 钻井三公司：30561队 古巴项目部：GW139队（国际钻井公司） 阿尔及利亚综合项目：GW135队（钻井一公司）

续表

序号	奖项	获奖单位、个人、项目
10	长城钻探工程公司HSE银牌队	钻井一公司：四川页岩气项目部70192队 钻井二公司：探井项目部40127队 钻井三公司：30647队 西部钻井公司：50682队、40603队 井下作业公司：大修项目一部D08204队、大庆项目部DY06719队 压裂公司：页岩气项目部YS69025队 乍得综合项目部：GW59队（钻井二公司） 伊拉克综合项目部：GW309队（井下作业公司）、GW52队（国际钻井公司）
11	长城钻探工程公司HSE铜牌队	钻井一公司：长庆项目部40502队、新疆项目部40001队 钻井二公司：海塔项目部50614队、西南项目部50022队 钻井三公司：30002队、C10286队 西部钻井公司：40621队 井下作业公司：大修项目二部D10294队 压裂公司：长庆压裂一项目部YS49022队 委内瑞拉综合项目部：GW182队（国际钻井公司） 乍得综合项目部：GW96队（钻井一公司） 尼日尔综合项目部：GW216队（钻井一公司） 苏丹项目部：GW104队（钻井一公司） 哈萨克斯坦项目部：GW159队（中哈公司） 泰国项目部：GW80队（国际钻井公司）
12	长城钻探工程公司绿色基层队	钻井一公司：辽河项目部70038钻井队 钻井二公司：西南项目部70110钻井队 钻井三公司：30620队 西部钻井公司：陕北项目二部 40554队 尼日尔综合项目部：GW48队（钻井三公司）
13	长城钻探工程公司HSE 3星级班组	钻井液公司：四川项目部ZY3043队 固井公司：苏里格项目部GJ49115 录井公司：辽河项目部L11232队、乌审旗项目部L10363队、国际业务项目部GW-ML126队 测试公司：东部项目CS3101队、土乌项目GW-WT106队 苏里格气田分公司：采气作业二区苏11-3站 苏丹测井作业区：GW-WL011队（国际测井公司） 伊拉克综合项目：GW-WL056队（国际测井公司）
14	长城钻探工程公司HSE 2星级班组	钻井液公司：西北项目部ZY3093小队、欢喜岭项目部ZY3071小队 固井公司：长庆项目部42110固井队 钻具公司：西部项目部井控车间维修班 钻井技术服务公司：四川页岩气项目部GWDD502队 顶驱技术分公司：古巴CUPET3服务组

续表

序号	奖项	获奖单位、个人、项目
14	长城钻探工程公司HSE 2星级班组	录井公司：冀东项目部L10252队、新疆项目部L10258队、庆阳项目部L10260队、南方项目部L11171队、综合导向技术项目部L11197队 测试公司：测试公司苏丹项目GW-WT96队 苏里格气田分公司：采气作业三区巡井队 四川页岩气项目部：气井管理队 物资公司：大庆项目部冀东项目组 昆山公司：配料水剂班组 工程服务公司：苏里格基建项目组 乍得综合项目部：GW-WL112队（国际测井公司） 尼日尔综合项目部：GW-WL022队（国际测井公司） 哈萨克斯坦测井作业区：GW-WL068队（国际测井公司）
15	长城钻探工程公司HSE 1星级班组	钻井液公司：兴隆台项目部ZY3008队、兴隆台项目部ZY3025队、西北项目部ZY3046队、欢喜岭项目部ZY3171队 固井公司：兴隆台项目部GJ32109、后勤保障中心维修车间 钻具公司：东部项目部井控中心维修班、欢喜岭项目部综合车间司机班 钻井技术服务公司：国内项目部GWDD204队 顶驱技术分公司：阿尔及利亚GW112服务组 录井公司：国际业务项目部GW-ML131队、综合导向技术项目部DX3069队、南方项目部L10222队、定边项目部L10334队、辽河项目部L11229队、地质检测中心综合管理组、信息技术服务中心现场组 测试公司：伊拉克项目GW-WT69队、厄瓜多尔项目GW-WT155队 苏里格气田分公司：采气作业一区安全环保监察队、采气作业一区苏53-1站 四川页岩气项目部：压裂供水队 工程技术研究院：采油所二氧化碳采油班组 地质研究院：油田开发所开发一室 物资公司：辽河仓储站欢喜岭库 工程服务公司：辽河生产运行保修车间 古巴项目部：GW-WL091队（国际测井公司） 伊拉克综合项目部：GW-WL054队（国际测井公司） 土库曼乌兹别克项目部：GW-WL087队（国际测井公司） 哈萨克斯坦测井作业区：GW-WL069队（国际测井公司）
16	长城钻探工程公司无损工事件基层队 连续5年无损工事件基层队	钻井一公司：辽河项目部40503队 钻井三公司：30599队 西部钻井公司：40601队、40603队 井下作业公司：大修项目一部D08204、队大庆项目部DY07151队 苏丹项目部：GW101队（井下作业公司） 伊拉克综合项目部：GW307队（钻井三公司）

序号	奖项	获奖单位、个人、项目
17	长城钻探工程公司无损工事件基层队 连续4年无损工事件基层队	钻井二公司：探井项目部40588队 钻井三公司：30559队、30650队、C17308队 苏丹项目部：GW66队（井下作业公司） 阿曼综合项目部：GW67队（国际钻井公司） 乍得综合项目部：GW235队（井下作业公司）
18	长城钻探工程公司无损工事件基层队 连续3年无损工事件基层队	钻井一公司：辽河项目部40008队、辽河项目部40609队、辽河项目部50009队、辽河项目部50566队、辽河项目部70038队、四川项目部50570队、四川项目部70180队、四川项目部70192队 钻井二公司：探井项目部40002队、水平井项目部40598队、探井项目部50106队、西南项目部50062队、西南项目部70181队 钻井三公司：30563队、30647队、30702队、C10286队、C12302队 西部钻井公司：40528队、50659队 井下作业公司：大修项目一部C12161队 乍得综合项目部：GW59队（钻井二公司）、GW217队（钻井三公司） 苏丹项目部：GW104队（钻井一公司）、GW113队（井下作业公司） 阿尔及利亚综合项目部：GW27队（钻井一公司）、GW28队（钻井二公司）、GW29队（钻井一公司）、GW30队（钻井二公司）、GW112队（钻井一公司）、GW124队（钻井一公司）、GW133队（国际钻井公司）、GW135队（钻井一公司） 伊拉克综合项目部：GW20队（国际钻井公司）、GW309队（井下作业公司） 泰国项目部：GW229队（国际钻井公司）
19	长城钻探工程公司无损工事件基层队 连续2年无损工事件基层队	钻井一公司：辽河项目部40611队、长庆项目部40502队、辽河项目部50500队、辽河项目部50640队、四川项目部50103队、四川项目部50615队、四川项目部70039队、四川项目部70166队 钻井二公司：水平井项目部40639队、水平井项目部70030队、水平井项目部70183队、探井项目部40608队、陕北项目部50565队、西南项目部50022队、西南项目部50613队、西南项目部50696队、西南项目部50729队、西南项目部50007队、西南项目部70110队、西南项目部70197队 钻井三公司：30561队、30596队、30598队、30643队、30686队、C12288队、C12200队、C12285队、C12301队 西部钻井公司：40621队、40622队、50641队 井下作业公司：大修项目一部D08200队、大修项目一部D08203队、大修项目二部D10294队、大修项目二部D12306队

续表

序号	奖项	获奖单位、个人、项目
19	长城钻探工程公司无损工事件基层队 连续2年无损工事件基层队	古巴项目部：GW122队（国际钻井公司） 尼日尔综合项目部：GW218队（钻井三公司） 阿曼综合项目部：GW19队（国际钻井公司） 伊拉克综合项目部：GW52队（国际钻井公司） 泰国项目部：GW221队（国际钻井公司）
20	长城钻探工程公司无损工事件基层队 1年无损工事件基层队	钻井一公司：辽河项目部40013队、辽河项目部40558队、辽河项目部40568队、辽河项目部40640队、辽河项目部50625队、辽河项目部70077队、辽河项目部70149队、四川项目部50628队、四川项目部50692队、四川项目部70131队、四川项目部70136队、四川项目部70186队、长庆项目部40001队、长庆项目部40567队、长庆项目部40578队、长庆项目部50008队、长庆项目部50689队、长庆项目部50690队、新疆项目部40577队、新疆项目部50631队、新疆项目部50688队、新疆项目部50691队、新疆项目部50693队 钻井二公司：探井项目部40010队、探井项目部40011队、探井项目部40127队、探井项目部50023队、探井项目部50070队、探井项目部50277队、探井项目部50668队、水平井项目部40597队、水平井项目部40595队、水平井项目部50013队、水平井项目部50564队、吉林冀东项目部50614队、陕北项目部40599队、陕北项目部40638队、陕北项目部50563队、陕北项目部50730队、西南项目部50058队、西南项目部50630队、西南项目部70185队 钻井三公司：20942队、30560队、30582队、30583队、30620队、30621队、30677队、30678队、30701队、C10287队、C10288队、C10296队、C12284队、C12286队、C12287队、C12290队、C12291队、C12292队、C12294队、C12296队、C12297队、C12298队、C12299队、C12300队、C17306队、C17307队 西部钻井公司：50695队、40500队、40626队 井下作业公司：大修一部D08201队、大修二部D08290队、大修二部D12305队 委内瑞拉综合项目部：GW194队（钻井三公司） 苏丹项目部：GW128队（钻井一公司）、GW266队（钻井一公司） 乍得综合项目部：GW61队（国际钻井公司）、GW96队（钻井一公司）、GW125队（国际钻井公司）、GW236队（钻井三公司） 尼日尔综合项目部：GW216队（钻井一公司）、GW226队（钻井二公司） 伊拉克综合项目部：GW145队（钻井一公司） 阿曼综合项目部：GW110队（国际钻井公司） 阿联酋项目部：GW65队（钻井一公司）、GW75队（钻井二公司）

续表

序号	奖项	获奖单位、个人、项目
20	长城钻探工程公司无损工事件基层队 1年无损工事件基层队	泰国项目部：GW80 队（国际钻井公司） 科威特项目部：GW102 队（钻井三公司）、GW103 队（钻井三公司） 哈萨克斯坦项目部：GW159 队（中哈公司）、GW160 队（中哈公司）、GW196 队（中哈公司）、GW231 队（中哈公司）、GW232（中哈公司） 阿塞拜疆项目部：GW25 队（钻井三公司）、GW82 队（国际钻井公司）
21	长城钻探工程公司"3ABC"示范车队	钻井二公司：运输分公司五中队 西部钻井公司：机关车队 井下作业公司：辽河车队 钻井液公司：机关综合车队 固井公司：宜宾项目部车队 钻具公司：东部项目综合车队 钻井技术服务公司：综合车队 录井公司：车队 苏里格气田分公司：机关车队 四川页岩气项目部：车队 尼日尔综合项目部：车队
22	长城钻探工程公司名牌施工作业队伍	钻井一公司：辽河项目管理部 70077 队、长庆项目部 40502 队、新疆项目部 40001 队、四川页岩气项目部 50615 队 钻井二公司：水平井项目部 40639、探井项目部 50668 队、西南项目部 50007 队 钻井三公司：C17307 队、30621 队、30003 队 西部钻井公司：50659 队 井下作业公司：DY06731 队、DY09566 队 压裂公司：辽河压裂项目部 YS43004 队、长庆压裂一项目部 YS69023 队 钻井液公司：四川项目部 ZY3050 队 固井公司：GJ39114 队 钻具公司：东部项目部钻具车间 钻井技术服务公司：四川页岩气项目定向井技术保障组 录井公司：L10336 队、L10273 队 苏里格气田分公司：苏 11-3 站 古巴项目部：GW119 队（国际钻井公司）、顶驱服务队（顶驱技术分公司） 苏丹项目部：GW266 队（钻井一公司） 阿尔及利亚综合项目部：GW28 队（钻井二公司）、GW133 队（国际钻井公司） 乍得综合项目部：废弃物处理 GWTS-05 队（钻井液公司）、GW-ML44 队（录井公司）、钻前筑路工程队（工程服务公司） 伊拉克综合项目部：GW-WL58 队（国际测井公司）、GW-WT160 气举完井队（测试公司）

续表

序号	奖项	获奖单位、个人、项目
23	长城钻探工程公司施工作业精品工程	钻井一公司：兴古7-H177井钻井工程 钻井二公司：沈页1井钻井工程 钻井三公司：雷气2井封井工程 西部钻井公司：苏53-82-40H水平井钻井工程 压裂公司：威202H40平台压裂工程 钻井技术服务公司：宁209H15-7井定向井工程 录井公司：华H40/H60平台井组水平井地质导向工程 哈萨克斯坦项目部：TH101井水平井钻井工程 土库曼和乌兹别克项目部：M15井试油测试作业工程（测试公司） 苏丹测井作业区：南苏丹3/7区剩余油饱和度测井作业工程（国际测井公司） 乍得综合项目部：BAOBAB C2-4 WELL PAD工厂化作业丛式井钻井工程
24	长城钻探工程公司优质设计项目	压裂公司：威202H40-3井压裂施工设计 国际测井公司：哈法亚油田复杂碳酸盐岩油藏高效开发层位优选设计 测试公司：威远安页1-HF平台返排测试施工设计 工程技术研究院：威202H34平台钻井工程设计 地质研究院：威202H40平台页岩气水平井压裂地质设计
25	长城钻探工程公司质量管理先进部门	钻井一公司质量安全环保科、压裂公司质量安全环保科、钻井液公司质量安全环保科、钻井技术服务公司质量安全环保科、录井公司质量安全环保部、地质研究院科技管理科、阿尔及利亚综合项目部工程技术部、苏丹测井作业区QHSSE部
26	长城钻探工程公司先进质量检验（检定）机构	钻井液质量检验中心、固井水泥及外加剂质量检验中心
27	长城钻探工程公司HSE优秀队长	郑东 李明星 孙德伟 肖华 刘汉胜 李迎春 苏飞 刘志男 赵立虎 房晓东
28	长城钻探工程公司HSE优秀班长	段言东 金锁 李东旭 张森 王国富 雷雨 成克男 邵晓峰 董涵济 杨民
29	长城钻探工程公司HSE管理标兵	马万涛 刘成龙 张军 王继华 江涛 冯瑞森 邱昕 卢松 李琪 张超
30	长城钻探工程公司HSE监督标兵	赵亚良 吕保山 王寿千 何志强 王晓东 吕策 赵立 韩均吉 赵征 张文孟
31	长城钻探工程公司质量管理标兵	夏勇 杨新 王宏丽 刘军 李文伟
32	长城钻探工程公司质量工匠	秦志坚 林涛 朱坤 运军委 李杰
33	长城钻探工程公司HSE优秀审核员	尤长国 王志国 沈炎 王胜义 于杨 齐彦强 林秀义 岑稳 苑井武 余勤 王兰友 郭文君 孟波 牛宁生 张全伟 刘阳 李伟 李忠华 尚久宏 蒋恩来

续表

序号	奖项	获奖单位、个人、项目
34	长城钻探工程公司HSE管理先进个人	董立新 杜国强 段吕端 耿巍 郭丽革 郭晓明 黄自评 开雷升 李业标 李永亮 李勇 刘超 刘付喜 刘平江 刘万江 刘兴宇 刘燕青 罗程 罗威 任明明 宋庆男 孙庆刚 王大卫 王辅升 王小平 王义峰 王中占 肖雪冰 谢济瑄 杨盛余 杨英 张进 张明 张伟东 张岩 钟连全
35	长城钻探工程公司HSE监督先进个人	魏晓强 陈荆 董德运 高滨 高辉虎 官志初 胡丛亮 江宏喜 焦体忠 金跃君 匡中平 李彬 李超 李际杰 李连峰 李智明 刘春生 刘洪林 刘汝峰 刘双全 刘宗祥 马国林 孟向前 南小方 潘佳 潘强 庞钰瀚 秦立新 邵帅 申东涛 隋鑫 孙洪民 佟德春 王勃 王达 王连有 王庆磊 徐凯 徐天放 杨强 余坚强 原志勇 翟广昊 张振野 赵连军 赵萌 赵毅 周兆云
36	长城钻探工程公司HSE先进个人	郭万财 宋容超 孙杰 白冬平 柏松 曹景雪 曾番惠 曾华 曾小芳 陈利其 陈万全 陈志勇 池德涛 慈浩然 崔学军 代宝江 戴栋 戴艳兵 党玉峰 丁剑 董旭霞 顿长坤 范玉光 甘树楠 高建华 高岭 高思国 公维敬 宫久芃 何乃军 何鑫 侯忠国 胡省彬 黄继福 黄林华 姜海龙 蒋绪勇 口永红 兰党兵 李国强 李恒 李洪文 李济莉 李佳 李健 李璟华 李菊平 李磊 李苗 李鹏飞 李庆红 李世杰 李旭 李学垒 李雪峰 梁宝先 林杰 林争斌 刘晓 刘朝 刘朝旭 刘广华 刘海兴 刘磊 刘力伟 刘瑞 刘思佳 刘玉州 鲁立强 鲁全军 路畅 罗泽磊 马光 马清峰 马庆平 孟翠茹 孟凡勇 牟晓亮 齐佳国 曲明生 商文豪 师宝军 宋建军 苏柯萍 苏旭 苏洲 孙德文 孙磊 孙钦平 谭仕开 谭勇 陶坤志 田平 田志召 王光勇 王广宇 王红梅 王景伟 王磊 王宁 王孝飞 王兴海 王徐博 王永统 王有一 王玉旭 王正江 魏国一 吴桐 武晓勇 席桐岭 谢岗 徐江宁 徐俏玫 徐铁成 许海峰 许宏亮 薛双斌 鄢小琳 杨波 杨辉 杨明华 杨平 杨士雄 於传仁 于泽利 袁浩亮 詹崇金 张宏达 张军 张强 张巍 张兆陵 赵韬 赵立虎 赵志顶 周刚 朱宝山 祝明辉 邹进

续表

序 号	奖 项	获奖单位、个人、项目
37	长城钻探工程公司质量管理先进个人	朱玉清 熊 镇 王 鹏 李玉辉 梁 林 孔 端 孙美华 贾晓红 赵晓雪 姜 俊 刘云涛 刘健宁 逢 然 赵婧懿 刘绍成 王有忠 刘 辉 张 雷 马玉福 肖 华 田 静 李 旭 徐 梁 马生明 任宇浩 王光勇 李业勋 朱文璞 邵 帅 智边疆 王 也 李增明 孙志强 翟云龙 丁长胜 蒋 礼 张艳秋 祝 乐 冯建明 景晓东 梅 陈 吴志强 孟纯明 马淑华 田春梅 刘 云 牛晓宇 项治敏 张 兵 张中杰 李加波 王月英 张 丽 庹丽琴 陈 林 刘 奇 杨公渠 冯兵兵 金晓红 梁武波 李小坤 吉小平 刘 佳 王 栋 徐海人 丛 丽 院国胜 于洪涛 李国红 吐洪江 刘荣虎 高 雅 方旭东 孙建军 陈和平 张宏波 武晓勇 王爱霞 罗 光 霍东兴 郭 丹 孟 强 佟 彤 吴翠芹 李东安 开雷升 刘海云 周 魁 高 翔 祝亚桥 王相森 黄来根 贝德彬 贾明国 张 明 叶兴树 王铁铮 张华照 徐向东 谢建国 罗 程 陈志勇 匡中平 张 乐 李宪飞 孙 强 黄声豹 葛占成 孙 亮 刘宝平 张利军 吕德红 宋仁智 李占超 苌新平 曾爱民 李 鹏 姚 远 张增辉 康凤伟 董梦杰 万 鹏 袁祖振 张应金 刘有成 李 苗 郑应钊 王晓丽 邵建东 王喜光 杜 彬 郭贞玉 刘宏伟
38	长城钻探工程公司节能节水先进单位	钻井一公司、钻井三公司、西部钻井公司、压裂公司、钻井液公司、固井公司、钻具公司、苏里格气田分公司
39	长城钻探工程公司节能节水先进部门	设备处、纪委办公室
40	长城钻探工程公司节能节水先进科室	钻井一公司质量安全环保科、钻井三公司物资装备科、西部钻井公司质量安全环保科、压裂公司质量安全环保科、钻井液公司质量安全环保科、固井公司质量安全环保科、钻具公司质量安全环保科、苏里格气田分公司油气管理科
41	长城钻探工程公司节能节水优秀基层队	钻井一公司：50008 队、70038 队、70149 队 钻井二公司：50013 队、40127 队、50007 队 钻井三公司：30643 队、C12288 队 西部钻井公司：50659 队 井下作业公司：生产准备项目部车管中心辽河车队 压裂公司：YS43004 队 苏里格气田分公司：苏 53-1 集气站 四川页岩气项目部：压裂供水队
42	长城钻探工程公司节能节水管理标兵	李加波 邓奕文 朱 宇 祖明月 蔡 岳

续表

序号	奖项	获奖单位、个人、项目
43	长城钻探工程公司节能节水管理先进个人	李雪峰 董杭 葛蕾蕾 李磊 刘立新 罗菲菲 石磊 王阿南 王慧聪 吴兵 吴成华 吴德光 徐艳 殷起宇 张青 朱健 刘文娟 孙正军 付俊波 兰云华 陈旭平 魏滨 谢鹏飞 刘兴 王猛 于全旺 冯俊梁 王大卫 张卫旗 刘莉工 葛静 何天培 李宽勇 李潇 刘思成 王晶 王晓峰 关仕海 霍庆生 李晓谦 石铁成 崔学军 关键 李恩辉 李新萌 孙长程 唐勇 张群 郑玉华 韩晔 刘桂君 马光 潘龙 苏春海 于晓东 翟云龙 刘洪江 李春阳 黄晓鹏 张勇 王月英 步爱琴 林慧 梅兴忱 马海红 梁武波 王威 朱丽 冯中文 郝帅 孙建军 崔学明 刘城浩 吉利洋 杜永彬 宋庆男 张宏波 霍东兴 田忠新 王志林 李希霞 杨建云 路海军 杜鹏飞 郭兴龙 王威 刘静雅 王秀芳 徐强魁 李青 王启超 刘学彬 张璐璐 阿哈旦 孙健 王晓东 赵鹏 高重阳 凌虹 宋哲 李苗 邱昕 代宝江 职铭 于涛 任晶 林秀义 刘伟 马燕华 王红梅 曲冠伊
44	长城钻探工程公司2019年度（第十一届）管理创新优秀成果一等奖	大型国际化钻探企业高质量发展路径的探索与实践 以"三提一降"为核心的石油工程技术服务企业生存发展能力建设 国有浅钻企业精益思想实践下的转型升级
45	长城钻探工程公司2019年度（第十一届）管理创新优秀成果二等奖	以精细管理为核心的独立运营基层队的建立与实践 以国际化钻井液公司转型升级为目标的开流节流降本增效措施实践 钻探行业基于合理利用优惠政策增效的税收精益管理 录井新模式助力企业有质量、有效益、可持续发展 促企业全面提升开源节流降本增效精准管理
46	长城钻探工程公司2019年度（第十一届）管理创新优秀成果三等奖	新合作模式促进甲乙方互利共赢 "井场信息中心"技术助力油田高效开发 海外钻井设备标准化封存管理有效提升设备管控水平 基于精益思想的设备管理方法与实践 以降本增效为核心的物资信息化管理创新 "五位一体"人力资源培训体系的创建与实施 信息化考试系统的推广运用有效提升钻井企业培训实效
47	长城钻探工程公司2019年度（第十一届）管理创新优秀论文一等奖	伊拉克钻井项目核心竞争力分析 "十一条曲线"管理方法在伊拉克测试项目成本管控中的应用 石油天然气工程技术服务项目流标的原因分析及应对措施
48	长城钻探工程公司2019年度（第十一届）管理创新优秀论文二等奖	基于层次分析法的招标采购实施过程风险分析与控制 安全"九字工作法"的建立与应用 精准监督管理模式的实施与应用 浅谈"共享管理"在石油钻探企业中的应用 油田工程技术服务"微工厂"项目在总承包模式下管理应用

续表

序号	奖项	获奖单位、个人、项目
49	长城钻探工程公司2019年度 （第十一届） 管理创新优秀论文三等奖	石油科技情报管理工作的现状与对策 钻井外包管理实践 美国经济制裁伊朗对中资石油技术服务企业的影响及应对建议 境外工程服务项目现金流业绩评价模型研究 "工作计划"施工模式在钻修井现场的应用与实践 全生命周期视角下的气井精益管理模式研究与应用 依托技能专家工作室，铸就高技能人才发展平台
50	长城钻探工程公司2019度 （第十一届） 管理创新优秀著作奖	钻井井控"四个三"工作法读本
51	长城钻探工程公司"高质量推进典范企业建设，全力保障勘探开发"主题劳动竞赛优秀竞赛项目	一、突破生产时效、创造最大井深等纪录钻井队 钻井一公司：70077队、70149队、40503队、40008队、40558队、40609队、40611队、70021队、70131队、40578队、50640队、40001队 钻井二公司：50730队、50614队、50062队、40639队、40002队、40127队、50106队、50563队 钻井三公司：30650队、C12299队、C17306队 西部钻井公司：50695队、40622队 阿尔及利亚综合项目部：GW112队 哈萨克斯坦项目部：SKGW31队、SKGW42队 阿曼综合项目部：GW110队、GW67队、GW19队 二、创最长水平段、最大水平位移等纪录钻井队 钻井一公司：50014队、70166队、70039队 钻井二公司：55010队、70185队 三、创最快压裂周期、最高压裂效率等纪录压裂队 压裂公司：YS69024队、YS69026队、YS43004队、YS43231队、YS49022队、YS43232队 四、中油油服嘉奖施工项目、基层队 施工项目：威202H34平台、双229-36-58井、双229-34-60井、大吉－平34井、兴古7-26-032井、驾探1井 基层队：YS69024压裂施工队
52	长城钻探工程公司2020年度党建及思想政治工作优秀课题研究成果一等奖	主题党日活动优化路径探索研究 新时代国有企业青年人才和年轻干部培养选拔研究 新形势下长城钻探公司企业文化理念创新探索与实践 提高主题党日活动质量研究 发挥党组织和党员干部作用，打赢提质增效攻坚战实践研究
53	长城钻探工程公司2020年度党建及思想政治工作优秀课题研究成果二等奖	增强党员管理针对性有效性研究 健全完善党建责任分工落实机制实践研究 新时期加强和改进海外项目党建工作的探索与研究 建立党支部书记晋级体系的探索与实践 新时代加强和改进"扶贫帮困送温暖"工作实践研究 加强苏丹项目党建工作的探索与研究

续表

序号	奖项	获奖单位、个人、项目
53	长城钻探工程公司2020年度党建及思想政治工作优秀课题研究成果二等奖	加强机关作风建设提升服务能力研究 企业发挥新闻舆论作用探索与实践 关于提升基层党支部"主题党日"活动质量的实践与思考 新时期加强和改进海外项目党建工作的探索与研究
54	长城钻探工程公司2020年度党建及思想政治工作优秀课题研究成果三等奖	推动"党建+"平台与生产经营工作深入融合的实践研究 重点项目牵动法推动党建融入攻坚实践与思考 低油价下国有油服企业青年员工思想政治工作思路与措施研究 基层一线典型宣传实践研究 新时代加强和改进工会工作实践研究 基层党建标准化规范化研究 以考核推动党建与生产经营的深度融合实践研究 新时代强化落实"以员工为中心"发展理念工作实践研究 加强专业化公司年轻干部培养实践研究 典型宣传助力企业文化发展研究与实践 大力发现培养选拔优秀年轻干部研究 探索构建帮扶体系新实践 企业微信公众号提高传播力研究 推进"三基"工作，夯实稳健发展根基实践研究 浅议提高主题党日活动质量研究
55	长城钻探工程公司2020年度党建及思想政治工作优秀课题研究成果优秀奖	国有油服企业科研人员思想动态调研及激励对策研究 构建"333"工作机制助推企业高质量发展探究与实践 基层党支部党建工作"五个标准化"研究 基层党组织建设实践成果与经验研究 群众性大讨论助力提质增效攻坚战实践 精准发挥党员作用思考与研究 新时代推进国有企业思想政治工作创新研究 党建工作与生产经营改革发展工作深度融合研究 新时代企业工会工作服务一线职工实践研究 开展人文关怀和心理疏导的做法及成效调查研究
56	长城钻探工程公司党风廉政建设先进单位	钻井二公司、苏里格气田分公司、录井公司、压裂公司、顶驱技术分公司、四川页岩气项目部、钻井液公司、固井公司、钻井技术服务公司、工程技术研究院、国际测井公司
57	长城钻探工程公司境外党风廉政建设先进项目部	尼日尔综合项目部、厄瓜多尔和秘鲁综合项目部、土库曼斯坦和乌兹别克斯坦项目部、阿曼综合项目部、阿联酋项目部、阿尔及利亚综合项目部、古巴项目部、伊朗综合项目部、伊拉克综合项目部、泰国项目部、印尼项目部
58	长城钻探工程公司保密工作先进单位	钻井一公司、钻井二公司、国际钻井公司、国际测井公司、苏里格气田分公司、工程技术研究院、古巴项目部、乍得综合项目部、伊拉克综合项目部、哈萨克斯坦项目部、办公室（党委办公室）、科技处、外事处、信息管理部、东部生产指挥中心

续表

序 号	奖 项	获奖单位、个人、项目
59	长城钻探工程公司保密工作先进个人	李　健　黄　李　杨红莲　赵小磊　纪　江　常　征 王　澍　赵　薇　段小娟　代石磊　高向宁　张剑峰 孙秋奕　贲晶晶　吴志强　柏晓霞　葛苏宁　吕　翔 曲小智　卫　娟　施　楠　李晓东　郭洪启　刘　晴 万　宇　庞宏飞　陈泽升　韩志永　李　壮　刘海江 从云海　尉晓文　赵飞彪　杜文红　杨琳林　邹袁美智 芦振龙　张松原　罗启奉　柳国瑞　张永刚　隋红伟 张　远　王　勇　杨宗强　张　琪　卢宣言　郭建国 马　超　徐京坤　阿里木江·艾合买提　唐　波 赵振邦　严世帮　种　磊　郑连国　王振楠　李　强 董立坚　毛崇雁　颉小峰　雷春荣　郑佐秋　张明昭 王心平　刘　娇　孔德虎　梁婷婷　李媛媛　周慧珠 杜泓宽　杨晓峰　魏夕原　贾　政　张昕冉　张铁铭 罗　辑　费怡明　马　歆　唐　维　王鲁狄　相春燕 刘　浩　孟　燕　罗震生　何金胜　韩　辉　职　铭 刘宝权　王晓波　赵　鹏　于　洋　刘宏伟
60	长城钻探工程公司优秀提案	关于加强驻辽单位文化体育场地建设的提案 关于加大页岩气科研技术力量与资金投入的提案 关于进一步推广使用一线队伍生活用水一体化装置的提案 关于规范钻井公司与专业化公司结算的提案 关于在驻辽单位增设开标地点的建议的提案 关于"防止公司骨干人员流失造成公司泄密"的提案 关于重新取消国内市场机关干部职工的托福英语与奖金分配考核规定的提案 关于技能人才培养的提案 关于利用社会培训资源持续开展二级单位管理人员业务培训工作的提案 关于"编纂整理提炼高端项目管理体系"的提案
61	长城钻探工程公司提案工作先进单位	钻井一公司、钻井二公司、钻井三公司、录井公司、压裂公司、钻井液公司、固井公司、钻具公司、苏里格气田分公司、中东大区
62	长城钻探工程公司提案处理优秀部门	生产协调与市场处、人事处（党委组织部）、规划计划处、财务资产处、质量安全环保处、科技处、企管法规处、工会、国际事业部、物资管理部
63	长城钻探工程公司机关优秀共产党员	李媛媛　董旭霞　张庆辉　林　杰　王　忠　张增辉 王　博　于　洋　张　涛　沈　炎　吴　桐　张应金 张铁铭　罗　辑　马　歆　曲　艺　佟宏岩　相春燕 王玉旭　潘　胜　刘　欢　吕世全　马燕华　欧阳勇林 牛　野　徐万里　党玉峰　岑　稳　刘宏伟
64	长城钻探工程公司机关优秀党务工作者	于　杨　雷春荣　李美琳　杜泓宽　曾　涛　王占伟 孟　燕　祝金利
65	长城钻探工程公司机关先进基层党组织	生产协调与市场处（总调度室）党支部、规划计划处党支部、财务资产处党支部、科技处党支部、国际事业部党总支、工程造价中心党支部

中国石油集团长城钻探工程有限公司年鉴 2021

第十篇
机构与人物

2020年长城钻探工程公司组织机构

序 号	单 位
一、机关职能部门（15个）	
1	办公室（党委办公室）
2	党委工作处（维护稳定办公室，新闻中心，团委）
3	生产协调与市场处（总调度室）
4	人事处（党委组织部）
5	规划计划处
6	财务资产处
7	设备处
8	质量安全环保处
9	工程技术处（井控管理中心，远程技术支持中心）
10	科技处
11	外事处
12	审计处
13	企管法规处
14	纪委办公室（党委巡察办公室）
15	群众工作处（工会）
二、机关附属机构（4个）	
1	人事服务中心（技能人才评价中心）
2	安全监督中心
3	工程造价中心
4	资金结算中心
三、直属机构（7个）	
1	国际事业部
2	能源事业部
3	物资管理部

续表

序　号	单　位
4	信息管理部
5	东部生产指挥中心
6	西部生产指挥中心
7	西南生产指挥中心
\multicolumn{2}{c}{四、二级单位（23个）}	
1	钻井一公司
2	钻井二公司
3	钻井三公司
4	长庆石油工程监督公司（西部钻井有限公司）
5	国际钻井公司
6	井下作业公司
7	压裂公司
8	钻井液公司
9	固井公司
10	钻具公司
11	钻井技术服务公司
12	顶驱技术公司
13	录井公司
14	国际测井公司
15	测试公司
16	苏里格气田分公司
17	四川页岩气项目部
18	工程技术研究院
19	地质研究院
20	物资公司（招标中心）
21	昆山公司
22	工程服务公司（长庆工程技术项目部）
23	中石油壳牌建井服务公司

续表

序号	单位
五、境外大区（4个）、项目部、作业区（25个）	
美洲大区	
1	委内瑞拉综合项目部
2	古巴项目部
3	加拿大综合项目部
4	厄瓜多尔和秘鲁综合项目部
非洲大区	
5	阿尔及利亚综合项目部
6	乍得综合项目部
7	尼日尔综合项目部
8	苏丹作业区
9	苏丹项目部
10	突尼斯项目部
11	肯尼亚项目部
12	利比亚综合项目部
中东大区	
13	阿曼综合项目部
14	伊朗综合项目部
15	叙利亚综合项目部
16	伊拉克综合项目部
17	巴基斯坦作业区
18	阿联酋项目部
19	科威特项目部
中亚大区	
20	哈萨克斯坦项目部
21	哈萨克斯坦作业区
22	阿塞拜疆综合项目部
23	土库曼和乌兹别克项目部
24	泰国项目部
25	印尼项目部

2020年长城钻探工程公司领导

序 号	姓 名	职 务
1	马永峰	党委书记、执行董事
2	周 丰	总经理、党委副书记
3	张柏松	党委委员、副总经理、总法律顾问
4	方 武	党委委员、总会计师
5	翟智勇	党委副书记、工会主席
6	宋 鹮	党委委员、纪委书记
7	韩 敏	党委委员、副总经理
8	刘绪全	党委委员、副总经理
9	高 健	党委委员、副总经理、安全总监

2020年长城钻探工程公司总经理助理、副总师

序 号	姓 名	职 务
1	苏庆新	副总工程师
2	赫志兵	总经理助理兼国际事业部主任
3	张洪印	总经理助理兼东部生产指挥中心主任
4	纪宏博	总经理助理兼办公室（党委办公室）主任
5	邱兆军	总经理助理兼中石油壳牌建井服务公司副总经理
6	彭春耀	总经理助理兼企管法规处处长，中国石油化学有限公司执行董事、总经理，山东华油万达化学有限公司董事长

2020年长城钻探工程公司机关职能部门领导

部门名称	职务	姓名
办公室 （党委办公室）	主任（兼）	纪宏博
	办公室副主任	孙启宏
	办公室副主任	王华东
党委工作处 （维护稳定办公室、 新闻中心、团委）	处长、机关工作委员会书记	张 伟
	副处长	栾 青
	团委书记（副处级）	刘 焱
	副处长	王广宇
生产协调与市场处 （总调度室）	处长	杨启伟
	副处长（正处级）	黄立新
	副处长	赵晓磊
	副处长	刘丕学
人事处 （党委组织部）	处长、部长	唐茂政
	副处长（正处级）	高丽丽
	副处长、副部长	王美娜
	副处长	甄广峰
规划计划处	处长	赵洪波
	副处长	马 欣
财务资产处	处长	高 望
	副处长、山东华油万达化学有限公司董事	周春勇
	副处长	吕哲海
	副处长	高 鹏
设备处	处长	王小权
	副处长	王学来

续表

部门名称	职务	姓名
质量安全环保处	安全副总监	刘德军
	处长	王卫东
	副处长	林金海
	副处长	姜胜军
工程技术处 (井控管理中心)	处长	朱忠伟
	副处长（正处级）	程维营
	副处长	史力卫
	副处长	刘伟
科技处	处长	卢毓周
	副处长	张振华
外事处	处长	刘鹏
	副处长	褚飞
审计处	公司监事，审计处处长，中石油壳牌建井服务公司股东代表、审计委员会委员	赵伟红
	副处长	李秀芹
企管法规处	处长	查金才
	副处长（正处级）	刘敏
	副处长（正处级）	杨绪亮
	副处长	齐志博
纪委办公室 (党委巡察办公室)	纪委副书记、主任	侣伟
	副主任	谢延国
	党委巡察办公室副主任	陈宁
	副主任	黄继福
	专家	张选春
	党委巡察办公室巡察副专员（副处级）	白一彤
群众工作处（工会）	工会副主席兼群众工作处处长	袁铁民
	副处长、机关工会主席	王占伟
	副处长	李黎

2020年长城钻探工程公司直属机构领导

单 位	职 务	姓 名
国际事业部	主任	赫志兵
	副主任，生产作业部经理（正处级）	牟少敏
	副主任，QHSSE管理部经理（正处级）	陈宝良
	副主任，美洲大区副经理（正处级）	朱春启
	副主任，生产作业部副经理	郁春锋
	副主任，市场开发部副经理，中东大区副经理	黄炳江
	副主任，市场开发部经理，中亚大区副经理	何 睿
	副主任，工程技术与井控部经理（副处级）	赵玉龙
	副主任	史英俊
	副主任，经营管控部经理（副处级）	刘春泓
	副主任，市场开发部副经理	孟明辉
能源事业部	主任	王国勇
	副主任	魏 斌
	副主任	祝金利
	副主任、总工程师、安全总监	吴辅兵
物资管理部	主任	鹿旭东
	副主任	杜巴达
	副主任	刘丙瑞
信息管理部	副主任，主持工作	杨建民
	副主任	高庆忠
东部生产指挥中心	主任	张洪印
	副主任（正处级）	樊志刚
	副主任	唐 海
	副主任、生产协调与市场处（总调度室）副处长	孟庆宏

续表

单　位	职　务	姓　名
东部生产指挥中心	副主任	赵海生
	副主任、质量安全环保处副处长	郭晓鹏
	副主任、工程技术处副处长	平善海
西部生产指挥中心	主任	王志红
	副主任、工程技术处副处长	邓凤义
	副主任（正处级）	孙雪冬
	副主任、生产协调与市场处（总调度室）副处长	刘军豹
	副主任、生产协调与市场处（总调度室）副处长	陈波
	副主任、生产协调与市场处（总调度室）副处长	赵志东
	副主任、质量安全环保处副处长	高　远
	副主任、生产协调与市场处（总调度室）副处长	郑清国
西南生产指挥中心	主任、西南地区党工委副书记	马迎新
	副主任、工程技术处副处长、西部井控管理中心主任	王铁臣
	副主任、生产协调与市场处（总调度室）副处长	邱新江
	副主任	王　超
	副主任、质量安全环保处副处长	苑井武
	副主任、工程技术处副处长	贺永奎

2020年长城钻探工程公司机关附属机构领导

单　位	职　务	姓　名
人事服务中心 （技能人才评价中心）	主任（副处级）	张　磊
安全监督中心	主任	王华峰
工程造价中心	主任（副处级）	付春波
资金结算中心	主任，中东大区财务总监（副处级）	曾献鸿

2020年长城钻探工程公司二级单位领导

单 位	职 务	姓 名
钻井一公司	经理、党委副书记	阎卫军
	副经理	张凤江
	总会计师	于锡洋
	党委副书记、纪委书记、工会主席	栾 伟
	副经理、总工程师	尹家峰
	副经理	孟庆华
	副经理、安全总监	何 锋
钻井二公司	经理、党委副书记	陈广斌
	党委书记、纪委书记、工会主席、副经理	王 洋
	副经理	陈荣林
	副经理	管德全
	副经理、安全总监	周建华
	总会计师	宫 勇
	副经理、总工程师	张文敏
钻井三公司	经理、党委副书记	王 波
	党委书记、副经理	张庆桥
	总会计师	黄以文
	副经理	魏 勇
	党委副书记、纪委书记、工会主席	周宗军
	副经理、安全总监	姜文波
	副经理	别艾华
	副经理	朱振今
长庆石油工程监督公司（长城西部钻井有限公司）	经理、党委副书记，长城西部钻井有限公司执行董事	高文龙
	党委书记、副经理	曲 伟
	总会计师	胡庆彬
	副经理	徐振松

续表

单　位	职　务	姓　名
长庆石油工程监督公司（长城西部钻井有限公司）	副经理	刘宝学
	副经理、安全总监	刘亚峰
	副经理、总工程师	卜令波
	副经理	孙连和
	党委副书记、纪委书记、工会主席，长城西部钻井有限公司监事	张金华
国际钻井公司	经理、党委副书记	刘　情
	党委书记、纪委书记、工会主席、副经理	李亚强
	副经理（正处级）	罗远儒
	副经理、安全总监	张俊威
	副经理	张安利
	总会计师	宋　健
	副经理	陈　英
井下作业公司	经理、党委副书记，永和气田项目部经理	逯向阳
	党委书记、副经理	蔚　强
	总会计师	刘沫言
	副经理、总工程师	唐　勇
	副经理	王宪成
	党委副书记、纪委书记、工会主席	李忠阳
	副经理、安全总监	陈　成
	副经理	徐长军
压裂公司	经理、党委副书记	胥向明
	党委书记、副经理	杨　明
	副经理、安全总监	李玉军
	副经理	徐　磊
	副经理	王晓明
	副经理	崔景海
	总会计师	高艳华
	党委副书记、纪委书记、工会主席	付　刚
	副经理	辛勇亮
钻井液公司	经理、党委副书记	李树皎
	党委书记、副经理	路继平

续表

单位	职务	姓名
钻井液公司	总会计师	于　强
	党委副书记、纪委书记、工会主席	李先锋
	副经理、安全总监	王　波
	副经理	牛作军
	副经理	张　鑫
	盘锦石油化学公司副经理（副处级）	关忠良
固井公司	经理、党委副书记	李连江
	党委书记、纪委书记、工会主席、副经理	解德庆
	总会计师	李朝新
	副经理	尹学源
	副经理、安全总监	李士军
	副经理	王学斌
	副经理	孙宝玉
钻具公司	经理、党委副书记	孙海玉
	党委书记、纪委书记、工会主席、副经理	李　伟
	副经理	李全伟
	副经理兼安全总监	赵智勇
	总会计师	张　薇
钻井技术服务公司	经理、党委副书记，主持党委工作	孔令军
	副经理	孙立伟
	副经理、总工程师	钟　伟
	副经理、安全总监	崔冬子
顶驱技术公司	经理、党委副书记	张树佳
	党委书记、纪委书记、工会主席、副经理	尹栋超
	副经理	黄建国
	副经理、安全总监	柴晓强
录井公司	经理、党委副书记	王东生
	党委书记、副经理	王　岩
	党委副书记、纪委书记、工会主席	陈天斌
	副经理、安全总监	李兆群
	副经理、总工程师	陈志伟

续表

单　位	职　务	姓　名
录井公司	副经理、总地质师	梁治国
	副经理	向　杰
	总会计师	王雪莲
国际测井公司	经理、党委副书记	沙　峰
	党委书记、纪委书记、工会主席、副经理	张开金
	财务总监	石健雄
	副经理	陈　龙
	副经理	刘运备
	副经理、安全总监	张　强
测试公司	经理、党委副书记	王德有
	党委书记兼纪委书记、工会主席、副经理	查金才
	副经理兼安全总监	李守民
	副经理	于铁峰
	副经理	李兰奎
	副经理	曹永祥
苏里格气田分公司	经理、党委副书记	于开斌
	党委书记、纪委书记、工会主席、副经理	吴邦德
	总会计师	苑久志
	副经理	王晓光
	副经理	赵振东
	副经理、安全总监	王立刚
	副经理	李建立
四川页岩气项目部	经理、党委副书记，西南地区党工委书记	何　凯
	党委书记、纪委书记、工会主席、副经理，西南地区党工委副书记	刘志良
	总会计师	谭华林
	副经理、安全总监	郑孝文
	副经理	关沛丰
	副经理	李　建

续表

单 位	职 务	姓 名
工程技术研究院	院长、党委副书记	高远文
	党委书记、纪委书记、工会主席、副院长	李锦辉
	副院长、安全总监	董 伟
	副院长	高 玮
	副院长	夏泊泖
	专家	白冬青
地质研究院	院长、党委副书记	王修朝
	党委书记、纪委书记、工会主席、副院长	孙晓明
	副院长、总地质师	白国斌
	副院长、总工程师	李昌绵
	副院长、安全总监	杨宏超
	副院长	贾海燕
物资供应公司	经理、党委书记	何春生
	党委书记、纪委书记、工会主席、副经理	王 琦
	总会计师，中亚大区副经理	郭海涛
	副经理、安全总监，招标中心主任	冯旭东
	副经理，非洲大区副经理	樊庆军
	副经理	许大智
昆山公司	经理、党委副书记	李国强
	党委书记、纪委书记、工会主席、副经理	童士斌
	副经理	胡传智
	总会计师	崔益华
	副经理、安全总监	陈卫平
工程服务公司	经理、党委副书记	路 峭
	党委书记、纪委书记、工会主席、副经理	陈 福
	副经理、安全总监	尹泽红
	副经理	蒋 巍
	副经理，长庆工程技术项目部副经理	曹学博

2020年长城钻探工程公司境外大区、项目部、作业区领导

单 位	职 务	姓 名
美洲大区	副经理	许庆刚
古巴项目部	经理、党工委书记、工会工作委员会主席	杜明翰
	副经理、HSE总监	李丙陆
	副经理、总工程师	苏 涛
	财务总监	段云军
	副经理	张金波
委内瑞拉综合项目部	经理、党工委书记、美洲大区副经理	许庆刚
	财务总监	范永钧
	总工程师、工会工作委员会主席	陈德虎
	副经理	车天勇
	HSE总监	王忠义
加拿大综合项目部	经理、工会工作委员会主席	范 江
	副经理、HSE总监	吴英明
厄瓜多尔和秘鲁综合项目部	经理、党工委书记	王相森
	副经理兼HSE总监	傅崇平
	副经理	张 政
非洲大区	经理	肖恩来
	副经理	张召峰
	HSE总监	杜智勇
乍得综合项目部	经理、党工委书记、工会工作委员会主席、HSE总监	肖恩来
	财务总监	许国才
	副经理	孟凡继
	总工程师	宋举业
	副经理	袁孝龙
肯尼亚项目部	经理、党工委书记、工会工作委员会主席	张召峰
	副经理、HSE总监	于洪波

续表

单 位	职 务	姓 名
尼日尔综合项目部	经理、党工委书记、工会工作委员会主席	郭宝民
	副经理	高立利
	HSE 总监	刘文秀
	总工程师	宋巨君
	财务总监	刘以乔
	副经理	赵澎度
	副经理	蒲海斌
苏丹项目部	经理、党工委书记、工会工作委员会主席	骆小虎
	财务总监	姜贵来
	HSE 总监	杜智勇
	副经理	张小波
	副经理	段宪余
苏丹作业区	经理、工会工作委员会主席、党工委书记	荆三红
	副经理	王国强
	财务总监	杜兆刚
	副经理	刘荣徽
	副经理兼 HSE 总监	刘海志
阿尔及利亚综合项目部	经理、党工委书记、工会工作委员会主席	李文东
	副经理	常茂富
	副经理	潘玉厚
	副经理、HSE 总监	谭仕开
	财务总监	田新军
突尼斯项目部	经理、HSE 总监、工会工作委员会主席	王明星
中东大区	经理	陈宝华
伊拉克综合项目部	经理、党工委书记	王全胜
	副经理、工会工作委员会主席、伊拉克作业区经理（正处级）	曾宪江
	财务总监	王 刚
	总工程师、伊拉克钻修项目部 HSE 总监	唐德钊
	副经理兼伊拉克作业区副经理	殷世江
	副经理兼伊拉克作业区副经理、HSE 总监、鲁迈拉项目经理	李树晶
	副经理	凌 庆

续表

单 位	职 务	姓 名
伊拉克综合项目部	副经理、伊拉克钻修项目部副经理	蒋玉明
	副经理、伊拉克测井作业区副经理	张 勇
	副经理、伊拉克测井作业区副经理	曾爱民
伊朗综合项目部	经理、党工委书记、工会工作委员会主席	欧阳昌
	财务总监	常诗华
	副经理、HSE总监	宋 伟
	副经理（正处级）	仲建国
	副经理	李 行
阿曼综合项目部	经理、党工委书记、工会工作委员会主席	吕天浩
	副经理、QHSE总监	唐 波
	副经理	洪 旭
巴基斯坦测井作业区	经理、HSE总监（副处级），主持工作	李雪宁
阿联酋项目部	经理、党工委书记、工会工作委员会主席	陈宝华
	副经理、HSE总监	普明闯
科威特项目部	经理、党工委书记	李泽林
	副经理	王天和
	副经理、HSE总监	党 涛
中亚大区	副经理	于中洋
哈萨克斯坦项目部	经理、党工委书记、工会工作委员会主席	龙嗣源
	财务总监	夏志敏
	副经理兼总工程师、HSE总监	尹红辉
	副经理	蒋红波
	副经理	秦永坤
哈萨克斯坦测井作业区	经理、党工委书记	于中洋
	常务副经理、QHSE总监	于 潮
	副经理	陈良雨
	副经理	钱 劲
	财务总监	张 舜
印尼项目部	经理、党工委书记	史秀辉
	副经理、HSE总监	常兴乾
	财务总监、工会工作委员会主席	武 勇

续表

单 位	职 务	姓 名
泰国项目部	经理、党工委书记、工会工作委员会主席	郭安凤
	副经理、HSE总监	白冬平
	副经理	张朴旺
阿塞拜疆综合项目部	经理、党工委书记	吴 升
	副经理兼HSE总监	汤代远
土库曼和乌兹别克项目部	副经理、HSE总监	黄 威
	副经理（正处级）	丁启光
	副经理	田久贞

（林 杰）

2020年长城钻探工程公司技术专家

职 务	姓 名
地质与采油首席技术专家	易发新
钻井液高级技术专家	左京杰
测井信息采集高级技术专家	杨超登
录井高级技术专家	王 强
油气田勘探高级技术专家	肖乾华
油（气）藏工程高级技术专家	宋立新
压裂酸化高级技术专家	刘福建
修井作业高级技术专家	刘 宝
试油测试高级技术专家	黄生松
钻井工艺技术专家	蒋茂盛
钻井液技术专家	曲明生
测井技术专家	程晓东

2020年长城钻探工程公司高级职称任职资格人员

表1　正高级工程师名单（6人）

序　号	姓　名
1	张召峰
2	王东生
3	王修朝
4	伍　东
5	魏　斌
6	李建成

表2　高级工程师名单（93人）

专　业	单　位	姓　名
钻井工程专业	钻井一公司	刘　萌　豆　旺　郭万财
	钻井二公司	王占东　杨发磊
	钻井三公司	董立新　郭文君　王兴海
	国际钻井公司	刘　情　苌新平
	井下作业公司	董　军　丁　雷
	钻井液公司	张晓崴　史凯娇　卜宪斌　陈洪军
	固井公司	高立超　刘　奇　马忠军　魏继军　陈　铧
	钻井技术服务公司	梁　晨　曲　艺　陈海刚　张军社　姬生雷　张　磊　乔建国　王昕奇　郑国清
	测试公司	郭振杰　陈子昱　赵宇光
	工程技术研究院	武晓勇　赵　云　赵　展　徐　涛　王成业　王晓军　王　健　马　俊　朱春光
	国际事业部	何　睿
	东部生产指挥中心	周灵佐

续表

专　业	单　位	姓　名
地质勘探专业	录井公司	何志强　王丽娟　刘　莹　赵宏明　凌国春　丁学成 王承国　卢永强　成克男　赵元平　张　斌　张五才 孙海钢　付玉宝　伦庚龙
	工程服务公司	刘明波
油气田开发专业	井下作业公司	娄　明
	国际钻井公司	邢宝海
	压裂公司	辛勇亮
	地质研究院	彭永成　郭　伟　白　森　华　夏　张　迪　王　伟
	国际测井公司	赵庆龙
	四川页岩气项目部	熊小林　董　凯
	昆山公司	吴志明　陈卫平
测井专业	国际测井公司	唐小梅　朱大伟　谢　飞　夏福志　李　玉　郭福军 许洪华
	办公室（党委办公室）	师欢欢
机械专业	钻井一公司	张广来
	钻井二公司	张清龙　姚志鹏　郭振华
	顶驱技术公司	蒋建华
	苏里格气田分公司	王洪艳
	物资供应公司	于　跃
安全环保专业	安全监督中心	于　洋
信息工程专业	信息管理部	欧阳勇林　鲁　萌
地面建设和油气储运专业	苏里格气田分公司	王　刚

表3　高级会计师名单（5人）

单　位	姓　名
钻井三公司	王洋洋
四川页岩气项目部	吴　鹏
委内瑞拉综合项目部	黄志刚
哈萨克斯坦项目部	夏志敏
财务资产处	高　鹏

表4　高级经济师名单（4人）

单　位	姓　名
顶驱技术公司	姚丽娟
企管法规处	吴　雪
四川页岩气项目部	汤振强
人事处（党委组织部）	兰樟林

表5　高级审计师名单（1人）

单　位	姓　名
审计处	易滨斯

表6　高级政工师名单（6人）

单　位	姓　名
钻井一公司	胡国强
井下作业公司	谢延国
压裂公司	吴忠满
钻井技术服务公司	乔　纳
党委工作处	郝新颖
纪委办公室（党委巡察办公室）	白一彤

（张增辉）

第十一篇

所属企业概览

钻井一公司

【概况】 钻井一公司是长城钻探工程公司下属的石油天然气钻井工程专业化大型施工企业，具备在平原、山区、沙漠、沼泽等各种地貌条件下深井、定向井、水平井、欠平衡钻井、大位移钻井和其他各种特殊工艺井的施工服务能力以及配套专业技术服务能力，定向钻井、水平井、欠平衡钻井、SAGD水平井等钻井技术居行业领先水平。钻井一公司进入陕、蒙、青、甘、宁、新、苏、浙、晋、冀、鄂、吉、滇、川等省施工，还进入委内瑞拉、墨西哥、阿尔及利亚、尼日尔、哈萨克斯坦、肯尼亚、伊拉克、哥伦比亚、阿联酋、乍得、印度尼西亚等国家施工，同时实施壳牌长北反承包钻井、道达尔苏里格南钻井项目。

截至2020年12月31日，钻井一公司用工总量3733人，其中，合同化员工2173人；市场化用工695人；劳务用工865人。职工中有干部557人，聘用干部152人，其中高级职称65人、中级职称510人、助理级职称341人、员级职称167人。有集团公司级技能专家1人、企业技能专家5人、首席技师3人、高级技师12人、技师57人。设机关职能科室13个，机关附属机构4个，钻井生产项目部6个，专业服务保障单位6个，有基层单位（队、车队、车间等）102个，其中钻修井队75个。

截至2020年12月31日，钻井一公司拥有固定资产原值35.36亿元，资产净值9.9亿元，固定资产5973台（套），其中石油专用设备原值22.39亿元，净值5亿元。在账钻机67部，修井机6部。石油专用设备1065台（套）、施工机械306台（套）、运输设备436台（套）、动力设备及设施954台（套）、通信设备270台（套）、供排水设施5台（套）、机修加工设备116台（套）、工具及仪器911台（套），房屋及一般建筑物72栋，其他设备1838台（套）。设备新度系数0.28。

【生产经营】 2020年，钻井一公司完成进尺112.79万米，同比减幅4.17%。国内市场完成进尺99.74万米，同比减幅2.12%。其中，辽河油区进尺39.60万米，同比减少3.70万米，减幅8.55%；长庆市场进尺23.61万米，同比增加1.41万米，增幅6.35%；新疆市场进尺4.32万米，同比减少5.88万米，减幅57.65%；页岩气项目进尺13.08万米，同比减少9.82万米，减幅42.88%；煤层气市场进尺7.89万米；吉林市场进尺11.24万米，同比增加7.94万米，增幅240.61%。国际市场完成进尺13.05万米，同比减少2.75万米，减幅17.41%。

【市场开发】 2020年，钻井一公司做稳辽河市场，增收创效"两不误"。深化辽河市场大后方的概念，将辽河油区建设成为装备、技术、人才、管理等综合保障基地，筑牢生存发展的基础地位不动摇，为"千万吨油田，百亿方气库"建设保驾护航，以区块专打、井型专打和队伍专打的模式，加快甲方投产节奏，与甲方抱团取暖，展现服务保障能力，稳固市场主导地位。根据辽河油区 2020 年形势，及时调整钻机部署，重点施工水平井、兴古潜山等高效井，最大限度创收创效和减少设备等停时间，"提高生产管控、减少事故复杂"；同时，加强与甲方的积极对接，促进争取市场份额，抢抓辽河百亿立方米气库建设及深层火山岩探井大开发的有利时机，审时度势、顺时而动，及时新增 2 部 70 钻机，将钻机总量由 22 部增加到 24 部。辽河市场 70149 队、70077 队多次打破同区块施工最快纪录。同时，加大与甲方的沟通协调力度，确保超大工作量的费用补偿有效落实，全年实际结回超大增补费用达 5400 余万元，关联交易市场总体效益得到保证。

做精长庆市场，规模效益"双丰收"。苏里格自营区块价格下浮 10% 不利背景下，继续拓展苏里格市场一体化总包服务，发挥钻井一公司钻井工程技术全产业链和侧钻井等技术优势，扩大业务规模；同时不断优化苏里格市场生产组织运行，加大组织协调力度，针对征地协调难度大、环保要求高、工作量不均衡等问题，主动参与井位部署的综合协调，提升自身环保管理水平，保证自营区块内 8 部钻机高效运行。道达尔项目效益下滑趋势得到有效遏制，采取各种有效提速手段，市场综合排名稳步提升，2020 年完井 7 口，产值 3223 万元；壳牌项目顺利开钻实施，2020 年开钻 2 口，完井 1 口，标志着钻井一公司面向高端市场的开发水平有新突破。

做大"两气"市场，钻机共享"广延伸"。年初钻井一公司根据页岩气市场、煤层气市场总工作量部署情况，采取有效措施进行市场相互接替，四川项目部、国内合作部各级管理人员常驻前线，逐级培训指导，增强"页岩气、煤层气"市场的管理和维护力量，形成人人管市场、人人保市场的服务理念。同时做好生产运行、资源配置、协调保障、队伍管理等全面工作，力保两个项目两个市场的快速转换。页岩气钻井工作量不足情况下，煤层气市场有效进行钻机共享，在中油煤层气市场站稳脚跟后，又顺势拓展开发延川煤层气市场，不断提高对该市场的锲入深度和精度，及时调整钻机布局，实现市场钻机战略转移和有效盘活，煤层气市场由 2019 年 3 部钻机增加至 2020 年 9 部钻机，2020 年开钻 24 口井，完钻 22 口井。全年收到中油油服 4 封贺信，表扬钻井一公司在以上两个市场作出的突出贡献和优质施工。

拓展周边市场，市场潜力"精挖掘"。以浙江、四川页岩气、大庆油田流转区块等作为威远自营区块的补充市场；以新疆、巴彦淖尔流转区块等作为长庆的补充市场。紧跟集团公司对西南地区的勘探开发战略规划，做好威远自营区块补充市场钻机轮调工作，整合精干力量，加强钻井一公司相关部门合作协调，服务于浙江、四川页岩气区块的生产施工提质增效，坚守边际效益底线，做好各区块间的钻机合理调配工作；扩大钻井市场规模，解决钻井一公司 ZJ50 钻机、ZJ70 钻机工作量，提高市场抗风险能力。加大与中国石油天然气股份有限公司吐哈油田分公司（简称吐哈油田公司）的价格谈判工作，在价格谈判中摆数据，讲道理，保持与中国石油集团西部钻探工程有限公司（以下简称西部钻探）、中国石油集团渤海工程有限公司（以下简称渤海钻探）有效沟通，关键问题绝不让步，2020年与吐哈油田公司签订钻井施工合同，合同金额 4400 万元；加强钻井一公司在中国石油天然气股份有限公司华北油田分公司巴彦淖尔流转区块的市场开发力度，2020年钻井一公司 40001 队再次中标该区块钻井工程项目，合同金额 3000 万元。40001 队在该市场发挥单支队伍能打硬仗的能力，每口井均实现盈利，同时华北油田公司发来贺信，表扬 40001 队在巴彦淖尔市场钻机提速取得的优异成绩。

继续增加吉林市场外包队伍数量，根据吉林油田扩大产能建设的发展需求，顺势扩展队伍规模和总体素质，不断提高市场占有率，在争取工作量的同时，对民营钻井公司进行优中选优、严格管控，2020年代管民营钻机总量达 8 部。同时，增加该项目的专业化业务分包。

国际市场方面，2020年国际油价断崖式下跌，同时新冠肺炎疫情全球肆虐，钻井一公司海外业务面临前所未有的挑战，各种不可预测的情况增多，部分市场甲方提前终止合同，多部钻机进入封存等停，市场形势较为严峻。面对复杂多变的海外市场局势，国际业务部牢固树立"成就甲方就是成就自己"的理念，保持与海外项目部沟通，围绕甲方需求拓展市场，千方百计争取工作量，努力在市场"寒冬"中逆势突围。全年累计制作标书 8 份投标 7 个项目，签订合同额 9785 万美元，其中乍得 GW96 和 GW58 队续签合同额 1992 万美元，尼日尔 GW215、GW216 和 GW89 续签合同额 4586 万美元（大包合同额），伊拉克 GW145 队签约合同额 2335 万美元（大包合同额），南苏丹 GW104 队延期签约合同额 395 万美元，南苏丹 GW128 队签约合同额 477 万美元。

【主要措施和成果】 2020年，钻井一公司围绕长城钻探工程公司提质增效专项行动部署，统筹应对疫情和低油价考验，推动工程技术能力多维呈现，持续释放发展改革成果效应，确保生产运行有序平稳，实现经营业绩好于预期。

钻井一公司以"提质增效"作为主线，全年深入开展专项行动统揽布置，投资规模在年初基础上整体压降 30%，一年以上应收账款同比下降 28%，库存材料下降 85%，机关"五项费用"支出降低 50%；全年完成合同复议 139 项，以 10% 的价格降幅标红划线，累计降本增效超 3000 万元，钻头、螺杆费用支出节约近 1500 万元；强化对外结算审核把关，全年审减对外结算额近 1800 万元；用工管控方面，盘活钻井队定岗定员、海外归国人员、调剂停等人员，着力提高人力资源利用率，同时，稳步实施停产井队薪酬改革、生产淡季人员轮休、一线员工职业晋级体系优化等一系列新制度、新举措，规避用工成本支出浪费。2020年，钻井一公司新增泸州深层页岩气、壳牌长北二期、印度尼西亚—中信三个补替市场，初步形成以辽河油区为核心，环绕部署苏里格致密气、川渝页岩气、山西煤层气三大规模化非常规能源开发市场的国内业务版图，同时，长庆反承包、吉林分包、巴彦淖尔矿权流转项目等效益市场、潜力市场在逐步站稳脚跟的基础上实现扩容增项，拉升国内市场整体品质，全年国内业务边际贡献率同比增加五个百分点。海外钻机在中国石油传统市场和伊拉克高端市场保持活跃度，积蓄充足的"过冬"能量。

2020年，技术创新、管理升级，国内市场完成井平均机械钻速同比提高1.3%，井下故障率同比降低1.4个百分点，4000米以上深井钻井周期同比缩短15%，KeepDrilling信息化管理工具得到覆盖推广，突出顶端设计和阶段总结的"哑铃"式架构管控特点得到集束展现。重点项目上，双6储气库、雷61储气库两个项目末轮井钻井周期对比施工之初分别大幅缩短20%和59%；苏里格、威远两个自营区块完成井钻井周期同比分别缩短6.6%和13.5%，助力长城钻探工程公司非常规天然气年产气量创十年新高。同时，钻井一公司着力将技术管理的首要任务由以往单纯的"提速"转变为"提速与提质并重"，力争用优质高效施工既降低单井成本，又保障甲方增储上产需求、增加市场黏性。在辽河油田荣兴区块、双229区块、兴古7区块等区块相继诞生多口高产井，直接推动后续勘探开发超过十亿元投资的快速落实，其中双229-36-58井打破兴古潜山开发十年间无百吨井的纪录。

钻井一公司面对极为严峻的QHSE管控形势，克服弱项、补强短板，从规章建设、技能培训、问题整治三方面入手，注重制度管控、自主管控、现场管控三个方面，集中治理基层员工遵章守制意识淡薄、禁令落实拖沓疲软、"三违"行为屡禁不绝现象，推动安全压力、整改责任、防疫指令直插基层，在企业战严冬、保效益关键时期，扼杀颠覆性事件的出现。2020年，钻井一公司井控工作水平得到实战检验，威204H23-8井的险情处置效率得到各方高度赞扬。面对管理机制改革创新形成的"红利期"，钻井一公司着力固化经验、放大优势，推动物资装备业务管控效能持续传递，全年材料费台月单耗同比下降6%；深入挖掘辽河业务"兵种化""团队化"作战优势，单部钻机平均搬迁效率同比提高23%；完善机关考核机制，拉开奖励差距，激励机关人员担当作为；变更计划提报方式，结合集团公司财务和人力资源两个共享平台的适时启动，推动企业内部管理体系向标准化、合规化加速迸发。

钻井一公司国内市场全年累计完井286口，完井进尺99.4万米，实现考核收入22.6亿元，同比增加1.6亿元，减亏幅度超过5000万元，消化和抵御国内钻井市场价格持续走低、钻机大面积停产以及外部油区复产滞后等不利因素影响，完成长城钻探工程公司下达任务目标，延续自2019年以来生产经营高位运转的积极态势。海外市场在多个作业国合同中止暂缓的条件下,保持经营成效箭头朝上,守住效益底线。2020年,持续倾斜一线的薪酬分配机制让员工尽享企业发展成就,准确还原劳动价值的绩效考核制度让员工切身体会获得感。

【工程技术管理】 2020年,受新冠肺炎疫情和低油价影响,钻井一公司在经营压力持续增大的严峻形势下,全面落实集团公司工作部署,围绕长城钻探工程公司工程技术管理工作要点的要求,以中油油服"深井竞赛"和长城钻探工程公司"劳动竞赛"活动为契机,加强工程技术管理,加快成熟技术推广,突出科技引领作用,油气服务保障能力稳步提升。工程技术管理工作坚持以市场为导向,在提速提效、遏制故障率、降本增效、工程作业智能支持(KeepDrilling)系统推广、井控安全管理等方面成绩斐然。

2020年,钻井一公司在钻井提速方面加强现场技术管理,从现场技术支持、施工风险管控、施工模板优化、一体化技术服务入手,发挥科技引领作用,稳步提升工程技术管理水平,完成中油油服科研项目1项,长城钻探工程公司科研项目3项,处级科研项目6项,实现科技创效1200万元;各油区多个区块提速提效成绩显著,全年创区块施工纪录25井次,辽河项目部50009队、70077队、70131队、70149队和国内合作部山西项目部50640队获中油油服深井提速竞赛的表彰。

钻井一公司在工程安全方面开展"遏事故、降复杂"活动,在预防有措施、关键环节有盯防、处理有专人、案例有分享的方针下全方位消除施工隐患。全年钻井一公司累计故障损失时间14786.76小时,井下故障率5.83%,较2019年下降0.08,降幅1.36%;尤其是四川页岩气项目部,井下故障遏制措施得当,井下故障累计损失时间1391.95小时,井下故障率2.58%,较2019年下降7.3,降幅73.87%。

钻井一公司在工程类费用管控方面完善招投标管理制度,加强工程类费用的管控力度,对钻头、螺杆、技术服务等工程类费用,招标谈判在原基础上下浮3%—20%,专业化公司走定额视实际情况结算。全年平均每米进尺钻头费用55.7元,较2019年下降14.5元,钻头费用成本节约1287.45万元;平均每米进尺螺杆费用16.1元,较2019年下降2.4元,螺杆费用成本节约208.29万元;完井工程类总费用73908万元,平均每米工程类费用854.9元,较2019年减少10.7元,全年工程类费用节约成本928.65万元。

钻井一公司在工程技术管理系统推广方面按照集团公司"一个整体、两个层次"的信息化建设要求,推广工程作业智能支持(KeepDrilling)系统应用,通过成立推广领导小组、加强人员培训、健全管理制度等措施,KeepDrilling系统推广工作有序展开。2020年完成中油油服系统考核目标,实现ZJ50钻机、ZJ70钻机采集器覆盖率100%,实现自营钻机一体化数据采集系统覆盖率100%,开展数据采集竞赛以来,有12支井队连续2个月总得分100分,在长城钻探工程公司各二级单位中所占比最高。

钻井一公司井控安全管理工作坚持做好"六个到位",即基础管理到位、培训管理到位、隐患整改到位、装备升级到位、应急演练到位、风险管控到位;特别是关键环节风险管控到位,突发井控险情得到有效控制,实现井控安全工作目标。2020年,各级井控管理人员现场盯井187井次,进行各次开钻、揭油气层验收交底241井次,有效处理井控险情9井次;海南15-28井施工前井控风险评估到位,揭水层相关措施制定得当,钻遇高压水层发生溢流后,现场第一时间正确处置得到辽河油田公司肯定;威204H23-8井二开钻遇异常高压地层,发生溢流时现场立即启动应急预案,在相关单位的配合下成功处置险情,荣获长城钻探工程公司井控专项奖励。

【质量安全环保工作】 2020年,钻井一公司在安全环保工作方面完成年初长城钻探工程公司下达各项HSE指标:杜绝井喷失控和着火事故,杜绝重大工业生产火灾、爆炸事故,杜绝重大急性职业病危害事故,杜绝一般B级及以上突发环境事件和健康、安全、环保违法事件,杜绝生产安全亡人责任事故。发生一起顶天车的一般C级安全生产责任事故。实现基层队伍标准化示范队比例达到100%、基层队伍数进入自主管理阶段新增5%、自主管理示范队达到20%。上报百万工时总可记录事件率(TRCF)2.26,完成长城钻探工程公司下达指标;"三废"处置达标率100%;职业病危害因素检测及检测合格率100%,职业健康体检率100%;交通事故千台车人员死亡率0。HSE综合管理年度考核名列长城钻探工程公司第三名。

质量工作方面,完成长城钻探工程公司下达23项指标和16项分解指标。井身质量合格率100%,钻井交井一次合格率100%,综合用户满意度97.2,未发生重大及以上质量责任事故。质量管理小组活动成果丰硕。安装工程公司"钢丝绳吊索盘装装置的研制"获集团公司优秀QC成果一等奖;装备服务公司"提高施工作业用野营房装修质量合格率"和辽河项目管理部"降低深井大位移井钻进扭矩"获辽宁省优秀QC成果一等奖。

疫情防控方面,坚持生命健康至上,持续做好疫情常态化防控工作。成立以钻井一公司主要领导为组长的疫情防控领导机构,全面部署和落实疫情防控工作。制定和完善疫情常态化防控工作方案。依据《钻井一公司新型冠状病毒感染的肺炎疫情防控工作方案》抓疫情管控,落实各级疫情防控主体责任,做到疫情防控和生产经营两不误。密切跟踪排查,实行人员流动日报告制度。严防险情蔓延。确保物资储备,服务保障到位。累计发放一次性口罩93225只、电子体温计130只、医用酒精1750瓶、背负式喷雾器5个、消毒水2830瓶、杀菌洗手液849瓶、喷壶90个。

【党建工作】 突出抓好政治建设,管党治党标准越来越严。2020年,钻井一公司党委将学习习近平新时代中国特色社会主义思想作为首要政治任务,先后组织开展"三严三实"专题教育、"两学一做"学习教育、"不忘初心、牢记使命"主题教育,广大党员干部树牢"四个意识"、坚定"四个自信"、做到"两个维护"。钻井一公司主题教育"四三二"工作法在长城钻探工程公司作经验交流。狠抓"三会一课"、组织生活会、领导干部双重组织生活等制度执行,党内政治生活质量和水平提升。及时修订"三重一大"决策制度,严格执行重大事项报告制度,党的政治领导力不断增强。

抓好干部队伍建设,坚持党管干部、党管人才原则,坚持正确的选人用人导向。先后制定科级干部管理、后备干部选拔、钻井队正职人员管理等制度,完善干部选拔培育交流机制,调整科级干部251人次。持续加大一线干部选用力度,选用25人。抓好班子建设,全年开展综合考核评价470多人次。举办科级干部素质提升班15期,900余人次。重视年轻干部选拔培养工作,17名35周岁以下年轻干部走上科级岗位,2020年钻井一公司80后科级干部39名,占科级干部总数的29%。注重从基层一线选拔年轻干部,57%新提拔年轻干部具有工程技术、生产安全、经营管理等多岗位经验,形成干部到基层锻炼、干部从一线选拔的良性机制。

持续抓好思想建设,强化理论武装。完善党委中心组学习制度,全年开展学习研讨105次,开展理论宣讲58场次。坚持每年一度的形势任务教育,做到"六讲六明"。组织"怎么看、怎么办、怎么干"大讨论,开展"战严冬、转观念、勇担当、上台阶"主题教育,讲清形势、讲清任务、统一共识、汇聚力量。坚持党管媒体原则,一体化推进内外宣传工作,在《中国石油报》等集团公司主流媒体发稿115篇,在长城钻探工程公司网站、公众号等发稿1823篇。加强门户网站、微信等意识形态阵地管理,强化网络舆情管控。深化企业文化建设,建立企业文化展示厅,制作企业文化宣传片和五十周年视频片,出版作品集《最美钻一人》。

扎实抓好组织建设,基层党建根基越来越牢。以党内"三基本"建设为抓手,组织开展"组织建设提升年"活动。健全基层党组织设置,调整完善16个基层党组织,实现党的基层组织全覆盖,指导112个基层党支部按期完成换届,完成首轮基层党组织书记述职评议。推进星级标准化党支部建设,55个党支部获评长城钻探工程公司"三个最佳""三星示范"党支部。推广"石油党建"信息化平台,实现线上线下双向管理。梳理完善党员学习教育等党内制度17项126条,规范党支部工作流程。选好配强党支部书记,43名政治强、业务精、作风好的年轻干部走上党支部书记岗位。做好"四倾斜、双培养"工作,发展党员156人。推进党员星级管理、党建联系点工程,基层党建活力进一步迸发。特别是面对新型冠状肺炎疫情和低油价双重大考,钻井一公司各级党组织扛起责任担当,广大党员危难关头冲锋在前,保障钻井一公司生产平稳有序。钻井一公司党委先后获评"中央企业先进党组织"和"集团公司先进党组织",42个基层党组织、124名党员、40名党务干部受到长城钻探工程公司表彰。

从严抓好纪律建设,正风肃纪力

度越来越大。建立党风廉政建设主体责任、监督责任、一岗双责和监管责任四个责任体系,全面落实责任清单、约谈制度。开展"以案为鉴、不忘初心"百日警示教育活动,规范权力运行制约监督,明确底线红线,层层喊话,时时提醒成为工作常态。保持监督执纪问责和反腐败高压态势,对112名违法违纪和安全事故责任人问责,坚持点名道姓通报曝光。强化作风建设,开展机关服务基层"科包队"活动,未发生一起因违反中央八项规定及"四风"问题的违规违纪通报。做实巡察巡视工作,接受集团公司巡视问题自查整改2次、立行立改专项检查整改1次,长城钻探工程公司巡察1次、督导检查1次,提出问题建议39项,推动全面整改。

【群团工作】 全面抓好群团建设,服务保障功能越来越好。2020年,钻井一公司深入开展全员素质提升、员工创造和安心工程"三项工程",构建民主管理、维权保障和自身建设"三项机制"。组织基层岗位员工"大练兵、大比武"5次,开展"移动大讲堂"培训7次,1人荣获全国石油石化行业石油钻井工铜牌,62人在长城钻探工程公司技能大赛中获金银铜牌。邀请大庆油田、渤海钻探等油企,举办中国石油六家单位群众性经济技术创新交流大会。开展劳动竞赛,发挥技能专家工作室引擎作用,涌现合理化意见、先进操作法等847项,两次荣获国家级优秀QC成果一等奖,员工投身创新创效蔚然成风。落实职代会制度,督促108项提案落实到位。落实青年成才行动,青年生力军作用凸显。钻井一公司团委两获集团公司直属"五四红旗团委"称号。综治保卫、维稳信访、人口计生、机要保密等工作,都为服务员工、推动发展、促进和谐作出重要贡献。钻井一公司先后获评"辽宁省平安示范单位"和"安保工作先进集体",保证企业大局稳定。

钻井一公司工会深入基层,深入员工,解员工期盼,确立并实施实事惠民项目。提高辽河油区伙食补助项目。根据盘锦市物价消费水平,将辽河油区伙食补助标准从22元提高到25元,改善井队职工用餐质量。员工健康管理提档升级项目。钻井一公司工会始终关注职工健康问题,为进一步强化职工健康管理,钻井一公司工会与盘锦辽油宝石花医院签订员工健康管理合作框架协议,内容包含拓宽员工就医绿色通道,提供快捷便利的医疗服务;升级员工体检管理,实行专业化、个性化管理服务;推广一线现场职工送诊,提供健康咨询和诊疗服务;强化健康知识宣教,提供健康知识宣传普及、答疑和指导服务;由院方提供钻井一公司施工现场保障药品补给等五个项目。为员工健康管理提档升级。为一线职工配发随身暖心保温水壶项目。为解决一线职工能够在井场喝上干净、高质量的热水问题,钻井一公司工会为一线职工配发大号保温水壶2000个,专壶专用,从驻地带热水到井场。为一线职工配发保暖马甲。为更好地保证一线职工在冬季施工作业时的保暖工作,钻井一公司工会为一线职工配发羽绒马甲2100个。

坚持冬送温暖、夏送清凉、全员节日慰问、困难家庭走访慰问、劳动模范慰问、工伤员工探视慰问、生病住院员工探视慰问、员工去世吊唁慰问、员工直系亲属去世慰问、员工及家属遭遇灾难慰问、残疾员工家属、军烈属慰问、员工结婚祝贺慰问、员工退休欢送慰问、员工子女高考升学祝贺慰问等各项慰问活动。截至2020年11月，慰问新婚、退休职工73人，员工生病住院慰问78人，直系亲属去世慰问45人；春节、端午节、中秋节下拨经费190万余元，由科级建制单位组织全员发放节日慰问品；在坚持开展的"夏送清凉、冬送温暖"活动外，专门针对三伏天高温易病的天气特点，进行"平安度伏"全员慰问活动，为3298名职工送去防暑降温用品。让员工切实体会到工会是最可信赖的"娘家人"。

【员工培训】 2020年，钻井一公司推进在线培训系统应用。利用各类培训资源，打造"互联网+"培训平台，以实用为基本原则，有针对性地遴选一批在线培训课程，采取网络直播及在线培训等方式开展员工培训。发挥培训平台和互联网作用，推出一系列优质网络培训课程和新媒体学习资料以供员工学习交流，为员工主动学习提供便利条件。截至年底，开展"互联网+"培训7项，培训约5000余人次，用创新培训方式方法开展培训，有效解决工学矛盾等问题，节约经济成本和学员的时间成本，实现节省培训相关费用30余万元。

优化岗位培训教材。协调兄弟单位组建钻井队岗位标准化培训教材编制小组，共同编制钻井队各岗位标准化培训教材。截至年底，完成53项钻井队课程对应的16个岗位培训课程的汇编，合计编制804条岗位标准化培训内容。

做好疫情期间培训工作。在长庆乌审旗、四川省荣县和陕西省延川县等地设立专门的"定点考场"，为外围项目部配备齐全相关实操教具，协调长城钻探工程公司井控培训中心及HSE培训中心的培训教师到"定点考场"开展实操培训及考核验收。经考核，1000余人次取得培训合格证书，节省40余万元培训相关费用，全面保障外部市场的正常生产运行。

稳步推进基层培训工作。组织协调兄弟单位开展《钻井队"1+N"培训卡》的编制工作，84项培训卡已全部编制审核完成；根据基层生产存在的共性问题组织教导队开展现场培训，全年组织现场培训50次，解决基层生产难题，提升基层员工工作能力。

（白 岩 杨世伟）

钻井二公司

【概况】 2020年，钻井二公司用工总量3129人。其中，合同化员工1581人，市场化用工651人，工程外包897人。一线用工2184人，二线用工945人，一线、二线员工数量之比为2.31∶1。管理和专业技术人员793人，其中副高级以上40人，中级342人，助理级266人，员级145人；技能操作人员1132人，其中高级技师10人，技师52人，高级工501人，中级工357人，初级工212人。

钻井二公司设有14个机关职能科室（经理办公室、党委工作科、生产协调科、质量安全环保科、组织人事科、技术管理科、经营管理科、财务资产科、市场开发科、设备管理科、物资管理科、纪检监察科、群众工作科、审计科），3个直属单位（技术推广中心、QHSE监督中心、信息档案中心），9个钻井生产项目部（国际项目部、西南项目部、探井项目部、水平井项目部、陕北项目部、吉林项目部、海塔项目部、合作钻井项目部、冀东项目部）和6个辅助生产单位（生产服务公司、运输公司、工程技术公司、装备公司、劳动技能开发公司、培训中心）。

钻井二公司主要设备2130台（套），设备原值29.52亿元，净值8.08亿元。完好率99.31%。固定资产7137项，资产原值为34.47亿元，净值9.09亿元，新度系数0.26。

【生产经营】 2020年，钻井二公司开钻391口，交井417口，进尺122.56万米（表1），完成工作目标。

表1 生产经营指标对照表

年度	开钻（口）	完钻（口）	总进尺（万米）
2019年	395	383	116.17
2020年	391	417	122.56

2020年，钻井二公司创新运营管理模式，提质增效行动成效显著。从开源增收、节支降耗两方面细化制定9大类41项具体措施，完成提质增效目标。挖掘政策红利，落实社保优惠政策，争取政策支持，获政府应急性稳岗补贴；利用税收优惠，返还成品油消费税。有效推动管理降本，靠实费用定额、两金压降等措施，非生产性支出降幅30%以上，五项费用降幅50%以上，资金占用费逐渐减少。

钻井二公司推进修旧利废、健康修理、能源替代、无功补偿等措施节约成本，减少支出。完善"钻前、运输、工程、设备、物资"月度支出联审机制，实施消耗、结算"自下而上"逐级确认，实现"四单"成本的精准管控，压缩无效运营成本。全年规避39口井亏损，减少超指标消耗。

【市场开发】 国际市场。2020年，钻井二公司优化资源配置，最大程度冲减疫情影响。疫情暴发前完成7个项目投标，最高动用钻机12部，动用率同比提高21%；共享区域内人力、设备等资源，顺利启动乍得等4个项目市场，提前40天完成6部钻机及物资回运。疫情暴发后推动阿联酋、古巴合同有序接替，阿塞拜疆首次转型进入海上修保市场；运用远程技术支持，解决GW95队井漏等6口井事故复杂，刷新多项国家级施工纪录；加快复工复产，高效封存13部钻机，快速完成乍得GW59队复产启动。

国内市场。构建"3+3+3"市场战略，抢在疫情大范围暴发前完成市场布局。抓实中心市场，坚持"技术引领"，聚焦解决"卡脖子"难题，以技术赢得市场。做强辽河，按照"区块专打、井型专打、队伍专打"模式，最高运行24部钻机。做精陕北，强化技术和队伍管理，集中精力解决水平井、侧钻水平井施工难题。做优威远，优化人员、队伍、设备等资源配置，多支队伍位居川渝页岩气"英雄榜"前列。辐射周边市场，坚持"边际利润"底线，强化市场风险评估，以品牌占领市场。东部以辽河为中心，冀东3部钻机"有进有出"，西部以陕北为中心，为"两煤"和反承包市场提供保障，中油煤市场实现独立运营。西南以威远为中心，5部钻机进入深层页岩气市场，70185队打破多项施工纪录，获甲方高度认可。创新总包市场，坚持"市场为王"，以满足甲方需求为出发点，依靠管理支撑市场。吉林部署钻机21部，完成进尺27.68万米，进尺工作量同比增幅超100%，创长城钻探历史最好水平；中联煤加强现场协调，实现9部钻机运行。

【主要措施和成果】 2020年，钻井二公司发展动力强劲，持续巩固"两大基础"，现场技术管理不断夯实，止住事故复杂效益最大"出血点"，在夯实责任中增强企业生存能力。

事故复杂得到有效管控。聚焦现场支持力量不足、模板执行不到位、井下异常上报不及时等关键问题，从管理、技术、操作三个层面开展专项整治，解决辽河储气库承压堵漏难、页岩气三开卡钻频发等难题。全年辽河、陕北、页岩气三个中心市场事故率同比分别降低25.78%、35.21%和50.11%。

口井对标分析实现提速。利用"大数据"分析，细化钻头螺杆选型、钻井参数、钻井液性能、固井技术措施等模板，每天对标进度，由专家监督指导，确保技术指令刚性执行。全年刷新10余个区块施工纪录，创造中国石油页岩气水平井最长水平段纪录，填补吉林油田2000米以上超长水平段的历史空白，钻获辽河2口日产油超200吨的高产井。

井筒质量管理稳步提升。增设井筒质量监督分站来进行质量监督和现场检查，每周通报相关问题，逐一销项解决。对因产品和服务质量问题造成的损失，按照"谁主管、谁负责，谁使用、谁负责，谁施工、谁负责"原则，进行全额索赔。全年通报各类质量问题114项，追责扣款220万元。

【科技创新】 2020年，钻井二公司加大科技攻关力度，合作研发、集成应用新工具新工艺，科技创新创效能力不断增强，初步形成新区块钻井技术模板。钻井二公司牢固树立"提速是降本增效最好的方法"，以区块对标结果为导向，不断建立和完善区块技术模板，推广应用激进式钻井模式，持续优化一体化服务模式，提速提效成果显著。利用区块技术模板，实现整体均衡提速。组织大量人力运用RTOC数据库工具，完善辽河区域区块技术模板，运用周对标实时跟踪指导，欧31、欢2、静安堡、前当铺、热河台、双229、双6储气库等区块钻井速度大幅度提高，实现均衡整体提速。

努力打造精品工程，不断引领指标提速。钻井二公司集中优势技术力量、先进工具、前沿技术，努力打造一批精品工程，实现"区块专打、井型专打、钻机专打"。其中雷61储气库选取标杆队伍40127队施工,自2月18日开钻,136天打完6口井8912米进尺,平均机械钻速16.44米/时,声幅、套管试压均合格;40639队在双6储气库施工的双032-26井,完钻井深2677米,钻井周期32天,建井周期46天,创区块最快施工纪录;50023队施工双034-20井取心147.76米,平均岩心收获率96%;50070队施工的黄9C井,138毫米井眼侧钻进尺939米,完井井深2917.84米,改变井眼尺寸,解决环空压耗大、携岩问题,钻井周期同比设计周期提前28天,50年老井焕发青春。在外围市场冀东区域连传喜讯,海塔项目部50614队承钻的南堡401X24井完钻井深3242米,机械钻速40.56米/时,钻井周期10.31天,比计划周期提前3.97天,再次打破自身创造的区块最快施工纪录。

推广"激进式"钻井经验。在现有钻机设备机泵条件下,全力深化推进"大钻压、大排量、大扭矩、高泵压、高转速"激进式钻井模式,达到提速目的。如在双229区块表层钻井施工使用大排量、高泵压、复合钻施工,日进尺最高达1200米;二开215.9毫米井眼日进尺最高达460m。

持续优化"钻头+螺杆+仪器+X"技术服务模式。2020年,辽河油田双229区块二开3000米以下稳斜段引进旋导向技术,使用8井次,累计进尺5111米,有效解决定向托压、进尺慢、完井卡测井仪器问题。西南油区引用旋转导向工具、大扭矩长寿命螺杆、水力振荡器、井眼净化工具等新型井下提速工具,解决西南油区深井、复杂工艺井的提速难题。70185队施工的长宁H21-5水平井,完钻井深5750米,水平段长3070米,钻井周期62.17天,完井周期78.55天,比2019年完成井完钻井深多1050米,钻井周期提前19.19天,完井周期提前16.57天,其中四开井段使用安东旋转导向、钻井液一体化技术服务,用时42.08天,水平段长达3070米,打破川渝页岩气最长水平段纪录。

钻井二公司坚持标准先行的原则,加强标准化体系建设,强化产品和施工作业过程标准化管理和监督工作。全年梳理标准库4次,新入库标准70项,清除过期废止标准159项。精选标准70项发至基层队供参考执行。持续开展重点标准的宣贯实施。重点宣贯实施SY/T 5088—2017《钻井井身质量控制规范》、SY/T 5955—2018《定向井井身质量控制规范》等8项标准。标准化办公室组织重点标准宣贯24队次、192项次。

2020年,钻井二公司承担长城钻探工程公司级及集团公司级科研项目6项,科研经费625万元,公司级科技项目立项19项,投入经费1050.5万元。局级及公司级科技项目从复杂区块钻井提速技术、信息化系统完善、钻井辅助工具配套研发等方面入手开展项目研究,保障钻井提速提效,实现科技进步发展。

钻井二公司参与长城钻探工程公司级科技项目"雷61储气库钻完井技术研究与现场应用"并结题,科技攻关达预期效果,资金占用率87.58%;参与长城钻探工程公司级科技项目"沈北致密油水平井钻完井技术研究与应用"并结题，科技攻关达到预期效果，资金占用率100%；牵头长城钻探工程公司级科技项目"山西大宁区块水平井钻完井技术研究与应用"并结题，科技攻关达到预期效果，实现试验井平均钻井周期控制在70天以内，平均完井周期控制在80天以内，初步形成大宁区块钻井技术模板，资金占用率100%；参与集团公司级科研项目"长庆小井眼侧钻完井与改造提产技术集成研究与试验"并结题，科技攻关达到预期效果，资金占用率81.45%。

【质量安全环保】 安全基础更加牢固。2020年，钻井二公司建立以井控为中心的"大安全"管理体系。结合季节特点和突出问题确定审核要素，采取"外聘专家＋领导带队"模式，开展"专项＋区域"精准审核，深化体系运行；按照影响范围和严重程度，分层级开展专项整治，补齐安全管理短板；采取对"三新"队伍、重点工况、关键环节、敏感时段的升级管理，强化重点风险管控。全年发布风险日报2887份，平均每队次隐患数量同比下降6.93%。

管理载体持续创新。打造信息传递高效、工作流程统一、管理权责分明的"防管控"一体化管控平台。在"安全集结号"基础上，运用"ABC"管理加强风险管控、"四色"风险分级落实防控主体、"大数据"分析实现隐患动态治理。钻井二公司连续6年被评为长城钻探工程公司HSE先进单位，安全业绩创近年来最好水平。

井控风险平稳可控。重点管控应急演练、风险预警、设备维保、变更管理等内容，对7个区域20个重点区块井控风险开展系统评估，形成区域"井控风险地图"模板，完成区域组网。全年对马探1井等54口A类风险井，实施"双盯"升级管理；检查班组"四种工况"演习217次，成功处理4起溢流，提升应急响应和险情处置能力。

【党建工作】 2020年，钻井二公司坚持"抓党建促业务"指导思想，全力兑现"一个承诺"，在共享发展中保障广大员工美好生活。

党建优势持续发挥，发展力量得到充分凝聚。形势任务教育不断深化。开展"战严冬、转观念、勇担当、上台阶"主题教育、提质增效专项行动，深入基层宣讲、座谈19场次，发布作品561篇，推广产品30个。党建基础工作不断夯实。在中心组、"三会一课"中学习"两个条例"，实现党组织和党员全覆盖；在支委会议事、主题党日议题、发展对象培养、换届选举程序等薄弱环节活动中开展专项整治，规范党支部建设；推进星级标准化党支部创建，形成涵盖所有部门的全覆盖考核。引领发展作用不断增强。坚持重大问题集体决策，发挥党委"把方向、管大局、保落实"作用；创新"消灭井下事故大讨论"等活动载体，推进党建与生产经营的融合；深化党风廉政建设，各级干部合规经营意识和廉洁自律意识不断提高。

坚持以员工为中心，员工福祉得到有力保障。新冠疫情有效防控，始终将员工生命安全放在首位。钻井二公司行政、党委、工会等下拨防疫资金用于购买口罩、消毒水、测温仪等防护物资，保障员工健康；加大心理安抚和人文关怀力度，走访慰问员工及家属406人次，为139名员工子女配备上学季"防疫礼包"，协调境外8个项目114名滞留员工平安回国，守住"零感染"底线。员工收入保持稳定，争取政策支持，努力增加工资总额，实现员工收入与公司发展同步。在利润同比大幅缩减情况下，员工整体平均收入仅下降6.4%，一线生产队伍员工平均收入同比基本持平。现场条件不断向好。近年来，引进全自动钻机5部、升级改造旧钻机13部、配套净化水装置等设备设施60台（套），一线"四化"水平不断提高，降低员工劳动强度、提高作业安全系数、改善生产生活条件。矿区建设持续改善，针对"三供一业"剥离，协调物业、社区、施工方等单位，改善软硬件设施，为矿区员工及家属生活提供便利条件。

【企业管理】 组织机构调整持续深化。2020年钻井二公司探索推进业务整合，提升各区域市场竞争力。一线将冀东、泸州两个外围区块，纳入主体项目管理；二线整合运输车队等基层队7个，压缩管理人员31名；机关调整监督、物资、设备、培训等科室业务结构，压减管理人员21名。

考核激励措施不断完善。加大优势资源向"稀缺技术岗位、一线艰苦岗位、国外高端市场、总包分包市场"倾斜力度，保障重点领域的工作效果。配套功勋井队长考核、专家劳模考核、口井无事故奖励等制度，提升基层工作水平和干部责任心。将基层基础建设考核、QHSE绩效考核等奖励标准提高1—3倍，凸显正激励作用，激发全员创效活力。

人力资源得到有效盘活。采取人员分流安置、离岗歇业、内养、清理不在岗人员等措施减少成本。停产队伍息工放假、二线轮流上岗、清退外包工等，优化人员配置减少成本。盘活海外人员，补充国内外生产队伍145人；成立技术、井控等"明星班组"4个，开展驻井培训；组建1支服务队伍，配套3部钻机投放辽河施工，实现净资产再利用。

（袁苏南　王　佳　丁　磊）

钻井三公司

【概况】 2020年，钻井三公司用工总量2040人。其中，合同化员工959人、市场化员工433人、工程外包648人。一线用工1406人，二线用工634人，一线、二线员工数量之比为2.2∶1。高级职称32人、中级职称290人、初级职称405人。拥有高级技师3人，技师27人。

设10个职能科室（办公室、党群工作科、组织人事科、市场科、财务资产科、生产协调科、井控工程科、安全环保科、物资装备科、经营管理科）、2个直属机构（QHSE监督中心、信息档案中心）、13个基层单位（辽河项目中心、外围项目中心、国际项目中心、辽河项目一部、辽河项目二部、辽河项目三部、外围项目一部、外围项目二部、外围项目三部、运力保障中心、生产保障中心、后勤保障中心、打捞技术服务公司）和68支一线直属基层队。

拥有国内4000米修井机1部、30钻机27部、750修井机5部、650修井机11部、550修井机4部。国外4000米修井机1部、30钻机4部、修井机13部。固定资产原值10.07亿元，净值1.90亿元，新度系数0.19。

【生产经营】 2020年，钻井三公司国内钻井完井594口，同比增加13口，钻井进尺87.81万米，同比减少4.59万米；侧钻大修完井156口，同比减少125口，裸眼进尺8.54万米，同比减少8.56万米；钻机动用率54.84%；全年收入17.5亿元。其中，国内业务收入12.7亿元，国际业务收入4.8亿元。

坚持"低成本发展"战略，多措并举开展提质增效工作，拓展企业在低油价新形势下的生存空间。细化完善2020年提质增效实施方案，制订节支4500万元的工作目标和32条保障性举措。

设立提质增效专项奖励，调动全员参与的积极性；继续深化"口井目标成本考核"，根据口井全要素成本项目，科学制定口井目标成本，基层队节超成本按100%予以兑现，激发一线员工提质增效积极性；开展供应商合同复议、严格管控现场材料消耗、合理处置闲置资源等举措，严把"质、量、价"三道关口，材料、修理、外雇运输、外雇技术服务等费用同比下降1268万元。结合合同复议降价实际情况，及时调整口井目标成本，实现经营考核准确科学，增强基层队力争上游的责任意识；合理运用社会保险费政策、利用信息化手段加强考勤管理、等停钻机清退劳务工，减少人工成本支出1354万元；管控非生产支出、系统梳理解决资金结算问题，五项费用及财务费合计缩减开支782万元。全年在延续往年降本增效经验的基础上，多节支降耗5300多万元。

【市场开发】 2020年，钻井三公司应对新冠疫情，坚持打破本位主义观念，由"以企业为中心"向"以市场为中心"过渡。

国内辽河市场。加强疫情防控宣传，与相关方建立信息共享与管理对接机制，现场沟通协调升级管理，应急状态储备生产、防疫、生活物资等举措，做好员工思想、现场管理、生产运行、物资保障四篇文章，疫情期间实现生产无缝衔接；对油区队伍生产时效和施工能力排序，结合队伍特点安排部署井位，提高施工质量效率；发挥车载钻机机动、灵活的优势，以"当天搬迁、当天安装、当天一开见进尺"为目标，有效加快搬迁节奏；坚持"重要岗位使用正式工"和"一般操作岗位使用劳务工"的队伍组建模式，实现施工队伍人员动态调整，提高人员配置效率。辽河市场全年平均建井周期16.05天，同比缩短3.57天；非生产停工24924小时，同比减少7301小时。

国内外部市场。坚持防疫复产两手抓，加强各方协调，提前策划部署，长庆地区和吉泰地区实现同行业内最早复工复产，冀东地区4部钻机全年连续生产；抽调油区和外部市场钻机开辟吉林市场，作业期间连续打破区块施工纪录，实现低效市场打造边际效益，用优质高效的服务站稳市场，奠定下一步深入开发信任基础，全年6支队伍跨区域施工，一定程度上缓解市场工作量严重不足的问题；秉承客户就是市场的理念，全面加强技术推介工作，成功实施加拿大迈凯河油砂的"斜改直"试验井项目，试验效果得到甲方高度认可，扩大钻井三公司品牌在国际高端油服市场的知名度。

国际市场。克服疫情影响，采取在产队伍压缩物资采购、制定中方人员缩减计划、降低第三方服务费用、提高搬迁速度、小改小革等举措，努力压缩成本支出，停产队伍停止执行部分项目投资、物资采购及海运计划；在国际事业部支持下，回运泰国GW97队设备、报废委内瑞拉GW36队设备、盘活封存在突尼斯的GW103队设备到泰国执行修井服务，三项举措减亏1800万元以上；新启动泰国配合甲方压裂作业项目，尼日尔GW48队新签试油合同；海外项目37名员工境外连续工作超过十二个月，驻守时间最长的达457天，驻守员工坚守一线，恪尽职守，保障海外项目平稳安全高效运行。与各海外项目沟通，一旦通航便可安排人员第一时间撤回国内。

【主要措施和成果】 2020年，钻井三公司围绕建设"质量效益型"企业的工作目标，全面完善现场管理手段，提高浅钻侧钻施工效率。

优化升级项目管理。实施"口井策划书"，做到每口井从开工到完井有详细的施工措施、有具体的施工工序、有重点工序的工作计划、有关键环节和重点部位的安全管控措施。在原来由项目经理和专职党务干部团队的基础上，组建职业工程师团队，为基层井队提供专业化的工程技术指导，优化井筒质量，有效提高工程技术管理水平。其中，水平钻井QC小组成果"提高辽河油田曙特区块水平井钻井机械钻速"参加集团公司线上QC成果发布，并荣获集团公司一等奖。

建立事故预防体系。把确保井筒质量作为赢得市场的"敲门砖"和"压舱石"，从吃透设计入手，强化地质风险评估、设计复核优化、方案制定交底等关键环节，形成事前系统识别施工风险，事中落实风险削减措施，事后与预期对比分析的事故预防管理机制，确保工序步步确认、环环相扣，最大限度将事故控制在根源和未发状态。2020年事故复杂起数同比减少7起，降幅38.9%，事故损失时间由2019年的27.9小时/万米，降至23.5小时/万米，降幅15.7%。

复制推广提速经验。继续规模推广PDC钻头个性化设计和定制化应用，不断推进提速模板向新区外延，实现提速模板对重点区块的全覆盖；跳出常规提速思维，研究应用振荡螺杆、水力振荡器等先进工具工艺，重点攻关大位移井拖压的提速难题；加大在重点项目、复杂区块、关键工序上的资源倾斜力度，提高各区块甲方认可度。

夯实基础管理水平。突出做好固控设备使用、钻井液药品投入和钻井液性能监控"三件事"，95%的振动筛筛布从80—100目提高到200目以上，96%除砂器筛布目数从200目提高到240目，设备净化能力大幅提高；建立钻井液药品台账，强化药品从到井验收、日常保管到投入使用的全过程管控；按照现场技术人员日常汇报、工程管理人员上井验证、定期召开问题圈闭会的形式，强化对施工现场钻井液性能的监控工作。

落实技术人员管理责任。落实工程管理集体决策制度，加大岗位落实工作计划、钻井液投入和钻井液监管情况考核力度，加强对现场技术人员应知应会和规范动作的现场考评，提高施工效率和决策正确率；年末推行工程师职业化试点工作，靠实技术人员属地责任，实现技术人员"责任归位"，促进技术人员工作水平整体提升。

固化季度经营分析例会机制。微观上对标区块先进，各基层队取长补短，重新理顺生产节奏，宏观上深入剖析预算执行情况，查找企业运营过程中存在问题和短板，确保生产经营始终在轨运行；根据市场形势调整材料考核定额，按照区块特点制定个性化成本考核方案，使各基层队在同一水平线上良性竞争，口井目标成本考核制度越来越得到井队认同，基层参与经营管理的热情不断攀升。2020年完成井进尺成本消耗1014.62元/米，同比减少184.27元/米。其中，固定成本消耗减少47.14元/米，变动成本消耗减少137.13元/米。

【科技创新】 2020年，钻井三公司落实"提升竞争力"总要求，着眼长远超前储备技术、装备，打造推动企业高质量发展的核心优势。

开启试验井项目。瞄准目标市场，针对中国石油加拿大分公司（PCC），关于190米垂深油砂层中使用直井钻机施工SAGD井的市场需求，钻井三公司经过反复研究论证，部署1：1的试验井，启动超浅层大位移水平井的钻完井试验项目。最终垂深164.28米，比麦凯河地区190米垂深更苛刻近25米；水平段960米，平均超出麦凯河地区915米，水垂比达6.9：1，各参数均达到预期。试验效果得到甲方高度认可，为打响钻井三公司品牌，进入国际高端油服市场奠定基础。该项目的实施，钻井三公司已掌握浅层疏松地层的轨迹控制和井壁稳定技术。同时，该项目在国内浅层水平井、煤层气、中短半径水平井市场也有很大借鉴价值。

开展钻机适用性改造。针对西北、西南山区作业特点，改造一款车身短、通过和爬坡能力强、占地面积小的山地钻机；针对页岩油市场和国外油砂项目，开展车载液压钻机应用试验；为满足城区井节能减排环保工作要求，在冀东油区、辽河油区开展车载钻机"电代油"项目的现场应用试验；为盘活国外回运钻机资源，开展油电双驱车载钻机的升级改造。对山地钻机等的改造和投入应用，结合电动化和自动化升级，配套顶驱、铁钻工、自动猫道等高自动化设备，减少施工中对熟练操作工种的依赖，解决人工成本上涨和疫情期间人员流动受限的困难，打造全地形半自动浅钻侧钻钻机，消除西北、西南市场盲区。

加快侧钻井核心技术研发。钻井三公司在辽河地区累计施工近百口侧钻水平井,具备分支侧钻水平井、多分支鱼骨侧钻水平井的技术能力和施工经验,能够完成TAML1-4级各种分支井钻完井。为拓展市场,满足甲方需求,2020年完成 $5\frac{1}{2}$ 英寸套管内 TAML 5级分支井下工具攻关和图纸设计,国际一流油服 TAML 5级分支工具最小应用于7英寸套管内。对 $5\frac{1}{2}$ 英寸套管内 TAML 5级分支井下工具的样品改进,解决各种井型的提速瓶颈和井下复杂情况预防等问题,配合全地形半自动浅钻侧钻钻机,全力开拓西北、西南油区气井侧钻市场。

努力打造精品工程。按照"增加转速、加大排量、解放钻压、提高泵压"的原则优选钻井参数,辽河油区继续推广应用PDC钻头,在2019年工作基础上,2020年在锦150区块、欢2区块、马圈子区块、于楼区块、茨榆坨区块等5个区块应用,PDC钻头总进尺占比由2019年的30.96%升至38.75%,其中锦150区块施工井段钻速对比邻井提高70.03%,助推辽河油区机械钻速整体提高9.98%;集中力量进行技术攻关,解决侧钻井提速难题,针对小井眼侧钻井开展个性化PDC钻头研究,在漏失区块研制与应用封隔式导斜器(直径148毫米),减少侧钻前封堵漏失层工序,在13口井实现长裸眼段一趟钻。其中,沈69C井的118毫米侧钻井,裸眼段长1002米,实现一根螺杆、一支钻头钻完裸眼段,侧钻周期7.29天,建井周期21.96天,打破该区块施工纪录。全年钻井机械钻速22.75米/时,同比提高7.8%;侧钻井机械钻速6.08米/时,同比提高26.6%,15井次刷新区块建/钻井周期最短、单日进尺最多、一趟钻裸眼段最长等施工纪录。

推进管理信息系统升级。安装各类传感器,实现工程参数自动采集,自动生成井史、分井动态等各类报表,保证数据真实性、及时性和准确性同时,减轻基层队手工录入负担;实现自动转换和计算设备运转时间,随时掌握和记录设备运转状态;实现设备资产从盘点、调拨、维护保养、修理到报废的全生命周期管理;实现利用扫码枪进行出入库操作和物资库存盘点查询;实现24小时监控和记录用油、用电情况。2020年完成硬件设备在国内所有队伍的安装工作,软件开发和硬件应用同步进行,管理信息系统向数字化、智能化迈出关键一步。同时,实现远程即时掌握现场施工情况和设备运转状态,及时处理解决现场突发情况和技术问题。

【质量安全环保】 2020年,钻井三公司安全工作坚持守住底线、不碰红线,在安全管理严峻形势下保持定力,巩固安全环保的稳定局面。

强化安全责任有效落实。调整《钻井三公司HSE委员会和职责》,管理层对"领导责任、属地责任、直线责任"的认识更加清晰,主要领导党政同责,班子成员切块管控科室和二线单位,机关科室承包井队,HSE绩效考核与要害部位管控、员工收入、安全职责落实情况挂钩,有效强化各级直线责任落实。

双重预防机制得到强化。把工作

计划作为安全管理生命线，由项目经理组织制定、安全监督过程监控、基层队刚性执行，确保工序步步确认、环环相扣；深入推进区域联合检查和井队自查自改机制，强化基层隐患治理能力；坚持每季度开展一次专项整治，加强要害部位安全检查，做好极端天气风险防范，强化重大风险防控能力。

井控管理突出风险可控。推行"11521"特色井控管理模式，狠抓侧钻井老井压力和邻井注水、注气井停注泄压、井控设备安装试压、浮阀入井、测后效、防抽吸拔活塞、防漏喷转换等关键工序的落实，提升基层一次井控能力；重新梳理溢流汇报程序，系统提升整体应急反应速度；加强二开、揭油层防喷演习的验证，利用实战强化应急管理水平。钻井三公司在集团公司、长城钻探工程公司井控检查，以及承办辽河油田公司井控应急演练过程中，队伍素质和表现得到上级领导一致好评。

切实发挥体系评审作用。首次开展质量、HSE一体化审核，对各类管控体系、文件、工具，从决策层面、管理层面、执行层面开展系统评审，形成层级清晰、内容完善、功能健全的制度体系，保持各项管理制度的效力。全年4支队伍被评为长城钻探工程公司HSE先进基层队，钻井三公司连续9年被评为长城钻探工程公司HSE管理先进单位。

【党建工作】 2020年，钻井三公司坚持"抓党建促业务"指导思想，坚持发展为民，落实惠民工程，提升员工幸福感。

强化政治建设，开展中国特色社会主义思想和党的十九大及历届全会精神学习教育，党员干部增强"四个意识"、做到"两个维护"。实施标准化党支部建设，8个党支部被评定为长城钻探工程公司"三星示范党支部"，提升基层党建标准化水平。建立领导班子成员落实党建工作责任制实施办法，履行好从严治党主体责任和"一岗双责"，以自身模范行为推进全面从严治党向基层延伸。"四诠释"岗位实践活动与中心任务同频共振，设置党员责任区、评选党员示范岗、开展"主题党日"活动，在提质增效中彰显党员先锋模范作用。开展"战、转、勇、上"主题教育，"六必谈、五必访、四必帮"谈心谈话等活动，增强思想政治工作的感召力和影响力。群团组织服务保障能力进一步提升。组织主题劳动竞赛，30561队连续三次打破长城钻探工程公司2020年辽河油区钻井进尺施工纪录。组织开展"导师带徒"活动，提升基层岗位员工操作技能，121人获优秀师傅奖励。

践行以"员工为中心"的发展理念，关心关爱员工，不断巩固和谐稳定的发展局面。落实服务基层员工八项规定，常态化开展扶贫帮困、送温暖送清凉送健康系列活动。疫情期间，先后3次为90余名坚守海外市场员工家属发放防疫物资和慰问品。推进井营分离项目，按照三星级宾馆标准，先后在油区内打造集餐饮、住宿、休闲娱乐功能于一体的井营分离基地4座，一线员工吃住在野外的历史得到革命性改变，提升他们的生活质量。开展"送健康下井队"活动。借助宝石花医院的医疗资源，上井为590余名一线员工进行身体健康检测、咨询，对身体健康异常的员工，重点跟踪提醒、定期复诊，妥善安排好工作与休息的关系，保证员工以健康的状态投入工作。开展"钻嫂互助"活动。分区划片，打造全覆盖互助体系，及时解决员工家属生活中"急难愁盼"问题，确保一线员工后顾无忧。

【企业管理】 2020年，面对企业高质量发展的考验，钻井三公司克服人员结构、管理机制不完善、业务能力限制等突出问题，内生发展动力不断增强。

提升团队建设水平。落实机关科室承包井队制度，督导机关人员切实履职尽责、为井队解决实际问题，打造精准对接服务一线的平台和载体；加快职业化团队建设，新增职业工程师团体，对职业监督进行分级考评管理，进一步强化企业专业化优势；建立薪酬分配向一线倾斜的导向，拉大一线与二线、基层与机关的薪酬差距，持续引导人员向一线流动。全年二线返一线基层队11人，试点培养职业工程师24人，评选一级监督12人，两级机关压缩比例3.3%。

不断完善考核激励机制。科学制定口井目标成本，节超部分100%予以兑现，下放奖金分配权，考核向岗位延伸，分区块单独制定考核政策，新区块按口井下达预算指标，先算后干。2020年，口井考核兑现奖金3400余万元，单井兑现最高25万元，进一步拉大一线、二线收入差距，奖金比例达1.8∶1。

推动市场定位转型升级。致力于改变钻井三公司低效低端的浅钻公司形象，向行业前沿、高技术含量、管理输出、技术服务的方向迈进。重点发展浅层水平井、储气库专业封堵、非常规水平井井筒恢复、可重入密封分支侧钻井、长产业链大包总包业务、技术管理输出服务等高端领域。

（邢治国）

长城西部钻井有限公司

【概况】 长城西部钻井有限公司（以下简称公司）是长城钻探工程公司下属的专业化大型钻井工程技术服务施工企业，成立于2012年9月，注册地址辽宁省盘锦市，办公基地位于陕西省榆林市，并在内蒙古、青海、四川、长庆油区等地设有项目部和监督部。主营石油天然气钻井、外包民营钻井和石油工程监督三大业务板块，范围覆盖钻井、测井、录井、钻井液、固井、井下作业、定向技术服务、钻前工程、工程监督等石油工程技术服务的各个环节。

公司机关设12个科室和1个车队，下辖5个项目部和5个监督部。拥有29部自营钻机，其中3部ZJ70钻机，7部ZJ50钻机、16部ZJ40钻机和3部ZJ30钻机，同时外包管理36部民营钻机。可承担平原、山区、沙漠等地区

7000米以内的各种井型钻井、侧钻井、大修井、分支水平井等施工服务，以及配套专业技术服务，主营业务整体技术水平国内领先。市场遍及苏里格自营区、长庆、青海、中澳煤、中油煤、中联煤、浙江、辽河流转、四川长宁、四川页岩气、贵州乌江能源集团有限责任公司、延安能源服务有限公司、西藏地热、玉门流转等14个区域。公司年生产能力为钻井进尺100万米。

2020年，公司用工总量1654人，其中正式工495人，劳务用工1159人。

【生产经营】 2020年，公司启动钻机71部，完成进尺75.06万米，超额完成全年利润指标。

防疫复产高效有序。制定《新型冠状病毒感染的肺炎疫情防控方案》，成立疫情防控工作领导小组，在公司党委统一领导下组织开展疫情防控工作。先后两次修订公司疫情防控方案，不断完善生产组织、物资保障、休假倒班、风险隔离、劳动纪律、信息报送、机关管理、车辆运行等方面落实防控措施，组织基层各单位全面开展防控工作。对中高风险区域流动人员进行全过程疫情信息排查和许可审批，刚性落实政策要求，对7名武汉区域员工返岗和13名进京人员核查审批。落实"一区一策、一队一策、一人一策"，结合属地政府疫情管理要求，制定复产返工疫情防控工作方案、基层队疫情防控方案、中高风险区域返岗返工人员管理政策等一系列管理方案，真抓实干做好返岗复工期间疫情防控。制定《生产场所复工与疫情防控"双验收"工作实施办法》，对现场复工准备工作与疫情防控工作实行"双验收"。加强人员管理，建立员工健康卡制度，开展全员疫情信息排查与日常健康检测，及时上报异常信息。截至2020年底对5名异常人员进行紧急隔离及跟踪诊治，确保零疑似、零感染的"双零"目标。

提质增效成果突出。制定提质增效专项工作方案，提出13项保障措施和工作目标，加强成本管控，努力降低各项费用消耗，突出效益，注重质量，确保实现生产经营指标。通过价格复议，工程技术服务、设备维修、生产运输等业务降价10%及以上；石油工程监督、生产生活水、零散运输等降价3%—5%；其他业务也有不同幅度降价。通过提质增效各项措施的具体实施，人工、工程技术、生产协调、长迁、车辆、安全措施、装备、物资、财务、工程监督、后勤、办公等各项费用均有不同程度降本，合计节约成本2772万元。为解决公司缺员问题，盘活人力资源，从国际钻井公司劳务引进当前富余人员23人。

市场开发成效显著。获长庆油田公司采气二厂5亿立方米产能建设任务，2个平台实施一体化大包服务；打开长庆油田公司采气三厂侧钻水平井市场；首次进入长庆油田公司风险勘探市场，增至2部钻机；获长庆页岩油项目1个大平台工作量。中标浙江油田2020—2022年页岩气示范区钻井工程、山西蓝焰煤层气集团有限责任公司水平井钻井工程。中联煤神府、中澳煤、中油煤、辽河流转等市场工作量增加，钻机动用率提升。成功开辟延安能源服务有限公司宜川钻井市场。石油工程监督业务首次进入青海油田市场。

市场布局合理优化。苏里格区块、长庆油田公司采气二厂和东部天然气勘探规模稳中有升。从青海、浙江等低效区块调整3部钻机至中联煤、中油煤市场。中联煤、中澳煤、中油煤、辽河流转等市场工作量增加，钻机动用率显著提升。将长庆油田公司采气二厂没有工作量的外包民营队伍转移至中澳煤、中联煤等市场。超前谋划下一步工作量。靠实长庆油田公司采气二厂、东部气探工作量。争取长庆油田公司采气三厂、采气四厂、采气五厂水平井和采油一厂、采油八厂侧钻井及致密气工作量。申报民营队伍资质，优选外包钻机，备战市场投标，为2021年扩大开发奠定基础。

【科技创新】 2020年，公司推广应用工程技术服务一体化。扩大口井一体化区块应用范围，在"钻头、螺杆、定向+X"的一体化模板上不断拓展技术服务项目和区域。

推进科技创新，加快成果转化。"长庆水平井优快钻井""健全三交北防漏堵漏模板""青海深井提速提效""中油煤层气优快钻井""钻头、螺杆、定向+X一体化服务推广"等钻完井工艺进一步完善。

强化井筒工程质量责任落实，加强施工过程管控。完善专业技术管理措施，梳理施工各环节以及工程技术相关行业标准，提升现场技术标准执行力，助推公司质量管理上台阶。

区域提速实力明显提升。强化科技管理与生产深度融合，引进新工艺、新技术，试用新材料、新设备，加强区域间的技术交流，整体实力有效增强。自营钻机全年提速7.78%，其中：苏里格自营区块提速6.14%，长庆提速14.71%，青海提速34.55%。50695队的风9井，一趟钻完成2800米进尺，机械钻速同比提升23.05%，创造青海大风山区块多项施工纪录和区域一趟钻标杆。50641队的狮41H1-3-510井，比设计建井周期提前33.06天，提速30%，创造英西构造狮子沟地区5000米以上水平井机械钻速最快、钻井周期和建井周期最短纪录。与工程技术研究院合作的"长庆区块致密气水平井优快钻井技术研究"持续推进，项目平稳运行并完成阶段验收，期间施工的双55-36H3井，比设计建井周期提前11天，全井段无遇阻、划眼现象，1500米水平段气层钻遇率100%，水平段一趟钻进1018米，机械钻速较同区块同井型提高63.6%，项目研究效果显著。

小井眼侧钻技术领域取得阶段性突破。40603队施工的桃2-5-1CH井为长庆油田采气三厂桃2区块首口侧钻水平井，也是西部钻井公司在采气三厂实施的第一口小井眼侧钻水平井，小井眼侧钻水平井具有环空小、压耗高、地层易失稳等技术难点。该井的顺利完井填补公司近年在小井眼侧钻水平井领域的技术空白，为采气三厂桃2区块2021年大批量施工小井眼侧钻水平井提供施工经验和技术模板。

【安全质量环境】 持续推进HSE体系建设。2020年，公司坐实HSE体系审核工作，结合公司实际，对HSE管理体系改版修订。全面实行HSE体系资料减负模板。同时组织HSE体系资料减负模板推广会，全面解读体系资料建立和规范填写要求。

加大关键岗位管理力度。践行"有感领导"、筑牢"一岗双责",全年签订HSE目标指标责任书1216份。各级领导开展双向沟通和安全联系点活动729次,查找、解决安全隐患1026项。

强化隐患排查和治理。开展安全生产月活动。组织安全教育培训30次,培训人员942人。开展危害因素辨识活动。全年识别出危害因素645条,同比增加49条。同时加大违章处罚力度,因现场违章、岗位责任不落实等原因,全年对6个项目部、13个井队138人次罚款13.45万元,对11个承包商因现场违章处罚12.31万元。

突出井控应急提升。按照"三个落实到位"筑牢井控防线。严审口井井控预案,降低井控风险。通过和苏里格气田分公司在苏11-47-72井场联合开展井喷突发事件应急演练,增强公司基层员工的应急处置意识。同时和西部钻探签订青海区域井控应急救援协议,实现区域井控应急联动。

加强道路交通安全管理。收集、下发事故警示片30余份,进一步提升员工安全意识;完成公司及承包商所有驾驶员内部准驾证的取换证工作;为机关车队配备测血压仪,为车辆配备车载急救包,强化驾驶员健康监护。

编制ZJ70钻机"两书一表"。通过对ZJ70钻机实地调研与现场意见征询,组织相关科室编制ZJ70钻机"两书一表",并根据现场运行情况及时修订。

坚定不移守住环保红线。修订下发《长城西部钻井有限公司环境保护管理办法》,明确所属各单位环境保护职责;编制公司《2020年生态环境风险隐患排查报告》,全面排查公司环境风险隐患;编制《西部钻井有限公司强化黄河流域生态环境保护工作方案》,强化黄河流域生态环境保护工作。

质量管理取得新进展。始终坚持"以顾客满意为中心"的服务理念,全年将钻井事故复杂率控制在0.6%。同时改进与产建方的交流方式,对8家产建方开展满意度调查,顾客满意度97%。

【党委群团工作】 提升政治理论高度,突出把握方向的引领性。2020年,公司牢固树立"四个意识",坚定"四个自信",做到"两个维护"。坚决维护以习近平同志为核心的党中央权威和集中统一领导,自觉坚持正确的政治立场、政治方向。公司全体干部员工坚定不移贯彻党的路线方针政策不含糊,坚持党的领导不动摇,坚持党的信仰不偏离,始终做政治上的明白人。严肃党内政治生活。公司各级党组织严格执行党内政治生活若干准则,提高民主生活会、组织生活会质量,征求意见建议97条,党支部查找问题33个,党支部书记查找问题17个,民主评议优秀党员74人,公司领导班子成员按要求参加所在支部的组织活动,双重组织生活做到全覆盖。坚持民主集中制原则,凝聚合力。修订《长城西部钻井有限公司"三重一大"决策制度实施细则》,制定《关于进一步规范"三重一大"事项会前审批工作的通知》,进一步提高公司决策水平,防范决策风险,按照"集体领导、民主集中、个别酝酿、会议决定"的原则,把合规管理体现到带队伍、抓管理、做决策的全过程，发挥班子的整体效能。抓实载体，将党史学习教育引向深入。4月2日，公司组织召开党史学习教育动员大会，坚守初心，砥砺奋进，努力开创公司高质量发展新局面。结合公司实际，制定党史学习教育运行计划表，组织领导班子专题学习3次，基层党组织专题学习60余次。陕北项目一部直属党支部走进王家砭烈士陵园、总包项目管理部党总支到陕西榆林军旅文化园、山西项目部直属党支部到红军东征纪念馆、陕北项目二部直属党支部到榆林女子民兵治沙连开展旗帜鲜明、各具特色的主题党日活动，从榜样中汲取力量，做到学史明理，学史增信，学史崇德，学史力行。

找准融入思想角度，发挥理想信念的坚定性。推进习近平新时代中国特色社会主义思想的学习贯彻。公司把习近平新时代中国特色社会主义思想作为党委理论中心组的首要学习任务，制定并落实《长城西部钻井有限公司党委"第一议题"制度》，深入开展对全国两会精神、党的十九届五中全会精神等的研讨交流，2020年党委理论中心组集体学习12次，加强学习的政治性、计划性和系统性。通过党支部"三会一课"、宣讲团宣讲、网络新媒体学习等方式，营造浓厚的学习氛围，引导党员干部守初心、担使命，确保习近平总书记重要讲话和重要指示批示精神在公司落地落实见效。深入开展形势任务主题教育活动。4月初，公司召开"转观念、勇担当、高质量、创一流"形势任务教育宣讲会，明确公司2021年发展总体思路及工作任务目标，号召广大干部员工把思想和行动统一到公司2021年重点工作上来，引导广大干部员工认清形势转观念、凝心聚力谋发展。公司领导班子成员分别深入基层现场进行宣讲，统一思想、凝聚共识，为一线加油鼓劲。以"谈心活动"为抓手，做好员工的思想工作。开展经常性的思想政治工作，及时化解矛盾，理顺情绪，调动员工积极性，保持良好精神状态。通过落实下访工作机制解决诉求，在每半月收集的《员工诉求调查表》中增加服务员工八项规定的内容，公司能够及时了解员工情况，进而第一时间为员工提供帮扶和慰问，保证员工出现思想问题和实际困难有人问、有人管、有人帮。开展庆祝建党百年系列活动，展现员工风采。公司结合实际，开展党史知识竞赛，"初心向党 传承有我"微视频征集、"红色"观影等活动。《保密工作与伟大的科学家》作为长城钻探工程公司"保密周"活动优秀作品推荐到集团公司参与评选；公司制作的视频作品《昂扬奋进勇担当》和《员工心中的楷模》在长城钻探工程公司"讲好劳模故事，传播劳模声音"活动中获奖，同时入围长城钻探工程公司十组优秀作品在辽河、北京、四川和西部等区域进行宣讲，展现公司的良好精神风貌，提高公司的知名度和影响力。

加强服务生产精度，促进助推发展的统一性。宣传提质增效工作。开展员工思想动态调研、分析研判和教育引导，做好政策解读，剖析难点、解释疑点、引导热点，宣传低油价成因、趋势、影响，报道对策、措施、成效，营造共克时艰的舆论氛围，号召广大干部员工做到思想统一、认识到位、步调一致，为完成年度生产经营指标，推动公司高质量发展提供保障。开展劳动竞赛活动。2020年公司在《长城钻探工程公司"高质量推进典范企业建设，全力保障勘探开发"主题劳动竞赛》中取得优异成绩，获奖励44.25万元；公司结合实际开展"抗疫情、促生产、保安全、创效益主题劳动竞赛"，制定实施方案，共设5项考核指标，经考核发放竞赛奖金82.7万元，形成比干劲、比业绩、比贡献的良好竞赛氛围，促进一线钻井队的工作热情，同时获长城钻探工程公司优秀劳动竞赛项目。全面开展"三复议"工作。根据《关于纪检系统督查落实"三复议"工作的通知》要求，成立工作领导小组，全面督导工作的执行和落实。2020年公司签订支出类合同425份，总金额25.87亿元，经三复议的合同279份，金额5.9亿元，下降0.62亿元，整体下浮比例10.56%，完成长城钻探工程公司指标要求，促进提质增效工作落实。深化群众性技术创新活动。引导岗位员工创新"五项成果"，转变观念，制定奖励办法，鼓励全员参与，助力提质增效。公司7项成果获长城钻探工程公司奖励，其中"开展"四位一体"考核，助推提质增效"获管理提升金点子一等奖，"改进小鼠洞，缩短接单根工序时间"获优秀修旧利废项目一等奖。探索新思路，与兄弟单位协同开展科技攻关项目，由公司牵头、工程技术研究院参与的科研项目优快钻进试验双55-36H3水平井以34天的钻井周期和52天的完井周期，双双创下该区块最短周期纪录，受到甲方的高度评价和认可。

巩固组织优势厚度，夯实党建工作的规范性。创新开展党支部书记培训和党建活动。利用西部地区的红色资源开展活动，9月组织前线党员到榆林补浪河女子民兵治沙连开展题为"守初心、担使命、聚人心、克时艰"的主题党日活动，起到很好的教育效果。11月在延安梁家河培训学校组织两期党支部书记（党务干部）培训班，实现党务干部培训全覆盖，进一步提高基层党支部书记、党务工作者的能力和素质。加强党建工作考核，推动党建责任层层落实。依托"四位一体"考核，督促各党支部严格落实"三会一课""主题党日"、组织生活会等制度，开展党组织书记基层党建述职评议考核，2020年6名党支部书记在会上述职并进行现场测评，进一步筑牢从严治党根基。组织党群、人事、纪检、"三基"等部门，召开专题会议研究长城钻探工程公司党建责任制考核文件，组织上报佐证材料，2020年公司党建考核位列长城钻探工程公司A档。加强班子建设，持续深化干部制度改革。坚持德才兼备、以德为先的干部选拔原则，2020年，提拔科级干部14人，其中正科级3人、副科级11人，3名副总师履行提拔程序。加大年轻干部培养力度，13名青年员工走向一线钻井队正职岗位，在基层管理岗位上发挥知识专长，积累工作经验，为公司高质量发展奠定人才基础。严格把关，做好党员发展工作。落实发展党员制度，规范党员发展工作流程，提高发展党员质量。发挥入党宣誓、重温入党誓词等仪式的作用，加强对党员的党性教育。

全年组织7名同志参加长城钻探工程公司入党积极分子培训班，发展7名积极分子成为预备党员，6名预备党员按期转正。

把握党风廉政尺度，深化执纪监督的严肃性。夯实基础工作促进党风廉政建设责任落实。组织公司各级领导班子和成员签订《党风廉政建设责任书》，签订率100%。创新项目经理述廉模式，将党风廉政建设中的重点、热点问题列为规定的提纲、题目，全年5位项目经理按要求进行述廉，述廉率100%。强化制度建设推进公司合规管理上台阶。增强制度意识，严格制度执行，健全完善制度体系，公司纪委督导机关各科室制修订制度51项，完善工作流程17项，制定考核标准8项，持续推动各项工作的规范化。对苗头性、倾向性问题抓早抓小，不断提升干部队伍的执行力，制定《西部钻井公司党委运用监督执纪"第一种形态"的工作办法》，2人因警示教育次数不足、2人因安全、井控责任落实不到位、3人因未经审批私自处置废旧物资被约谈，有效斩断由小错向大错演变的通道。提高政治站位促全面落实巡察反馈问题整改。公司党委高度重视巡察反馈问题整改工作，成立以主要领导任组长、分管业务领导为副组长的巡察反馈问题整改工作领导小组，3月9日组织召开巡察反馈问题整改工作启动会，落实各项问题整改工作，重点在制度的建立、完善、执行上下功夫，杜绝边改边犯、整改不彻底的现象发生。加强作风建设和警示教育常态化工作。督导两级机关作风建设，4月13日，公司党委组织召开"强化机关作风建设、促进管理水平"推进会，下发《关于进一步加强机关作风建设的若干规定》，打造"全员围绕转盘转"的思想自觉。下发案例通报与案例汇编，做到第一时间传达并监督案例学习情况的落实，通过查阅资料、沟通交流及现场调查的方式，检验案例学习效果，确保警示教育全覆盖。

加大新闻宣传力度，增强企业文化的带动性。完善新闻宣传制度，在新闻"量"上实现突破。公司新闻宣传工作坚持融入中心、服务大局，内聚合力、外树形象，为公司实现高质量发展提供思想保证、舆论支持、精神动力和文化支撑。制定下发《宣传和信息报送工作实施办法》（以下简称《办法》），促进各单位投稿积极性，《办法》下发以来共收集稿件450余篇，其中公司网站更新300余篇，微信公众号更新50余期，不断向员工传播正能量。优选整理新闻素材，在新闻"质"上实现提升。按照不放过公司每一个亮点的原则，第一时间组织稿件并向上级投稿。全年在长城钻探工程公司及以上媒体发稿270余篇，发稿量在国内22家单位中排名第三名。《钻井汉登门学习治沙女——西部钻井主题党日活动有特色》《好作风带来大提升》等一批优质稿件，展现公司员工拼搏向上的良好精神风貌。建立宣传员队伍，培养新闻宣传人才。公司建立24人的宣传员团队，组织宣传员参加长城钻探工程公司新闻宣传网络培训班，增强宣传员"脚力、眼力、脑力、笔力"，逐渐提升基层宣传员的写作能力和摄影水平。全年分两批为81人次发放稿费6.49万元，为18人次发放宣传员专项奖励9200元,公司首次被评为长城钻探工程公司新闻工作先进集体。多渠道搭建宣传平台,拓宽宣传思路。12月,公司成功举办第一届优秀论文评选发布会,鼓励广大干部员工围绕提质增效、科学管理、钻井提速、成果研发等方面潜心专研、大力攻关,发布会的成功举办推动工程技术能力和管理水平提升,为公司应对各种困难和挑战提供管理保障。

提高服务员工温度,激发群团工作的创造性。开展实事惠民工程,让员工舒心。牢固树立"以员工为中心"的发展理念,全面准确把握和理解员工期盼,提高员工归属感和幸福感。为全体工会会员配备保温水杯;为各基层单位配备点唱机,改善基层员工业余文化生活。2020年确定实事惠民项目3项,确保年底前完成全部立项,努力打造心系基层、群众信任的典范。开展丰富多彩的文体活动,让员工顺心。开展员工乐于参与的文体活动,提升员工向心力、凝聚力。制定公司2020年文体活动方案,以月度加季度的方式开展丰富多彩的文体活动,在做好物质服务、生活服务的同时提供更高水平的精神服务和文化服务,使广大员工以饱满的热情和强健的体魄投入到工作中。关心员工的身心健康,开展困难慰问工作,让员工放心。为基层单位配备应急和日常必备药品,为榆林机关基地每个宿舍配备医药包,同时每季度对基层队消耗较大的药品进行补充。持续开展困难员工的慰问工作,对困难员工进行动态管理。国庆节期间,公司领导深入各施工区块慰问一线员工,同时慰问坚守在外部市场的员工家属,做到前方、后方全覆盖。2020年春节期间,对公司全员进行慰问,对不在盘锦生活的员工采取邮寄到家的方式,把公司的温暖带到每一名员工家中。2020年5月开展健康讲座,在陕西、山西、内蒙古、甘肃等施工省区进行13场次宣讲,邀请专家对心脑血管疾病防治健康知识和发生重大疾病时的心理疏导进行宣讲,旨在普及防病知识,保护员工的生命安全健康。大力推进团组织建设,让青年安心。切实发挥团组织作用,组织开展"安全隐患随手拍"、青年岗位创新大赛、《天边加油站》观影座谈等活动,展现公司青年员工的风采。引导青年员工参加上级竞赛活动,3名青年员工在团委"好方法、好习惯、好工具"评选中获奖;公司报送的《井控设备大数据创新管理部署战陕北》在长城青年创效作品征集中获奖,青年员工通过参加各项活动,展现风貌、收获成长。在五四评选表彰中,公司团支部荣获集团公司直属五四红旗团支部。

【综合管理】 会务管理工作。2020年,公司编制《长城西部钻井有限公司会议制度》,对公司各项会议流程、主要任务、召开时间及参会人员范围进行详细的规范要求,并对会议的报批程序、计划管理、会议日程和规模进行严格的规范,提高公司决策的科学化、民主化水平,提升会议质量,推进各项工作高效有序运转。根据集团公司疫情防控要求并结合疫情实际情况,全面升级公司会议管理,大幅削减公司各项会议召开频次、召开时间及参会人数,提倡多会场视频会议避免人员聚集,同时完善会议防疫管理，建立会议审批备案制度，严把疫情防控关。确保防疫安全前提下全面开展公司各项会议的筹备工作，包括长城西部钻井有限公司二届三次职工代表大会、长城西部钻井有限公司2020年党委工作会、季度生产经营工作会、HSE质量工作会议、钻井外包管理工作会、经理办公会议及各专业（业务）工作会议等。各项会议严格按照会务管理规定和公司要求进行准备和布置。做好会议纪要，落实会议精神的传达。

后勤管理工作。制定并下发《长城西部钻井有限公司营地管理规定》《长城西部钻井有限公司长北基地管理办法》，对公司机关、监督部、项目部和钻井队驻地后勤管理作出明确要求，同时根据要求进行月度检查及不定期巡检，查出问题督促销项整改。制定机关驻地疫情常态化防控方案，对机关办公场所、宿舍营地及厨房餐厅疫情防控措施进行细致规范要求，明确各区域、各部位及各时段的防疫及消毒要求，并制定防疫应急处置方案。组织进行公司榆林马家峁办公基地的维修、搬迁及运营工作。综合管理科协调准备，统筹维修及搬迁各项工作，制定维修方案及搬迁计划，确保在不影响公司生产经营前提下，实现办公基地有序搬迁。坚持按月召开机关食堂伙委会，监督食堂采购、伙食管理、菜品质量、伙食费使用情况，伙委会成员收集各部门合理化意见和建议，促进食堂不断提高餐饮质量和服务水平，保证员工就餐安全与质量。员工宿舍完善配套设施，改善员工生活环境，提高宿舍保洁服务质量，努力为员工提供周到、细致、体贴的后勤服务。加强驻地安全管理。公司库房、办公楼、宿舍、食堂及大院等公共区域安装监控视频，全覆盖、多角度、全时段视频监控，确保公司物资及人员安全。

办公用品管理。严格办公用品管理，做好出入库登记。各单位、部门领取办公用品必须严格审批，逐级审核同意后方可由进行采购发放。做好各单位领取办公用品台账，打印机墨盒、硒鼓、打印纸、U盘等耗材，严格控制单次领取数量，每次领取对照上一次领取时间和清单，杜绝浪费和虚报。

公务接待管理。严格执行《关于规范公司业务招待管理的通知》管理规定。明确业务招待审批流程，业务接待由各部门提出申请，主管领导审批，综合管理科审核并在招待清单登记，详细记录招待发生的时间、地点、事由、陪餐领导、费用金额、经办部门、经办人等信息。严格把握接待标准，严禁超标接待。

印信管理。修订并下发《长城西部钻井有限公司印章管理规定》，严格执行规定要求，实行部门审核，主管领导审批制度，确保公司各类印章规范使用。确保印章使用安全，2020年公司更换防伪印章37枚，公司将旧版公司及部门行政印章统一更换为防伪条纹铜制印章，同时将旧版印章统一回收作废处理。

【"三基"管理】 2020年，公司坚持考核体系升级，促进管理规范运行。秉承试行、评估、优化、提升的原则，并根据2019年"四位一体"考核机制运行中发现问题，广泛征求基层、科室及项目部意见及建议，对《长城西部钻井有限公司"三基"工作考核管理办法》进行第4次修订升级。新办法结合长城钻探工程公司2020年"三基"重点工作，强化安全管理、纪检监察、经营效益及信息化应用考核权重，确保考核标准的针对性和实用性。结合基层实际情况，进一步细化、量化基层队"三基"工作考核标准，确保考核拉开分值差距，能够客观评价基层队、项目部实际水平。

持续开展考核验收，强化考核效果。坚持开展月度"三基"考核，月度考核结果与月度奖励及年度奖金挂钩，促进基层主动提升管理水平，同时鼓励项目部及基层队进行二次分配，提升员工工作积极性。全年公司"三基"办公室对公司下属各一线、二线基层队进行9批次、153队次现场考核验收及121队次的远程考核，下发基层建设考核通报8次。发现各项问题1317项，评选出标杆基层队6队次、未达标队10队次，实施月度否决10次，下发月度考核奖金8次。督促各基层单位做好月度检查问题的整改和关闭，分析查找存在的管理缺陷，找出管理提升方向和措施，整改销项情况纳入当月基层建设考核，同时对2019年长城钻探工程公司第十一次"三基"管理评审提出的问题和工作建议进行整改和关闭，分析其中存在的管理短板和缺陷。结合《长城钻探工程公司党建工作责任制考核评价指标体系》，开展党建"三基"工作，进行2020年度"三基"管理评审资料网上填报工作。

推进ZJ70钻机实体样板钻井队的打造，加大冠名队培育工作力度。对公司新增的4部ZJ70钻机开展实体样板基层队建设进行驻井现场指导、诊断和评估，优选70250队、70249B队两支队伍进行ZJ70钻机实体样板队打造准备工作，并从40603队等几个样板队抽调骨干人员进行基础培训，力争做到高起点、高标准。对比长城钻探工程公司ZJ70钻机《基层队"三基"工作管理规范》标准要求之间的差距，逐项分析，明确这4支ZJ70队伍工作重点，编制长城西部钻井有限公司ZJ70钻机实体样板队建设方案。持续开展冠名队培育工作，将40603队作为冠名队备选队伍进行培育准备，严格按照长城钻探工程公司《"三基"工作优秀基层队冠名管理办法》进行管理，编制40603队冠名队资料手册，同时和上级单位沟通争取将40603队冠名成"西部急先锋"，发挥冠名基层队专业标杆作用。

规范基层队现场资料，减轻基层负担。2019年底至2020年11月，集团公司、中油油服及长城钻探工程公司等各级上级部门多次发文规范基层队现场资料。公司三基办公室和QHSE科组织各科室严格执行上级公司要求，再次梳理和规范基层钻井队现场所有报表资料，制定目视化标准模板，下发《关于补充修订钻井队现场资料的通知》文件统一推行。明确基层队现场所有资料盒共计16个，现场留存各类资料122项，再次删减基层各类资料报表40余项。月度考核，检查基层队报表规范化工作执行情况，坚决杜绝各科室及项目部违反公司程序擅自改变基层报表规范、加重基层负担的现象的发生。

（陈　尧）

国际钻井公司

【概况】 2020年，新冠肺炎疫情导致全球国际石油需求急剧减少、海外钻井市场迅速萎缩，国际钻井公司面临着自成立以来前所未有的困难。面对错综复杂的内外部形势，国际钻井公司领导班子带领全体干部员工坚决贯彻习近平新时代中国特色社会主义思想和党的十九大精神，全面落实集团公司和长城钻探工程公司打赢疫情防控阻击战和效益实现保卫战的决策部署，深入开展提质增效专项行动，在逆境中求生存，在困境中谋发展。全年开钻114口，完井118口，进尺32.83万米，分别占长城钻探工程公司海外钻井业务工作量的48.9%、47.3%、53.5%。全年新签续签合同16个，合同额1.98亿美元。

【提质增效】 2020年，国际钻井公司坚持"加减法"并举，提质增效显成果，合理运用"加减法则"，调动员工积极性和创造性，紧抓成本管控，全力保障生产，研究制订提质增效工作方案，涵盖七方面29项措施和目标，每月召开分析会，推动方案落地见效。全年实现增收7811万元，增效4664万元，节约投资3146万元。

精细管理、确保质量上做"加法"。新启动项目开源增收。完成GW40、GW41、GW88三部钻机的整改配套及发运，其中GW88顺利完井一口，收入4715万元。重点队伍加快搬安。强化搬家组织，提前勘察搬家路线，将搬家准备工作时间前移，GW221队、GW20队两支队伍实现增收58.3万元，增效46.7万元。GW221队仅用1.59天完成102.3千米搬家任务。作业队伍减控零日费。每月分析零日费情况，逐一提出解决方案，全年发生零日费（含顶驱）时间530.75小时，同比减少288小时，增收206万元，增效164万元。修旧利废、小改小革。收集专项成果11项，节约创效97.2万元。加快资产处置。完成阿曼项目三支队伍32项资产处置，收益18万元。完成肯尼亚GW116队1105项资产报废、处置申请，实际收益135.56万元。

节约成本、降低消耗上做"减法"。降低设备租赁费。为阿曼队伍配置加重钻杆，购置叉车、吊车，减少车辆租赁费347万元。推进GW40、GW41钻机租赁谈判，租期内节省成本4049万元。加强材料、油料消耗控制。重点加强GW80队、GW122队、GW139队、GW20队、GW67队五支队伍材料管控，材料费同比下降517万元。强化阿曼三支队伍油料消耗管控，同比减少77万元，下降5.1%。采购价格复议。配合采购中心对集采物资进行价格复议谈判，二级集采物资价格下降8%以上。涉及国际钻井公司采购物资金额1132.9万元，通过谈判节约106.5万元，资金节约率9.41%。降低人工成本。推进国际化雇员进程。对近期启动的GW121

钻机非关键岗位，试点雇用当地员工。及时将109名停等人员工资关系调回国内，节约人工成本2102万元；及时办理回国员工的海外雇主险退保，退保金额6.5万元。严控投资支出。审减暂缓队伍设备投资1018万元；完成130项闲置设备的调拨，原值1306万元；通过新购设备采购价格复议，143项新购设备节约308.7万元，节约11.3%。降低机关管理费及五项费用。严控非必要支出，修订下发《国际钻井公司机关差旅费管理办法》，调降出差报销标准。全年机关管理费137万元，同比减少52%，其中五项费用发生36.04万元，同比减少61.7%。

【疫情防控】 及时准确传达政策信息。2020年，国防钻井公司第一时间成立相关机构，制定防控工作方案，利用中油即时通工作群、微信工作群发布相关信息，分享防控知识，宣贯管控制度。组织学习习近平总书记关于疫情防控系列讲话及集团公司、长城钻探工程公司关于疫情防控各种会议精神。编制疫情危害因素辨识和风险管控清单，指导疫情防控工作。

实施区域化管控。发挥党委优势，引导境外项目员工、国内各片区员工家属认清形势，参与疫情防控，构筑群防群控严密防线。国内员工实施片区化管理，员工居住地集中的10个片区负责人负责所在片区员工管理。境外作业队员工由平台经理负责，每天汇报员工身体情况。

推进疫情常态化管理。坚持每周召开疫情防控小组会议，通报防控情况，研究下一步工作计划及存在问题解决方案。调查海外作业队药品储备和中方人员健康情况，编写发布《突发疾病急救要领》，丰富员工预防与急救知识，提升员工针对突发疾病的救治技能。关注出国人员动态，落实核酸检测、疫苗接种和个人防护用品情况，提示旅途风险，签订《出国员工疫情防控承诺书》，确保出国旅途安全顺利。跟踪回国人员隔离期间身体状况，落实隔离后返家途中的个人防护、交通及所在社区的疫情管控情况，确保安全顺利回家。

开展疫情期间特殊慰问。为员工家属寄送口罩1.5万余只，向阿曼项目、阿尔及利亚项目、乍得项目发送口罩4万只，发送连花清瘟胶囊、藿香正气水、速效救心丸等药品500余盒，解决海外急需；开展"温暖的守候"电话慰问，深入了解180名坚守作业人员家庭情况，发动爱心小分队对11名员工家庭进行登门慰问与帮助；期间，开展为海外一线员工子女邮寄文具用品活动，代替不能回国的父亲为69个家庭、74名孩子送上开学礼物，并致上一封鼓励孩子学习、自强的慰问信。中秋、国庆期间，国际钻井公司领导干部带队，分别到任丘、博野、濮阳、涿鹿、张家口等地，慰问长期在海外工作的员工代表、劳动模范、困难党员及群众24人，为149名坚守岗位员工及时送去慰问品合计7.37万元。

创新文体活动。疫情期间专门建立国际钻井活动群，举办线上、线下两类文体活动，"写家书，寄思念，祈平安"活动线下开展、线上展示。中秋、国庆双节前夕，为宣传弘扬海外员工家属支持国际钻井公司抗疫保产、舍小家顾大家的感人事迹，国际钻井公司工会精心策划，十佳贤内助李燕芳的《一封家书》入选长城钻探工程公司中秋文艺汇演，受到员工家属的广泛好评。

【安全生产】 井控方面。2020年，国际钻井公司坚持井控月度例会制度，开展井喷案例学习和各种井控制度宣贯，通过分析井喷原因，提升防喷措施及应急处置能力。同时提升机关员工井控安全生产意识，全员参与井控管理。强化现场关键岗位员工井控实际技能提升，强化应急演练，在工序组织、设备操作、坐岗等方面对井队进行风险防控提示，每月了解掌握各队的井控设备状态及井控日常工作，形成井控月报，提醒、协助各队做好井控日常工作及井控设备的更新。坚持半年井控工作分析会，根据生产情况，分析现场可能存在的各种井控风险并提出解决预案，针对印尼项目部GW121队在作业区块存在浅层气风险，提示井队与甲方监督沟通按规定开展导流器的压力测试及功能测试，同时组织井队员工学习《国际钻井公司防浅层气井喷风险防控方案》，确保员工掌握浅层气预防和控制措施。

基层员工心理健康方面。全年国际钻井公司利用微信群语音、HexMeet视频会议系统，组织6个项目15支队伍召开专门会议12场次，在了解生产、疫情防控的同时，重点把握留守员工的思想脉搏，了解他们的工作心态和健康状况，做好宣传解释和情绪稳定工作。为每支队伍发去慰问信，及时解决基层提出的各类家庭问题35个。疏导境外超期服役作业人员心理健康。国际钻井公司专门编制心理疏导课件，开展线上培训。

作业现场风险管控方面。开展境外作业队主要风险预警报告，从作业风险、社会环境、自然环境、当地传染病和新冠疫情等方面，对国际钻井公司所属海外作业队和滞留项目人员进行风险提示144次，提供对策，指导海外基层队管控风险。运用多种方式进行风险管理知识宣传与培训，每月收集基层队事件，深入分析原因，发布到各队，使基层员工对危害风险会辨识、能辨识、能管控。针对新启动队伍，研读钻井设计，对印尼项目部GW121队、GW88队第一口井进行不同侧重的安全风险提示。为有工艺变化的井队提供服务支持，先后对GW221队压裂作业、GW139队修井作业进行技术支持及风险提示等。跟踪乍得项目、伊拉克项目和尼日尔项目等项目的社会安全形势，重点提示新冠疫情衍生的社会安全风险，要求基层队严格执行项目安全管理制度、出行管理规定，严禁个人单独外出。

设备安全方面。持续开展设备风险分级管理，保障重点项目和重点事项。根据钻机动员、作业环境、甲方要求、设备新旧系数等要素，分析每部钻机的设备风险程度，实施红橙黄绿4级管控。运行风险较高的钻机，安排专人跟踪处理，加大与所在项目部、井队现场实时沟通，直至问题解决。全年累计更新钻机设备风险分级清单24期，四级红色管控事项累计27项，三级橙色管控事项累计38项，二级黄色管控事项累计81项，装备现场问题处理响应及时率100%，回复及时率100%，有效保障现场反馈问题的及时跟踪和处理。精细组织设备自查自改，保障高危设备操作安全可控。全年发现并整改问题289项。跟进现场检维修进展，确保关键设备本质安全。根据每台关键设备实际运转时间，比对大修周期规定，为119台设备提出设备大修检测要求，以邮件形式发给国际钻井公司每个海外井队并通报所在海外项目部，指导各井队适时申请并配合项目合理安排大修。

【管理创新】 开展市场业务调研。2020年，国际钻井公司梳理长城钻探工程公司产业链节点，寻找新市场的突破口。海外市场方面，国际钻井公司开展海外油田管理、油田增产服务市场调研，对油田注水业务、油田伴生气回注业务及海洋钻井业务进行相关工艺、流程、技术、标准等技术储备。特别是针对海洋钻井业务，国际钻井公司编制海洋钻井作业体系文件，涵盖海洋平台风险管理、设备管理、安全生产管理、海洋环保管理、应急管理等82个文件。国内市场方面，国际钻井公司通过调研国内反承包项目，向生产协调与市场处递交《关于参与国内反承包钻井市场的建议》，表达参与国内反承包项目的意愿和想法。

创新人力资源输出模式，为员工创造更多就业机会。2020年国际钻井公司与西部钻井公司达成人力资源合作服务协议，利用长城钻探工程公司人力资源统筹配置平台，与西部钻井公司展开深度合作。7月底，向西部钻井公司派出调剂人员23人。下半年国际钻井公司主动与CNODC以及其他公司联系，了解国内、国外钻井监督需求情况，为高端人力输出做准备。对外人才输出的同时，国际钻井公司不忘对内挖掘人力资源潜力，探索成立海外设备巡检中心，从回国待命的大龄员工中选拔技术骨干，组成一支专业水平过硬的队伍，配合项目部做好设备管理、井控、HSE等方面的工作。

加大培训中心建设，扩大培训业务。利用培训中心具有的4个培训资质，整合培训资源，完善制度，充实师资力量，提升培训效果，全年完成各类培训1963人次。

健全激励机制。不断完善机关及基层队绩效考评机制，细化量化考核标准，督促激励全体员工履职尽责。

【党建工作】 突出政治建设，为公司决策实现融合。2020年，国际钻井公司持续深入学习习近平新时代中国特色社会主义思想，全年组织中心组理论学习16次，专题研讨4次，重点学习新时代新思想和习近平总书记重要指示批示精神。修订"三重一大"决策实施细则，涉及"三重一大"和其他重要事项，必须经党委会前置研究讨论，确保党委对国际钻井公司重大政治责任、经营发展理念、重大风险问题把控到位，对经营管理实施有效监督、激励、控制和协调，确保政治正确、治理合规、决策高效。坚持党管干部用人机制。强化科级干部考核，重点培养、锻炼科级后备干部，提供发展成长平台。

持续提升基层党建工作，把组织建设内嵌到生产经营。组织学习贯彻《中国共产党支部工作条例（试行）》和《中国共产党党员教育管理工作条例》。对照梳理党建不规范问题4条，修订完善党建工作制度6项。结合国际钻井公司海外作业实际情况，全年调整党支部3

个,新组建党支部1个。同时,根据国内待命党员较多的实际,组建片区临时党支部6个,实现海外党员离境不离党,国内党员待岗有组织,确保党建工作全覆盖。规范述职内容和述职程序,全面开展党支部书记网络培训以及履职情况述职工作。将党建工作情况纳入基层队考核体系,实现党建与业务同安排、同部署、同落实、同考核。

树典型,把思想政治工作融入生产经营。面对复杂的国内外形势,国际钻井公司开展"战严冬、转观念、勇担当、上台阶"主题教育活动。将主题教育活动与提质增效专项行动有机融合、一体推进,同步部署、同向发力,召开动员部署会,主要领导宣讲形势任务,开展主题劳动竞赛,在国际钻井工作群中展开讨论,进一步激励员工坚定信心、担当作为,奋力夺取疫情防控阻击战和效益实现保卫战"双胜利"。发挥典型引领示范作用,全年表彰各类先进集体33个,劳动模范3人,先进个人87名,GW80队被评为集团公司先进集体,GW180队平台经理王向农被授予集团公司劳动模范荣誉称号,其中GW80队连续第二年在石油精神论坛现场交流发言。

坚持党管人才,在员工队伍教育培养上实现融合。开展党员与骨干"双培养"工程,全年新发展党员7名,使广大党员真正成为生产经营的顶梁柱、主心骨、生力军。利用集团公司及长城钻探工程公司相关培训机构的网络培训资源及服务商资源组织待命及休假的员工开展网络培训19期,参培人员1760人次。

强化党风廉政建设,保障生产经营。强化责任落实与警示教育。逐级签订党风廉政建设责任书24份。坚持生产例会案例通报制度,全年累计通报56起。对新提拔6名科级干部开展"六个一"廉洁教育。持续开展百日主题警示教育,累计开展学习23场次。细化整改巡查反馈的问题24项。推动实施平安工程子工程建设,累计梳理"财务资金管理"等4个子工程相关制度32项。新开展境外资产托管管理和合同管理两个子工程建设。

坚持以人为本理念,在营造和谐稳定环境中实现融合。以温暖大家为载体,持续推进安心工程建设。组建西南、南阳两个线上片区,实现服务员工全覆盖。创建温暖大家庭荣获集团公司优秀工会工作案例二等奖。关心关爱员工工作在长城钻探工程公司党群工作例会上作交流发言。

(欧 屹)

井下作业公司

【概况】 井下作业公司是以修井业务为主的专业化公司,业务包括大修、带压作业、试油、连续油管、侧钻、稠油注汽、油井地面设施维护及工程技术总包。2020年，面对疫情及低油价影响，井下作业公司以长城钻探工程公司建设"六个典范企业"的总目标为引领，围绕"突出重点、稳定局面、创新模式、拓展空间"的业务发展布局，推进市场开发、生产经营、提质增效、安全井控、党建提升等各项工作，凝心聚力，攻坚克难，国内业务经营业绩实现逆势增长。

2020年，井下作业公司用工总量1581人，其中教授级高级工程师2人，高级工程师44人，在聘技师11人，高级技师4人。管理各类施工队伍144支，国内服务于大庆油田、吉林油田、辽河油田、长庆油田、浙江油田、苏里格气田、四川页岩气、玉门油田等油气田，国外服务于伊拉克、阿曼、苏丹、南苏丹、乍得、尼日尔、印度等7个国家。

2020年，井下作业公司现有修井及辅助设备2996台（套），资产原值7.91亿元，净值1.94亿元，设备新度系数0.25。其中：国内资产原值5.01亿元，净值1.39亿元，设备新度系数0.28；国外资产原值2.9亿元，净值0.55亿元，新度系数0.19。

【市场开发】 2020年，井下作业公司自营区块市场服务和保障能力提升，总体市场占有率提升，实现新增收入8617万元。通过深度合作，中油煤临汾区块、长庆油田流转区块、长宁区块市场取得新突破，实现新增收入5665万元。井下作业公司被评为长城钻探工程公司2020年度国内市场开发先进单位。

齐抓共管，市场开发创佳绩。从抓早抓熟入手，井下作业公司班子成员全面参与，前线项目部攻坚啃硬，定目标，定方案，一地一策、一事一议分区域推进，市场运作卓有成效。全年国内市场新签合同额11亿元，国外市场新签合同额5887万美元。辽河油田庆阳流转区块原本一分为二的试油市场全部划归井下作业公司，实现收入增加；中油煤临汾区块借助试气业务的成功开展，带动连续油管、氮气气举、措施井维护作业等一体化服务，成功开辟长宁市场，引入带压作业、连续油管等高端业务，实现收入增加；吉林油区新增大修业务，长庆油田公司和中国石油股份有限公司长庆油田苏里格南作业分公司新增天然气回收业务，与中国石油集团川庆钻探工程有限公司长庆井下技术作业公司达成多项市场业务战略合作意向，新签连续油管合同800万元；川南区块气井带压作业自营机组增加到3部，往年由四川页岩气项目部自主招标的连续油管业务统一纳入井下作业公司管理；苏里格区块全面推进低产低效井风险合作项目，疑难大修井和排水采气业务实现收入增加；立足试气业务，拓展压裂返排液处理服务，实现收入增加；国外方面，伊拉克市场成功中标12区块总包项目和格拉芙区块35口井修井总包项目，乍得市场成功中标台湾OPIC（Overseas Petroleum and Investment Corp.，台湾中油股份有限公司下属的海外石油及投资公司）公司"2+6"口井大包项目。

适时转型，结构调整增效益。通过对川南区块、苏里格区块两个区块气井带压、连续油管、试气等三个专业的产业结构调整，由低端向高端业务转型队伍3支；以解难题、保上产为目的开展业务优化，开创一体化服务新领域，先后获中油煤老井总包、苏里格单井挖潜总包、浙江单井总包等3个总包项目；改进以去外包、增自营为目的的创效模式，搭建自营业务发展的新框架，接收由甲方直接外包的业务工作量193井次。外包合作业务在自营区块的占比份额由43%降至29%，新增自营收入增长。

创新模式，扩容产业开新篇。依托长城钻探工程公司总包市场拉动和自身专业一体化服务驱动，在规模区块开展两种深度合作模式，即："一支自营+多支外包队伍、一项主体业务+多项相关业务"的两个"1+X"的外包合作模式；人员、设备、技术、资金等方面全面深度融合的外包合作模式。通过深度合作，2020年外包合作业务服务区域和队伍规模再次实现双增长。通过与中国石油集团川庆钻探工程有限公司长庆井下技术作业公司、中国石油集团西部钻探工程有限公司玉门井下分公司的资源共享合作，进一步拓宽连续油管、大修、带压等业务发展新渠道。以优质服务、技术引进、合作开发等方式为手段，市场业务链得以逐步完善和延伸，新增吉林大修，长宁连续油管、气井带压等新兴业务市场，实现收入增长。

【生产经营】 疫情防控和复工复产高效开展。2020年，井下作业公司第一时间制定落实疫情防控方案，第一时间推进复工复产，生产组织在疫情防控中常态化进行，守住全年工作场所和生活场所"零疫情"底线。井下作业公司辽河两个大修项目部2月中旬实现9支大修队伍全部复产启动；川南项目通过统一人员调配、打破小队建制，克服因疫情防控导致生产人员不足的问题，保障连续生产。

生产运行提速提效。通过深化"三个平台"（快速组织协调平台、技术方案支持平台、生产流程优化平台）建设和抓好生产时效硬考核，各单位生产组织、协调意识增强，全年综合生产时效同比提高2.61%。井下作业公司主要领导、前线经理亲自部署和参与，相关科室、基层单位通力协作，高效完成集团公司重点风险探井驾探1井试油施工并成功试采投产，及时解决甲方的"急、难、险、重"问题。井下作业公司吉林项目部高效完成中国石油化工股份有限公司东北油气分公司伏12-62井生产任务，打破该地区单井最快实现求产的纪录。井下作业公司大修项目二部创新实施生产运行管理工作法，欧31-29-30井建井周期仅12天，创井下作业公司大干三季度劳动竞赛大修建井周期最短纪录。国外伊拉克修井队实施井场营地分离，减少设备频繁搬迁，实现井场科学布局、联动作业。

队伍资源配置持续优化。在满足辽河区域现有施工规模基础上，将1支连续油管队伍、3支大修队伍分别调整到苏里格、川南等地区施工，将辽河2支试油测试队伍整建制划拨到西部、南部市场，分别组建1支气井带压队伍和2支试气队伍，构建资源配置、工作重心围绕市场转的运行机制。

经营管控基础工作全面夯实。搭建经营系统工作群、月度经营例会等工作平台，强化"公司领导、机关科室、项目部、基层队"四级联动，实现问题处理的实时沟通和无缝对接,全年协调解决各类问题40项。做好统计数据资源开发和利用,紧临一线,直面项目部基层班队提取数据,创新建立并持续发布《统计信息》9期,为井下作业公司发展决策提供高质量信息支持。《连续油管业务边际贡献情况专题分析》获集团公司2020年度优秀统计分析报告二等奖。创新实施月度经营预警,不间断监测分析关键性指标。四季度出台经营效益跳水考核办法,坚持"严考核,硬兑现",有效减少基层单位经营数据不实、频繁出现效益跳水的问题。日清月结数据录入情况纳入井下作业公司绩效考核体系,2020年所有单位均开展单井、单队收入成本数据录入,整体录入准确率77.8%,同比提高38.3个百分点。

【提质增效】 精心谋划,专项行动推进有力。从强化顶层设计入手,2020年,井下作业公司主要领导亲自指挥部署,第一时间成立专项领导小组,先后组织召开提质增效研讨会、专项工作汇报会和提质增效启动大会等会议,制定下发15项47条具体措施实施方案以及领导承包、科室承包的目标考核实施方案,做到谋划先行有的放矢,坚持召开月度例会,落实推进情况,定期交流好的经验和做法,查找不足,促进各单位抓紧抓实抓出成效。

深入变革,提质增效取得进展。立足连续油管、生产准备两项业务固定刚性成本持续高位运行的难点问题,将管理创新和科技创新紧密结合,通过深度合作、劳务输出、精简二线、压缩车辆等方面的深入变革,多管齐下,多维驱动,形成全员提质增效的强大动力,实现减亏320万元。

重拳出击,专项整治取得进展。针对施工质量、安全隐患、人力资源三个方面的突出短板问题,井下作业公司上下联动,利用5个月的时间开展集中专项整治,取得预期效果,减少各类事故事件损失150万元,实现管理上的根本性好转。

深入实际,亏损项目逐步治理。通过将等停设备、闲置人员与合作方进行深度合作,将非关键部位进口工具更换为国产,优先为自营队伍安排低压井、平台集中作业井等措施,川南连续油管业务实现扭亏为盈。井下作业公司生产准备项目部拓展川南双机泵车组服务、乌审旗井控设备检测等市场,实现外部创收418万元。

【科技创新】 2020年,井下作业公司承担上级科研项目3个,其中2项为集团公司级项目。聚焦重点领域和关键环节,确立适应企业现代化管理的5个局级和8个公司级创新项目,按照"稳步推进,务求实效"的原则列出任务清单,制定切实措施,明确责任分工,全年除连续油管2个局级项目因资金问题延迟至"十四五"期间立项外,其他项目均如期完成。先后涌现出"'一队多机'试油作业""风险探井试油测试风险识别评估控制一体化""永久悬挂器封隔器及永久裸眼封隔器免磨铣打捞"等一批新工法、新技术。

水平井修井专用工具及辅助工具进入现场开展试验应用并取得进一步优化,水平井打捞一次成功率实现94.5%,液压整形和水平井磨铣取得100%成功率,水平井综合施工周期同比缩短 17.5 天。

完成长水平段连续油管钻磨与水平井修井力学分析软件良好结合，实现工艺和效率的提升优化，长水平段连续油管钻磨实现提速 40%，长水平段连续油管钻磨形成技术模板。

完成水平井大修作业操作 SOP 编写，完成水平井修井系列打捞部分技术标准的发布。完成 2 支水平井专业修井队伍的组建，一支部署在苏里格区域专门开展气田水平井大修，一支队伍部署在辽河油区专门开展油水井的水平井大修。

采用穿芯打捞技术，研发制作连续油管双管柱井口密封装置和连续油管套下管柱冲洗旋转密封装置，一次性完成大吉平 30 井连续油管解卡打捞作业，缩短事故处理时间 360 小时。加大修井猫道自动化举升装置的应用投入，大修作业时效同比提高 5.2%。

【安全管理】 2020 年井下作业公司连续四年安全环保无事故，连续八年被评为长城钻探工程公司 HSE 管理先进单位。"体系内审""积分制考核"分别在长城钻探工程公司半年工作会和年度 HSE 工作会上作典型经验发言。

强化安全履职责任落实。完善 HSE 管理制度，编制《现场 HSE 考核办法》《基层现场关键岗位 HSE 积分制实施细则》等 10 项 HSE 制度，形成考核有依据、量化有指标、提升有对策的管理制度体系；细化责任指标，结合业务实际情况，细化《HSE 管理目标责任书》考核指标 11 项，逐级签订《HSE 管理目标责任书》78 份，实现指标逐级分解、层层细化、责任到人；强化领导履职，井下作业公司领导率先垂范，助推处科两级干部开展安全联系活动 214 次，其中，安全观察与沟通 142 次、签发作业许可 114 次、组织应急演练 63 次、参加工作前安全分析 192 次，为基层现场解决实际问题 76 项，有效推动各层级 HSE 责任落实。

持续强化风险管理水平。开展全员风险辨识，从人员行为、设备状况、作业环境、现场管理 4 个方面辨识出 6 个专业、69 个岗位 811 条危害因素，评价出高风险 10 个、中风险 21 个，制定五个层级防控措施 1139 条，做到重点风险分级管控。开展专项检查。全年组织开展复工复产、雨季施工、节假日敏感时段等专项检查 11 次，覆盖 12 个基层单位 623 井次，排查各类安全隐患 2367 项，明确责任人、限定整改周期、制定整改方案，确保现场风险受控、不留死角。加强风险升级管控。紧盯特殊敏感时段风险管控，搬迁安装、立放井架、高处作业等重点工序实施升级管理，科级干部驻井 249 人次、盯防关键工序 128 井次，纠正违章行为 75 起，实现各项重点工序安全可控、平稳运行。推行高危作业安全生产挂牌制，72 项高危作业全程实行"区长"制挂牌管理，保障高危作业区域安全风险受控。加强隐患治理。全年组织开展隐患专项排查 4 次，排查出现场逃生滑道安全性能差、防爆监控缺失等重大隐患 15 项，投入安全整改资金 101.2 万元，各类隐患得到彻底整改。

深化 HSE 体系建设。修订体系文件，对标评估公司 HSE 管理体系文件，更新、完善 29 个要素、97 项管理制度。

编制井下专业HSE资料减负清单，形成标准化模板42项，组织基层员工宣贯培训3场次，现场检查指导37井次，提升现场应用效果。组织基层骨干对6个专业、48个岗位的"两书一表"32项内容进行修订完善，提升作业文件在现场的适用性。井下作业公司领导带队、职能部门参与，对15个机关科室、2个直属部门、14个基层单位全要素内部审核，发现24个要素、322项问题，逐项分析并制定控制措施。

营造安全文化氛围。组织2期安全管理人员培训班，重点从岗位职责、检查规范、整改验证、汇报反馈、考核评比5个方面进行系统培训，全面提升安全管理人员业务能力；通过云监督、云分享、云传播等形式先后开展隐患随手拍、抖出隐患大家找碴、安全寄语等9项安全活动，发挥云传播力量，宣扬HSE文化；开展HSE论文报道征集、HSE科技立项评比活动，全年发表HSE论文12篇、HSE科技2项、HSE宣传报道71篇。

【党群工作】 抓政治思想工作，凝聚企业发展合力。2020年，井下作业公司贯彻落实长城钻探工程公司党委各项决策部署，以"战严冬、转观念、勇担当、上台阶"主题教育为有效载体，井下作业公司主要领导带头进行专题形势任务宣讲，层层传导压力和信心，为提质增效各项举措落地执行提供思想保证。弘扬和践行社会主义核心价值观，开展党史、新中国史和中国石油史的学习教育，营造传承精神的浓厚氛围。《以史悟道，坚定自信》《当前企业思想政治工作的现状及对策建议》等获长城钻探工程公司专题党课一等奖和政研成果三等奖。

抓宣传典范工作，引领员工正确导向。开设"夺取疫情防控和高质量发展双胜利""提质增效、共克时艰""井下榜样"等宣传专栏，在井下作业公司及上级门户网站发表专题稿件135篇。拍摄《新模式创效领航者》等6个专题片，举办"扬正气、塑形象"先进典型事迹宣讲会、"身边人讲身边事"演讲比赛等活动，组织《榜样在身边》《重塑形象、情系井下》《劳动你最美》等征文及摄影活动，由井下作业公司选送的连续油管东部项目部新媒体作品《担当》荣获集团公司第五届新媒体内容创作大赛微电影作品三等奖。

抓党风廉政工作，营造良好政治生态。构建相互配合、彼此联系、环环相扣、层层递进的党风廉政建设目标、责任体系，两级班子对党风廉政建设更加重视，实现由"要我管"到"我要管"的转变，压实党委主体责任和纪委监督责任，落实党风廉政建设一岗双责，员工对党风廉政建设的认可度、信任度持续提升。组织全体党员学习党纪条例，开展"不忘初心，以案为鉴"百日警示教育活动，增强党员的纪律意识和规矩意识。

抓服务员工工作，惠民项目深入开展。践行以员工为中心的发展理念，开展帮扶贫困送温暖活动，帮扶资金支出52.4万元。投入18.6万元，用于改善职工就餐、住宿、生活条件。投入专项资金73.7万元用于疫情防控，保障员工身心健康安全。

（任 丹）

压裂公司

【概况】 2020年，压裂公司在原发展框架的基础上，装备能力由3.6万水马力提升至36万水马力，队伍由3支裂变为10支，年压裂、试气工作量由1500层跃升至3600层，业务结构得到优化，连年超额完成上级下达的经营承包指标，各项工作均在长城钻探工程公司名列前茅，成为其成长最快、效益最好的企业之一。

【作风建设】 2020年，压裂公司从两级班子开始，自上而下全面查找自身不足，机关同志多换位思考，时时刻刻把心放平、把气理顺，多思考如何减轻基层负担，多研究如何加快工作节奏。同时，加深对"其身正，不令而行，其身不正，虽令不从"的理解，继续保持廉洁从业态势。

【市场开发】 2020年，压裂公司围绕"效益优先、合理配置、增量发展"的原则，以辽河市场为发展根基，各单位立足苏里格、面向长庆、进军中油煤。西南市场伴随着页岩气大开发而迅速发展，项目转战川渝、开拔云南、踏马贵州，从单兵作战到协同推进，收入规模较初期呈倍速增长。压裂公司在吉林、三塘湖、大港、青海等市场均有所斩获，外部市场开发呈现出互相依托补充、均衡协同发展的良好态势，海外项目从无到有，推动压裂公司实现由"规划起步"向"全面起势"的重大跨越。

【科技创新】 2020年，压裂公司技术利器全面升级。开展压裂工艺2.0研究及现场应用，提高储层改造强度。变黏滑溜水研发取得阶段性进展，实现液体从低黏滑溜水到高黏线性胶之间的无缝切换，现场试验满足页岩气压裂"一剂多用"施工需求。全可溶桥塞更新至第三代，研制成型球座式可溶桥塞，新增4种尺寸、1种温度产品。完成对深层页岩气水平井压裂理论与实践的探索。技术产品全面创效。可溶桥塞从中石化江汉石油工程有限公司井下推广到西南油田井下，对外销售1040支，占比77%。滑溜水用量大幅增长，应用316万立方米。随着压裂设计服务中标贵州页岩气市场，标志着压裂公司压裂一体化技术服务全面打开销路，特色技术普遍获得市场认可。

【安全环保与质量节能】 2020年，压裂公司严格落实责任，提升安全履职能力。完成职责归位、制度完善、安全行动计划、目视化管理模板建立等阶段性任务，开展安全联系点、安全观察与沟通等活动2560余人次，开展"送安全、下基层"活动，解决HSE管理难题29项，补齐管理短板。加强风险管理，实现安全管控升级。修订辅助专业"一书一表"等HSE管理工具28个，将承包商监管纳入考核，实现管理同频共振。全年现场检查512场次，发现整改问题

1872 项，处罚 6.9 万元。HSE 体系运行更加贴合生产实际。创新培训模式，提升全员安全素质。开展"点对点"培训服务，组织 3 批教师对长庆、四川现场特车泵工、试气工等 70 余人进行技能鉴定；利用手机 App，坚持"每日一题、每周一练、每月一考"；开展 HSE 培训班 28 场次，培训员工 677 人次，岗位员工实际操作能力不断增强。细化专项管理，夯实安全环保基础。严格环保、交通、消防、危险化学品等专项管理，建立井控定期巡检制度和技术交流平台，各级井控意识逐步增强；组织开展"安全生产月"、HSE 知识竞赛等系列活动，安全文化建设根植于心。

【企业管理】 2020 年，压裂公司领导班子努力"在危机中育先机、在变局中开新局"，持续开展"开源节流、降本增效"专项活动，实施全面预算管理、单井单车核算、日清月结系统，推进"四化"建设，百元产值材料消耗年均下降 1.3%。坚持薪酬发放向一线艰苦岗位倾斜，持续深化内外部重组整合，对两级机关和二、三线业务进行"瘦身"，全面优化组织架构，解决一批多年想解决而没有解决的难题。压裂公司 9 次获长城钻探工程公司 HSE 管理先进单位，本质安全水平稳步提升。

2020 年，压裂公司在新冠肺炎疫情和国际油价暴跌双重压力下，完成压裂 3299 层、试气 119 井次，在收入增幅 10% 的情况下，同比增幅 18%，超额完成长城钻探工程公司经营承包指标。

突出资源掌控，在困局中做强市场开发，主营业务实现稳中有"进"。东部市场稳住"基本盘"。坚定履行辽河油田千万吨稳产的政治责任，拓展延伸大庆、吉林市场，利用一体化服务，完成未动用区块 11 口水平井 113 层压裂施工，填补被民营队伍抢占的市场份额；全年完成压裂 406 层。

西部市场见到新成效。各单位不等不靠，密切对接苏里格需求，紧盯长庆沿线市场动态，全年完成压裂 1094 层、试气 119 井次。在中油煤成功打开新局面，刷新平台单日最高压裂段数、平均压裂段数、最短压裂交付周期三项纪录，促使其成为压裂公司稳定的、成规模的阵地市场；在延安能源服务有限公司争取到 15 口水平井工作量；陇东油探区块，通过"以降低管理费换市场"创新合作模式，培育新的创效增收点。

西南市场开创新局面。将页岩气作为外部市场的重头戏，自主队伍工作量同比提升 21.7%。以优质服务支撑威远区块产能建设，着力打好打快，为长城钻探工程公司夺取产量主动发挥重要作用，全年完成压裂 760 层。以质量效率提升长宁、昭通区块市场竞争力，项目部强化联动、深化协作，创出一批优于油服同类企业的高指标，全年完成压裂 908 层。以品牌优势布局泸州、贵州区块市场竞争，中标 9 口井，合同签订额超亿元，完成压裂 93 层，为下一步滚动开发奠定基础。

国际市场。在项目所在国政治风险增大、疫情快速蔓延的大背景下，审时度势、调整布局，有序撤回 10 人，完成施工 89 井次。

严守四条红线，在危机中做细疫情防控，安全环保实现稳中有"实"。从严防疫精准把控，新冠疫情发生以来，以"战时状态"统筹推进疫情防控和复工复产，为302名复工人员进行核酸检测和体检，发布防疫知识和文件128个，严格落实施工和办公场所防控措施，守住"零感染"底线。从严落实安全生产责任，逐级细化分解HSE目标指标，健全"一岗一清单"和安全生产记分制，做实绩效跟踪考核，实现责任落实从"重视"向"重实"的转变。从严防控风险隐患，以双重预防机制建设为重点，识别出危害因素470项，评价出重大危害因素14项，分层级落实20项安全重点风险防控方案，投入124万元集中整治9项安全隐患。从严规范HSE体系运行，完善制度规程16项，推进基层队HSE资料减负，完善HSE清单和记录模板，体系内审发现并整改问题134项，增强体系运行效能。从严承包商、交通、环保等专项管理，坚持承包商与主营队伍同检查、同考核、同排名，发现违章行为72个，处罚7.3万元，合规处理返排液6.8万立方米，保持井控监管高压态势，日常检查136井次，整改典型问题197项，全年无井控溢流和险情发生。

坚持眼睛向内，在变局中做实提质增效，精细管理实现稳中有"变"。将"提质增效"作为贯穿全年的一件大事，以变应变、精准施策，节支降耗15636万元，促进全年经营目标实现。以"眼睛向内"作为应对低油价最直接的方法。加强全过程、全要素成本管控，完成物资、修理、运输、技术服务等合同复议146份，价格下降8%。牢固树立"过紧日子"思想，非生产性支出同比降低287万元。发挥集采优势，节约支撑剂、瓜尔胶采购成本4714万元。突出"全生命周期综合成本最低"理念，推广应用不锈钢泵头124个，同口径节约成本1157万元。持续优化内部资源，自有队伍施工占比提高19.87%，内部运力使用率同比提升5%，节省运费230万元。深入推进"制造+服务"、以量换价等合作修理模式，结合设备性能和工况灵活延长维保周期，强力开展修旧利废，节约修保成本158万元，页岩气设备故障率降低5%以上。29份工程技术服务转设备租赁合同按期完成转换。推进结算和两金压降，用好财税优惠政策，减税降费1075万元。

以"提速提效"作为应对生产高峰最直接的手段。对长庆压裂二项目部重新定位，盘活内部用工47人；裂变的第四支页岩气队伍迅速形成即战力；投用的连续输砂、大通径高压管汇快连等5项装置，大幅提高作业效率，YS69024队通过"四化"建设示范队验收；租用15万水马力电驱压裂设备，两支压裂队伍实施"一队双机"，组建设备维保、压裂备压等专业化队伍，最大限度发挥各生产单元创效能力。各单位掀起主题劳动竞赛热潮，平均压裂时效同比提升29.6%，创造7个破纪录项目、10个施工项目，基层队获中油油服、长城钻探工程公司贺信表扬和嘉奖表彰，得到甲方赠予锦旗3面。2支队伍实现年压裂400段以上，分列中油油服页岩气压裂排行榜第2、第4名，其中，YS69024队提前139天完成竞赛目标，并率先突破600段大关。

【党建工作】 2020年，压裂公司聚力保驾护航，在全面从严治党中践行初心使命，高质量党建引领发展再上新台阶。思想政治建设持续加强，坚持党对国有企业的全面领导，完善"三重一大"决策制度，实现党的领导与治理有机统一。组织中心组学习研讨12次，开展"战严冬、转观念、勇担当、上台阶"主题教育，班子成员深入基层调研30次，宣讲26场次，党员干部以实际行动践行"两个维护"。队伍活力显著增强，树立鲜明选人用人导向，提拔和调整干部34人，补充基层队管理技术岗位30人，实施技能人才晋级347人，激发全员干事创业的火热激情。基层战斗堡垒更加坚强，坚决扛起疫情防控责任，第一时间发布《疫情防控阻击动员令》，坚持党群季度例会制度，常态化抓好基层党建述职评议，制定6个党建标准化指南，新建党建活动中心3个，高质量完成党建责任制考核验收。"两个责任"不断压实，逐级分解党风廉政建设责任26项，全力配合上级巡察"回头看"，2019年巡察反馈问题整改完成率100%。做好"三复议"督查落实，推动四个"子工程"建设，排查风险点61个，构筑廉洁风险防火墙。企业氛围和谐稳定，完成兴文基地建设，更新一批长庆基地用床，威远地区配置2台烘干机，慰问帮扶各类群体111人次，组织岗位技能大练兵活动，征集五项成果32项，压裂公司公众号、青年抖音相继上线，承办长城钻探工程公司第三届原创诗歌朗诵比赛等系列活动，展现压裂公司风采，鼓舞队伍斗志，凝聚夺取疫情防控和生产经营"双胜利"的重要力量。

（胡　颖）

钻井液公司

【概况】　钻井液公司成立于2008年9月，按照"国外区域化、国内专业化、国内外一体化"的总体思路，完成国际业务和国内业务的专业化整合，主营业务包括钻井液与完井液服务、固控服务、盐水过滤、废弃物处理、产品贸易、技术咨询与培训、技术和产品引进与研发、设备和处理剂生产制造、产品检测等服务。整合以来，国内外业务均实现并保持快速发展，构建覆盖全球的技术支持和后勤保障体系，业务遍布国内各大油田和国外中亚、中东、非洲、美洲和东南亚，在全球拥有7个区域实验中心、1个处理剂研究所、1个质量检验中心（通过CNAS认证），下属一个处理剂生产基地——盘锦石油化学公司，是国内钻井液行业中专业化程度较高、规模较大、综合性和国际化的钻井液服务公司。

2020年，钻井液公司下设机关职能科室14个，境内前线项目部5个，生产辅助单位5个，直属中心1个，下属盘锦石油化学公司，共计10个基层服务部门，206支（国内队伍150支）

队伍。其中钻井液队伍181支,固控服务队伍11支,环保服务队伍14支。业务区域,境外分布11个国家、国内7个油区,覆盖13个省份;全球共计服务客户48家,其中海外非CNPC市场约占1/3。

钻井液公司现有中外员工2160人,其中,中方员工1124人,外籍员工1036人;中方员工中合同工541人,市场化用工320人,工程外包260人,借聘3人;中方员工中本科以上341人,硕士以上43人;海外项目员工当地化率93.2%。

【年度工作指导方针】 2020年,钻井液公司按照长城钻探工程公司工作部署,围绕建设"六个典范",着眼"五个聚焦",切实把新发展理念"十字方针"贯穿于钻井液公司发展各项工作:聚焦改革创新驱动,加快新旧动能转换;聚焦统筹协调发展,增强一体化竞争力;聚焦市场开放合作,优化多元市场布局;聚焦安全绿色低碳,树立红线底线思维;聚焦人企共建共享,强化党建政治引领,全面完成上级下达的各项任务指标,实现高质量发展,努力建设"国际一流的综合性钻井液公司"。

【生产经营】 市场开发方面。2020年,钻井液公司海外新签和中标待签项目14个,合同额1.67亿美元,完成下达指标的139%。国内市场新增合同额1300万元,全面实现四川泸州页岩气和"三煤"项目收入6202万元。

经营指标方面。钻井液公司全年生产化学剂23294吨,钻井液技术服务1208井次,固控服务1242井次,废弃物处理56井次。全年实现收入149971万元,完成指标的108%。

QHSE指标方面。钻井液公司全年完井电测一次成功率96.23%,中完电测一次成功率91.67%,完成长城钻探工程公司下达的QHSE各项工作指标。荣获2020年度长城钻探工程公司井控管理先进单位,连续五年荣获长城钻探工程公司HSE先进单位。

【疫情防控】 2020年,新冠肺炎疫情发生后,钻井液公司坚持把员工生命安全和身体健康放在第一位,以"战时状态"统筹做好疫情防控、复工复产等工作,各级领导干部靠前指挥,主动作为;广大党员干部勇挑重担,不畏艰险,冲锋在前;广大员工顾全大局,同舟共济,日夜奋战,钻井液公司守住"零感染"底线,实现抗疫复产双胜利。

快速反应,积极应对。面对突如其来的新冠肺炎疫情,钻井液公司迅速反应,1月28日,钻井液公司启动公共卫生突发事件一级应急响应,成立新型冠状病毒感染肺炎疫情防控工作领导小组,紧急下发《关于进一步加强新型冠状病毒感染的肺炎疫情防控工作的通知》,突出底数"六清",严格把控输入渠道。制定《钻井液公司新型冠状病毒感染的肺炎疫情防控工作实施办法》,从办公及生产经营场所防控、个人及居家生活防控和个人防疫应急处理三大方面制定46条具体措施。

全员武装,健康暖心。在领导工作小组统一组织下,钻井液公司工会牵头,相关部门配合,寻找货源,为员工配备必要的防护物品和设施,全年为国内员工和海外职工家属配备各类防疫物资17.5万件,其中防疫口罩14.9万只。

【提质增效】 2020年,钻井液公司全体干部员工树立强烈的危机意识,控成本、深挖潜、去烦琐,精打细算过"紧日子",全力在高质量发展征途中展现新智慧、实现新作为。按照长城钻探工程公司提质增效专项行动工作部署,钻井液公司4月编制下发《钻井液公司2020年提质增效专项行动实施方案》,制定14条提质增效措施,多次召开专题会议全面分析各单位成本支出情况,并从成本管控、市场开发、产业化发展、物资装备管理、技术保障能力提升等14个方面制定有针对性的提质增效措施,守住边际贡献为正的底线,推进提质增效专项行动。全年完成增收1.60亿元,节支降耗4102万元。

加强预算管理,一切成本皆可降。坚持"以收定支",从严从紧控制成本支出,加强预算绩效管理,做到花钱要问效,有效多安排、低效多压减、无效要问责。完善相关工作机制,稳妥防范和化解经营风险。两地机关及二线厉行节约,严控非生产性支出,全年非生产性支出610万元,比控制指标节约50万元。

开展合同三复议实现降本增效。全年完成合同复议141份,复议率达100%,降低金额1039万元。通过公开招标和价格复议,实现处理剂单价平均下降8%,以石油衍生品为主的处理剂单价平均降低10.95%,外委服务单价降低8%。针对部分物资因疫情原因涨价和供应难问题,配合相关部门寻找优质货源,努力使影响降到最低。钻井液公司同中石油燃料油有限责任公司联合为西南项目研发出特定的非标柴油,实现产品单价同比下降26.8%。

发挥基层员工主观能动性。设备管理中心从循环利用旧配件、自修设备等方面入手,减少钻井液公司设备的整体维修成本,通过重新修复再利用,节约成本277.8万元,实现外委维修费用下降22%以上,内修费用同比下降15%以上。欢喜岭项目部ZY3071小队一线员工钟银修等根据现场需要设计改装桶装处理剂加量控制阀,不仅减轻一线员工加料工作量,而且可以随时调整流速,为现场降本增效、提升钻井液性能作出贡献。

【科研技术】 2020年,钻井液公司集中优势力量完成国家和集团公司重大科技专项,将科研成果与生产密切结合,着力破解生产瓶颈问题,通过科技手段实现提速提效,缓解持续降价带来的不利影响。钻井液公司全年累计投入科技经费1860.7万元,承担国家科技重大专项1项、集团级科技项目5项、油服统筹及局级项目16项,完成省部级科技成果鉴定3项,其中集团公司科技成果鉴定1项,获授权发明专利3项,实用新型专利1项,获中国石油和化学工业联合会优秀专利奖1项,商标授权2项。获省部级科技成果一等奖2项、二等奖2项,长城钻探工程公司科技进步二等奖1项,主持修订集团公司企业标准3项,在国家核心刊物和行业年会发表论文12篇。

顶层设计激发科研积极性。2020年是钻井液公司近年来科研项目最多的年份,加强顶层设计和过程管控,开展项目执行课题长负责制,调动科研人员积极性,鼓励多出成果、早出成果,为生产提质增效助力。

产品和设备研发取得积极进展。低黏度效应页岩抑制剂 GWDPMA 和抗温抗盐降滤失型多功能页岩抑制剂 GWCAP 完成现场试验定型并进入推广使用；聚合物类降黏剂 GWTHIN 完成车间放产；1200 万—1400 万高分子量乳液聚合物包被抑制剂 GWAMAC 实现规模化生产；包被抑制剂类产品实现量产，在钻井液公司内部市场全部实现自供。自主研发的油基岩屑无害化处理装置完成出厂验收并进入现场试验，该装置采用全自动化程控处理，其处理能力达到国际先进水平。

科研助力生产解难题。自主研发的胺基钻井液体系，稳定井壁效果凸显，在叙永页岩气应用 6 口井，目的层周期较同区块有机盐体系施工井缩短 39.4%；在沈北致密油水平井应用 10 口井，其中胜 601—沙 H107 井创造辽河油田沈北油区水平井三开水平段最长、三开施工周期最短、口井进尺最多等多项区块纪录；在尼日尔 Agadem 油田成功应用 16 口井，平均完井周期同比缩短 19.4%。GW-AMO 广谱封堵油基钻井液技术在页岩气全面推广应用，有效缓解龙马溪地层井壁失稳问题，万米进尺划眼耗时同比降低约 58%，保障"一趟钻"的实施及页岩气井提质提效，在与国内外公司的同台竞技中，尤其是在施工难度较大的威 202H81 平台、H82 平台及 H83 平台，展现其保障井下安全的优势，并成功入选中油油服 2020 年度工程技术利器。抗温 220 摄氏度、密度 2.67 克/米^3 的气制油合成基钻井液体系在页岩气完成现场试验 6 口井，未发生与钻井液相关的井下复杂情况，试验井最长水平段长 2100 米，创下气制油合成基钻井液应用井国内最长水平段纪录。

【技术提升】 加强前置审核，提升服务质量。2020 年，钻井液公司将国内外 12 个项目 31 个区块的钻井液技术模板进行优化，加大技术方案的前置审核力度，实现技术模板 100% 审定、海外回国人员 100% 培训、所有大包项目 100% 技术升级"三个百分百"，不断提升服务保障水平。

分类施策，降低事故复杂。加强重点井、深井、复杂井管控力度，建立事故复杂井处置技术资料库，深井分井段制定防控预案，优化并推广施工作业模板，及时止住出血点。全年事故复杂率同比降低 0.51%。

加强井控管理，及时解除风险。在四川威远、兴文、珙县和泸县建立页岩气重晶石应急储备库，西北乌审旗和大宁建立重晶石应急储备库。在辽河油区成功处置海南 15-28 井、马古 21 井等多口井溢流险情，为高压气井驾探 1 井连续提供 1000 多立方米重浆压井，为及时解除井控险情提供保障，受到辽河油田公司和东部指挥中心的表扬。

优化钻井液施工工艺，助力双 6 储气库、雷 61 储气库高效建设。双 6 储气库平均钻井周期 68.07 天，口井平均承压堵漏时间由初期的 373.75 小时下降到 48.5 小时。双 032-26 井创双 6 储气库区块定向井最快施工纪录。

持续技术升级，提速提效显著。在辽河油区试验抗高温钻井液技术，形成抗温 200 摄氏度和 220 摄氏度体系配方，达到国内先进水平，实现辽河油田深井钻井液技术新突破。在辽河、西北开展环保钻井液体系升级，在苏里格区块水平井升级复合盐钻井液体系，在四川形成具有长城特色的自主柴油基钻井液体系，服务钻井提速提效。锦150区块平均机械钻速同比提高70.03%，平均钻井周期同比降低40.41%。杜32区块平均机械钻速同比提高52.72%，平均钻井周期同比降低4.78%。高性能水基钻井液体系助力辽河油田喜获驾探1井高产气井和两口百吨油井。中油煤项目接连创下多项指标，大吉平34井创造中油煤项目最短钻井周期、最短建井周期、最长水平段三项施工纪录，得到中油煤甲方高度认可，获甲方书面表扬。

劳动竞赛和高质量施工井大评比激发基层活力。组织开展"战疫情、保生产，夺取双胜利"劳动竞赛，赛速度、赛质量、赛效益、赛安全。40支队次创造区块纪录，全年嘉奖215支钻井液小队。

【市场扩容】 国外市场。2020年，钻井液公司与古巴完成新的两年期水基钻井液服务合同谈判，实现材料种类增项扩容，为后期提质增效打下基础。与厄瓜多尔和秘鲁成功签订秘鲁SAPET 41口井和GMP钻井液与固控服务合同；完成厄瓜多尔固控废弃物处理合同三年期谈判。与圭亚那成功签订并完成岩屑箱国际贸易合同，实现长城钻探工程公司在该国市场零的突破。伊拉克中标12区和Petronas 35口井修井液、盐水过滤服务项目。乍得中标OPIC钻修井液及废弃物处理一体化项目。南苏丹激活1区非竞标合同，新增100口井工作量。

国内市场。统筹优化市场结构，对市场进行效益再评价，守住边际效益底线，以增量收益化解价格走低的损失。中标长宁区块宁209H68平台钻井液技术服务项目，搭建长城钻探钻井液专业与投资建设方交流平台；首次进入大庆自营潼南—合川页岩气区块市场，中标大庆钻一川渝自营区块营浅1钻井液技术服务项目，为后续在该区块的市场开发和服务实践提供良好基础；配合长城西部钻井有限公司和钻井二公司完成中联煤地质工程一体化产能大包服务项目投标工作；配合钻井一公司完成壳牌长北二期"50钻机"一体化服务项目投标工作；配合生产协调与市场处，到大庆完成大庆油田页岩油钻井一体化项目技术推介工作。

【质量安全环保】 2020年，钻井液公司按照严格监管阶段客观要求，夯实管理基础，深化过程管控，培育自主意识，筑牢钻井液公司高质量发展根基。一是压实安全责任，长效推进全员履职尽责。用钉钉子精神压实落细安全管理责任，层层签订责任状、承诺书，有效传导安全生产压力纵向到底、横向到边。修订一岗一清单，照单落实、按单考核，引导各级员工各司其职、各负其责。二是落实双重预防机制，强化事故管理超前防范和过程管控。深入开展风险评估及隐患排查治理，全年识别危害因素233项，评估较大风险5项并制定分级防控措施，投入专项资金150万元整治10项较大隐患。三是转化审核成果，推动体系运行持续完善和优化升级。对标完善制度44项、废止2项，维护体系有效运行。开展QHSE体系审核，整改关闭内审问题190项，外审问题100项，确保问题整改有深度、体系提升有高度。四是坚持目标引领，高质高效推进各专项工作落地落实。群众性活动健康发展，668人次参加QHSE文化活动，多篇QHSE论文获奖、1篇QC小组课题斩获辽宁省QC成果一等奖。五是加强质量控制，有效提升现场施工质量和服务能力。识别质量风险117项，推行技术进步，降低施工风险。制定并逐步落实《钻井液公司井筒工程质量三年集中整治行动方案》，加大辽河油区重晶石粉管控力度，规范抽检流程、加强人防信息防，控制到井材料质量，全力保障钻井液技术服务水平。

【党建工作】 突出加强政治建设。2020年，钻井液公司以学习贯彻习近平新时代中国特色社会主义思想和党的十九大精神为主线，坚持不懈强化理论武装，开展中心组学习19次，基层党支部三会一课320次，常态化学习宣教覆盖全部基层组织，党员干部和职工群众对新思想新理论的思想认同和情感认同不断增强。

持续抓牢基层党建。《中国共产党问责条例》《中国共产党纪律处分条例》《中国共产党党内监督条例》学习贯彻全覆盖；制定实施《基层党建工作质量提升三年行动规划》《党建责任制考核实施细则》及考核评价指标体系；启动5个党支部活动阵地标准化建设工作；组织"提质增效担当有我"党员岗位实践讲述主题党日12次；探索项目推进法，助推四个年度党建创优项目在生产经营中提速提效；采取"调、并、挂、包"的方式，实现班班有党员。

履行党风建设主体责任。细化完善党委落实全面从严治党的主体责任清单和任务清单；百分百逐级签订党风廉政建设责任书和廉洁从业承诺书；深入开展百日警示教育；创建"选人用人""合同管控""财务管控"和"物资管控"四项"平安工程"子工程，排查廉洁风险点24个，确定高风险点13个，制定防控措施32条。

加大新闻宣传力度。修订《钻井液公司新闻宣传管理办法》，加大对中高级别媒体以及稿件质量的奖励额度，通过开展主题宣传竞赛、考核评比和轮训等方式，提高新闻写作能力，钻井液公司年度发稿量再创新高，在长城钻探工程公司党委考核中取得优秀成绩。

激发群团建设活力。实施精准帮扶，使用帮扶金25.06万元，帮扶181人次；为全体员工购买团体安康险，配备速热水龙头、电热水器；重新设计购置现场实验房19栋，改善员工工作和生活环境；疫情期间，慰问节日坚守岗位的境内外一线员工225人次，使用资金27万元。青年员工在长城钻探工程公司组织的科技论文、创新成果等活动中取得较好成绩。维稳责任严格落实，获上级电报嘉勉。钻井液公司工会被评为长城钻探工程公司工会经审先进单位。

（顾立洋）

固井公司

【概况】 2020年，固井公司用工总量909人，其中在册职工749人（合同化员工617人，市场化用工132人）、劳务用工160人。具有教授级专业技术职称1人，高级专业技术职称28人（高级工程师24人、高级会计师2人、高级政工师1人、高级经济师1人），中级专业技术职称172人（工程师136人、会计师8人、经济师13人、审计师3人、政工师10人、翻译1人、馆员1人），助理级专业技术职称78人，员级专业技术职称26人。

2020年末，固井公司固定资产原值104126万元，累计折旧74319万元，减值准备1090万元，净额29807万元。无形资产原值3286万元，累计摊销799万元，净值2487万元。长摊资产原值4317万元，摊销3860万元，净值457万元。有设备1709台（套），其中固井施工车辆347台，辅助类固定、化验设备1362台（套）。有水泥车111台，其中，美国哈里伯顿CPT-Y4型水泥车12台，双机双泵GJC100-30型号水泥车8台；双机双泵GJC70-33型号水泥车13台，双机双泵GJC70-30型号水泥车30台；沙漠双机水泥车2台；单机大功率GJC100-20型水泥车3台，单机单泵GJC45-21型号水泥车24台；单机单泵GJC40-17型号水泥车16台；普通单机单泵水泥车2台。其中境内70台，主要分布在辽河、四川页岩、陕北地区；境外41台，主要分布在乍得、尼日尔、哈萨克斯坦、泰国、委内瑞拉、伊拉克、印度尼西亚等国家。有下灰罐车89台，其中境内下灰车55台，主要分布在辽河、四川页岩、陕北、吉林、冀东等地区，境外下灰车34台，主要分布在乍得、哈萨克斯坦、委内瑞拉、伊拉克、印度尼西亚等国家；其余辅助施工车辆147台，批混车（橇）13台，背罐车18台，供水供气车21台，水罐车10台，随车吊12台，锅炉车1台，其他小型车72台。

水泥化验设备280台（套），其中常规化验设备如高温高压稠化仪、高温高压养护釜、压力试验机等共158台（套）；具备水泥浆化学元素分析、水化放热性能监测、力学性能分析的科研仪器设备10余台，包括元素分析仪、傅里叶红外测试仪、机械性能分析仪、水化热测试仪；综合一体化移动化验室24套。2017—2020年，固井公司质检中心连续4年取得水泥、外加剂两大类18个项目的质量检验国家CNAS认证。辅助固定设备1082台（套），其中，水泥自动干混系统1套，各类储灰罐、储水罐395台，美国产寿力空气压缩机7台，其他板房等设备679台。

全年完成固井4203次。其中，辽河油区固井2428井次，国内外部市场固井1454井次，海外市场固井321井次。

【科技创新】 2020年，固井公司运行各级科技项目9项，其中集团公司科技项目1项、长城钻探工程公司科技项目3项、固井公司科技项目5项，授权发明专利2项。

集团公司科技项目——"固井设计仿真监控系统升级与关键技术研发"，本课题是集团公司重大科技专项"重大工程关键技术装备研究与应用（二期）"的课题，研究周期2018年8月至2021年12月，研究目标是在一期研究基础上，持续升级完善固井仿真模拟、自动控制等软件模块，配套自动水泥头等关键设备，形成自动监控固井施工技术，提高固井作业工程质量与自动化水平；建立固井工程大数据平台，提升信息化水平；

研发出抗240摄氏度高温水泥浆及高温固井关键工具，满足超高温深井固井技术需求。

成功改造、研制远程监控水泥、稳定供灰系统，现场测试稳定供灰系统、远程监控水泥车9井次，成功率100%，远程监控水泥头3井次，成功率75%，同时，根据现场需求以及实际情况对稳定供灰系统、远程监控水泥、远程监控水泥头进行适应性改造，以满足现场需求。另外，开展固井仿真模拟设计软件现场测试113井次，模拟结果满足现场要求。

调整井固井关键技术研究与应用。项目主要针对辽河调整井水窜问题开展调整井固井工艺技术研究，完成封隔器图纸设计，利用设计软件模拟施工参数。完成水泥浆水窜机理研究，从水泥浆凝固前、凝固中以及凝固后三个方面出发，进行防水窜水泥浆体系的开发。完成低失水加重冲洗隔离液失水方法研究，优选加重剂、降失水剂、稀释剂等材料，开展隔离液体系性能测试。完成现场试验12井次。

雷61储气库钻完井技术研究与现场应用。本项目通过完善储气库钻井技术研究，并试验新型的屏蔽暂堵型钻井液配方、防漏前置液体系、韧性微膨胀水泥浆体系和新型固井工艺技术，设计完成具有自主知识产权的永久压胀式封隔器，并顺利完成雷61储气库的11口井钻完井施工任务，保证储气库井的井身质量和固井质量。与第一口井相比，平均机械钻速提高25%，定向井钻井周期14天，完井周期22.5天；水平井钻井周期16.3天，完井周期22天。

旋转套管固井水泥头研制与应用。自主研发设计创新，完成耐高压旋转套管固井水泥头的设计、加工、装配和试验，达到旋转固井工艺要求。2020年完成耐高压旋转套管固井水泥头的模块化试验、结构设计、图纸绘制、专利申请、方案论证。

【人员培训】 2020年，固井公司实施培训项目32个，开展培训63期，培训4508人次；组织开展公司级"每周一课"培训18次，参训人员1531人次；完成公司级新入厂员工三级安全教育培训5人；组织开展标准化操作培训12人，其中工程技术岗位3人，水泥车主操作手岗位9人；完成第二批装备操作转工程技术岗位人员的实习转正考核5人；组织固井工、汽车驾驶员、固井水泥实验工、经管员、汽车维修工等10个岗位的90人进行技能鉴定报名，其中初级工16人、中级工17人、高级工57人。

9月17日，召开第五届职业技能竞赛。预赛岗位涉及一线、二线、机关及直附属单位22个岗位的327人参加，决赛包括专业赛和团体赛，109人报名参加，其中专业赛技术员、水泥车主操作手、汽车驾驶员和机关管理岗专业赛均设一等奖1名、二等奖2名、三等奖3名，水泥外加剂化验工岗位设一等奖1名、二等奖1名、三等奖1名，团体赛综合计算成绩取前三名进行表彰奖励。

受疫情影响，培训工作的开展主要依托网络远程教育培训。固井公司根据长城钻探工程公司人事服务中心远程课件制作要求，梳理并建立固井远程视频课件库，完成41个教学课件，共计590分钟的拍摄，视频课件库涵盖固井工程师工程技术培训、水泥车操作手及固井工晋级培训及固井队队长晋级培训等内容。课件拍摄形式丰富多样，有三维动画制作、标准化作业分步展示、教师利用PPT录播等。视频课件库的建立进一步丰富固井公司远程网络教学资源，满足员工远程学习需求，降低培训成本，并为适应新形势，推进基层服务队员工职业晋级培训工作奠定基础。

组织开展2020年专业英语及BEC商务英语培训。培训学员48人，其中工程技术岗位21人，装备操作岗位20人，化验研发岗位2人，机关管理岗位5人，英语培训教师2名。固井专业英语培训内容主要包括固井专业词汇、句型以及模拟施工现场对话等；BEC商务英语主要针对机关管理岗位人员，从商务口语、商务写作等方面进行讲解。

【质量安全环保】 2020年，固井公司荣获长城钻探工程公司2020年度HSE、质量、节能节水先进单位，通过DNV管理体系换证审核。

安全生产实现"九个杜绝"，累计工时212.6万小时，总可记录事件率（TRCF）1.88；职业健康实现职业病危害因素检测率100%，检测合格率100%，职业健康体检率100%，普通健康体检率100%；环境保护全面完成长城钻探工程公司下达的考核指标，废水、废气、固体废物全部实现规范处置，达标率100%；质量管理方面，全年未发生较大及以上质量责任事故，顾客满意度95.7%，实现"四个100%"——固井质量合格率100%、计量器具检定率100%、原材料质量检验率100%、自产产品出厂合格率100%。

按照"党政同责""一岗双责"，层层签订《HSE管理目标责任书》33份。科级以上干部制定个人安全行动计划78份，开展安全活动520次。完善《2020年HSE工作安排》《2020年质量工作安排》《HSE承包方案》，细化主要工作，根据全年HSE工作计划制定HSE工作分解表，将主要工作分解为43项具体工作，定期跟踪落实；编制《安全生产专项整治三年行动方案》，明确专项工作6项，分解工作48项，明确工作任务要求、负责人及完成时限，定期跟踪确保有效落实。编制《安全升级管理工作清单》，发布安全风险预警提示4期，编制常见违章警示教育片2期，增强季节性风险防范意识。制度梳理修订。全面梳理制度文件，修订 HSE 支持性文件 77 项，开展集中讨论会 5 次完成对 24 项主要文件的讨论评审。修订 HSE 和质量管理手册，建立质量程序文件 20 个。迎接审核 5 次，发现不符合问题 41 个，以审核为契机，召开分析会 4 次，分析问题落实整改，弥补管理短板。修订完善 QHSE "一岗一清单"，将质量职责纳入清单，覆盖固井公司 148 个岗位，集中组织讨论会 6 次，解决职责不明晰问题，为责任落实提供抓手。

开展首批 42 名干部 HSE 履职能力评估。开展 QHSE 实操培训师和内审员选拔工作，对参加报名的 21 名人员组织选拔考试，优选 10 名骨干人员，制定计划重点培养。实施道路行车"一体化"监控，严控车辆运行、驾驶行为，保障道路行车安全，全年开展安全教育 776 人次，违章提示 133 车次，查处违章驾驶行为 53 起；落实现场监督检查，检查整改问题 496 个，推动现场安全标准化有效执行。加强质量控制，质量管理水平进一步提升。严格执行计量器具的定期效验制度，计量检测器具 756 件，检测率 100%。严格落实固井施工技术方案，严格流程审批管理，审批率 100%。完成固井 4242 井次，实现固井合格率 100%，用户回访 92 次，用户综合满意度达到 97%。加强疫情防控。编制发布《新型冠状病毒感染的肺炎疫情防控工作方案》等文件 8 项，传达地方政府、上级部门疫情信息及防控要求 200 余次，做到及时传达，全面监督落实；严格人员控制，实施人员因私休假、跨区域流动报备审批制度，分级跟踪固井公司人员流动情况，审批 1210 人次；疫情严峻期间，组织落实隔离要求，保障复工复产流动人员安全。跟踪国外返回人员的检测、报备、隔离制度，确保境外员工入境安全。

【党建政工工作】 2020 年，固井公司党委始终把加强班子自身建设及发挥示范引领作用作为工作总开关。一是在领导班子理论学习方面，年初制定《固井公司 2020 年党委理论中心组学习计划》，重点开展十九届四中全会精神、《习近平谈治国理政（第三卷）》、习近平关于安全生产重要性论述等内容学习，开展中心组集中学习 13 次。二是在压实领导班子党建责任方面，根据领导班子分工的调整，先后两次修订完善《固井公司领导班子党建工作联系点实施办法》，印发《固井公司党委班子成员党建责任清单》，明确党委班子成员党建工作责任。截至 12 月，班子成员全部完成党建联系点活动相关内容要求，讲专题党课 13 场，基层调研和指导工作 20 余次。

固井公司党委在持续排查整改"不忘初心、牢记使命"主题教育问题清单的基础上，深化"两个条例"学习，进一步提升基层党建工作质量。及时完成 6 个基层党组织的调整工作，提醒和督促 10 个党支部完成换届选举工作。持续以季度政工例会为支撑，对各党支部书记及政工员开展业务培训，60 余人次参与培训工作，提升党务工作人员业务水平；组织开展党支部书记基层党建述职，5 位党支部书记参与现场述职，12 位支部书记递交书面述职报告；全力推进石油党建平台的应用，将平台应用纳入季度"三基"考核范围，各党支部利用"石油党建"App线上缴纳党费的比例由2019年末的50%提升到2020年的80%以上；持续推进标准化党支部创建工作，重新修订完善星级党支部创建管理办法，为基层党支部下发6个标准化党支部工作模板，提升基层党支部工作标准化、规范化水平。受新冠肺炎疫情影响，固井公司党委响应上级号召，将疫情防控工作摆在重要位置，合理使用上级拨付的2笔专项党费（合计11.13万元），其中防疫物资采购使用经费5.05万元、困难党员群众资助使用经费1万元、"七一"先进表彰使用经费4万元；组织开展党员爱心捐款工作，共有330名党员累计捐款80656元；7月2日组织召开纪念建党99周年暨抗疫复产表彰会，30名同志被授予"抗疫保产优秀共产党员"称号，25名同志被授予"抗疫保产优秀党员示范岗"称号，2名同志被授予"抗疫保产优秀党务工作者"称号，5个基层党支部被授予"抗疫保产先进基层党组织"称号。

固井公司党委充分发挥宣传思想工作凝聚人心、引领方向、主动作为的积极作用。2月19日至3月2日组织开展"职工形势任务教育网络答题"知识竞赛；起草并下发《固井公司"战严冬、转观念、勇担当、上台阶"主题教育活动方案》，与深入开展"提质增效"专项行动同步推进，在门户网站和企业号开设专题，截至2020年底在公司企业号连载15期；推进"夺取疫情防控和高质量发展双胜利"专项活动，利用企业号每日通报疫情动态和宣传固井公司典型，并组织开展"夺取疫情防控和高质量发展双胜利"主题宣传竞赛活动，鼓励广大干部员工宣传固井公司面对复杂形势，盯牢全年目标任务，统筹抓好疫情防控和高质量发展两项工作有力举措和成效贡献。确保党员学习教育工作紧跟新时期精神，利用"中油即时通信"、新媒体等传输途径为各党支部及时下发阶段学习资料和重点精神解读，并购买《习近平谈治国理政第三卷》《敢担当 勇作为 做新时代筑梦人》《党的十九届五中全会建议学习辅导百问》等学习书籍丰富各党支部学习教育内容。教育形式多样。为进一步加强党员学习教育质量，固井公司党委围绕"两个条例""基层党组织换届选举"等内容多次组织开展线上答题活动，提高党员学习积极性。

固井公司党委始终将群团建设作为党建工作的重要组成部分，持续加强对群团工作的领导，使之成为推进固井公司稳健发展的重要力量。面对突发疫情，固井公司工会发挥保障、服务职能，组建员工家属微信工作群，将期间将防疫急需物资分批次送到员工家中，并在劳动节、端午节期间慰问境外坚守岗位的38名员工家属；为配合中哈项目部全力做好复工复产及疫情管控工作，体现固井公司对现场员工身心健康的关心和关爱，固井公司工会通过国际快运向中哈项目组现场人员配送现场急需的口罩及抗疫情药品1批次，缓解现场人员用药及防护物资需求压力。激发青年担当作为。为鼓励固井公司青年在提质增效中发挥生力军作用，开展"提质增效 青年担当"主题实践活动,活动包括"我与提质增效"抖音演讲活动、青年岗位创新大赛、青年五小成果活动、青年"好方法、好习惯、好工具"征集活动、青年文明号开放周活动等,组织65名青年疫情期间捐款6361.66元,组织青年志愿者疫情期间发挥作用,全年组织4次青年志愿者活动。

(孟　鑫)

钻具公司

【概况】　截至2020年底,钻具公司员工总数619人,中高级技术职称125人,管理和专业技术人员204人,操作服务人员396人,员工中具有大专以上文化程度355人。下设9个机关部门(办公室、党群工作科、组织人事科、财务资产科、经营计划科、生产协调与市场科、质量安全环保科、物资装备科、运营管控中心)、5个生产保障中心(井控保障中心、钻具保障中心、加工制造中心、技术发展中心、后勤服务中心)、3个区域服务项目部(西部项目部、西南项目部、国际项目部)。主要为油区内外市场提供钻具、工具、井下动力钻具、采油井口、套管、井控装置的检测、维修配套等业务。服务区域主要分布在兴隆台、欢喜岭、陕北、海拉尔、吉林、四川以及委内瑞拉、古巴、乍得、尼日尔、伊朗、阿尔及利亚等。全年供井钻具199万米、防喷器1314套、工具1.2万件;完成钻具修扣10.8万头,钻具喷焊5.4万头,防喷器检修1569套,加工制造产品900余件。

【企业管理】　2020年,钻具公司以"业务直线管理、项目属地负责、资产经营增值、业绩成果共享"为原则,成立5个生产保障中心、3个区域服务项目部,减少管理层级,最大程度发挥专业、精细、共享的优势,实现"资产管理、资源保障、资源利用、增收创效"。修订完成63项制度,其中新建38项。钻具公司主页开设规章制度专栏,按业务进行分类,确保钻具公司所有规章制度内容合理、覆盖全面,组织规章制度宣贯12场次,宣贯覆盖率达80%以上。"三基"工作继续以"精细化"管理为主线,围绕"提质增效",组织各部门持续对各自考核标准进行动态调整、完善和补充,修订104项考核标准、238条考核项目、564个考核点。建立指令跟踪反馈制度,实现生产指令、问题沟通、组织实施、后续跟踪全过程无缝衔接,确保精准高效完成生产指令。全年修扣工作量同比提升18%,喷焊工作量提升19%,摩擦对焊工作量提升30%,生产组织效率提高。实施提质增效专项行动,分解任务目标,细化工作措施,明确进度要求,层层落实责任,实现边际贡献率提升6%,投资减少6976万元,同比降低53%,非生产性支出降低33%,"五项费用"降低59%。通过降价谈判、"以量换价"、自主维修、内部调剂等措施,减少材料费1097万元;停止无效供暖、开展合同"三复议"、控制出差频次、严控机关管理费用,减少各类支出128万元。制定重点井分级保障方案,对驾深1井、马探1井、黄206井、双6储气库等重点井落实专人负责制,实施"一井一策"保障措施,全年开展重点井巡井292井次,解决问题440项。

【工程建设】 2020年,钻具公司履行基建管理程序,做到项目有申请、有计划,开工有方案、有报价、有工期要求,入场有开工报告、有QHSE管理措施、有材料入场检验等相关手续,杜绝先施工后补手续现象发生。下达11项基建项目,其中钻具公司投资10项,长城钻探工程公司投资1项,投资计划金额236.14万元(其中长城钻探工程公司投资计划额为178.14万元)。

【物资管理】 2020年,钻具公司优化资源配置,牢固树立"经营钻具"理念,推进资产管理信息化、自动化,实现资产保值增值。完成长摊资产投资5700万元。其中:钻具投资2700万元,更新山西、长庆地区重点井钻具;井控投资2500万元,满足到期超期井控装置及时更新、西南地区井控配置升级、更换剪切全封一体化闸板总成的井控管理要求,保障供井井控装备安全有效;更新数控车床固定设备投入480万元;长摊资产修理费投入20万元。修订《钻具公司资产管理办法》《报废资产管理办法》,集中开展2次资产盘点,实现"三清一规范",即数量清、位置清、性能等级清、现场管理规范化。按照常规消耗物资、无动态物资、技术报废物资等分类建账、区分管理,更新物料标识牌3000多个,实现标识统一、账、卡、物一致。修订《钻具公司物资管理办法》,严格物资计划管理,完善以年度预算为框架、月度计划为主导、加急计划为辅助的物资计划管理体系,下达计划8批次。计划汇总,综合平衡各地区库存情况,统筹调配,实现各单位之间生产信息共享、物资配置共享。加大积压物资的调剂使用,压缩钻具公司库存,提高计划精准度,全年调剂各类物资2550件,设备7套,节约成本319万元。

【科技创新】 2020年,钻具公司组建研发团队,搭建科技创新平台,提升钻具公司科技创效能力,形成"3个小组,4个方向"的技术研发框架,解决摩擦焊机改造、大车修理架台、排污泵电缆防磨装置等一系列实际问题。初步建立符合NS-2标准的科学化、专业化、国际化钻柱检测作业管理体系,获NS-2钻柱检测资质认证,为钻具公司进入高端检测市场提供"敲门砖"。助力加工制造业务提档升级,投资480万元更新配置各类设备92台,为螺纹维修、油管修复、NS-2钻柱检测提供支持。发挥数控技术优势,完成小接箍非标钻杆加工320根、对焊钻具1550根。加强技术交流和培训,邀请中国石油集团石油管工程技术研究院、山东沂水机床厂有限公司、四川中曼铠撒石油科技有限公司、山东奥太电气有限公司、芬利宝德咨询(北京)有限公司等10多个厂家进行技术交流,达成系列合作5项,大幅缩短钻具公司与行业最新技术差距。结合业务发展需要，开展各种类型培训和取证工作。检测方面，将原有的检测取证从单一的机械协会向特种设备检测协会拓展，2020年下半年线下培训开始后，13人取得中国特检协会资质。机械加工方面，针对数控编程、磨刀技巧等开展各类型培训46次。

【安全生产】 2020年，钻具公司践行有感领导，落实层级管理责任。修订、编制《钻具公司安全生产责任汇编》和《责任清单》，公示领导干部个人安全行动计划41份，个人安全行动计划实施记录155份，承包联系点活动记录77份。优化基层HSE资料，实现基层资料减负40%。开展两次内部审核，组织开展风险识别和隐患排查整治活动，累计发现事故隐患124项，识别质量风险47项，制定防控措施63项，投入隐患治理资金71万余元，及时整改隐患。制定《安全责任升级监管实施细则》，升级监管重要敏感时段和关键风险领域，发现问题293项，下发问题整改通知单8份。坚守井控风险"红线"，实现井控装置本质安全。完善《液压管线定队管理》制度，实现制度管控、现场管控、自主管控"三箭齐发"。落实集团公司要求，及时停用剪切全封一体化闸板防喷器。开展公司级应急演练3次、基层单位级应急演练16次，配合长城钻探工程公司完成驾探1井井控应急救援任务。自行研发"井控装置防腐润滑法"，成功抑制闸板阀腔内结冰，冻堵故障率下降10%。更新12项129件即将超期的井控代储应急物资，梳理钻具公司全部应急药品，共更新31类1101项。

【疫情防控】 2020年，新冠肺炎疫情暴发以来，钻具公司第一时间着手应对，成立疫情防控工作领导小组，制定防控工作方案，通报疫情信息，建立员工出行动态数据库，对流动人员由面到点实时跟踪。组织防疫物资采购、储备和发放工作，发放口罩1.3万个、消毒液112升、医用酒精180升。从生产组织、物资保障、休假倒班、隔离措施、劳动纪律、信息报送、办公和生产区域进出、餐饮、会议、车辆、卫生等12个方面落实防控责任，凝聚起众志成城、共克时艰的抗疫决心，守住职工队伍"零疫情"底线。

【精神文明建设】 2020年，钻具公司强化"党建+"思想教育、生产服务、市场开发、安全管控、幸福指数五个平台建设，推动基层党建与生产经营同频共振。领导班子学习《习近平谈治国理政》、党的十九届五中全会精神等内容，组织党委中心组集中学习研讨13次，撰写调研报告6篇，组织4次专题研讨，专题发言23人次。与生产单位基层党支部主动对接，通过各种渠道征求意见建议36条；在学习调研基础上，组织班子成员讲专题党课5次，各党支部讲专题党课15次。召开对照党章党规找差距专题研讨会，组织召开问题分析专项会议，梳理出4个方面问题、意见和建议。持续推进制度建设，修订完善《钻具公司落实党建工作责任制实施办法》《钻具公司党建联系点制度》《党支部基层党建述职实施细则》《钻具公司民主评议党员、民主评议基层党组织实施细则》等制度，并将各党支部执行落实各项制度情况作为党支部评先选优的重要依据。持续开展"战严冬、转观念、勇担当、上台阶"形势任务教育，钻具公司领导带队，9名科室长主讲，组织集中宣讲10场次，开展大讨论活动，形成讨论成果5篇，收集合理化建议44条。深化共产党员工程，围绕生产经营难点、安全隐患治理等重点工作制定工程实施细则，通过"授牌仪式、亮明身份、承诺践诺"，营造党员队伍比学赶超浓厚氛围。开展"两个条例"集中学习和网上答题竞赛活动，提高基层党务工作水平。坚持正面宣传，利用钻具公司网页、微信公众号持续发布疫情防控、复产复工、提质增效等宣传主题，策划实施劳模事迹、援鄂家庭等全媒体报道，全方位、立体式、多角度宣传正能量。作品《一封家书》获长城钻探工程公司文化展播一等奖；文学作品《守望诠释大爱》收入中国石油档案馆编写的《家书·油情》一书；高原的家庭被评为"援鄂抗疫模范家庭"；党建课题论文《国有企业党建融入生产经营中心工作》获长城钻探工程公司三等奖。参与"高质量推进典范企业，全力保障勘探开发"主题劳动竞赛，明确控投资、控成本、提效率、提效益的各项指标，细化形成6个方面46项具体措施，申报创纪录奖5项。落实为基层办实事项目，实施欢喜岭厂区水管网改造、购置饮水净化装置、为职工小家配置培训设备，组织员工健康体检575人次。关心关爱一线返岗员工和走访慰问坚守海外员工家属60人次，慰问春节期间坚守岗位员工及家属、各类困难群体代表65人次，实现慰问员工经常化、服务群众全覆盖。

（杨　庆　王艳玲）

钻井技术服务公司

【概况】　钻井技术服务公司（以下简称公司）主要提供定向井、水平井技术服务，控压钻井技术服务，PDC钻头个性化设计与制造，随钻测井与控制仪器研发制造，钻井提速提效工具研发。技术服务具体包括工程一体化总包、大位移井技术、水平井技术、侧钻井技术、空气（氮气）钻井技术、欠平衡钻井技术、PDC钻头个性化设计。仪器研发包括GW系列LWD（随钻录井仪）、MWD（随钻测井仪）及指向式旋转导向设备。工具研发包括水力振荡器系列、稳斜螺杆系列，全面钻进PDC钻头和取心钻头。

下设8个机关科室，1个直属机构和13个基层单位，其中一线生产单位8个（辽河水平井项目部、辽河定向井项目部、西北项目部、西南项目部、国际项目部、旋转导向项目部、LWD随钻测井项目部、控压钻井项目部）、3个二线辅助生产单位（仪器检维修中心、钻头厂、车队）、2个科研设计单位（随钻测量与控制技术研究所、钻头设计研究所）。拥有现场技术服务队伍140支，其中，定向井服务队120支，控压钻井服务队10支，PDC钻头服务队10支。在册员工552人。硕士研究生12人，本科学历383人，大专学历114人，占比92%。高级工程师63人，工程师311人，占比67%。

资产原值10.61亿元，主要设备包括：旋转导向7套、GW-LWD 22套、哈里伯顿LWD 2套、GE-LWD 6套、国产MWD 101套、进口高温MWD 15套。控压钻井设备22台（套），其中包括空气钻井设备3台（套）。PDC钻头加工设备42台（套）。各类车辆49辆。具备年服务水平井、定向井1100口，控压钻井120口，空气钻井15口，生产PDC钻头4000只，制造GW-LWD随钻测井仪器20套以上的能力。

【生产经营】 2020年，公司完成定向井、水平井612口，控压及气体钻井62口，销售PDC钻头761只。服务进尺134.85万米，仪器工作时间23.88万小时。

【市场开发】 国内市场。2020年，公司调整国内市场的应对策略，以质量换效益，用服务抢市场。国内市场全年完成各类井602口，实现收入4.08亿元，同比分别逆势增长4%和21%。辽河市场工作量增长12%。西北市场新增壳牌长北项目、山西煤层气市场工作量。西南市场，中标西南油气田、川庆钻探工程有限公司钻采工程技术研究院、中国石油集团西部钻探工程有限公司吐哈钻井公司、陕西广源丰油气技术服务有限公司、航天深拓（北京）科技有限公司等技术服务项目，控压钻井工作量增长58%。东部市场，全面应用"个性化PDC钻头、长效短螺杆、LWD近钻头"的一体化技术服务模式，成为吉林油区非常规水平井开发利器，全年施工完成56口井，占吉林油区整体工作量的70%。

国际市场。续签厄瓜多尔、秘鲁、南苏丹项目合同。新中标阿尔及利亚定向技术服务项目，实现该国外部甲方市场新业务的突破。

【主要措施和成果】 定向服务提速成果显著，服务质量得到高度认可。2020年，公司定向井服务在提速提效上取得丰硕成果，打破各项施工技术指标50余项，服务质量获甲方高度认可。威202区块提速效果显著，应用"顺层复合钻进技术"平均机械钻速同比提高25.9%，三开水平段平均施工周期同比缩短17.9%。古巴SMN-1000井，完钻井深6708.51米，水平位移5566.42米，创造位移最大纪录。储气库双6-H2315井在一开444毫米井眼找老眼成功，挽回775米的进尺损失。长北壳牌二期项目完成大位移双分支水平井CB26-1井，双分支总长度3794米。完成黑98G平8-15井等三口水平段超2000米井，接连刷新该区块水平段最长纪录，水平段平均钻井周期仅32.39天。

旋转导向服务精益求精，服务进尺、综合效益在集团公司油田技术服务有限公司内排名第一，技术指标排名始终位于前列。优化钻头选型和井下钻具组合成效显著，支持各区块指标创新创优和降低旋转导向故障率。安页

2-2HF井首次实现单串仪器完成整井施工，施工进尺2086米，仪器循环时间达497.4小时。威204H21-4井首次实现"一趟钻"施工完三开全井段，完钻井深5450米，单趟进尺2217米，平均机械钻速9.53米/时，三开钻井周期18.79天，同比缩短钻井周期43%，一举打破威204区块平均机械钻速最快等四项纪录。

聚焦专项个性化PDC钻头，使用效果不断刷新纪录。坚持以"设计服务生产"为工作思路，"创新带动发展"为工作目标，全年解决多个现场技术难题。川渝地区页岩气井常规井段应用215.9毫米外径PDC钻头59只，进尺和机械钻速同比其他厂家提高17.9%和15.4%。在威202H82-4井、威202H34-1井、威202H83-3井、威202H82-2井、及威202H82-1井施工中，5只钻头单只进尺突破1000米。海外市场也取得非常好的使用效果。首次进入乌兹别克斯坦、印度尼西亚、南苏丹市场，收到甲方表扬信5封。为秘鲁研发的新型钻头以平均47.08米/时的成绩，打破当地公司保持长达6年的纪录。南苏丹市场首次争取到实验机会，在FL-20井实验，相比其他厂商钻头在同一层位机械钻速提高3.6倍。

控压钻井优势逐渐凸显，有效解决油气保护和钻井难题。辽河油区，继驾探1井实施控压钻井，取得日产32万立方米的高产天然气勘探成果后，驾101井、驾102井、驾深1井等重点预探井均采用低密度钻井液体系，利用控压钻井技术施加回压能够快速调整当量密度的优势，既保障井控安全，又实现发现和保护油气层的勘探目的。西南页岩气区块，实施控压钻井，解决该区块由于气侵频繁造成的非生产时间过长、窄密度窗口、井控等问题，同时降低卡钻等井下风险。实施空气钻井，解决长宁、叙永区块14口井表层严重漏失的钻井难题，同时也避免由于漏失带来的环保问题。

推进仪器维修管理能力建设，多措并举降低仪器故障率。全年仪器故障率0.79次/千时，同比下降4.81%。仪器科学管理水平提高，有效提升仪器设备保障能力，同时对仪器进行使用跟踪，按照要求进行定期保养和配件强制报废。针对不同使用环境，仪器配置多样化，提高仪器一次下井成功率。维修、标定实现自主化，具备探管维修和标定能力，相关人员技术水平提高，缩短仪器检测周期。

远程传输取得阶段进展，保障规模应用。根据定向井专业特点，结合自身业务模式，确定GWDD-EISC（长城定向钻井工程作业智能支持中心）系统远程监控、远程预警、远程技术支持和生产管理四大模块。经过室内测试与现场检验，克服远程传输的硬件和软件障碍，探索出不同地区、多种仪器、多种数据采集方式的远程传输方案。远程监控模块功能的实现，标志着远程技术支持系统初步建立。全年累计上线38口井，实现井眼轨迹数据和随钻仪器数据的实时传输。远程预警模块实现井筒质量指标不间断预警。生产管理模块的生产管理软件完成内测，经过培训后与远程监控模块先进行局部试点，再进行全公司推广。同时在远程监控端预留录井数据接口，为技术专家了解现场情况提供远程支持创造必要条件。

【科技创新】 2020年，公司科研工作执行9个科研项目，顺利结题4项，跨年度执行项目5项，申请专利5项。参加上级部门组织的科研项目中期检查、外协论证、结题验收会议18次。召开开题论证会议7次，完成公司科技"十四五"规划及2021年科技项目立项安排，"十四五"期间牵头负责5个项目，参与配合国内外技术支持科研项目10项。

自主研发项目取得项阶段性成果。掌握GW随钻测量平台与第三方工具挂接技术，实现与指向式导向头、推靠式导向头、近钻头短节、方位伽马短节等成熟工具的挂接。完成随钻方位伽马成像测井仪试验样机加工制造，现场功能试验，取得合格测井数据。完成175摄氏度高温随钻方位伽马测井仪总体方案设计。自主研制贴壁式电阻率仪器已经成功下井应用。自主研发螺杆式近钻头电阻率仪器。加工完成打孔螺杆和电路。深化科技交流合作，加快推进资源整合转化。先后与休斯敦研发中心、石油大学（华东）等研发机构及石油院校建立科技合作关系。多次邀请业内知名公司到访进行技术交流，与指向式导向头、推靠式导向头等生产厂家公司建立沟通合作机制。推进第三方资源整合，加大新成果、新产品室内和现场试验力度，尽快实现产品定型、推广应用。

【质量安全环保】 完善HSE管理体系。2020年，公司按照管理要求，及时更新公司HSE管理体系手册，结合组织机构变化及实际生产需求，查漏补缺、补充、修订24项制度文件，使制度更加健全、更具操作性。各级领导带头学习习近平"关于安全生产重要论述"及国家安全生产方针、政策，落实有感领导，深入现场开展安全联系点活动，推进领导干部深入基层常态化，有效促进各级责任衔接，构筑互相联动的安全管理架构。全员签订安全承诺书、HSE责任书，参加隐患排查，及时上报事故事件，填报安全观察与沟通报告。安全生产职责落实到岗位，压实到人头。

借力体系审核，对标补齐短板。坚持"以问题促整改，以审核促提升"，借助各级审核提高管理水平。按照计划开展HSE体系内部审核工作，完善审核标准，要求更加明确，方式更加科学，内审发现问题53项。组织迎接外部审核3次，发现问题57项，紧密围绕审核结果落实问题整改。公司领导参与审核，带领直线责任部门对照问题清单逐项分析原因，落实整改责任，确保问题销项。对标考核结果查找管理差距。结合长城钻探工程公司2020年各季度考核结果，公司逐项对照考核内容，制定措施堵塞管理漏洞，管理水平逐渐提升。

加强教育培训，培育安全文化。侧重岗位需求，增强培训效果。严格实施年度HSE培训计划，重点围绕HSE体系、危害辨识、风险防控以及应急管理等方面，开展全员HSE培训，计划实施率100%，培训效果良好，岗位员工安全履职能力提升。开展好HSE主题活动。开展"安全生产月""世界环境日""消防宣传月"等主题活动，开展"安全标准化视频""安全隐患随手拍"

及"优秀做法"等安全文化工作，活动成果推广到基层，形成浓厚的安全文化氛围。培育安全管理正向激励文化。制定注册安全工程师培养、激励等政策，提高全员参与安全管理热情。对HSE事件、JSA等给予经济奖励和HSE考核加分，彰显绩效驱动效果，引导安全管理新风向。

着力专项工作，夯实管理基础。不断夯实标准化作业队建设，在规范运行工作标准基础上，结合日常监督检查，从标准化现场、标准化管理、标准化操作三个方面强化现场标准化工作。深化HSE体系推进工作在基层的有效落实，发挥示范引领作用，带动基层管理水平持续提升，标准化示范队创建工作完成率100%。强化消防隐患排查治理。全年进行消防专项检查4次，对消防重点区域及关键点排查、治理隐患36项。针对食堂、档案室等消防重点部位制定疏散与灭火应急方案。项目部综合楼进行消防通道改造，有效消除火灾隐患。持续强化交通安全管理。严格落实长途车审批及车辆GPS监控制度，坚持做好交通安全会例、极端天气预警及出车前安全教育，对驾驶员开展专项培训，消除疲劳驾驶、违章驾驶等不安全行为，严控交通风险。

加强敏感时段及特殊工况升级管控。落实高危作业挂牌制度，规范作业许可流程。敏感时段、高危作业全面升级管理，做到重点风险严防死守、一般风险全面受控。加强应急管理工作。健全应急管理制度，完善应急预案体系，明确应急职责，提升应急处置能力。全年公司开展综合应急演练1次，专项应急预案演练4次，应急培训到位，演练过程规范，员工应急处置能力提升。6月组织的消防专项应急演练请到辽河油田消防支队指战员参加。

开展职业健康管理。组织完成职业健康体检，并由辽河油田职业病防治所出具检查报告，检测结果符合国家标准。三季度由辽河油田职业病防治所专家对钻头厂进行场所检测，作业环境符合相关国家标准规定的接触限值要求，保障员工身体健康。防治并举，开展环境保护工作。按照公司年度环境检测计划，对钻头厂、检维修中心进行环境检测，对钻头厂废气排放口进行合规化改造。贯彻落实国家及集团公司环境保护相关工作要求，制定环保工作计划并定期开展环保专项检查。危险废弃物进行规范化管理，对废切削液、废机油、废油漆罐、废锂电池及叉车废旧电瓶等危险废弃物进行合规处置。严格把控承包商管理。全面落实承包商HSE管理制度要求，压实责任，严守准入门槛，侧重施工过程检查，做实竣工评估，建立承包商全周期管控机制，并组织开展承包商HSE能力年度评估，实施"黄牌警告"和"黑名单"制度，保持承包商安全生产态势平稳。

疫情防控工作取得胜利。面对疫情，公司提前谋划，积极应对，做到"早部署、早排查、早控制"，构建"公司—项目部—基层班组"的三级防控体系，制定全员统计排查机制，出台"一队一策、一车一策"等科学有效的疫情防控方案。第一时间筹备口罩、消毒液、体温计等各类防疫物资近2万件，组织员工进行核酸检测100余人次，在门户网站、微信公众号、中油即时通发送各类疫情防控信息近千条。通过行之有效的手段坚守住此次战役的阵地,实现"零疫情、零感染"。

【党建工作】 2020年,公司将政治建设摆在首位,健全"不忘初心、牢记使命"制度,制订《学习贯彻习近平总书记重要指示批示精神落实机制》,组织党委中心组集中学习研讨12次。深入学习贯彻党的十九届四中、五中全会精神作为重要政治任务,先后制定工作方案2个,配发学习辅导书籍60余册,举办专题培训班和网络培训班各1期,广大党员领导干部理论水平不断提升,党性意识持续增强。

做好新冠肺炎疫情防控工作,坚决贯彻落实习近平总书记重要指示精神,员工生命安全和身体健康放在首位,提前上手,精准发力,第一时间制定应急预案,排查全员动态信息。支出党费和工会经费11.4万元,关爱和慰问国内外在岗和困难员工家属127人次,统筹推进疫情防控和复工复产,牢牢守住"零疫情"底线。

深入开展"战严冬、转观念、勇担当、上台阶"主题教育,贯彻落实上级决策部署的重要实践检验,制定专门工作方案,拟定专题宣讲提纲。累计组织宣讲学习研讨630余次,领导班子成员深入基层调研20余次,干部员工开展创新创效攻关项目29个,提出合理化建议64条,为公司打赢效益保卫战提供强大思想引领和磅礴力量。

严格执行干部选拔任用程序,严把动议、民主推荐、组织考察、讨论决定、任职五个关键环节,科学提拔调整干部47人次,加大生产一线和科研一线优秀年轻干部选拔、培养和使用力度,一批本事强、素质好、作风硬、员工信任的干部被选拔安排到重要岗位上。

坚持分类分级教育培训干部人才队伍,普遍性要求与不同类别、不同层次、不同岗位干部人才的特殊需要相结合,精心设计培训内容、精挑细选培训师资,累计举办科级干部等各类培训班68期,培训1200余人次,干部人才队伍综合能力素质得到进一步提高。

注重在定向井业务整合中加强队伍融合,从机构搭建、入场培训等五个方面入手,及时优化调整机构和业务,开展一人一事思想政治工作,接收干部员工82人,做到"业务接得住、服务保得上、管理不空挡",公司队伍活力进一步释放,专业优势更加突出,综合竞争力提升。

持续夯实基层党的"三基"(基层建设、基础工作、基本素质)建设。根据公司定向井业务整合实际,同步新建和改建基层党支部6个,指导2个党支部按期换届,调整基层党支部书记19人次,举办党支部书记和党务干部培训班各1期,全年发展党员7人,预备党员转正10人,发放困难党员慰问金1.2万元。组织开展庆祝建党99周年系列活动,各层面讲授专题党课25场次,《基层组织工作中的趣味案例和数字》专题党课获长城钻探工程公司一等奖。

创新推行党建教导队工作制。组建党建教导队,作为"支部间的流动党校",用2个月时间深入12个基层党支部,一手抓党建考核,一手抓现场指导，发现六个方面问题121个，针对性制定各类标准模板8个，编发《党支部工作规范手册》，促进基层党建基础质量有效提升。辽河项目部党支部被评定为长城钻探工程公司"三星示范党支部"，公司党委荣获集团公司直属党委先进基层党组织荣誉。

推动"一岗双责"（本岗位职责，党风廉政建设职责）刚性落实作为夯实党风廉政建设工作。逐级签订《党风廉政建设责任书》48份；修订《基层领导人员廉洁档案管理办法》，完善49名科级干部廉洁档案，组织更新18人次监察对象信息，审批监督领导干部操办婚丧喜庆事宜3人次，上报党风廉政建设信息45条。

坚持正风肃纪严要求，在双重大考中主动发挥监督力量。跟进监督"物资管控"等三个子工程建设推进落实情况，发现各类问题41个，提出整改提升意见建议49条。围绕疫情防控开展精准监督，组织专项检查6轮次，抽查干部在岗情况8批次432人次。全程监督提质增效推进落实情况，累计监督"三复议"合同170余个，为公司实现"双胜利"提供纪律保障。

以"高质量推进典范企业建设，全力保障勘探开发"主题劳动竞赛为重点，以季度岗位练兵为补充，动员广大员工在提质增效专项行动中贡献岗位力量，形成"修旧利废"等五项成果24个。全年帮扶员工81人次，节日期间慰问一线班组180余次，配发防寒羽绒马甲318套，篮球架等健身器材和太极云培训等文体活动让员工精神文化生活更加丰富。

【企业管理】 2020年，公司推进提质增效，提升经营水平。持续降低采购和服务价格。进一步优化招标方案，优选供应商，在服务质量不下降的基础上，加大新业务招标采购力度，持续向供应商和服务商传递经营压力。全面完成合同价格复议工作，落实合同变更、新签订合同审核等内容，加工、修理、技术服务等费用同比下降10%，物资采购价格同比下降8%，机关管理费用同比下降40%。严格生产成本过程控制，坚持效益导向，建立完善以单项工程成本预算为手段的成本倒算机制，层层传递经营压力。细化最小创效单元和成本单元，精细制定目标成本，寻找各项成本管控空间。牢固树立依法经营、合规管理的理念，要着重处理好生产急需与合同滞后的关系，严格按照计划下达、招标谈判、签订合同流程进行，保证经营环节合规合法。完善6个基层项目部和1个直属机构的职责范围，更好地满足公司区域化管理需求。落实薪酬向市场开发、科研攻关、降本增效、一线艰苦岗位倾斜的分配机制，突出关键指标，一线、二线奖金比例超过1.6∶1，持续推进效益导向的考核方式。

11月，长城钻探工程公司推进专业化建设进程，全面整合定向井相关业务。公司在原辽河项目部基础上，改建并新增辽河水平井项目部和辽河定向井项目部，制定原钻井公司划转人员服务原单位的管理模式，取得良好沟通效果，提高工作效率，确保内部市场工作量不流失，公司市场规模和队伍体量大幅提升，内部市场工作量趋于稳定。

（万　宇　陈　琼　武东利）

顶驱技术公司

【概况】 2020年，顶驱技术公司（以下简称公司）用工总量178人。其中，机关人员35人、直属单位24人、司机3人、改具8人、分流安置18人、一线队伍用工90人；合同化用工131人，市场化45人，劳务外包用工2人；有高级工程师21人、工程师104人、助理工程师23人、高级技师5人、技师4人、高级工11人、中级工及以下3人。有机关科室6个，分别为综合办公室、党群工作部、设备管理科、生产协调科、质量安全科和财务计划科；有直属单位2个，分别为技术中心和辽河项目部。公司党委下辖4个党支部，现有党员98人。有顶驱现场服务人员76人，其中一级顶驱工程师22人，二级顶驱工程师24人，三级顶驱工程师15人，四级顶驱工程师2人，其他13人；有空钻服务人员14人。上述员工主要服务于海外现场。

国内顶驱技术服务由承包商辽河天意石油装备有限责任公司（以下简称天意顶驱公司）提供，国内有承包商服务队伍45支。有顶驱122台，资产原值11.57亿元，净值3.05亿元，新度系数0.26。其中海外项目有顶驱66台，分布于四个大区十三个项目；国内有顶驱55台，分布于东部、西部和西南三个区域；此外，国内还外租顶驱23台，用于满足国内需求。有空钻设备55台（套），资产原值0.89万元，净值0.12万元，新度系数0.14。

【服务模式】 海外顶驱。2020年，公司海外顶驱业务主要由公司顶驱工程师进行现场服务，公司机关负责人员的调配安排、技术支持和技术培训，取换证预警提醒和监督，设备调配和修理安排、备配件计划的审核，设备安全生产运行监督管理。

国内自有顶驱。由承包商天意顶驱公司承担国内顶驱技术服务，公司设立辽河项目部，对承包商进行监管。对天意顶驱，公司不设库房，保持零库存，实行按件计费，要求厂家自行储备充足物资；对北石顶驱，自采配件，保障需求。

国内租赁顶驱。由设备出租方进行大包服务，即提供设备、人员和备配件一体化服务，公司按照统一标准进行监管。

空钻。空钻管理部配合市场部和海外项目部进行市场开发；负责设备调配、人员安排、备配件采购计划审核等工作。

【生产经营】 国内外设备情况。2020年，公司国内动用顶驱51台，同比增加8台，设备动用率93%，累计服务147井次，同比增加21井次，服务255.3台·月，同比增加44.8台·月，增长21%。海外业务累计动用顶驱33台，同比减少12台，设备动用率52%，下降14%，累计服务井次159口，同比大幅降低。境外顶驱队伍有56支，其中有作业合同34支。截至12月底，公司国外顶驱项目签约合同额2532万美元，其中新签合同额1425万美元，中标待签合同额1107万美元。

国内项目。累计动用顶驱51台，设备动用率96%，服务147井次，服务255台·月，同比上升17.3%。全实现营业收入24161万元，超额完成公司下达的经营指标。

【提质增效】 保市场。2020年，新冠肺炎疫情暴发以来，公司国内外市场均受到较大冲击，公司合理调度资源，稳定古巴等重点项目生产，参与海外市场投标17个，签约合同额2985万美元；稳步开展提质增效和专业化归口管理工作，为做好全年生产经营工作奠定基础。

降成本。价格复议，实现服务价格硬下降10%，全年工程外包服务、租赁业务价格总计降本202万元；源头管控，通过优化设备配套和谈判，新顶驱采购价格下降720万元；外租顶驱比2019年平均降价12%；压减支出，全年培训费用下降18%，争取社保减免和稳岗政策资金234.1万元，推行网上办公、网络会议，全年机关费用同比下降26%。

提升管理。优化物资管控，推进集中采购，集中采购度达98%，集采价格平均降幅10%以上；及时调整海外停等项目物资采购，加快盘活委内瑞拉等项目闲置物资，新增物资计划向古巴、印度尼西亚等重点项目倾斜，全年材料费万元产值成本同比下降8%；深挖存量资产价值，盘活闲置顶驱6台，全年修理投入1825万元，当前设备完好率96%；升级改造2台老式天意顶驱，单台顶驱综合节费100万元；修理再利用各类配件物资达100万元；加大技改降成本，北石编码器自主改造推行4年，2020年又有4台设备改造完毕，单台北石顶驱年平均节费2.5万元；自主研制IBOP旋扣装置，年节约主轴更换相关费用158万元；主电机轴承等三大预防性维修项目持续推进，减少钻井作业等停时间约140小时。

【服务管理】 市场设备运转保障。2020年，公司在疫情防控中做好国内外现场复工复产工作。党员骨干驻守一线，后方监管、技术支持通过网络等多种形式落地，"一手抓防控、一手抓生产"，确保现场生产始终平稳有序；组织做好设备物资支持保障工作。泰国、乍得、印度尼西亚等重点市场设备需求均第一时间得到满足；做好因疫情长期滞留海外人员的心理疏导，及时帮助解决职工家属实际困难，保证员工安心工作；克服疫情不利影响，公司技术支持人员夙夜在线，及时帮助解决国内外项目设备疑难问题，全年开展较复杂的技术支持12次，有效保障生产，赢得各方肯定。

担当尽责。全力推进外租顶驱专业化归口管理工作，按照时间节点倒排各项日程，按时完成23台外租顶驱交接工作；制定措施，有序提升外租顶驱现场服务水平。"一机一策"制定整改措施并对接落实。严把资质、服务、保障"三关"，26名服务商人员完成5项取证并通过能力考评，更换8人，外租顶驱作业管理日趋规范；"现场—基地—

厂家"三级保障体系初步建立，与各服务商建立快速响应对接机制，各区域自有和租赁顶驱巡检一体化开展，"半小时保障圈"支撑体系全面覆盖，通过建立长效机制，外租顶驱初步建立与自有顶驱相同的管理模式。从统计数据看，外租顶驱平均修理时间减少超20%。

改进提升。国内服务保障架构进一步优化，生产组织体系重组，形成以公司派驻项目组为主体、各服务商垂直对接的管理架构；加大国内技术支持保障力量，构建起覆盖国内各现场的"远程专家技术支持—区域项目组现场指导—重点井驻井支撑"的技术保障网络，维护保障策略日趋完善。针对GW69等典型顶驱故障，解决问题同时从诊断策略、配件保障、维修方案等方面入手制定系统性保障预案，不让同一问题困扰现场两次；预防性维护工作不断优化升级，全年指导督促现场预防性更换8台顶驱电动机轴承和6台顶驱旋转头密封，并开始对顶驱整流晶闸管进行监测。

优化管理。优化资产质量，不断提升装备整体实力。全年采购软扭矩1套，新购顶驱10台，其中大扭矩顶驱9台，大扭矩顶驱总量占比达17.2%，资产新度系数由0.28提升至0.31；抓好员工提素，持续提升员工能力水平。发挥在线培训优势，针对顶驱重难点问题进行培训，培训受众面远超预期，相关费用大幅降低，取得良好培训成效；鼓励基层创新，有效提升员工实践技能。开展劳动竞赛、技术创新论文评比、QC活动，从多方面给予奖励，正向促进一线员工立足本职，创先争优。

【管控风险】 体系化抓好风险防控。2020年，公司优化体系要素，新识别风险29项，制修订风险防控方案2项、安全制度10项，明确高危作业区域安全"区长"职责，进一步健全明晰各层级安全生产责任。对症治理隐患，针对高处作业风险，制定钻机井架加工制作"水平生命线"方案，国内40个井队完成加装；针对现场发现的共性问题，拉网排查，举一反三，抓好整改，消除隐患。全年公司下达并落实安全投资67万元，有效保障现场本质安全。推广工具应用，开展HSE方法工具专项整治"回头看"工作，加大《顶驱专业JSA模板》应用推广和监督检查力度，做好现场指导和跟踪关闭验证工作。严格落实管控，调整充实国内一线安全监管力量；将"日常检查+不定期巡检+综合大检查"做细做实，全年发现问题1221项，检查覆盖面达100%；抓好三开等重点作业管理，保证重点时段和关键环节顶驱安全运转。

系统化抓好顶驱操作安全。填补制度缺项。针对井队人员误操作导致顶驱事故事件多发情况，制定加强国内顶驱作业安全管理的相关通知，以长城钻探工程公司生产指令形式发布，从制度层面降低安全风险。刚性执行落实，严格执行新上岗司钻顶驱考核制度，严把海外井队关键岗位人员能力关和资质关，为海外作业生产保驾护航。制定统一标准。为推进标准化工作，公司组织制定顶驱操作规程，并处于评审阶段。筹谋硬件支持。为切实提高司钻顶驱操作技能，公司计划研发顶驱安全实操模拟培训系统并编制司钻培训教程，这对规范司钻操作和保障钻井作业安全具有重大意义。

下重拳抓好承包商管理。严格处罚违章行为，修订HSE奖罚细则，加大承包商违章行为惩罚力度，全年惩处承包商违章行为7起，罚款20.5万元，通报追责4名承包商人员，2名承包商员工被纳入黑名单。严肃抓好基层培训，将承包商员工纳入管理范围，"统一矩阵、统一课件、统一试卷、统一考评"开展HSE培训工作，确保"公司要求的"就是承包商员工"要学的"，从而进一步提升承包商员工安全素质。

举旗定向，把稳党建之舵。强化思想引领，深入学习领会习近平新时代中国特色社会主义思想，坚定"四个自信"、做到"两个维护"，坚决贯彻党中央决策部署，严细抓好疫情防控，推动复工复产和提质增效工作；明辨是非、守护精神家园，教育和鼓舞广大员工坚定信心、奋发努力、贡献力量。完善党建格局，及时调整班子分工和党建责任清单，完善党建制度体系；4个支部完成换届选举，各支部班子分批轮训，规范化开展支部组织生活，抓好形势任务教育，把无形的党建化为有形的工作成绩。加强干部队伍建设，坚持正确的选人用人导向，提升选人用人工作的制度化、规范化和科学化水平；突出抓好优秀年轻干部培养使用，选人用人满意度保持在95%以上。抓好正风肃纪工作，接受"巡察整改回头看"，进行深入的"政治体检"，开展问题整改，建立长效机制；深入推进"平安工程"建设；开展警示教育活动，参加245人次；督查落实"三复议"工作；落实中央八项规定，坚决杜绝"四风"问题。当好职工贴心人，采买防疫物资，教育指导员工做好防疫工作；关心关爱疫情期间坚守海外一线员工及家属，做好走访慰问工作；毫不松懈抓好维护稳定工作，实现敏感时期、敏感阶段大局和谐稳定。

【市场开发】 2020年，受国际油价暴跌及新冠肺炎疫情的双重影响，公司大量钻机出现等停。境外顶驱队伍有56支，其中有作业合同队伍34支。

配合国际事业部市场开发部、各海外项目部，依托海外项目前线优势开拓新市场，合理调度优质资源，面对海外市场种种困难和挑战，从顶驱设备状况、人员配置、备件库存等方面保障海外市场稳定有序运行。全年参与13个海外项目的投标工作，中标3个。

拓展思路，开拓独立服务市场。依据在古巴项目积累的顶驱设备租赁和技术服务经验，向海外业主推介技术服务和设备租赁服务，努力开拓单独顶驱技术服务市场，扩大公司工作量，争创更多效益。

超前谋划，确保现有市场稳定。维护更新公司海外项目合同台账，随时掌握项目合同执行及到期情况。提前和国际事业部市场开发部及海外项目部联系投标，以确保合同到期后能够及时接续新合同，稳定现有市场。

关注大扭矩顶驱、软扭矩等在海外作业市场的应用需求，做好技术咨询、服务报价、供货周期、队伍建设等相关准备工作，为拓展公司业务做好准备。

【企业管理】 坚持稳中求进，巩固和扩大市场。2020年，公司落实公司市场开发工作方案要求，积极应对国内外形势和政策变化，统筹谋划国内外市场开发策略，探索新的业务合作模式，有效提升公司经营创效能力。稳健做好海外市场工作。保存量，全力抓好复工复产，在做好疫情防控基础上，有序做好印度尼西亚、尼日尔、乍得项目运维管理，落实新项目启动准备工作，维护现有市场稳定；针对队伍停等时间长等实际，做好人员岗前履职能力评估，保证人员快速恢复工作状态。拓增量，积极寻找市场机遇，持续跟踪软扭矩等新产品、新技术客户需求动向，探讨提升顶驱服务"含金量"有效路径，挖掘潜力，拓展业务；寻找阿联酋等中东市场扩容空间；以古巴 Cupet 为基点，寻机扩大服务规模、推介设备租赁业务，努力实现扩容增项；继续跟踪印度尼西亚、埃塞俄比亚地热市场，力争空钻业务取得突破。平稳抓好国内市场工作。统筹兼顾，有序调整市场布局，结合预判的 2021 年市场状况，充分考虑自营和外租顶驱实际，对国内市场布局进行调整和优化，重点保障辽河油区、长庆、四川特别是泸州深层页岩气区域装备使用需求，努力实现各区域顶驱品牌同一化，打造规模化、集约化运营格局，提升保障水平，同时降低运营成本。担当作为，有效履行保障职责，落实归口管理总要求，进一步提升外租顶驱管理规范化水平，国内服务保障能力进一步增强。形成自营顶驱为主体，外租顶驱动态满足使用需求的业务格局，国内市场"增减自如"，维护公司整体利益。

优化设备物资管理，提升竞争和保障能力。持续优化装备资产结构。保持平稳投入，结合"十四五"规划，2021年计划安排新购顶驱 5 台，更新 3 台，淘汰老旧低效顶驱 4 台，进一步提升设备整体实力；合理安排设备维修，确保综合维修费用率不低于 5%，设备完好率不低于 96%，实现装备良性滚动发展。优化装备结构。新购设备以大扭矩顶驱为主，进一步提升装备实力；跟踪油服自动化钻机配套顶驱采购投产工作，做好设备全生命周期管理；围绕"四化"要求，审慎安排软扭矩、顶驱扭摆系统投资，稳妥推进二层台机械手、液压吊卡改造，实现装备提档升级。优化装备布局。适度增加国内顶驱投资规模，统筹调整国内外装备，优先协调海外闲置设备回运国内使用，缩减外租顶驱数量，适度提升自营顶驱比例。提升物资保障效能。强化价格管控。继续推进物资集中采购，发挥规模化和平台渠道优势，降低采购价格；推进顶驱维修价格谈判，在保证修理质量基础上，以量换价降低修理价格。提升使用效能。海外现场标准库建设持续深化，做好海外物资项目内调拨、项目间调剂，通过量化评分、严格奖惩强化现场物资管控，严控增量、用好存量；加强国内物资质量管理，严格管控物料消耗；加大修旧利废力度，做好报废顶驱拆解和重要部件修复再利用。提高保障效能。结合近年典型停机故障，补齐短板和缺项，加强重点部件储备；做好物资系统改革的内外对接工作，调整优化采购流程，提高物资采购效率。拓展增效空间。研究协调北石建立代储代销采购模式，推动厂家库房前移；探索与其他钻探公司合作，国内分区域建立顶驱配件共享机制，实现合作共赢；拓展顶驱重要组件的专业生产维修渠道，扩大采购来源，形成对整机和组件采购的双轨管控，增强成本控制能力和物资保障能力。

巩固和发挥专业优势，提升技术服务含金量。提升技术支持效能。远程诊断支持实时在线，"专人专管"与"区域管理"相结合，面向国内外现场及时提供技术支持，第一时间指导解决疑难故障，实时总结经验，部署国内外现场同步改进，形成"改进、总结、完善、提高"闭合反馈体系，不断提升技术支撑能力。预防性维护发挥功效。扩大管理广度，将国内外所有现场均纳入监测范围，对顶驱主电机等重点部位进行跟踪和数据采集，为开展预防性维护奠定基础；拓展管理深度，不断总结经验，更精确介入实施预防性维护，研判拓展监测范围，构建更完备管控体系；优化管理手段，探索利用信息化途径改造提升管理效能。

优化企业技术管理体系。做好技术研判。通过市场分析、客户拜访，利用展示交流良机，掌握石油行业装备技术动向，对市场装备需求趋势作出研判。确定技术路径，继续关注顶驱技术分公司软扭矩、扭摆系统等新产品，积累掌握使用经验；在新型顶驱、井场自动化设备研发应用方面，开展对接研究，力争横纵向延伸顶驱服务价值链；探索与顶驱厂家的深度合作，在设备研发、应用和推广方面争取机遇。注重有形化积累。继续鼓励并推动国内外现场开展以应用为目的的技术创新活动，总结提炼历年技术创新成果，优化完善SOP，增厚服务底蕴。促进成果转化应用。优选并大力推动创新成果立项研发和推广应用，既提升科研厚度，又提高现场工作效率。推动品牌化转型。以标准化为突破口，探索推动品牌化运营，全面梳理总结多年来实践经验，制定顶驱现场服务、备配件、安全管理整套标准体系，从而为打造顶驱服务品牌，赢得行业认可做好基础铺垫。反哺企业发展。在技术管理体系框架下，完善员工技术培训体系，补强人员服务短板，提升软扭矩、扭摆等装备的使用技能，提升基层队伍价值创造能力。

推进精细化管理，提升"三基"管理水平。基层队伍提质创优。自营队伍对海外基层队伍进行重组优化，打造满足海外生产需求的一支精兵；抽调部分海外人员组建国内服务支持团队，进一步增强支持保障力量；继续开展基层业绩考核、推动劳动竞赛、实施末位淘汰、推进竞争上岗，体制机制相结合，倒逼提升服务水平。外租顶驱加强监管，推动外租顶驱开展管理提升工作，向自营顶驱管理水准看齐。服务人员提素强能。自营队伍将承包商人员纳入管理范畴，统一标准、统一要求，发挥线上培训优势，扩大覆盖面、提高培训频次，以自主培训为主体、外送培训为辅助，瞄准技术难点、重复性问题开展培训，提升基层人员单兵作战能力。结合"十四五"人才规划，适度招收新员工，既实现人才队伍有序更替，也有效规避各类不确定风险。外租顶驱，把好人员资质关，确保在岗人员证件齐全、工作能力符合要求。

强化过程监管，提升安全发展水

平。提升体系运行水平。持续完善安全责任体系,制定并落实安全生产专项整治三年行动方案,有序推进治理工作;健全和完善岗位责任清单,实现分级管控、国内外岗位全覆盖。抓好制度落实。强化对现场不安全行为的监管,严肃追究属地责任和直线责任,以严肃问责形成有力震慑;加大JSA模板推广应用和监督检查,督促员工规范操作,确保作业风险受控。推进隐患治理。对工作中发现的隐患问题,立即研究制定解决措施,加大安全投入,从本质上消除安全隐患。完善软硬件配套。逐步建立完善覆盖国内外井队关键岗位人员的顶驱操作培训考核制度,降低因顶驱操作不当引发的安全风险;继续推进"水平生命线"改造安装工作,力争2021年改造全面完成。落实井控责任。完善规章制度,明晰职责,建立健全顶驱IBOP管理体系,强化现场监管,确保IBOP灵活可靠、备件齐全有效。持续抓好承包商管理。落实强监管,优化承包商安全业绩考评制度,抓好作业监管特别是重点环节、特殊时段的升级管理;严格执行公司顶驱维修管理规定,在保障井下安全前提下,确保三开等关键作业期间顶驱正常运转。强化硬考核,健全完善承包商人员奖惩规定,奖优罚劣;落实"黑名单"制度,汰除不合格人员,多机制配合,共同促进承包商员工安全素质提升。推动大合作。利用多年合作平台,不断深化与承包商的合作,保持与承包商各层级的有效沟通,推动承包商自上而下落实安全生产职责;探讨在人员联合培养、技术创新、后勤保障、挖潜增效、新产品研究推广等方面的深度合作,实现更大范围、更深程度互利共赢。

坚持从严治党,提升党建水平。压实党建工作责任,坚持抓基层党建述职评议和常态化党建责任制考核,层层传递压力、传导责任。夯实党建工作基础,做好党务干部教育培训,提高人员业务素质,严肃党内政治生活,推进党支部建设标准化,用好"特色党日"等活动载体,推进党建工作与生产经营深度融合。加强党风廉政建设,深入推进"平安工程"建设,强化对权力运行的制约和监督。严格落实中央八项规定,大力推进机关作风建设,优化管理机制,简化工作流程。加强思想文化宣传工作,规范党委理论中心组学习模式,推动习近平新时代中国特色社会主义思想走深走心走实。弘扬和践行社会主义核心价值观,定期组织"形势、目标、任务、责任"主题教育。加强群团工作,践行"以员工为中心"的发展理念,做好实事惠民工作,把实事办好、把好事办实。开展重大节日慰问、送文化到基层、送温暖到一线等活动,精准实施生活帮扶、医疗帮扶、特殊帮扶等活动,把关怀送到职工群众的心坎上。

【安全生产】 2020年,公司坚持"党政同责、一岗双责、齐抓共管、失职追责",强化目标引领、问题导向和事前管理,不断完善责任界面,各部门突出过程管控,夯实基础工作,在生产管理、设备管理、井控安全、人员素质提升等各方面持续改进,安全生产保持持续稳定的良好局面。

质量工作指标完成情况。未发生重大以上(含重大)质量责任事故,综合用户满意度91.90（百分制），QC小组活动普及率40.34%、活动率100%；施工作业队伍质量监督覆盖率100%；质量监督发现问题整改合格率100%；企业标准、SOP制修订承担任务计划完成率100%；采购物资出入库合格率100%；计量器具周期检定（校准）计划完成率100%；在用设备完好率97.97%；现场设备故障率2.03%；车辆"百公里油耗"17.66千克/百千米；均完成年初设定的工作目标。

事故事件指标完成情况。公司全年未发生重大社会影响的安全事故、生产安全亡人责任事故和影响恶劣的一般B级、C级事故、因顶驱原因造成的井喷失控和着火事故、因社会安全管理原因造成中方人员被绑架和致死责任事件；未发生职业病危害事故；未发生一次直接经济损失30万元以上（含30万元）事故；无健康、安全、环保违法事件。

HSE业绩指标完成情况。上报百万工时总可记录事件率（TRCF）国内单位3.95（指标：不低于1.49）；在DNV的体系审核评估中总体评价为良+，顺利通过体系复审；废油、固体废物全部实现规范处置，达标率100%；接触职业病危害作业员工职业健康按计划体检率100%。

落实安全责任，实现全员覆盖。落实"党政同责""一岗双责"，根据公司领导岗位变化情况，及时调整副总师以上领导HSE职责；单位党政主要领导每季度对属地责任单位开展安全联系活动，指导现场工作。每月组织召开HSE形势分析会、专题会，进行安全生产工作形势分析和专题研究。疫情、"两会""安全生产月"等特殊时期和敏感时段，单位主要领导对国内重点项目、重点井进行工作指导，保障现场安全生产平稳运行。落实个人安全行动计划。全年公司处、科两级领导均按照个人安全行动计划落实，主要领导对分管业务领导、分管业务领导对直线责任部门负责人每季度个人安全行动计划的执行情况进行审核和监督。科级以上干部个人行动计划落实情况定期在公司网站主页公示。落实属地管理。境内外现场顶驱工程师落实HSE工作部署，服从钻井队的统一管理，按要求参加安全会议、安全活动和应急演练，排查整改属地隐患，确保属地管理责任有效落实。

完善体系文件，优化体系运行。按照新版标准修订体系管理手册。根据ISO 45001新版标准要求，完成公司《顶驱技术分公司HSE体系管理手册》2020年D版的修订、发布与实施，并进行新版手册的宣贯培训和重点要素条款的解读，为HSE工作的合规开展与落实奠定基础。制修订体系支持性文件。为确保体系支持性文件的合规性和适宜性，各职能部门结合管理实际，修订公司《防高空坠落安全重点风险防控方案》《HSE事故管理实施细则》等10项管理制度，并制定《高危作业安全生产挂牌制实施细则》《防高空落物重点风险防控方案》，完善重点风险管控职能界面和管理流程，安全生产责任制得到健全。开展体系内审和迎接上级、第三方体系审核。顶驱技术分公司对所辖9个科室、部门和境内外基层作业队开展内审，重点检查ISO 45001全素条款的落实情况、重点风险防控方案的执行情况、承包商监管情况等,发现轻微不符合3项、一般不符合16项,所有不符合均按照整改计划完成关闭和跟踪验证,通过内审,进一步优化体系运行质量。先后迎接长城钻探工程公司QHSE体系审核、挪威船级社QHSE体系换证审核和集团公司的下半年体系审核,三次审核均未发现严重不符合项,所有不符合项均按照要求按时完成整改销项。

突出风险管理,提升管控水平。公司组织各科室、基层队、班组和岗位四个层级对顶驱风险库进行全面补充辨识,新识别有效风险29项。根据风险评价流程组织专家进行风险评价,相关部门结合风险辨识结果补充完善重点风险防控的规章制度和操作规程。依据红、橙、黄、蓝四级风险划分标准,对原风险辨识总表作风险再评估,风险辨识活动进一步提升公司员工的风险防控意识和风险管控能力。制定《HSE方法工具专项整治"回头看"工作方案》,按计划开展监督检查和员工培训,对检查发现的问题,做好指导和跟踪关闭、验证;加大《顶驱专业JSA模板》的应用推广和监督检查力度,对发现的作业人员签字不齐全、"非常规部分"风险未辨识等问题,按规定进行纠正和查处;特别是严查上锁挂牌在现场的执行情况,避免能量意外释放导致的事故、事件。根据管理要求和公司实际,编写《节假日、特殊敏感时段HSE升级管控工作方案》,对顶驱安装、拆卸等高危作业,以及节假日期间安全保障工作提出具体升级管控要求;制定《高危作业安全生产挂牌制实施细则》,明确高危作业区域安全区长的职责和需管控的高危作业项目;制作高危作业区域安全区长公示牌70块,张贴在顶驱属地显目位置。通过制度的完善和落实进一步控制顶驱作业风险。

加强现场监督监管,强化责任落实。根据国内顶驱业务迅速增加的实际,公司及时调整部署,增大HSE监管力量,确保安全制度的有效落实。辽河项目部增设专职安全员1人,一线兼职QHSE监督5人,同时协调承包商增加专职HSE监督4人。按照年度工作计划,每季度组织开展QHSE综合工作大检查,并根据管理要求开展井控、设备物资等专项检查,对重点项目、重点井加大巡检力度与频次,发现问题1221项,检查覆盖面达100%。检查发现的问题被及时归纳汇总,由相关部门分析原因,制定纠正与预防措施,并跟踪关闭验证。

加强培训管理,推进企业安全文化建设。党政各级领导率先垂范,先后讲授经典事故案例、顶驱风险防控、防高处落物重点方案等,践行有感领导,营造浓厚的安全文化氛围;业务部门进一步完善公司培训矩阵,组织开展各类HSE培训16期,11月中旬开展面向一线岗位员工的远程HSE专题培训;结合"6.5世界环境日""安全生产月""消防宣传周"开展顶驱作业风险管控、高处作业、井控管理等HSE培训,HSE知识答卷、应急逃生讲座等活动,培训员工400余人次,弘扬安全文化。

加强事件管理,提升员工能力。组织基层员工深入学习长城钻探工程公司《事故案例汇编(2012—2018)》和《典型事故案例警示教育宣传片(第一辑)》，同时做培训效果抽查，确保事故资源发挥警示作用；落实"原因对标、过程督导、全员分享、管理提升"的事件管理机制，通过事件对标分析、上报和分享，使员工不断掌握相关管理标准、制度和操作规程。截至12月底，收到国内外基层上报有效HSE事件33起，事件质量持续提高。其中四川50062顶驱作业队2月发生的1起物体打击未遂事件，被长城钻探工程公司评为月度"十佳优秀事件"。

坚持问题导向，推进工作标准化。针对近年来井队人员误操作顶驱导致的事故事件多发情况，公司以问题为导向，编写《关于加强国内顶驱作业安全管理的通知》，通过协调以长城钻探工程公司生产指令的形式进行发布，对顶驱操作和使用中的主要风险提出针对性的安全操作要求，从制度层面降低相关方不当操作引发的生产风险。为提高司钻顶驱操作技能，保障钻井作业安全。公司编制《顶驱安全实操模拟培训系统》研发设计方案，方案包括司钻培训教程的编制以及顶驱安全实操模拟培训软、硬件系统的研发和配置，对司钻操作技能规范化管理和钻井作业安全保障具有重大意义，该方案得到上级主管部门批复。推进标准化工作。公司组织相关部门和专家制定《顶部驱动钻井装置操作规程》标准，并处于长城钻探工程公司HSE专标委评审阶段。同时公司参与标准化视频录制工作，组织制作顶驱专业重点标准化作业视频5部，将长城钻探工程公司发布视频中与顶驱专业相关的12部视频下发至现场学习，达到宣贯操作规程、规范现场作业人员行为、推进现场标准化作业进程和杜绝现场人员违章作业的目的。

管控重点风险，突出隐患治理。全年下达安全生产投资计划67.00万元，在高处作业、消防安全、安全用电、劳动保护等方面采购必备的安全防护设备设施和用品，及时治理安全隐患，保障现场本质安全。其中人员高处坠落是顶驱作业的重点风险，为有效防控该风险，公司提出《在钻机井架上加工制作"水平生命线"装置》隐患整改治理方案，将水平生命线进一步规范化、标准化。合作厂家按计划有序在国内顶驱队伍进行装置的加工制作，稳步推进。

加强承包商管理，突出素质提升。强化员工素质培训。公司在员工培训上狠下功夫，为承包商员工设计HSE培训矩阵，针对承包商区域负责人、现场顶驱工程师两种岗位，明确培训内容和培训时长，使培训具备较强的可操作性；同时继续施行"统一培训课件、统一考题试卷、严格培训监考，严格能力评价"的监管方式。面对疫情，公司引进远程HSE视频教学模式，培训承包商员工72人，进一步提升承包商员工安全素质。严把人员"素质关"。公司在现场员工能岗匹配上进一步严格管理，对实习生顶岗和在岗顶驱工程师的履职能力测评上向承包商发出强化管理的函件两封，上岗工程师必须通过公司的能力测评，同时要求HSE证、井控证、硫化氢证、高处作业证、电工证"五证"整齐有效，杜绝不达标的工程师上岗作业。狠抓外租顶驱规范化管理。公司从人员资质和能力、设备设施完整性、劳动保护、现场过程管理、制度管理等方面对租赁顶驱承包商提出统一标准要求，承包商积极响应，现场员工按规定取得HSE证、井控证、高处作业证等有效上岗证件，作业人员按要求通过能力测评合格后上岗，现场作业和HSE管理进一步规范。对违章行为"出重拳，下猛药"。公司对承包商违章、违反操作规程的行为采取"零容忍"态度，修订《现场HSE检查奖罚实施细则》（简称《细则》）。《细则》中加大对履职尽责和失职追责的奖惩力度，全年惩处承包商违章行为7起，罚款20.5万元。通过制度的刚性执行促进承包商员工牢固树立安全"红线"和"高压线"意识，确保作业安全。落实承包商员工"黑名单"制度。保障员工作业安全。对于盘锦辽河油田天意石油装备有限公司、北京科鲁斯石油技术服务有限公司等承包商现场服务工程师严格执行外部承包商施工人员安全生产"黑名单"管理20项要求，强化HSE规章制度落实，将2名严重违反操作规程的服务人员纳入黑名单，严禁进入公司作业现场。"黑名单"制度的严格执行在承包商中起到良好警示效果。

【党群建设】 2020年，公司领导班子以习近平新时代中国特色社会主义思想为指引，深入贯彻党的十九大和十九届中央历次全会精神，围绕完善中国特色现代企业制度，贯彻落实新发展理念，发挥党委把方向、管大局、保落实的领导作用，坚定不移加强新时代党的政治、思想、组织、作风、纪律和制度建设，压紧压实管党治党责任，提升党的建设质量和科学化水平，奋力开创新时代公司高质量发展新局面。

突出抓好政治建设，确保企业始终沿着正确方向前进。公司党委将学习习近平新时代中国特色社会主义思想作为首要政治任务，年初以来深入学习领会党的十九届四中、五中全会精神，《习近平治国理政第三卷》，广大党员干部理论水平不断提升，党性意识增强。严格执行新形势下党内政治生活的若干准则，严格落实民主生活会、组织生活会等党内组织生活制度，党内政治生活更加严肃。坚持党对国有企业的领导这一重大政治原则，重新修订下发《"三重一大"决策实施细则》，发挥党组织在决策、执行、监督各环节的政治引领作用，实现党的领导和完善公司治理的有机统一。特别是年初新冠肺炎疫情发生以来，公司党委坚决贯彻党中央、集团公司党组和长城钻探工程公司党委决策部署，坚持把加强党的领导贯穿始终，坚持把员工生命安全和身体健康放在第一位，推动抗疫复产工作，实现零疫情、零感染。

着力抓好队伍建设，提升干部人才能力素质。把政治标准放在首位，坚持正确的选人用人导向。年初以来提拔正科级干部1人，向上级组织部门推荐优秀年轻干部9人，增强干部队伍的生机活力。修订完善《人员变更管理办法》《科级干部提拔流程》，提升选人用人工作的制度化、规范化和科学化水平。强化干部考核评价，将考核结果与干部提拔和评先选优挂钩，调动领导人员干事创业热情。开展职称评审，推荐副高级职称评审5人，认定以考代评职称1人，自主开展初级、中级职称评审5人；完成档案复审和组织认定144人；全面完成科级干部和机关人员安全环保能力履职能力评估三年全覆盖工作；重新修订全员岗位说明书，夯实工作基础。

持续抓好思想建设，激发共谋发展的强大动能。强化理论武装，坚持党委理论中心组（扩大）学习制度，学习研讨12次；党委班子成员收看"主题教育十二讲"专题辅导讲座，并结合工作实际撰写"提质增效"和"学习治国理政第三卷"研讨文章8篇；组织党员定制式读书，采买配发各类学习书籍1.3万元，广大党员干部党性修养和理论水平普遍增强。开展"战严冬、转观念、勇担当、上台阶"主题教育活动，召开动员大会，党委书记尹栋超以"应对低油价、夺取双胜利"为主题做形势任务专题宣讲，统一思想、坚定信心。党委委员、党支部书记深入基层开展主题宣讲和学习讨论11人次，覆盖人员220人次。组织开展全员大讨论合理化建议征集活动，133人参加，征集"修旧利废、降本增效、提质增效、安全生产、技能培训、设备维护"等各方面合理化建议286条，为公司持续开展提质增效、加强企业管理提供措施和思路。

抓好组织建设，筑牢基层党建工作基础。根据人员调整的情况，及时调整党委班子分工和制定党委委员党建责任清单，构建系统完备、科学规范、运行有效的党建工作制度体系。开展纪念建党九十九周年系列活动，召开2020年党委工作会暨纪念建党99周年大会，宣读《致全体党员、入党积极分子节日慰问信》；表彰8名优秀共产党员和5名优秀党务工作者；开展重温入党誓词活动；党委书记尹栋超主讲《发挥党员作用，开创工作新局面》主题党课；通过"石油党建"App平台组织开展"迎七一、党史、新中国史知识网络答题活动"，101名党员参加，答题合格率100%；慰问困难党员4名。组织各党支部学习《中国共产党支部工作条例（试行）》和《中国共产党国有企业基层组织工作条例（试行）》；组织党务干部专题培训，学习《中国共产党基层组织选举工作条例》，指导4个基层党支部完成换届选举。开展基层党支部书记述职评议，检查指导党支部按照6个规范化模板开展组织生活，创建星级党支部。分2批组织党支部书记和支部委员7人次参加公司党委组织的党支部书记网络培训班和线下培训班，组织2人参加发展对象网络培训班。推广"石油党建"信息化平台，将支部建在网上、把党员连在线上，提高党建工作信息化水平。组织机关第一党支部和顶驱辽河项目部党支部撰写政研论文3篇，获长城钻探工程公司三等奖1篇，优秀奖1篇。

从严抓好纪律建设，营造风清气正良好环境。开展长城钻探工程公司党委政治巡察问题整改，督促各职能部门举一反三，从严整改，建立长效机制，接受长城钻探"巡察整改回头看"和专项巡察。深入推进"平安工程"建设，梳理修改废规章制度15项，梳理风险点源13项，中风险2项，低风险11项，制定控制措施13项，使廉洁风险防控机制运行顺畅、制度完善配套、执行有力。开展"以案为鉴、不忘初心"百日警示教育活动，累计参加教育活动245人次。层层签订《党风廉政建设责任书》11份，签订科级干部廉洁从业承诺书20份；更新监察人员22人100条信息；督查落实"三复议"工作；采集填报基本情况登记表和领导人员及其亲属经商办企业并与中国石油发生业务往来情况登记表，上报《处级领导人员廉洁档案》7份。做好元旦春节、五一、端午、国庆、中秋等节点的教育，做好婚丧嫁娶、工作变动、职务调整等节点的教育，落实中央八项规定，坚决杜绝"四风"及腐败现象。

群团建设。积极应对疫情防控，一方面依托上级工会提报物资需求计划，另一方面积极自筹，采买配发口罩、手套、洗手液、消毒剂、酒精、防护服等各类物资11批；关心关爱新冠疫情期间"坚守海外一线员工及家属"，下发《慰问信》，开展走访慰问，支出35000元；公司员工卢建民家庭获"长城钻探援鄂抗疫模范家庭"荣誉称号。开展"高质量推进典范企业建设，全力保障勘探开发"主题劳动竞赛，推动国内参赛基层队按照竞赛目标完成任务，获公司劳动竞赛领导小组表彰奖励2次。关心关爱职工和扶贫帮困，开展传统节日慰问、生日祝福、大病慰问、子女高考慰问和直系亲属去世慰问，支出234400元；慰问困难员工家庭21500元；组织会员健康体检121人。组织员工参加上级工会举办的文体活动，获"学习劳模精神，推进提质增效书画展"三等奖1个、优秀奖1个；观后感优秀奖1个；获女职工摄影展二等奖1个、优秀奖2个、纪念奖6个。完成4名退休人员的社会化移交工作，保障退休职工合法权益。推进团组织规范化建设，开展"青"字号岗位建功活动，推荐3人参加青年岗位创新大赛。坚定履行"护城河"企业政治责任，抓好重点时段维稳信访安保防恐工作，严肃保密工作纪律，保证企业大局稳定。

提质增效。持续优化人力资源配置，有针对性地甄选具有顶驱技术服务工作经历的空钻人员进行转岗培训。年初，安排3名空钻机械师开展国内一线管理岗位的转岗培训，到国内顶驱服务现场进行专业实习。畅通出口，拓宽渠道控减用工。针对年龄超过50周岁的一线员工，加大政策宣讲力度，做好政策解释。在充分尊重员工个人意愿的基础上，通过提前退休、内部退养、离岗歇业等措施，妥善分流安置岗位退出人员，合理配置人力资源。年初以来，陆续为10名符合条件的一线员工办理内部退养手续和离岗歇业手续。开展"转观念、勇担当、创一流"主题实践活动，开展提质增效教育引导。公司主页开设"提质增效、共克时艰"专栏，及时发布实施方案，工作目标、措施计划和工作动态。党群部撰写的"顶驱公司提质增效突出专业特点初见成效，顶驱公司以'三到位'扎实推进提质增效"等12篇信息在长城钻探工程公司主页"提质增效专项行动基层动态"中发布，"顶驱辽河项目部提质增效五项措施实打实，主题教育全员大讨论合理化建议征集活动完美收官"等95篇基层信息在公司主页和"长城顶驱人"微信公众号上发布，营造人心思齐，共克时艰的良好氛围。"人人肩上有担子、人人心中算本账、人人岗位见行动"成为每名干部员工的思想共识。组织开展全员大讨论合理化建议征集活动，133人参加，征集"修旧利废、降本增效、提质增效、安全生产、技能培训、设备维护"等各方面合理化建议286条，为公司持续开展提质增效、加强企业管理提供措施和思路。

（刘　倩）

录井公司

【概况】 2020年，录井公司在册职工1461人，其中干部752人，工人709人。干部中有专业技术职称的735人；其中，具有高级技术职称的134人、中级技术职称533人、初级技术职称68人。工人中有技师57人、高级技师12人、首席6人、企业级技能专家8人、集团级技能专家1人。职工中具有大专以上文化程度1159人；技术专业涵盖石油地质、钻井工程、机械、测井、物探、电子、自动化仪表、计算机、经济、外语等15个专业。

录井公司机关设12个部室，其中，党群系统3个部室，生产管理系统3个部室，经营管理系统5个部室，行政管理系统1个部室，机关直、附属机构5个。下设20个基层单位，其中，一线主要生产单位9个，科研型生产技术单位8个，后勤服务保障单位3个。

【录井作业】 2020年，录井公司有作业队伍503支。其中，国内队伍425支，分布在辽河、长庆、冀东、新疆、海南、四川、青海、江苏、山西、云南等10个油区，其中，综合录井小队369支，地质小队45支，定向小队11支；国际队伍78支，分布在苏丹、南苏丹、乍得、泰国、伊朗、古巴、尼日尔、伊拉克、委内瑞拉、科威特、阿尔及利亚、哈萨克斯坦、厄瓜多尔等13个国家。

截至2020年底，设备总计3953台（套），总资产原值7.34亿元，净值1.69亿元，新度系数0.23。国内市场3258台（套），原值5.66亿元，净值1.40亿元，新度系数0.25；国际市场695台（套），原值1.67亿元，净值0.29亿元，新度系数0.17；长摊资产总计664台（套），资产原值0.80亿元，净值0.16亿元，新度系数0.20。综合录井仪256台（套），新度系数0.23（表1）。

表1　2020年主要生产经营数据并与2019年对比

	2019年指标（万元）	2019年完成（万元）	2020年指标（万元）	2020年完成（万元）	2019年工作量（口井）	2020年工作量（口井）
国内收入	62000	66426	69100	74849	3025	2302
国际收入	18930	20892	21725	21725	410	269
合计收入	80930	87318	90825	96574	3435	2571

【科技创新】 2020年,录井公司坚持"跳出自我"的视野和格局洞察录井行业技术发展机遇,以市场需求为导向不断在地质、工程、信息、装备四大技术领域形成突破,依托技术驱动开创业务结构优化转型的新格局。

重点课题攻关实现多点突破,专业服务领域拓展延伸。开展岩石扫描电镜录井、同位素录井深化研究与应用,为页岩气储层甜点评价、压裂选层优化等课题提供解决方案;攻克北特鲁瓦碳酸盐岩隐蔽型滩体勘探技术难题,打开海外地质综合研究新局面;示踪剂监测、黏土稳定剂性能评价实验与试油气录井技术的现场测试取得阶段性进展,开发转型工作迈上新台阶。完成质量流量计、岩屑返出在线监测与评价系统的升级改造,增强随钻风险评价技术对钻井事故的早期预警能力。实现单井与站控系统整合,形成苏里格气田智能生产管理系统建设方案;实现曙采31号站全流程智能化、数字化升级改造,信息技术定制化服务取得新进展。井口防爆型红外光谱分析仪和连续轻烃录井仪推广应用并创收,智能综合录井仪设计方案取得关键性进展,为推进录井装备向自动化、智能化发展奠定基础。

【市场开发】 2020年,录井公司面对突如其来的危机形势,快速调整防疫复产和生产运行,使企业机能处于唤醒状态和竞技状态,占据市场竞争主动权。

提高资源转化效率,战略扩容保障市场份额地位。以"巩固已有市场、拓展战略市场"为资源配置的原则,彻底打破资源属地壁垒,全力保障市场容量扩展需求,实现增收创产。辽河市场。通过实施精准服务和优化资源配置,凸显"一个中心、三个基地"的关键作用,在工作量同比下降的情况下实现收入的稳定增长;跟进和掌握页岩气市场动向,以蜀南气矿为样板,成功打开贵州页岩气、泸州深层页岩气等市场大门;依托长城钻探工程公司总包进入中油煤、中联煤市场;顺利达成海南招投标预期目标,实现7%的服务价格上涨。长庆市场。依托特色技术业务的逆势增长,保证效益基本不下降。新疆市场。坚持质量在前、稳扎稳打的服务理念,实现高峰期在位运行19支队伍,创历史新高。冀东市场。冀东项目部凭借资源优势抢占特色技术市场份额,弥补常规业务量缺口。国际市场。以差异化战略部署和快速见效为原则,主动调整生产经营策略保障伊拉克、乍得、尼日尔、科威特等市场规模,在厄瓜多尔、秘鲁及其他非CNPC市场优先配置人力资源,保障资源动用率,降低经营风险。

【降本增效】 2020年,录井公司突出"转思维、增手段、强措施",创新开展提质增效活动,增强内生驱动力,有效消化外部压力带来的不利影响。

树立全员降本意识,开辟内生效益空间。执行宏观和微观双重降本考核指标,有效传递压力,全面完成5500万元降本任务。

压控劳务费用。按照"严控入口精准补充"的原则,压缩用工276人;依托地方政府出台的各项减免政策,减少劳务外包费用支出。

减员、分流压缩人工固定成本。按照"畅通出口安置分流"的原则,依托提前退休、离岗歇业等政策,妥善安置正式用工35人。

减少各项物资材料消耗。实施物资申报流程差异化管理,进一步减少库存、扩大调剂,实现全年物资成本占收入比例同比下降2.5%。

细化《人力资源管理周报》关键岗位动态参数,实现关键岗位人员统一管理,强化一线人员错峰调剂,节约出勤25618天;推进特色技术实现兼岗常态化,技术岗位创效水平显著提高,全年兼岗6250天。

【企业管理】 2020年,录井公司开发上线管理信息系统2.0,提高企业经营数据动态分析和业务协调处理能力,进一步提高办公效率。实施风险分级防控和隐患排查治理双重预防机制,严格过程监管;组织季节性检查、开展节假日及敏感时段抽检等专项整治活动,夯实安全发展根基;运用升降式架线系统、吊装作业视频监控、井控坐岗软件等定制化、自动化手段,降低现场作业和井控安全风险。以疫情防控为契机,提高基层小队远程决策、远程录井队伍覆盖率,通过信息化手段代替日常生产管理,全年远程检查3064井次,过程控制合格率从88.8%提高到91.5%,提升服务质量;利用内审与考核契机,指导基层运用QC方法解决质量问题,1项优秀QC成果荣获集团公司一等奖,2项获辽宁省优秀成果一等奖。

【队伍建设】 2020年,录井公司强化队伍素质能力、提高精益管理水平,发挥文化建设与党建思想工作成风化人作用,为创建国际一流录井公司塑造新的发展优势。制定《员工行为规范手册》,充实企业核心价值体系,树立质量意识和严细认真的行为准则,建立起高起点、高标准、高质量的内生发展观念。在全公司范围内推行"刘磊工作法",倡导全员责任担当、提高基础工作标准,以榜样力量传承优良作风。开展基层基础工作大检查活动,整治制度不落实、标准执行打折扣等"低、老、坏"问题。组织基层单位开展"5S"整理(Seiri)、整顿(Seiton)、清扫(Seiso)、清洁(Seiketsu)和素养(Shitsuke)这5个词的缩写。观摩交流以及月度考核评比工作;修订TPM操作规程,指导小队正确操作、使用和维护生产设备,减少设备故障,基层队伍、设备面貌得到改善,精益管理理念深入人心。

【党建工作】 2020年,录井公司开展党建99周年和防疫人才表彰会议,增强企业凝聚力和攻坚克难的信心;加大党支部标准化、规范化建设力度,修订出台《星级标准化党支部考核评定管理办法》,开展基层党建专项考核4次,评出三星示范党支部2个、二星优秀党支部11个,先进标杆旗帜更加鲜明;选优配强党支部书记,选拔、调整12名党支部书记,组织培训学习,发挥基层党组织负责人"领头雁"作用。

(武 楠)

国际测井公司

【概况】 2020年,国际测井公司有员工735人,其中:中方员工298人,外籍员工437人;境外岗位中方员工165人,境外借调中方人员29人,境外项目员工当地化率76%。

中方员工构成:国内机关人员44人(含公司处级领导、副总师共10人),国内基层单位(四个研究所)45人;境外测井岗位的中方人员113人,境外解释岗位的中方人员28人,长休人员24人。外籍员工构成:外籍工程师78人,外籍操作手351人,其中:管理人员8个,巴基斯坦国际雇员8人。国内科研人员构成:储层评价研究所在岗16人,其中硕士及博士12人,平均年龄46岁;地质研究所在岗9人,其中硕士及博士8人,平均年龄38岁;方法与软件研究所在岗10人,其中硕士及博士8人,平均年龄39岁;油藏检测研究所在岗8人,其中硕士及博士7人,平均年龄39岁。国际测井公司党委下属13个党支部,有党员218人。

海外队伍有104支,其中测井队伍92支,解释12支;地面系统110套,井下仪器2377支,资料处理设备62台,实验研究设备2套,分布在16个国家的27个项目。全年完成测井2330井次、射孔500井次、解释1383井次;测井一次成功率94.8%。

【市场开发】 2020年,国际测井公司新区域突破、老市场扩容增项、规模性套后市场等都取得一定进展,全年签约合同额1.65亿美元。市场空间不断拓展,规模性、高端性市场不断突破,中标泰国国家石油公司PTTEP测井射孔市场,进入联合能源伊拉克9区块项目,十年精心耕耘,成功中标鲁迈拉套后测井标。加大市场维护,与CNODC项目公司、中国石油勘探开发研究院、大庆钻探工程公司及联合能源集团有限公司、振华石油控股有限公司(以下简称振华石油)等客户广泛开展技术推介和交流,与境外苏丹、尼日尔、乍得和哈萨克斯坦等多个甲方开展线上技术汇报。

【质量安全环保】 2020年,国际测井公司围绕"三大要素",严守"四条红线",严控"五大风险",强化事前管理,突出过程管控,全年生产安全平稳,牢牢守住疫情防控"双零"底线。修订并发布B版《HSE管理手册》和2.0版《社会安全管理手册》,制修订制度规范15项,推动责任落实。突出放射源、民爆物品、交通、作业和井控等重点风险隐患排查治理,建立隐患治理监督机制。危险物品管理持续强化,实现海外放射源及民爆物品在线动态管理;完成昌平源库投产应用;初步实现放射性在线监控系统测试。持续细化强化疫情防控措施,严格执行"一人一案",守住"双零"底线。

【科技创新】 2020年,国际测井公司加速推进装备提档升级,LEAP系统技术升级和功能扩展项目顺利结题，电法仪器初步实现阵列化配套；随钻中子密度测井仪器通过试验井验收，完成DMS陀螺仪技术升级，满足高端甲方作业需求。借力"软科学"提升"硬实力"，完成CIFLog-GeoMatrix2.0处理解释软件基础平台开发，实现WellScope软件挂接射孔仪器；标准化射孔器材累计推广应用达3万多米；射孔自动排炮软件完成开发，射孔优化设计软件开发准备就绪。多篇技术论文在全国测井年会、中国石油学会油气井射孔技术研讨会、生产测井技术专题研讨会等平台上获奖；荣获长城钻探工程有限公司科技进步奖一项。

【管理提升】 2020年，国际测井公司根据主营业务发展需求，设立油藏监测研究所，进一步围绕套后测井和油藏地质工程一体化开展科研、市场和技术保障工作，对公司海外项目饱和度测井等套后作业、水平井生产测井作业等的支撑作用逐步显现。内控体系不断完善。针对已有内控体系的12个循环143个一级业务流程逐项梳理，逐条识别风险源并制定相应措施，内控体系进一步优化。薪酬改革稳步推进，"双序列"完成公司级专家、一级工程师的选聘，不断深化奖金分配制度改革，严格落实薪酬向一线人员、科研人员倾斜的政策。

【党建思想政治】 2020年，国际测井公司强化思想引领，积极开展"战严冬、转观念、勇担当、上台阶"主题教育，结合提质增效专项行动，组织开展各类学习调研、宣讲讨论、征集合理化建议，党建与生产经营工作进一步融合。深入开展群团和思想建设工作，开展各类聚士气、暖人心的活动，结合困难职工、海外员工疫情长期在岗等情况，帮扶10批次、慰问500余人次；疫情最困难的时期为在鄂员工家属解决防疫物资，为出国员工定制防疫包；建立员工家庭档案，成立"安心行动小组"，推动"安心工程"向纵深常态化发展。坚持正确舆论导向，严守意识形态阵地，在高层次媒体上发稿48篇，内部季刊《跨越》成为讲述公司故事、传递公司声音、展示公司形象的重要载体。

（李　森）

测试公司

【概况】 测试公司是以地层测试和连续油管酸化为主营业务的国际化专业公司，同时兼营地面油气分离计量、井下钻杆测试、试井、高压物性取样分析、完井、油气井动态监测、多相流量计在线计量、射孔、抽吸、防砂、堵水和压裂反排测试等工程技术服务，高温高压高含硫测试技术处于国际领先地位。

2020年，测试公司有试井设备、井下测试设备、地面测试设备、井下取样器、高压物性分析实验室、连续油管酸化、多相流量计172台（套），固定资产原值17.56亿元,净值2.56亿元,设备新度系数14%。用工总量770人。其中,中方员工237人,海外中方员工101人,外籍员工533人,当地化率81%。在册中方员工中,有测试职业晋级体系高级工程师40人、中级工程师109人、初级工程师2人;具有博士、硕士及本科学历员工占员工总数的77%。

测试公司国内下属东部、塔里木和西南三个项目,施工队伍21支,在辽河、塔里木、苏里格和威远从事地层测试、压裂返排测试、钢丝测压和油管打孔等作业;国外拥有施工队伍147支,在乍得、尼日尔、苏丹、南苏丹、阿尔及利亚、厄瓜多尔、伊拉克、Y03、巴基斯坦、哈萨克斯坦、土库曼斯坦和乌兹别克斯坦12个国家从事地层测试、连续油管酸化等作业。

【市场开发】 2020年,测试公司按照"重点中东,开发新业务,进军高端和开发非CNPC市场"总体工作思路,全年新签约合同额0.71亿美元,完成市场开发年度指标。国际市场,受疫情影响,下半年很多项目基本停工,全年实现收入4.1亿,比2019年下降32%,完成考核指标87%。

新老市场和新业务两极共进。中东市场继续发挥海外主力军团作用,签约合同额占66%,非测试市场占32%,除科威特国家石油公司外实现签约目标。老市场维稳扩容。延签合同额6092万美元,哈法亚和卢克连续油管和苏丹25区合同延期。补签合同额657万美元,增加3套设备,实现产值350万美元。新市场开发获突破。与项目部沟通合作,突破伊拉克12区和重庆页岩气矿等市场,签约合同额265万美元。新业务开发获突破。压裂燃爆、PVT、贸易新业务发展迅速。突破尼日尔PVT,土库曼斯坦套间压、电气设备和钢丝完井新业务,实现签约228万美元。持续开发一体化总包市场。实现格拉芙3口井和35口井修井大包;OPIC2+6和伊拉克12区2口井大包,签约合同额869万美元。跟踪项目需求超过21项,集中于增产、连续油管、AICD、注水、CNODC及油服推介。Abyet S-3、Epsilon、Eriell测试、阿莫河、东巴防疫和套间压获客户高度认可。

提质增效成效显著。测试公司制定《提质增效专项行动实施方案》,实施事项28项、具体措施154项,创效3246万元。其中,开展在线培训节支人工成本1415万元;持续开展供应商集采价格复议创效652万元;修旧利废和盘活闲置资产等创效23万元;压减非生产性支出创效140万元;消减非必要性支出管理增效62万元。经营成本持续降低。全年经营成本4.51亿,同比下降28%,减少1.75亿元。其中,材料成本同比下降57%,减少6766万元;人工成本同比下降24%,减少3063万元;机械使用费下降31%,减少3681万元;其他直接费用下降24%,减少4026万元;间接制造费下降2%,减少170万元。

【企业改革与发展】 2020年,面对全球新冠肺炎疫情和油价暴跌,对油气市场造成双重挤压复杂态势,测试公司坚定信心、统一认识,战严冬、转观念、勇担当,围绕长城钻探工程公司"打造海外工程技术业务典范"定位,坚定不移落实长城钻探提质增效专项行动整体部署，狠抓疫情防控和复工复产工作，强化党建思想政治工作，高效落实年度各项重点工作计划，推进测试公司高质量发展。

项目生产保障精准到位。全球调配和共享物资设备11批次，调配2975万元，盘活资产1.36亿。设备从国内、Y03、苏丹和突尼斯市场调剂到伊拉克、土库曼斯坦、乌兹别克、乍得和苏丹市场。落实重点项目保障措施，支持国内外市场发展。其中，组织民用爆炸物品5万发射孔弹等物资发运到乍得项目；调剂设备、组织物资，保障南苏丹酸化项目顺利启动；为伊拉克项目补充分离器、数据采集、油嘴管汇和捕屑器等设备，保障block-12大包项目顺利启动；完成页岩气项目第五个平台设备配套；完成乌兹别克斯坦—卢克连续油管项目设备配套及发运。

项目作业亮点频现。土库曼斯坦—乌兹别克斯坦项目（以下简称土乌项目）、伊拉克项目和苏丹项目等测试项目以优异作业表现和出色防疫工作获甲方高度认可。其中，土乌项目先后荣获甲方Epsilon和Eriell表扬信；阿姆河公司感谢信和萨曼杰佩气田3口井套间气隐患消除表扬信。伊拉克项目收到甲方HSE部门防疫工作表扬信。苏丹项目3/7区探井测试获甲方表扬信。土乌Surhan项目测试射孔作业创纪录。土乌项目全年不间断作业，合计完成13层测试作业，9井次TCP射孔作业，完成射孔170米。全部作业一次性成功率为100%，圆满完成Surhan项目全年测试射孔作业，打破乌兹别克项目外部市场多项作业纪录。伊拉克测试一体化作业成效显著，测试专业全服务链继续在东巴推广，完成该油田第一口裸眼水平井（EBST-6-4H井）全产业链服务测试作业。

加强员工培训晋级，实现员工和企业共同发展。面对新冠疫情，加强人员共享调配，夯实远程培训能力建设，保障员工晋级培训，开展培训1+N卡编制和试点推行工作，为项目提供人力保障和智力支持工作思路，全年调配55人次。其中，中方测试工程师调配员工45人次，相关单位人力支持5人次，保障项目复工复产。外籍工程师从苏丹项目调配到乍得项目3人次；Y03调配到土乌项目2人次。单位工作量占出勤比率保持低位运行。培训及晋级能力建设进一步提升。OMS晋级提升实现线上审批、作业积分自动复核，职业发展规划自动复核，综合贡献考核标准更加规范。全年完成工程师晋级晋档2期，实现28人定级定档和晋级晋档。2020年度培训计划完成率100%。机关及海外项目共组织培训315期，1886人次，员工持证上岗率100%。按照培训矩阵，累计编写SOP 112项，包括DST类40项、地面类29项、试井类9项、连续油管类21项、PVT实验室类9项、其他4项。完成8个专业基层队培训1+N卡编写，保障疫情期间测试公司年度培训计划顺利实施。

以制度保障选人用人公平公开公正。完善科级干部管理、后备干部管理制度，更新项目基层建设考核标准，编制机关部门重点工作综合评价标准，完善机关干部激励机制，调动干部积极性，提高各层级干部执行力。严格贯彻长城钻探工程公司选人用人相关制度规定，根据测试公司各部门、各项目业务发展动态和管理人员退岗、调出情况，筹划高级管理人员聘任调配工作，助推测试公司经济效益和干部队伍建设"双发展"，全年提拔和调整干部 2 批 11 人次，保障测试公司各项重点业务和工作平稳发展。

着力科技创新，提升核心竞争力。立足解决现场生产技术难题，进行科技研发，推广成熟特色技术；注重技术有形化和技术支持，为项目施工作业提供技术保障。科技创新成果丰硕。承担集团公司科技项目《连续管作业技术专项推广（二期）》，完成二套连续油管作业机推广任务，建立作业示范队 1 支；承担局级课题《海外复杂油气井测试工艺技术研究及应用》6 项子课题，形成智能凝胶暂堵技术、酸化返排液处理装置、高产气井燃烧装置、技术支持平台、油气井举升软件和工程设计软件等多项成果。推动基层创新，上报员工创造工程 16 项，创造效益 448.68 万元。技术有形化稳步推进。出版《高温高压高含硫油气井测试技术海外应用论文集》，收集包括项目组织与管理、井下测试工艺、射孔测试联作工艺、地面测试工艺、试井解释和井控安全 6 个主题 30 篇论文。搭建技术标准体系框架，完善技术标准表，废止标准 20 项，更新 16 项，新增 PVT、完井和安全等专业标准 29 项，至 2020 年底收录标准 164 项。修订集团公司企标 1 项，复审集团公司企标 1 项，复审长城钻探工程公司企标 3 项、测试公司专业技术规程 4 项和标准化作业流程 6 项。技术支持及推广应用。对海内外项目技术支持 12 余次，其中包括乌兹别克斯坦明 2-OE 井、伊拉克 12 区作业方案、页岩气项目足 207 井和驾深 1 井等重点项目。新技术推广应用超 10 井次。其中，套间气整改作业成功在土库曼斯坦项目实施 3 井次，高质量完成作业；乌兹别克斯坦 2-OE 井橇装 CTU 设备配合射孔作业，连续完成 7 趟射孔作业，积累作业经验。

加强信息化能力建设，提高公司运行效率。公司成立网络安全及信息化工作领导小组。办公电脑桌面安全管理系统、计算机安全基线配置，安装率 100%。实现全年网络安全"零"事故。页岩气项目 2 支小队完成远程监控系统部署，在足 207 井完成数据远传部署，及时将数据传输给甲方。10 支小队完成中国石油工程作业智能支持系统（EISS）采集端安装与使用。全年安排 12 人次参加培训，录取数据 828 口井，上报率 100%，完整率 100%，及时率 98.8%。自主开发的 WKShare 存储分享系统，4 月份投入使用，完成投资、设备采购、设备验收、设备调拨、设备转资、合同管理及生产周报模块开发与应用推广。完成录入投资计划 134 条，设备采购合同 78 份，设备验收 346 条，设备转资 340 条，自签合同 130 份。

【质量安全环保】 2020 年，测试公司落实长城钻探工程公司"奉行质量至上、恪守诚信服务、铸造长城品牌、追求卓越绩效"质量管理方针，通过质量控制全过程管理，实现测试工序一次成功率 100%，资料录取全准率 99.97%，测试层工程优质率99.97%，无重大（含重大）以上质量事故。有效落实疫情防控各项措施，牢牢管控各级风险，落实"四条红线"升级管理要求，损失工时事件率（LTIF）0，总可记录事件率（TRCF）1.86。完成长城钻探工程公司总部下达QHSE各项指标。

升级HSE管理，助力安全测试构建。突出完成以下重点工作：带头践行有感领导，有效落实各级管理者责任；持续完善HSE体系制度，有效推进体系建设；强化基层人员HSE培训，全员HSE履职能力评估；组织年度风险识别评价，有效管控各级风险；重视应急演练实际效果，持续提升人员应急处置能力；系统组织HSE隐患排查，全面分享治理典型隐患经验；规范HSE内审管理评审，全面系统查找体系短板。着力做好常态化疫情防控。建立完善疫情防控方案，做好常态化疫情防控工作。启动疫情应急响应；组织突发情况应急演练；开展每日人员体温监控；及时发放防疫物资；严控人员出入境审批；进行出入境人员"一人一策"管理；严格人员出入京管理。全年管控回国58人次，出国49人次。

强化质量管理，提升品牌价值。实施质量风险管理全员化、系统化和规范化模式。QHSE现场监督实现管理一体化、网络化。完善以"顾客满意度调查"为中心的质量评价机制和强化过程监控、数据统计月度质量分析机制。持续开展QC小组活动和质量信得过班组等基层质量活动。大力推进"5S"和TnPM管理，基层管理实现目视化、有形化和规范化。

【党群工作】 2020年，测试公司党委按照"把方向、管大局、保落实"工作定位，开展党建思想政治工作，助推测试公司稳健、高质量发展，为完成生产经营任务提供坚强思想政治保障。推进《习近平谈治国理政》（第三卷）学习，强化理论武装，指导实践创新。结合测试公司实际总结出高质量发展所具备的八条优势和九条不足，提出构建国内外市场并重发展新格局。贯彻落实党风廉政建设"两个责任"。开展百日警示案例教育，学习案例209个，持续推进平安工程建设。加强基层党组织建设夯实党建基础。新成立基层党支部1个，换届选举5个，党支部书记晋级体系上线运行。着力推进实事惠民工程项目。开展惠民工程立项14项，及时足额向全体干部职工发放防疫物资，开展海外员工家属慰问2批7人次。

（曹永祥　张显文　张超阳）

苏里格气田分公司

【概况】 苏里格气田分公司（以下简称公司）主要产品为天然气。2020年，公司有在册职工362人。其中，35周岁以下青年员工160人，女职工51人，分别占员工总数的44%和14%；本科及以上学历171人，占员工总数47%；中级及以上职称人员88人，占员工总数的24%；高级技师2人，技师8人。公司党委下属4个党总支，1个直属党支部，14个基层党支部，党员208名。设16个机关职能科室：生产协调科、基建管理科、工程技术科、气藏地质科、质量安全环保科、地方协调科、油气管理科、计划经营科、市场法律合同科、财务资产科、设备管理科、物资管理科、审计科、党群工作科、经理办公室、组织人事科。设5个基层单位：采气作业一区、采气作业二区、采气作业三区、车队、生活服务站。设1个直属单位：HSE监督站。安全、环保、质量、节能全面达标，全年实现生产无事故、无污染。

2020年，苏10、苏11、苏53区块安装井口工艺流程1446套，建设采集气管道总长度1929千米，建设主干道路18条216千米。3个区块安装天然气压缩机48组，安装各型号生产分离器39台，总集气增压能力1375万米^3/日。

截至2020年底，苏里格气田分公司资产原值181.32亿元，净值66.65亿元，有各类设备5219台（套），资产总体新度系数0.37。设备采购合格率100%；工程质量合格率100%；天然气交付合格率100%。

【主要生产经营指标】 2020年，公司完成天然气商品量23.25亿立方米。累计外输天然气347.35亿立方米，居苏里格气田各合作开发单位之首。

【开发与生产成果】 2020年，公司精细气藏描述，持续加强井震结合，直丛井Ⅰ+Ⅱ类井比例89.09%，实现近五年来最好钻井效果；水平井平均有效储层钻遇率51.4%，同比提高5.1%；128口新井年产气2.81亿立方米，占全年产量11.22%，在资源品位逐年下降的情况下，实现技术指标、开发效果双稳定。科学组织复工，钻机、压裂机组、试气队伍3月底全面开工；修订5项产建施工管理办法，靠实队伍考核排名制度，平均建井周期同比缩短1.21天；组建2020年气田产能建设项目组，集中组织、统筹协调产建施工，完钻井88口，铺设输气管线58.95千米，在产建投资计划滞后3个月下达的情况下，完成2020年10亿立方米产建任务，提前完成0.68亿立方米产能钻井施工、4亿立方米产能征地钻前工作。畅通沟通协调渠道，动态组织生产，限压状态下实现最大外输气量；实时更新运行计划，加大生产考核力度，做到明确进度、积极生产；增加4台橇装压缩机组，外输能力整体提高20万立方米，全力降低下游高压运行造成的不利影响，3个月限产期间生产天然气5.24亿立方米，较长庆限产指标超产1.04亿立方米。

【提质增效成果】 2020年，公司强化措施效果分析，措施综合投入产出比由1∶3.25提高至1∶5.14，外排收液措施投入产出比由1∶6.39提高至1∶21.55；加强"一井一策"研究，措施综合成功率由2018年的80.9%提高至86.0%，连续3年实现增长；加大"短平快"措施实施力度，全年增产2.58亿立方米，同比提高18.35%，措施总投入同比降低25.18%，单位油气操作成本下降0.215元，控制在长城钻探工程公司下达指标内，实现降本、增产双丰收。深入开展"战严冬、转观念、勇担当、上台阶"主题教育活动，细化分解工作目标，设立竞赛考核指标64项，征集岗位攻关及合理化建议84项，推动提质增效专项行动向深发展。全方位开展价格谈判，合同复议345个，节约金额2.19亿元。其中，成本项目节约3929万元，平均单价下浮10.70%；投资项目下降1.80亿元，平均单价下浮11.50%。

【科技创新与技术改造】 2020年，公司组建科学技术委员会，设立4个攻关小组，完成33个科技项目的验收与上报，在长城钻探工程公司科技工作评比中斩获佳绩，《苏53区块水平井排水采气技术创新、集成与应用》获科技进步二等奖，《压裂实时监控与远程支持平台研发与规模应用》获科技进步三等奖。推广井型专打技术，54口直丛井实现二开后两趟完钻，最短钻井周期7.08天，打破历年最快施工纪录；优选6口水平井实施套管完井技术试验，已投产的2口井日产突破10万立方米；优选2口水平井开展旋转导向技术实验，有效解决地层托压问题，机械钻速同比提升47.98%，砂岩钻遇率100%，井眼轨迹实现精准控制。优选1口井开展层间加密试验，投产初期日产5.1万立方米，阶段累计产量607.7万立方米，平均日产量4.3万立方米，剩余气开发初显成效；优选1口井开展高含水区侧钻水平井试验，砂岩钻遇率91.8%，气层钻遇率59.2%，试采阶段日产4.5万立方米，日产液16立方米，初步实现高含水区带水生产目标。

【安全生产】 2020年，公司编制实施新冠疫情防控措施，组织返岗复工2285人次，配发口罩10.2万只、消杀剂1700余升；严格落实"一人一表"登记、风险地区实时通报等制度，及时掌握人员动向、疫情动态，全年实现"零疑似、零确诊"。全面开展井场环保隐患排查整治工作，完成435口井环保问题的处理与追责管理；突出"队伍专业化、范围全覆盖、重点针对性"特点，开展汛期安全环保专项大检查，发现并整改问题381项，安全管理水平进一步提高。组织开展HSE管理方法工具、特种设备管理等专项培训，286人次参加，员工风险管控能力不断提高。完善修订3项制度办法，从严落实检查整改与违章处罚；创新实施完井挂牌制度，靠实提升问题倒查追溯能力，井控管理工作基础有力夯实。多部门联动组织钻井井控防喷联合演练，97人参与和观摩，井控现场实战能力进一步提升。

【企业改革与管理】 2020年，公司开展职责、机构对标优化调整工作，推动实施"机关基层联动帮扶工作方案"，机关、基层管理水平和工作效率不断提高；全面梳理招投标和集中谈判流程，审查招标、谈判项目207个，无事后合同发生；强化承包商市场准入管理，完成5家承包商准入审核，以及40家承包商70项资质的更新工作，实现市场管理合规，项目运行健康。完善干部公开招聘选拔流程，2人竞聘至副科级岗位；加大岗位交流轮换力度，先后3人从机关到作业区挂职，3人由作业区到机关锻炼，1人岗位交流调整，年轻干部工作经历单一问题得到解决。编制下发《2020年三基工作要点》，明确重点工作计划安排，基层基础工作有序开展；组织编制《基层队三基工作管理规范（集气站）》，完善基层基础建设制度；组织4次"三基"工作专项检查，发现并整改问题200余项，推动公司基层基础工作水平再上台阶。

【精神文明建设】 2020年，公司制定印发《2020年党委理论学习中心组学习计划》，定期组织中心组学习24次，领导干部运用党的创新理论驾驭全局、指导实践、推动工作的能力不断提升；制定印发《党委理论学习中心组学习实施细则》《"三重一大"决策制度实施细则》《党委工作规则》3项制度，公司党委正确履职、科学决策制度进一步完善。11月23日，组织召开苏里格气田分公司第二次党代会，选举并产生苏里格气田分公司第二届委员会及纪律检查委员会。组织党群工作座谈会暨2019年度党组织书记抓基层党建述职评议考核，推动述职工作向基层延伸。组织194名党员捐款2.61万元，支援抗击新冠疫情，党员先锋模范作用充分发挥。组织18名党支部书记参加北京石油管理干部学院网络培训，基层党支部书记履职能力进一步提升。制定印发党风廉政建设三项制度，签订责任书25份，确保问题有人管、责任有人担；坚持重要时间节点廉洁提醒，加强基层纪检信息收集工作质量，2020年报送纪检信息36条，切实把党风廉政建设"抓早抓小"工作要求落到实处；深入开展"以案为鉴，不忘初心"警示教育，14个基层党支部开展三项制度学习37次，讲案例81次、220个，广大党员干部廉洁自律意识和法纪观念进一步增强。妥善安置14名因家庭困难无法倒班的女职工，并进一步扩大帮扶范围，基本解决女职工倒班问题；优化改进作业区及机关倒班模式，帮助机关少数非盘锦籍员工，以及基层员工解决长期驻外无法照顾家庭的困难；持续贯彻落实《心系基层 服务员工八项规定》，慰问在岗及困难员工102人次，发放慰问金及慰问品19.35万元，关心、关爱员工工作做实靠牢；深入践行"以员工为中心"发展理念，制定实施《员工健康提升三年行动方案》，以建设外部市场员工健康小屋为切入点，成功搭建盘锦、北京重病和急难病症就医绿色通道。

（王 伟）

四川页岩气项目部

【概况】 2020年，四川页岩气项目部（以下简称项目部）在册职工264人，教授级高级工程师2人，高级职称24人，中级职称62人，技师5人，高级工程师73人，中级工程师47人。党员158人。项目部设有12个职能科室，经理办公室（党委办公室）、生产协调科、气藏与地质科、工程技术科、基建管理科、质量安全环保科、财务资产科、物资装备科、经营计划科、组织人事科、党群工作科、地方协调科；设有直属机构HSE监督站；设有威远页岩气作业区、荣县作业区、煤层气作业区和车队4个基层单位。

2020年，项目部产气14.76亿立方米，同比增加53.9%，其中新井38口，产气6.0亿立方米，老井103口，产气8.76亿立方米。

【主要措施与成果】 2020年，项目部加强沟通协调保障产建运行平稳。全力抓好复工复产，加强与各级地方政府沟通，提前报备开展的业务，优化人员报备程序，及时向各方通报政府相关要求，及时解决村民的合理诉求。全年协调解决阻工堵路事件62起，同比下降53%，平均处理时间4.5天，当日协调处理完毕的占比52%，加快产能建设步伐。

强化钻井提速保障产建效率。强化钻井提速模板执行和设计方案优化，全年完井35口，钻井周期78.15天，建井周期114.89天，较2019年分别缩短15.4%、14.8%；威202H34-3井水平段2500米，创长城钻探工程公司威远区块有效水平段最长纪录。

压裂提速保障投产速度。统筹施工组织、复杂处理、物资保障、外部协调等全过程，全年平均压裂时效达到2.07段／天，比2019年提高11.3%，单日单机组最高压裂5段，全年完成压裂井36口，合计805段，为2020年产量完成和2021年稳产15亿立方米奠定坚实基础。

突出精细开发，气田开发效果持续增强。抓好气井动态管理，通过深化气藏研究，调整优化工艺措施，加快新井投产组织，不断挖掘老井潜力，助力产量再创历史新高。地质工程相结合，新井效果持续提升，进一步精细水平井巷道位置，实现"地质甜点"和"工程甜点"的有机结合，完钻35口井，Ⅰ小层钻遇率97.5%，Ⅰ小层中下钻遇率96.3%，分别同比提高2.9和5.0个百分点。及时研讨、攻关、调整压裂工艺，应用大排量、多簇射孔＋暂堵转向、优化分段等措施，井均测试产量达到21.2万米^3／日，相继培育出威202H34、威202H58、威202H64、威202H83四个百万立方米平台。威202H83平台6口井最高测试产量153.14万米^3／日，其中威202H83-5井测试日产高达50万立方米。

老井生产管理精益求精。严格执行"日跟踪、周分析、月总结"动态管理制度，分平台摸索气井动态规律。优化老井生产制度，有序实施工艺措施，全年采取泡排、增压、柱塞、气举等措施668井次，实现措施增产1.40亿立方米，超额完成全年1亿立方米措施增产计划。

提前筹划保障气井快速复产。7-9月指令限产期间，合理分类气井，优化轮换开关井制度，定期排查问题井，提前谋划复产方案。9月复产以来，加大措施挖潜力度，快速实现积液井、水淹井复产20井次，恢复产量80万米^3／日以上。

【提质增效】 2020年，项目部坚持效益导向，深入推进发展方式转型升级，不断以管理提质量、向管理要效益，提质增效取得明显成效。成立专项行动小组，围绕"加快产建、提高产量、降低成本、管理提升"制定提质增效专项行动方案，明确29项工作目标，细化128条具体措施。

建立产建全过程交接管理制度。为提高页岩气平台运行及交付质量、效率，按照"钻前、钻井、压裂、基建、投产"和"基建与作业区"节点，制定相关交接管理制度。

开展合同价格复议，按照"一项一案、一商一价"以及"以量换价"的工作思路，逐项梳理，七大类共164个合同节约资金3076万元，新采购项目，按照价格下降10%以上编制招标采购方案强化内部管理挖潜。

2020年，项目部按照年度工作方案，落实29个方面128项具体举措，形成典型案例30余篇，上报长城钻探工程公司8篇，全年完成投资17.93亿元，措施费用1.16亿元，增加收入1.9亿元，提质增效降支降耗7264万元，节约投资3415万元。其中，全年重复利用返排液92.15立方米，重复利用率96.51%，节约费用1.58亿元；全年电代油项目使用网电6207万千瓦·时，实现节能替代柴油9027吨，节约柴油3340吨，节约费用2429万元，减排二氧化碳37987吨。

【科技创新】 2020年，项目部以科技创新引领发展持续深化，全力打造气田上产稳产技术利器，形成井位优化部署、一趟钻钻井、压裂2.0工艺、排水采气技术集成等配套技术，施工周期、单井产量等多项指标持续提升，强力助推合作区提质增效。

优化调整井位部署见成效。围绕最大限度动用储量、提高单控储量原则，分区域对稳产期116口井位部署参数进行优化，调整后单井控制储量6.87亿立方米，较方案提高30%。威202H58平台通过优化平台井数和井方位，平台测试产量达到110万米^3/日，其中3井测试产量42.29万米^3/日，取得较好的效果。

开展问题井技术攻关。持续优化传统工艺技术，形成泡排、气举等8种工艺措施及组合，有效提高问题井复产、增产成功率。全年成功处理压窜井22井次，复产后平均日产4.67万米^3/日，恢复程度达到72%，同比提高10%以上。9月复产以来，重点开展积液井、水淹井专项治理，强化技术攻关，集成采用小直径连续油管气举和同步降压连续气举措施，成功复产4口严重水淹井。

开展多簇暂堵工艺试验。12口井开展"多簇射孔+暂堵压裂"对比试验，通过缩短簇间距、段内多簇、暂堵压裂结合高排量、高强度加砂等措施提高储层改造强度和压后产量。试验井平均加砂强度超过2吨/米，全年总平均加砂强度1.83吨/米，比2019年提高17.3%，助力威202H83平台测试产量153万米^3/日，创造次核心区平台产量最高纪录。

【工程建设】 地面工程建设。2020年，项目部面对管输压力持续高位、频繁限产等情况，超前谋划，科学研判，提前建设13个平台泡排设备和4个平台移动压缩机组，助力老井平稳生产；优化威202H34平台集输管线流程，通过高低压分输管线外输至威202-1脱水站，成功解决外输难题。全年丛式井站建成12座，水泵站9座，供电工程9座，以及集中增压站变电站1座，供水管线敷设35.9千米，采集气管线敷设18.49千米，确保产能得到有效发挥。

信息工程建设。建设可靠、稳定的基础网络，将光纤线路铺设到每个作业区和集气站，使用全千兆网络交换机，搭建高速、稳定的互联网络，为生产办公和信息化、数字化应用提供可靠的保障；以数字化技术为依托，努力打造信息化、数字化气田，通过工业网络及数字传感器将平台钻井、完井、生产相关数据实现无人传输，并实现数字实时入数据湖的要求；信息安全"软、硬"并举，保障信息化建设工作"生命线"。在主要网络节点均部署有硬件网络防火墙和病毒防火墙，网络交换机按照集团公司"交换机安全配置基线"进行检查和配置，采用"基线加固工具"对办公电脑全面运行基线检查工具，并进行系统加固处理，实现信息安全的"硬"防护。信息安全"软"环境建设方面，项目部成立信息安全领导小组，制定《四川页岩气项目部网络与信息安全管理机构及职责》《网络与信息安全突发事件专项应急预案》等各项管理制度，并严格遵照执行，信息安全工作取得良好效果。通过信息安全"软、硬"两方面管理，实现信息安全"零"事故。

【安全生产】 2020年，项目部坚持党政同责、一岗双责、分级负责，推行安全环保责任"清单式"管理，狠抓隐患治理和风险管控，持续推进体系建设，实现"三零"目标。

强化疫情防控管理。制定疫情防控制度，完善项目部防疫工作机制，及时地方政府备案；健全承包商疫情防控监管体系，持续统计跟踪承包商人员疫情动态，建立承包商员工健康档案，及时传达、调整最新疫情防控要求；实现项目部辖区疫情防控事件"零发生"。

严抓承包商管理。将承包商管理作为风险管控关键环节，强化承包商安全环保培训，保持严管严抓态势，全年开具罚款通知单15张，切实强化承包商管理力度。

加强监督检查。深入开展安全、井控、管道、环境大检查大排查大整治，加大典型问题通报考核力度，QHSE（质量、健康、安全和环境管理体系）和DNV（挪威船级社）量化审核实现全覆盖，发现各类安全隐患和问题1356项，全部实行闭环管理。

强化井控风险管理。坚持"井控为天"安全生产理念，严格落实井控十大禁令，加强井控技能培训和现场应急演练，完善应急联动机制，有效控制各类风险，杜绝井喷失控事故。

强化油基岩屑管理。加强暂存点管理，按照地方政府管控要求，及时将现场暂存油基岩屑拉运至具有危险废弃物储存资质的库房集中暂存，全年拉运处理13578吨，暂存25351吨，确保环保风险可控、受控。

【企业管理】 2020年，项目部剖析管理中的问题根源，研究绘制基础管理"一年打基础、两年上台阶、三年成习惯"路线图，基础管理工作得到有效加强。

强化制度标准建设。坚持把制度建设摆在突出位置，全年新建、修订规章制度43项，梳理业务流程、关键控制点、证据表单122个，提升工作规范性和质量效率。

加强合规管理。加强对2018年以来巡察、审计等发现的10余项突出问题管理追溯，深挖根源，举一反三，从5个方面辨识合规风险181条，制定防控措施213条，从源头防范风险，促进管理合规。

实行投资管控。优化开发方案，严控产建投资，加快效益转型，单井投资降低6.3%，单位操作成本下降7.5%。

推进对标管理。以"问题导向、目标导向、结果导向"对标页岩气生产单位，从管理、技术、运行三方面完成与川庆页岩气全面对标，着力推动生产经营管理质量和效率稳步提升。

强化财务管控。发挥财务预算管理，狠抓生产成本指标管控，严控非生产性支出，全年资金回收率100%，全年非生产性费用支出同比降幅41%，控制在长城钻探工程公司年度指标之内。

【党建工作】 2020年，项目部牢握新时代党的建设总要求，全面加强党的领导，发挥政治优势，党建科学化水平持续提升，维护项目稳定发展大局。

深化党的建设。落实党建工作责任，执行党建个人行动计划，增强党建工作的目的性和计划性。开展庆祝建党九十九周年系列活动，"党课开讲啦"活动获一等奖1项、三等奖1项，党支部开展重温入党誓词、参观江姐故居等主题党日活动，党员党性提升。

加强队伍建设。重视人才储备以及年轻干部的培养选拔，着力为年轻干部的成长成熟提供优良环境，全年提拔3名正科级干部和1名副科级干部

深入开展纪律建设。签订党风廉政建设责任书79份，关键岗位廉洁谈话90人次。常态化开展警示教育，组织学习长城钻探工程公司下发的案例和通报类文件48场1500人次，组织案例讨论8次，重要节日节点喊话提醒12次，做到警钟长鸣。

推进三大工程建设。深化全员素质提升工程，开展操作岗位"大练兵""大比武"活动，理论与实操培训30场次；开展系列文体活动20多场次，参与1500余人次。深化员工创造工程，开展第三届"长城钻探工匠"选树宣传活动，推荐1人为"长城工匠"，2人为操作能手；创建劳模创新工作室，开展提质增效专项行动和主题劳动竞赛，提出合理化建议10条、完成创新创效成果15项。深化安心工程，投入资金32.9万元，项目部实施惠民项目7项；实施精准困难帮扶，评定困难职工家庭12个，发放帮扶资金18.7万元。实事惠民，落实服务基层八项规定，精准困难帮扶，提升员工群众的获得感、安全感、幸福感。

（韩　磊　王丝雨）

工程技术研究院

【概况】 2020年,工程技术研究院(以下简称工程院)有在册职工327人,其中,博士研究生2人、硕士研究生92人、本科学历165人,占总人数的79.20%;教授级高级工程师4人、高级工程师98人、工程师169人,占总人数的82.87%。下设8个基层研究所,1个钻井工程设计监督中心,1个海外技术中心,1个科技信息中心,10个机关科室。全院拥有国有固定资产原值18675万元、净值6515万元。

2020年,工程院承担上级科研项目和课题34项,其中国家级和集团公司级22项,"侧钻水平井裸眼分段压裂技术""压裂实时监测与远程技术支持系统"等多项技术攻关取得重大进展;"连续管电控定向钻井""稠油热采水平井分段完井"两项技术通过集团公司科技成果鉴定;获长城钻探工程公司级以上科技进步奖7项,其中省部级科技进步奖3项;申请国家专利22件,其中发明专利18件。加强科研成果转化和新技术的集成应用,全年开展成果转化项目31项,完成现场服务1181井次。强化信息化、智能化建设引领,靠前支持、靠前服务,从设计源头加强井筒质量管控,提供工程方案设计、工程复杂分析、钻井参数优化、井下工具保障等全方位技术支持,打造"650科技示范井"精品工程。深入开展"战严冬、转观念、勇担当、上台阶"主题教育,不断强化政治建设、思想教育、基层管理、队伍建设,以优异的业绩、优良的作风推动党建工作向纵深发展、向基层延伸。

【科技创新】 2020年,工程院全面完成各级科研计划任务,三项重点技术攻关取得重要进展。侧钻水平井裸眼分段压裂技术形成3种尺寸压裂工具系列,可满足6英寸和$4^5/_8$英寸两种井眼裸眼分段完井要求,现场试验应用取得良好效果。其中,苏14-8-35CH井压裂后试气无阻流量103.5万米^3/日,是2020年长庆油田实施侧钻水平井试气最高产量。稠油热采水平井分段完井技术研制以"热"为动力源的管外、管内耐高温封隔器,成功开发注采参数优化软件,实现350摄氏度高温裸眼封隔,最高单井动用长度提高43%,单井增产1.5倍,技术水平总体达到国际先进。压裂实时监测与远程技术支持系统创新研发压裂施工流程动态模拟、水力学参数监控、砂堵风险预警技术,实现压裂参数的可视化监控,砂堵预警准确率达95%,较以往人工预警提高63个百分点,作为压裂监控专业子系统纳入集团公司EISS系统平台。抗盐抗高温高密度油基钻井液技术体系密度达到2.6克/厘米^3,抗温达到250摄氏度,在塔里木油田博孜8井试验成功,刷新中国石油国内油基钻井液最深作业纪录（8235米），长城钻探工程公司自主油基钻井液技术在国内高端市场应用取得重大突破。

【技术支持】 2020年，工程院强化支持服务力度，不断提升技术支持保障质量。围绕辽河油区勘探与产建重点，牵头组建辽河技术支持小组，从设计源头加强井身质量治理，开展驾102井、双31-7井等19口单井设计支持和25个区块的钻井施工方案编制，就施工难点、井控设计、轨迹优化、钻井液设计等方面提出修改建议65条，被采纳54条。其中驾101井二开完钻井深3512米，钻井周期14.96天，平均机械钻速19.32米/时，创该区块同井深最快周期纪录；储气库双31平台采用双钻机工厂化模式施工，采用分段承压堵漏方式，用时同比储气库之前区块缩短近60%。川渝页岩气井技术支持方面，利用中油油服EISS数据系统，分区块、分开次进行时效对标，查摆施工问题，制定应对措施，取得良好效果。威202区块2020年施工井在较2019年施工井平均井深多53米、水平段长53米的前提下，平均钻井周期比2019年缩短17.47%；完井周期比2019年缩短21.03%。发挥技术支持软件系统大数据优势，开展深层页岩气井钻头螺杆选型、钻井参数优化和水平段降摩减阻深入研究，钻井提速效果明显。"650示范井工程"泸203H62-4井钻井周期88.67天，较区块平均水平缩短28.2%；威204H21-4井创造四开旋导"一趟钻"施工纪录。推广工程技术一体化总包模式，针对重难点井，制订一体化解决方案，精细作业管理，现场实施效果显著。雷77-H7井完钻井深5000米，水平位移1783米，钻井周期108.8天，建井周期116天，同比区块邻井分别缩短32.1%和35.6%，井身质量、固井质量合格率100%，创雷家区块水平井最深、水平段最长、施工周期最短纪录；长庆气区完成的双55-36H3井水平段长1500米，钻井周期32.2天，同比区块邻井缩短47%。

【技术服务】 2020年，工程院围绕重点市场需求，注重科技成果转化，取得良好业绩。膨胀式尾管悬挂器和膨胀管套损补贴全年推广应用52井次，进入苏里格、大庆等市场。管外封隔工具、分级箍、旋转引鞋、液压套管止回阀、热应力补偿器、热敏扶正器等完井工具，在辽河油田、吉林油田等油田创造产值约占全年收入的五分之一。在辽河油田全面开展一体化开窗工具、陀螺定向、防磨套、扩孔工具等侧钻井配套技术的现场示范与推广，助推油田公司提质提效。径向钻孔技术成功开拓辽河油田地热井领域，在马古18井创造单井施工25孔、单趟施工15孔的施工纪录。远程技术支持与信息系统应用服务在苏里格、威远、浙江、海南等区块全年推广451井次，服务规模保持稳定。保压取心技术在大庆、长庆等油气田服务规模逆势增长，并且在水平井、致密砂岩气、油基钻井液条件下首次应用。侧钻水平井裸眼分段压裂技术一次获得近600万元技术服务合同，压裂工具市场取得重大突破。复杂固井配套技术首次进入吉林油田，应用10井次，开辟新的市场。调剖堵水和排水采气增产技术服务，在辽河油井、威远页岩气井完成249井次，有效解决生产难题。

【创新体系建设】 2020年，工程院科技创新体系建设日益完善。着眼企业长远发展，将钻井液研究所更名为油田化学技术研究所，拓展和延伸技术产品业务链；着力提升稠油热采钻完井试验室科研创新试验平台服务能力，加强试验机具配套、提档升级，获国家CNAS认可委员会资质证书，长城钻探工程公司钻完井技术试验中心获准列入国家实验室机构名录，试验服务能力稳步增强。专业技术人才"双序列"第二轮实施方案顺利启动，畅通科研人员成长通道，不断激发科研人员科技创新的积极性和主动性，培养选拔一级工程师1人；组织参加集团公司、长城钻探工程公司专业技术培训209人次，科技队伍整体素质不断提升。参加"中国石油页岩油气工程技术交流会议""2020中国石油石化企业信息技术交流大会暨数字化转型、智能化发展高峰论坛"等学术会议，对标行业标杆，明确"十四五"重点攻关方向。落实各项科技管理制度，科技项目按照集团、油服、公司、院四个层级，实施分级分类全过程精细管理，突出专家论证，严格使用经费管理，管理效率及合规性持续提升。

【质量安全环保】 2020年，工程院着力构建安全长效机制，实施安全生产专项整治三年行动计划，质量安全环保工作水平持续提升，不断深化QHSE管理体系建设，取得安全生产许可证，获省部级质量成果奖励4项。抓实疫情防控措施，坚持"人民至上，生命至上"理念，把员工生命安全身体健康放在第一位，成立疫情防控工作领导小组，制定突发及疫情常态化防控方案，建立健全完善主要领导负总责、分管领导负专责、机关部门分工负责、全员自觉属地防控的责任架构，做好离盘赴外省、滞鄂、海外归盘、亲属接触返岗617人次"一人一策"和7处重点场所管控，守住工作场所疫情零感染底线。修订全员HSE责任清单，形成"一岗一清单"；压实领导安全生产责任，调整工程院领导、职能部门负责人的安全生产承包点，实现全院16个关键项目及重点部位处科两级领导承包，促进责任落实。改进完善QHSE体系建设，及时更新、完善支持性文件，发布实施《长城钻探工程技术研究院HSE管理手册》c/1版。以各类检查、审核为抓手，强化督导检查，发现问题95项，全部整改完毕，整改关闭合格率100%。分层级持续全员开展QHSE风险辨识和评估，强化"三基"和QHSE一体化考核，QHSE管理水平持续提升。践行"井控为天、井控为先、井控为重"的理念，针对博孜8井、雷77-H7井等重点井，严格执行处级领导承包、科级干部驻井制度，实施风险评估和危害因素辨识，强化防控措施；开展应急演练3次，应急保障能力提升。做好交通、消防、防汛、职业病、冬防保温、承包商等专项管理工作，突出抓好龙78井、曙页1井现场油基岩屑环保管理，采取严格处理方案和监管措施，杜绝环保事件发生。开展质量月、QC成果发布及群众性质量活动，持续提升科研项目、工具产品及技术服务等质量，顾客满意度96.86%；组织员工参加危害因素辨识、特种设备等培训，全员 HSE 意识和技能显著提高。

【企业改革与管理】 2020 年，工程院深化企业基础管理，持续挖掘提质增效潜能。加强计划管理，采取下达年度招标计划和月度执行计划方式，匹配生产运行与月度计划，坚持进行月度生产及科研计划执行情况统计分析，由计划委员会审定所有科研、成本及管理费支出，发挥计划在经营过程的指导作用。严控成本支出，以收定支，及时开展跨年度合同及签订合同变更协议合同复议工作，明确所有成本支出或单价较往年下浮 10% 以上的工作目标，刚性执行下浮比例，完成合同变更 14 项。非生产性综合管理费支出压减 30%，五项费用控制在长城钻探工程公司下达指标范围内，边际贡献率同比提升 6 个百分点。聚焦合规管理，制定、更新规章制度 5 项，更新法律条款 15 条、法规 9 条；合同系统 2.0 版上线运行，完成线下合同向线上转移审批；加强掌握合同签约、履约信息，杜绝事后合同的产生。按照"向基层研究所倾斜、向突出贡献的单位和科研骨干倾斜"的原则，调整基层班子超额完成收入指标、利润指标奖励力度，健全完善业绩考核政策，严考核、硬兑现，激发基层单位和科研骨干的主观能动性。修订完善三基与QHSE 一体化考核标准 21 个大项、63 个小项，强化过程管理，奖优罚劣。同时，修订下发《工程技术研究院现场补助管理办法》，大幅提高现场补助标准，有效调动科技人员扎根现场的积极性。深入开展保密宣传周活动，开展保密检查，覆盖工程院全部关键岗位人员，严查违规存储、标密不当文件，全年无失泄密事件发生；集中人力物力打攻坚战，专项审核人事档案 325 卷，向社会移交离退休档案 660 卷，完成人事档案的规范化整理和数字化处理；做好后勤保障、档案管理、标准化等工作，有效提升企业综合管理水平。

【党建和思想政治工作】 2020 年，工程院强化思想政治建设，党建和企业文化建设成效突出。突出政治建设，理论指导实践能力不断提高。工程院将学习贯彻党的十九大精神和习近平新时代中国特色社会主义思想与工程院中心工作有机融合，与形势任务主题教育、"提质增效"专项行动一体推进，全院上下始终树牢"四个意识"，坚定"四个自信"，坚决做到"两个维护"。落实主体责任，党建工作质量不断提升。定期召开党建工作专题会议，成功召开工程院第二次党代会，确保党的建设工作规范高效、系统推进。进一步规范细化党组织工作经费使用。深入开展星级标准化党支部创建，"三会一课"实现线上线下联动，新建、完善党建活动阵地 3 个。深化领导班子和干部队伍建设，团队整体素质不断加强。落实"三重一大"决策制度、中心组学习制度。提拔、调整科级干部 6 人，优化干部队伍结构。通过外派培训、内部交流、实践锻炼等方式强化干部教育培养。狠抓作风建设和党风廉政建设，员工精神面貌不断向好。巩固拓展落实中央"八项规定"精神成果，坚定不移反"四风"。开展第 11 次"作风建设月"、第三届"清风颂"主题分享等活动。进行"提质增效三复议"等 6 项自检自查和专项治理工作。全面开展"科研项目运行安全"及"财务""物资采购管理""选人用人""合同管理"等5个平安子工程建设，形成落实"两个责任"的有力抓手。弘扬"石油精神"，干事创业合力不断凝聚。统筹协调推进群团统战工作。组织抗疫"云健身"、红色"好声音"等文体活动，举办党史新中国史展、共产党员风采秀、青年优秀科技论文展报等主题展览，构建科研特色企业文化，展示员工蓬勃向上的精神风貌。

围绕"提质增效"开展创新创造成果评选、"五小"成果评奖等活动，持续激发员工干事创业热情。坚持为员工解难题、办实事，全年走访慰问困难群体34户次，投入31万余元用于扶贫帮困和日常慰问，员工体检提标增项、改善基层生产生活条件等惠民措施得到有效落实。计生、综治、维稳等工作平稳有序开展，队伍和谐共进氛围浓厚。

（杜文红　赵　云）

地质研究院

【概况】 2020年，地质研究院有员工166人，其中，博士4人，硕士54人，副高级职称58人，中级职称82人，中高级以上职称人数占员工总数的84.3%。同时有在聘长城钻探工程公司企业技术专家2人、一级工程师3人。下设7个机关科室、6个基层研究所和一个计算处理中心。有固定资产501台（套），原值2246万元，净值102万元；无形资产41项，原值2797万元，净值394万元。全年实现收入5018万元，其中，国内3855万元，国外1163万元；成本支出4692万元，其中，国内4284万元，国外408万元。超额完成长城钻探工程公司下达的经营考核指标，保障员工收入。科研能力稳步提升，涌现出一批优秀项目经理和科技标兵，页岩储层裂缝预测、"甜点"量化表征等8项关键技术取得突破，荣获局级以上科技成果4项，为"十三五"收官、"十四五"开局奠定坚实基础。

【技术支持】 2020年，地质研究院在提高精细化地质研究的基础上，加大技术人员队伍建设以及与两个自营区块的沟通力度。队伍机构层面，在天然气研究所对口支持苏里格自营区块技术支持的基础上，抽调全院精干力量组建页岩气研究所，对口支持四川威远页岩气区块。沟通交流层面，疫情之后，地质研究院领导和技术人员多次到两个自营区块前线，主动、深入了解现场生产中遇到的问题以及技术支持需求。针对两个自营区块在生产中的难题，地质研究院多次组织技术人员召开讨论会，转变观念、创新方法，坚持"科研生产一体化""地质工程一体化"，室内研究和现场技术支持有力配合，全力保障两个自营区块达产增效。在苏里格自营区块，针对开发中后期产能建设不足、接替区资源品质逐渐变差、低产低压老井逐年增多等问题，全年开展科技攻关4项，次级富集区筛选、水平井立体开发、含水气藏侧钻水平井试验、套管完井水平井薄层区开发等多项技术取得突破，为气田持续稳产打足"底气"。精细地质研究，完成三个开发区块的储量核算及分级储量评价工作，为"十四五"开发储备资源。持续深化开发认识，编制开发调整方案，调整规划部署各类气井861口，为合作区块持续稳产5年提供科学依据及技术支持。深化地质认识，圈定富集区5个，优化部署新井181口，为合作区块长期稳产奠定井位基础。深挖老井措施，从低产、停产井中精查细找，筛选措施井22口/46层，预计实施后平均单井增产气703万立方米。深化高含水气藏认识，从储层预测、开发管理及排水采气等方面开展研究，制定6项低饱和度气藏开发关键技术，实现含水气井平稳生产。深化苏39区块地质认识，筛选有利区2个，部署评价井位10口，为区块下步提交储量及建产做准备。在威远页岩气区块，持续深化综合地质研究，明确龙$_1^1$中下靶体和核心建产区。首次将储层与岩相分类有效融合，明确I_a类储层是"地质—工程"双甜点，为水平井的最优靶体位置。基于储层品质，将井位部署区划分为核心区、次核心区和外围区三种类型。优化水平井部署参数，实现稳产期井位差异化部署。通过深入开展新井开发效果评价、老井生产动态规律研究、水平井部署参数优化等研究工作，优化调整3个平台13口井水平井的间距和长度参数，单井控制储量增加30%。持续提升"地质工程一体化"水平，保障2020年水平井高效施工。修订钻井地质设计模板，完成2口导眼井、18口水平井钻井地质设计。通过迭代更新三维地质模型，提前优化钻井轨迹，完钻井靶点设计误差仅4.3米，靶体钻遇率96.2%，同比提高四个百分点。开展水平段差异化、精细化压裂段簇设计，优化设计35口井，平均丢段率1.9%，桥塞符合率75%，射孔簇符合率93%，较历年均有提高。优化工艺管柱设计，提高气井措施产量。全年完成采气管柱优化设计36口井，产液量平均增加20%，井口压力和产气量递减明显减缓。开展措施井优选和水淹井复产措施研究，现场实施20井次，平均单井增产气1.2万米^3/日。

【**市场开发**】 2020年，地质研究院在保障自营区块技术支持的基础上，发挥地质研究在"地质工程一体化"中的先导作用，拓展市场空间，在自身创效的同时，拉动长城钻探工程公司工程技术服务工作量。国际市场。乍得，针对甲方提出的降价要求，加强沟通协调，积极研究对策，保持项目合同额不变，保证利益最大化。完成《高倾角砂岩油藏注水适应性研究》《2.1期油田注水实施方案及跟踪评价》《Raphia、Lanea、Phoenix油田精细油藏描述及井位优化部署》3项研究课题，3名现场技术人员克服疫情带来的不利影响，在开发钻井跟踪分析、油水井措施增产增注、油田配产配注等方面建言献策，为乍得项目增储上产提供技术支撑，中油国际（乍得）上游项目公司专发《感谢信》，高度肯定地质研究院技术支持团队所做的工作。南苏丹，《Gumry油田开发调整方案研究》项目通过第一次同行检查，在Z区块发现3口井具有较厚气层，得到甲方肯定。完成《EL-Toor油田FFR项目》中综合地质、油藏工程和动态分析工作，开展老井现状分析研究。开展投标工作，中标1/2/4区Unity和North油田加密井优化研究项目，有望通过议标形式获得Gasab项目。其他市场。高质量完成苏丹6区FNE-H4井地质导向工作，为长城钻探工程公司地质导向业务赢得良好的业内口碑，对市场维护作出贡献。完成苏丹17区、25区两个区块以及哈萨克斯坦阿拉奥、卡尔达森两个油田的总包潜力评价工作，为长城钻探工程公司领导决策提供重要依据。关注海外市场信息，先后解读阿曼、巴基斯坦、巴布亚新几内亚等国际招标项目6个，对相关国家的市场运作情况和部分油田有新认识。国内市场。中油煤、中联煤市场，先后对大宁、吉县、神府和临兴区块进行地质综合评价，为长城钻探工程公司的市场开发提供决策依据。同时，参与临兴和神府的"地质工程一体化"两个产能大包服务项目的投标工作，为长城钻探工程公司在投标过程中提供地质研究基础。华北油田，跟踪河套盆地勘探工作进展并更新相关地质认识，部署的1口风险探井获华北油田公司勘探部、巴彦分公司的认可，并通过集团公司风险探井审批。

【改革管理】 2020年，地质研究院深入开展提质增效专项活动，转变管理思路，改进管理方法，向管理要效益。全年变动成本支出172.2万元，同比降幅36%。非生产性支出74.2万元，同比下降40%，其中五项费用发生12.6万元，同比下降50%。严控出差人数和次数，全年召开视频会议90余次，差旅费同比下降67%。开展印刷、办公设备和车辆维修三家商务谈判，单价同比降幅10%，节约费用1.3万元。在金兆大厦物业、房租未降价的情况下，寻求更为经济的总部花园作为办公场所，节省租金162.3万元，同比下降40%。落实国家减税降费政策，实现税费收益6万元；落实地方政府减免社保费用及稳岗就业补贴等政策，减免社保支出62.9万元，返还稳岗补贴11万元。物资设备实施动态化管理，建立物资入库、发放电子台账，从源头上避免重复上报、物资积压等现象，有效提升利用率；车辆管理实现制度化、精细化，燃油费用控制在长城钻探工程公司下达指标内；发挥计算处理中心职能作用，加大"内修"力度，有效降低办公设备修理成本。全年提报科研采购需求立项报告13项，发生科研经费782.3万元，控制在长城钻探工程公司下达指标内。压减投资67.4万元，总体压减74.9%。理顺培训管理体制，开展培训175人次，培训费用同比下降53%。

【质量安全环保】 质量方面。2020年，地质研究院突出质量风险识别管控，持续推进质量管理体系全面升级。按照质量管理体系标准要求，不断强化风险管控意识，围绕项目管理、方案设计及技术支持全过程，集中开展质量风风险识别，有效提升质量风险防控水平。优化质量考核体系，根据长城钻探工程公司下达的质量目标，结合地质研究院自身特点，编制质量目标策划方案，将长城钻探工程公司下达的指标层层分解，落实到各部门、各岗位，确保责任到位，目标到位。抓好方案设计质量管控，强化技术审核把关，严格履行项目"三级审核"把关程序，做到专业成果"零对接"，过程操作"零失误"，质量交付"零缺陷"。开展群众性质量活动，成果丰硕。全年开展QC活动10项，3项QC成果获省部级以上奖励，发表质量论文6篇。标准化工作取得突破，制定《页岩气水平井压裂地质设计规范》《致密砂岩气侧钻水平井地质设计规范》两项企业标准。

安全环保方面。着力抓好责任落实、体系建设、检查督促工作，从严、从细、从实抓好安全环保各项工作。深入推进责任制落实。组织各部门签订《HSE目标责任书》《安全承诺书》，明确职责，强化安全意识和责任意识。定期开展安全经验分享、双向沟通交流和消防演练，对前线技术支持人员进行井控安全及防恐培训。持续推进体系建设。开展HSE体系内审工作，发现问题28个，全部整改；开展危害辨识与风险评价，辨识风险46项，并针对性地制定纠正与预防措施；深入开展全员安全履职能力考核工作，分级建立岗位员工安全信誉档案，考核工作覆盖率100%。深入推进办公室"三重覆盖"安全检查。全年针对院、所、科室开展拉网式安全大排查11次，发现问题16个，全部整改。加强交通安全管理。针对疫情防控的实际情况，修改完善长途车辆出行前检查程序和审批单，全年实现"行车零违章、安全零事故"的目标。井控管理逐渐走深走实。加强井控设计源头防控，重点在威远区块建立全井段三压力剖面，并完善设计内容。

【党建和思想政治工作】 2020年，地质研究院党委团结带领广大干部员工，增强"四个意识"，坚定"四个自信"，做到"两个维护"，全面加强党的建设，发挥"把方向、管大局、保落实"的作用。以思想引领为切入点，宗旨信念的根基不断筑牢。丰富学习载体，以点带面、点面结合学习贯彻落实"两个条例"，不断增强思想自觉和行动自觉。开展"战严冬、转观念、勇担当、上台阶"主题教育，围绕提质增效专项行动部署，开展基层宣讲7次，专题研讨7次，提升全体党员领导干部攻坚克难的决心。以政治、业务双合格为基础，干部梯队建设见成效。坚持"德才兼备、以德为先"的总基调，在政治合格同时着重考察岗位专业知识，选拔前征求分管领导和基层意见，采用公开竞聘的方式，真正实现让乐于奉献、勇于担当的青年人才充实到干部队伍中来。全年提拔11名科级干部，其中副科级提拔正科级3人，新提拔副科级8人。以组织建设为基础，战斗堡垒持续夯实。持续开展五个标准化支部建设，创建三星支部1个，二星支部2个。优化两级组织设置，地质研究院党委和3个基层支部完成换届，成立页岩气研究所党支部，组织建设进一步完善。以打造风清气正为目标，党风廉政建设深入推进。持续开展"平安工程"建设，建立4项"子工程"。深入开展百日警示教育活动，坚持用身边事教育身边人，党支部宣讲

物资分公司

【概况】 物资分公司于2008年11月在天津滨海新区经济技术开发区注册成立。历经7次重组合并，依次并入中油测井天津地区后勤保障业务，中东美洲相关机构，中亚辽油国际、南美华威公司、北非苏丹公司业务，钻井一公司、钻井二公司、测井公司、井下作业公司等供应站，东部服务中心仓储部，中国石油化学公司贸易业务，压裂公司供应站等机构、职能和人员。物资分公司是长城钻探工程公司境内外物资统购执行单位，主要职责是根据批复的物资需求计划，组织采购方案编制和实施、合同签订和履行、到货验收、物资仓储、运输及结算，负责价格库维护、物资质量、物资编码等相关管理工作。物资分公司作为长城钻探在津注册企业，承担长城钻探工程公司津籍员工及家属户籍管理、津籍员工离退休管理、计划生育管理和服务队人员（挂靠家属）管理等专项职责。

2020年，物资分公司在册职工460人，其中合同化员工406人，市场化用工54人；在岗327人，包括机关业务部门136人、基层单位191人；不在岗133人，包括服务队人员（挂靠家属）59人、在海外项目工作但保留物资分公司人事关系15人、借调及借聘到外单位2人、退出岗位科级干部40人、离岗歇业及内部退养5人、长期病假11人、停薪待退休1人。本科学历211人、研究生及以上学历32人；中级技术职称176人、高级职称47人；35岁以下青年64人；女职工215人。下设机构35个，其中机关科室10个、直属机构7个、业务部门12个、基层单位6个，现有领导班子成员8人（2人改做具体工作）。物资分公司党委下设6个党总支、18个党支部，现有党员304名（其中在职党员285人、离退休党员19人），现有党委委员6名，在岗科级干部64人。现有固定资产2130台（套），原值7493.31万元，净值3073.73万元，新度系数0.41；无形资产2项，原值608.58万元，净值573.24万元；主要仓储设备72台（套），原值1685.91万元，净值239.19万元。国内外设仓储站点11个，库房面积35512平方米、料棚面积17343平方米、料场面积50452平方米，其中辽河仓储站兴隆台库、欢喜岭库、井下库为自有设施，其他均为租赁设施（表2）。

表2 2020年物资分公司国内外仓储站点数据

序号	仓储单位	设施名称	库房面积（平方米）	料棚面积（平方米）	料场面积（平方米）
1	天津仓储站	天津仓储基地	10800	6700	6500
2		天津港保税区	3259		1200
3	辽河仓储站	兴隆台库	6910	2138	3900
4		欢喜岭库	3800	4380	7743
5		井下库	2732	1678	0
6	大庆项目部	冀东库	1072	0	1200
7		塔木察格库	240	0	5000
8		大宁库	1480	0	1700
9	长庆项目部	乌审旗库	1219	2447	22209
10	西南项目部	威远库	3000	0	0
11	格兰特公司	迪拜杰布阿里保税区	1000	0	500
	总　计		35512	17343	50452

【主要生产经营指标】 2020年，面对新冠肺炎疫情和物资系统改革等错综复杂的内外部环境，物资分公司按照长城钻探工程公司决策部署，围绕"建设更具实力与活力的新物资分公司"目标，推进内部改革，夯实基础工作，加强队伍建设，改革发展稳定，各项工作迈出崭新步伐。全年实现营业总收入54.19亿元，营业总支出54.17亿元，营业外收支及其他收益净额71万元，全面完成长城钻探工程公司下达的物资管理关键业绩考核指标和工作目标。

【物资保供】 2020年，物资分公司着力提高物资保供时效，分析采购业务大数据和流程，查找影响保供时效的因素，改进计划管理、价格审批、合同管理、采购方案上报和业务权限管理，压缩纸质计划澄清、采购、仓储、质检、运输时间，全年统购业务采购效率86.0%，统购物资采购完成率95.4%，采购及时率79.8%，用户满意度98.8%，较2019年均大幅提高。全年接收采购计划100634条，完成92901条，完成率92.3%；组织完成采购方案1748个，签约金额45.60亿元，节约资金5.43亿元，节约率11.9%；全流程电子化招标率100%，招标组织程序标准化率100%；完成价格库数据审批和维护33.65万条。盘查辽河仓储站、长庆乌审旗库、天津仓储站库存情况，理清呆滞、积压物资形成原因和目录清单，共享可调剂物资信息，提高库存物资周转率。2020年物资分公司境内外存货总计2.58亿元，其中实物库存7465万元，出口物资在途金额1.83亿元。完成积压物资处置2375万元，处置率52.1%，实物库存物资下降3619万元，降幅32.7%，在途物资下降9084万元，降幅33.1%。做好疫情期间采购服务和物资保供，利用各地区供应商、生产商的资源和优势，将油料、重晶石等重要生产物资送达现场，在四川威远地区，动员重晶石加工厂采取夜间生产、白天送货的方式，保障一线生产；在四川珙县，动员供应商利用自发电的方式，确保2000吨重晶石正常供应；在陕西、宁夏、山西等地区，协调中国石油销售公司就近采购柴油，满足一线油料需求。

【改革管理】 2020年，物资分公司引领除弊革新导向，开展调查研究，征集合理化建议，制定工作方案，明确任务目标，加强组织领导，强化纪律执行，打好改革基础。多方沟通、积极争取，明确职能定位，完全保留物资保供全业务链职能，成立4个改革调整专项工作组，平稳有序推进改革。精简机构设置，优化职能配置，下设机构由43个压减到35个，压减18.6%，设立物资采购、招标、仓储、质检、配送、结算、贸易等业务中心，逐步实现专业化标准化管理。优化人力资源配置，分在京人员、科级干部、基层员工三个层面，采用民主测评、末位交流，公开选拔、竞争上岗等方式，推进富余人员调整交流，125名在岗人员退出岗位或调剂到其他单位，缩减27.3%，科级干部由99人精简到65人，缩减34.3%。

【疫情防控】 2020年，疫情暴发，物资分公司成立疫情防控领导小组和4个专项工作组，制定疫情防控工作方案，完善疫情防控指导手册，先后召开经理办公会5次、领导小组会7次，落实各项防疫举措。建立疫情防控联络群，制定专网、专群、专人"三专"管理机制，摸底排查全员信息，发布信息指令，落实疫情日报告、零报告制度，并对湖北、武汉地区人员实行"一人一策"跟踪管理，确保疫情防控不留死角。疫情初期全国防疫物资极为紧张，物资分公司发动各方力量挖掘货源，先后采购35.3万个口罩以及消毒液、医用酒精、防护服、体温枪等各类防疫物资，保障长城钻探工程公司疫情防控和复产复工需求。落实疫情期间关心关爱一线员工举措，使用10.2万元专项党费，为基层购置防疫物资；慰问疫情期间坚守一线的9支基层队、62名在岗员工，以及援鄂抗疫员工家属，发放慰问金3.5万元；组织抗击疫情爱心捐款，全体党员捐款5.7万元。常态化疫情防控形势下，持续开展生产生活区域消毒，加强重点时段、关键岗位人员管控，疫情防控形势整体良好。

【干部队伍建设】 2020年，物资分公司党委研究讨论10批次干部人事调整工作，调整基层科级班子6个，调整交流科级干部123人次，其中副科提拔到正科级岗位8人，岗位调整交流83人次，因改革交流到其他二级单位13人，因年龄原因退出或提前退出领导岗位17人，因工作调动免职2人。针对科级干部队伍年龄偏大、结构不合理的实际，制定实施《科级干部退出岗位管理暂行办法》，健全干部能上能下机制，为干部队伍形成合理梯次、保持更替有序、增强生机活力提供制度保障，17名青年干部纳入后备人才库。坚持"以德为先、德才兼备、群众公认、注重实绩"的用人导向，提高选人用人公信力，营造风清气正的选人用人环境。领导干部落实"五带头五表率"要求，重拾干部员工对领导班子的信任；全员齐心协力做好抗击疫情、提质增效等"七篇文章"，提振干部员工干事创业精气神；启动提高物资保供时效、实施全员业绩考核、深化电商合作等"十大课题"研究，大兴求真务实之风，调动全员工作积极性。推行全员业绩考核，初步建立重基层、凭贡献的薪酬分配导向。加强先进典型的示范引领，3人被评为长城钻探工程公司劳动模范，32人被评为集团公司直属优秀党务工作者、长城钻探工程公司先进个人等，6个集体获长城钻探工程公司先进集体、"五型"班组等荣誉称号。

【提质增效】 2020年，物资分公司制定提质增效专项行动方案，确定两大工作目标、十项工作举措，根据费用控制责任细化具体工作措施及目标，推动框架物资、非框架物资、运输业务降价，国内外集采降价幅度均达到8%—10%的目标要求，全年非生产性成本支出1.7亿元，节余917万元；五项费用支出300万元，节余458万元。开展形势任务教育，树立"长期过紧日子"的思想和"一切成本皆可控"的理念，以"保生产、降费用、防风险、严管控"为原则，采取有力措施推进提质增效专项行动，组织开展全员、全过程、全方位开源节流降本增效活动，连续两年账面盈利，完成长城钻探工程公司下达的管理性费用控制指标以及五项费用控制指标。全年可控费用支出1544万元，同比减少156万元，节约9.18%；格兰特公司可控费用支出292万元，同比减少33万元，节约10.31%。各项指标较好完成，为保证职工收入水平打下基础。

【QHSE工作】 2020年，物资分公司编制印发《2020年质量管理工作计划》，策划安排重点工作、重要质量管理活动、质量监督抽检、计量器具检定、重点标准宣贯实施以及QC小组等群众性质量管理活动。突出质量风险识别管控，组织各单位和部门研判、识别和定位质量风险，细化防控措施，提升质量风险防控水平。修订质量管理体系量化考核标准，完善质量指标体系，以质量指标逐级分解下发来体现质量主体责任落实，全年未发生质量责任事故，质量问题整改率100%，采购物资出入库合格率100%，必检物资检验计划完成率100%，顾客综合用户满意度98.75%，4篇质量论文分获辽宁省质量协会2020年质量学术论文征集评审一、二、三等奖，是继2017年和2019年两次获辽宁省质量科技成果二等奖以来，再度斩获殊荣。树牢安全是最大效益理念，坚持管工作必须管安全原则，强化安全责任落实，制定2020年HSE工作计划、监督计划，每季度结合工作计划及各项工作完成情况对所属各单位进行综合管理考核，迎接集团公司、中油油服、长城钻探工程公司、挪威船级社（DNV）年度监督审核，发现问题77项，查找问题原因，明确整改部门，落实整改措施，逐一跟踪验证，确保按期关闭。制定"十四五"生态环境保护规划，编制《放射性物品管理情况专项自查方案》《关于全国"两会"前及"两会"期间安全生产及疫情防控工作升级管控方案》等文件，修订《特种设备安全管理实施细则》《叉车安全管理实施细则》等文件。辽河仓储站组织2020年风险培训暨危害辨识培训班，聘请天津市消防局老师进行消防知识讲座，组织叉车等特种作业人员取证培训和考试，提高全员安全意识和能力，特种作业人员持证率100%。成立安全监督站，加强现场监督检查，全年实现安全生产无事故。

【党建群团工作】 2020年，物资分公司推进标准化党支部建设，2个基层党支部被评为长城钻探工程公司"三星示范党支部"。规范组织发展程序，全年发展党员6名，保持党员队伍的生机活力。围绕改革发展稳定大局，刊发外宣稿件118篇，对内发布新闻动态278条，展示改革发展成果和特色亮点做法。强化党风廉政建设责任落实，持续开展"以案为戒、不忘初心"警示教育，梳理检查2017年以来巡视巡察反馈问题整改情况，开展伙食费用和物资采购价格合规管理监察，从财务管理、采购管理、选人用人、合同管理四方面入手，推进"平安工程"建设，整合完善规章制度5项，提出防范措施16条，构建有效管用的廉洁风险防控体系。树牢"以员工为中心"的发展理念，从员工收入、民主权力、发展前景、生活保障、工作环境等方面，为基层群众办实事。全年征集员工意见建议317条，合并为26项，全部予以答复或解决。应用政策红利保障员工基本福利待遇，累计投入26.9万元，慰问帮扶75人次，发放疗养费63.2万元。做好天津户籍员工的户籍管理、子女转学、计划生育、离退休管理等工作。

（袁世海）

昆山公司

【概况】 2020年，昆山公司用工总量196人。其中，合同化员工28人，市场化用工168人；经营管理和专业技术人员79人，生产操作人员117人。昆山公司党委下设管理、科技、市场、生产、油化5个党支部，党员54人。下设14个部门及单位，管理板块设综合办公室、财务资产科、经营计划科、质量安全环保科；主业经营板块设技术开发中心、生产制造部、采办仓储部、油田市场经营部、社会市场经营部、国际市场经营部；海外经营板块设哈萨克斯坦克孜公司；资产经营板块设金昆液化气分公司、金昆大厦、巴州塔里木分公司。

2020年，面对突如其来的新冠疫情和油价断崖式下降，造成工作量巨减和产品价格刚性下调等严峻复杂的生产经营形势，昆山公司贯彻习近平新时代中国特色社会主义思想和党的十九大精神，全面落实长城钻探工程公司全局部署，坚持"高端化、国际化、多元化"发展战略，向外开发市场增加效益增长点，向内提质增效抓成本管控关键点，持续推进技术创新和管理提升，强化风险管控和安全环保整治，抓实疫情防控和基层党建工作，完成各项经营指标，实现昆山公司疫情防控阻击战和效益保卫战的双胜利。全年实现主营业务收入2.9亿元，生产瓜尔胶及其衍生物产品14747吨，销售各类产品13908吨。

【市场开发】 油田市场拓展高端。2020年，昆山公司在新疆油田等西部油田常规产品销量大幅下降的严峻形势下，坚持"产品高端化、配方系列化、液体商品化"，加速实现常规产品升级换代，抓好高端压裂液体系销售推广和现场服务。在吉林油田加大低残渣压裂液体系对普通产品的替换升级应用，在大庆油田推进酸性新型压裂液体系，东北项目部高端产品销量实现逆势翻番增长；在苏里格推进长城等内部高端市场开发，超额完成项目部年度销售任务的142%。2020年，国内油田市场压裂液体系施工860口直井、116口水平井，销售高端产品2699吨，同比增加43%。

国际市场危中寻机。克服国外新冠疫情蔓延的影响，化疫情之"危"为"机"，全力拓展海外免洗手消毒凝胶产品市场，发挥昆山公司改性瓜尔胶产品技术优势，以巴斯夫、3M等重点客户合作带动中小企业销售，以网络销售和线上推广替代传统展会销售，免洗消毒凝胶等高端日化产品销量同比增加40%。开辟建筑、农化、玩具等高端新兴市场，与圣戈班韦博集团等知名企业实现合作，参加国内展会，主动拜访玩具客商，实现订单转化和销量增长。国际市场全年销售产品870吨，同比增长36%。

社会市场加速恢复。努力应对疫情影响，加快年后市场恢复，梳理存量市场，加强内部管理，提升队伍素质，改进销售策略，完善"代理商+直销"的营销模式。在日化市场稳定传统客户，推动电商合作，产品销量同比增加20%；在建筑市场加大自流平砂浆和石膏基砂浆领域产品推广，产品销量同比增加16%；在印染市场加快活性印花糊料新产品应用试验，通过多次工艺配方优化，具备全面推向市场条件，可打造成新的效益增长点。社会市场全年销售产品1035吨，销量保持稳定。

海外助剂平稳运行。面对哈萨克斯坦疫情、油价下跌、坚戈贬值等重重困难，切实抓好疫情防控、复工复产、社会安全和风险管控，加强物资保障、安全生产、产品试验和现场服务，稳定PK、NB等存量市场，全年销售化学助剂产品1217吨。

资产部门规范经营。液化气分公司面对疫情防控、客户递减、政府严管等严峻形势，完成储罐开罐检测，规范采购、充装和收银管理，严格安全机制和"三特"监管，开展液化气知识、安全操作技能竞赛，提高标准充装和服务水平，全年实现收入623万元。金昆大厦落实国务院国资委、集团公司要求，做好减免服务业小微企业房租工作，加强物业租赁和停车场管理，加大安全监管和消防设施维保检查力度，提升物业管理服务水平，物业出租率100%，全年实现收入627万元。

【科技创新】 研发平台规划升级。2020年，昆山公司参与长城钻探工程公司井下作业"十四五"科技规划、关键技术筛选及重点项目论证，研究编制昆山公司"十四五"科技发展规划，推进"中油油服压裂酸化技术中心压裂液分中心"建设；完善基础研究、理论支持、合成工艺、技术应用四大研发模块，打造分子结构、分子力学、合成技术、产品应用等基础研究平台，升级维保核磁共振波谱仪，购置气相色谱仪等2台精密仪器，甄选化学专业人才3人，开展内外部学术交流17次，为参与全球竞争积蓄科创能量。

科技项目加速转化。调整优化组织管理架构，明确清晰研管职能职责，建立技术专家带头、首席工程师运作、实验室分级攻关，通过模块化集成、产学研结合的项目开发管理模式，承担完成集团公司项目1项、自主研发项目7项，获江苏省国际合作项目1项、昆山市储备项目1项，实施川大合作项目3项、"十四五"科技项目2项。加快新产品、新工艺开发，加强超高温新型压裂液体系研发，耐温性突破200摄氏度；优化活性印花糊料成糊率、得色率等技术指标，经多次现场试验，产品基本定型；改良玩具瓜尔胶工艺，改善建筑用瓜尔胶防腐性能和增稠效率，开发出新型增稠剂产品，拓展应用领域，成为今后市场有效增长点。

科技创新再结硕果。昆山公司获集团公司科技成果转化创效奖、集团公司科技进步基础研究奖、江苏省国际合作技术奖，完成化工协会优秀专利奖申报，通过江苏省外专工作室评估，《一种瓜尔胶压裂液体系用有机聚酸金属交联剂及其制备方法和瓜尔胶压裂液体系》等3项发明专利获授权，完成8件发明专利及9件实用新型专利专利权人变更，企业核心竞争力不断增强。

技术服务优质高效。技术骨干团队常年转战各油田现场技服一线，在新疆油田、苏里格气田、青海油田、通辽油田等油气田完成压裂液体系技术服务，在大庆油田解决酸性压裂液施工的应用难题，完成中海油田服务股份有限公司、渤海钻探海水压裂液配方设计，取得较好成效；积极配合民用产品市场开发，抓好新产品技术推广、现场应用指导、性能效果分析等多项工作，在糊料、玩具等新兴市场做好产品技术支持与试验推广服务，获客户认可与好评。全年完成技术支持服务超130天，检测分析各类样品超4500个。

【产能建设】 设备工艺改造升级。2020年，昆山公司投入418万元，完成碾压机、刮板干燥机等核心设备的技术定制与安装调试，投入311万元完成一车间粉体输送、自动混粉、除尘一体化改造，改造二甲区离心系统，升级二乙区螺旋离心配套污水处理装置，为昆山公司流程优化、产能提升打好基础；优化高端日化产品生产工艺，建立非洗涤新工艺，实现高取代羧甲基糊料车间放大生产，加强标准化、信息化管控，生产效率和产品质量得到提升。2020年，昆山公司产成品一次性合格率达到99.57%。

节能降耗成效显著。创新和优化生产工艺，大幅降低醇类溶剂的使用和消耗，节约成本60余万元，升级改造MVR高效蒸发、锅炉蒸汽冷凝水回收等装置，实现3.35万吨废水循环再利用，实施沼气回用节约8万立方米天然气；坚持设备"自修为主、外修为辅"，有效整合内部资源，34项设备维修保养从委外变为自修，节约维修成本53万元，平均每项设备维保费降低40%；进行价格复议，安装服务费同比降低10%，危险废弃物处理费同比降低10%，固体清运费同比降低9%。

仓储物流经济高效。采用紧跟市场、比质议价、即买即用等具体办法，季铵盐、氯乙酸钠、硼酸等10种其他主要化工原料采购价采用按需采购、科学调配、限期处置等工作方法，各类物资库存均明显降低，其中瓜尔胶及其衍生物库存由年初12000多吨降至5000多吨，长期无动态库存由年初1500吨降至800吨；采用紧跟市场、比质议价格分别有5%—25%不等的降幅，大幅冲抵环氧丙烷、异丙醇等原料价格上涨影响，为控制生产成本，提高生产效益，起到很好弥补作用；采用一车一单、油价运价联动、政策优惠议价等有效措施，全年长途运输吨运费平均降幅超15%，总运费降幅超40%。

【安全环保】 体系管理持续改进。2020年，昆山公司贯彻安全承包与领导联系点制度，层层签订安全环保责任书、承诺书，深入落实体系运行工作分解表，有效落实月计划、月总结工作机制，抓好中层干部安全环保履职能力评估；举办全员QHSE知识培训与竞赛活动，开展环氧丙烷罐区消防应急演练、职业健康宣传周、安全生产月、质量月，组织安全环保案例警示教育3次，完成生产车间、锅炉、配料等11个班组QHSE标准化示范验收，全员提升绿色生产与环保优先意识。

隐患治理稳步推进。完成重大危险源HAZOP分析、安全仪表系统定级验收，完成江苏省区外化工重点监测点申报、危险化学品安全使用许可证换证、安全现状评价备案、易制爆化学品备案及系统变更等相关工作，夯实安全合规管理基础；完是成车间干燥除尘器洗气塔安装，细化MVR和喷雾干燥操作规程，进行雨水排口水质监测和河道生态修复专项整治，加强危险废弃物、固体废弃物、垃圾分类与合规处置，完善雨水、生活用水、生产污水日常监管与分类处理，开展异味跑冒滴漏和噪声源日常排查和专项整治，厂区和周界环境大幅改善，环保形势和谐稳定。

安环管控质效提升。打造化工企业"五位一体"信息系统平台，建设安全消防设施、应急管理系统，完善风险防控、隐患排查治理双重预防机制，初步建立生产链管理标准流程，QHSE体系建设深入推进。通过集团公司QHSE体系审核、江苏省安全督察组检查、江苏省化工企业"一企一策"专项诊断、江苏省化工企业安全环保专项整治、苏州市化工企业本质安全专项检查、江苏省化工企业二级标准化验收、昆山市委领导"四不两直"现场检查，抓好问题整改闭环，促进安全环保管理持续提升。

【经营管控】 内控管理优化完善。2020年，昆山公司修订经销商、合同管理等制度规定、实施细则，规范支出性经济合同、零星工程项目、物资采购等合同签订审批程序，完成合同管理、供应商准入系统全面上线运行；更新资金管理、会计业务等规章制度，抓好财务预决算、资金调度、经营分析等管理工作，落实财务共享平台培训使用上线。

优惠政策用好用足。利用国家高新技术企业、企业所得税研发支出加计扣除、关联交易税收筹划等税收减免政策，全年降低税收支出415万元；积极争取、用好用足地方政府减免社保费用、稳岗就业补贴等优惠政策，全年减免社保费用251万元、收到稳岗补贴14万元。

内部成本有效降低。严格执行业务招待费、差旅费管理制度和报销标准，调控压减管理、生产、资产等部门费用，市场部门按照产品销量、销售收入等贡献率实施精细化管理，全年昆山公司招待费同比下降36.6%，差旅费同比下降66%；推行无纸化办公，运用信息化平台，加强办公费用审核管控，全年办公费同比降低25%。

【基层党建】 疫情防控精准科学。2020年，昆山公司按照长城钻探工程公司和地方政府防疫要求，成立昆山公司疫情防控领导小组和工作小组，严格疫情防控工作方案流程，落实公共场所防疫要求，抓好重点区域返昆员工管理，2月中旬在职党员全部到岗，主动担当作为，第一批通过政府验收，实现复工复产；坚持防疫常态化管理，加强与上级和地方的沟通，及时做好防疫物资采购发放，严格因公因私外出审批，强化外来人员和物资管控，做好海外人员心理疏导，确保疫情防控、生产经营"两不误"。

思想建设落到实处。推进党建工作责任制考核，开展"战严冬、转观念、勇担当、上台阶"主题教育，落实长城党委巡察"回头看"，进行党的十九届四中全会培训、十九届五中全会学习研讨，中心组学习研讨15次、讲党课8次；组织百日警示案例教育392人次，开展政务处分法、保密知识答题，观看"两个条例""四史"宣传、海外抗疫专题片，加强形势任务宣传，激励干部员工坚定信心、转变观念、担当作为，为昆山公司高质量发展保驾护航；开展一线夏季送清凉、冬季送温暖，慰问困难、退休、结婚、生子员工20人次，开展重大节日慰问和各类文体活动，真正做到实事惠民。

人才梯队加速培育。选拔年轻干部和技术专家3人，甄选招聘研发、市场、管理等专业人才5人，加快干部员工队伍年轻化建设步伐；建立昆山公司培训进阶方案，推行多元化培训模式，发挥远程网络培训优势，组织液相色谱、体系审核等培训16期、班组微培训208次，推广远程网络培训，精减培训费用48%，增强队伍素质能力；量化关键业绩和专项工作指标，优化基层"每班考核、每月排名"考核激励机制，一线工资收入继续保持增长。2020年，昆山公司人事费用率低于13%，企业综合竞争力和员工创效能力仍处较高水平。

（滕 琴）

工程服务公司

【概况】 2020年,工程服务公司党政领导班子带领全体干部员工坚决贯彻习近平新时代中国特色社会主义思想和党的十九大以来历次全会精神,全面落实长城钻探工程公司打赢疫情防控阻击战和实现效益保卫战的决策部署,完成年初工作目标,实现全年主营业务收入4.79亿元,超额完成利润考核指标,海外托管收入1263万元,全面完成长城钻探工程公司下达的经营考核指标。

2020年,工程服务公司在册员工139人,其中合同化员工119人、市场化员工20人。员工具有大专及以上学历的130人,其中,硕士16人、博士5人。处级领导干部11人(含改具处级领导6人)。具有高级职称29人,中级职称72人。机关下设11科室、10个生产单位、2个服务部门、1个处级单位(长庆工程技术项目部,下设3个部门)。

2020年,长城钻探工程公司下达预算考核指标为收入42000万元,工程服务公司实现国内考核收入47910万元,超额5910万元,超额完成国内考核利润指标。

【主营业务】 2020年,工程服务公司及时启动稳根基,拓市场,提质增效,求发展行动,持续推进基建、装备制造、工程技术服务和综合服务保障业务的高质量发展,持续巩固传统市场,保障工程服务公司主营业务稳定发展,全年签订合同5.24亿元。

基建业务。全年签订合同额2.2亿元,实现收入1.79亿元。其中长庆项目部对内加强造价控制、压低材料价格,对外向承包商传递成本压力,争取得到对方最大的支持;同时加强与地方政府部门、当地牧民的联系、协调与沟通,确保各项地面工程建设项目顺利开展。全年完成130口井的井场工艺及井场围栏等安装建设,挖填管沟127千米,敷设并焊接D114管线85.643千米、D168管线35.956千米,新建5米宽的井间道路322.38千米,敷设35.956千米巡井砂石道路,完成苏53区块保障点综合楼主体工程1项、苏11-4家所及扩建工程基础地基1座,其他零星改在及维修工程项目409项。款项回收方面,与甲方协调沟通,督促甲方及时付款,做到能收尽收,实现收入9439万元。川南项目部抓住国家大力开发页岩气的机遇,与页岩气项目部和浙江油田勘探开发事业部联系,开拓市场,不断扩大业务类型,就多项工程与甲方达成实施意向,为长远发展奠定基础。一年来,完成威204H21井、威202H34井两口井的平台水池工程,敷设DN150柔性复合管线34.9千米,建成6座压裂供水泵房、1座集气站,敷设完成18.93千米集气支线工程及线路光缆，完成威 202H64 井等 12 座采气井井场配套工艺设施管线等敷设服务，完成威 202 区块、威 204 区块零星维修服务 1200 余项；川南项目部抓工程质量同时完善内部管理流程，提高工作效率，严抓承包商管理和成本控制，实现收入 8327 万元。此外工程服务公司主动开发维护海外市场，完成乍得项目部井控试压车间建设同时争取到中国台湾中油股份有限公司乍得分公司（OPIC）4 口井的井场恢复项目，完成产值 1263 万元。

装备制造及修保业务。严把装备制造质量关口，努力提升服务意识，严控生产成本，在集团公司投资断崖式减少 30% 的严峻形势下，完成年度任务指标。其中辽河项目部完成 450 栋营房、20 套固控罐、71 套油水罐、环保类产品 19 套，生活一体化装置 8 套，其他泵类产品 1080 套，完成产品售后维修项目 394 次，完成尼日尔项目境外修保任务实现销售收入 1.92 亿元；装备事业部完成射孔器材 15261 件、测井备件 9675 件，测井装备 925 件，实现销售收入 2143 万元。

工程技术服务业务。持续强化沟通意识和服务意识，深入了解甲方工作中存在的困难，分析甲方需求，设身处地为甲方排忧解难，提高技术服务管理质量，获甲方高度认可。全年完成钻前工程 123 座平台建设、219 口井的制氮交井服务。实现收入 8423 万元，超额完成内部考核利润。

综合服务保障业务。完成辽河油田基地厂房维修改造和安全隐患治理工程，配合长城钻探工程公司组织 3 项大型活动。完成长城钻探工程公司机关车辆调派任务 4886 次，保障机关办公运行。广告文印为长城二级单位设计制作书籍、证书、奖牌、展板、文印等 5.17 万份。离退休服务中心为退休职工提供 778 人次服务，包括医疗保险报销、困难职工慰问、大病住院慰问、组织体检等。热带病防治服务电话回访海外归国人员，救治 2 人次，全年无因热带病发生致死致伤情况，为海外员工安心工作发挥积极作用。

【市场开发】 2020 年，工程服务公司开发内外部市场，在逆势中取得显著成长。内部市场。拓展页岩气、天然气两气复垦业务，努力开拓海外项目，分别与尼日尔、乍得、古巴等综合项目部就医疗服务、车辆设备维修检测等服务签订 700 多万元合同额。工程服务公司在内部市场受限的危机下强化市场意识，向外部要效益，抓牢市场机遇，真正在社会市场上开拓新机，先后签订浙江油田钻前工程项目合同额 3940 万元，中国台湾中油股份有限公司乍得分公司（OPIC）2+6 口井地面工程合同额 600 万美金，浙江油田污水处理设备合同额 133 万元。

【提质增效】 2020 年，工程服务公司全面贯彻落实长城钻探工程公司提质增效专项行动工作部署，财务资产科迅速量化提质增效实施方案，多举措确保提质增效措施落到实处。全年提质增效创效 6244.2 万元。

工程服务公司首先对已签支出合同进行复议，全年复议各类支出合同 100 份，基建类、工程类、物资类、装备类、服务类平均采购价格下降 10.02%，节省采购成本2192万元。其次，在新签合同时与供应商谈判，降低采购价格，全年新签各类支出合同227份，其中物资类新签合同51个，平均采购价格下降7.75%，节省采购成本107万元；基建类、工程类、装备类、服务类新签合同176个，平均采购价格下降11.14%，节省采购成本2004万元。第三，对制造费用和"五项费用"严格审批，能减即减，同比分别降低161万元和72万元。第四，结合工作实际要求压缩各类人员，提高工作效率，全年减员38人，节省劳务支出成本282万元。第五，加强造价管理，严控工程结算价格审理，减少支出63万元。第六，利用疫情期间国家复工复产各种优惠政策，争取盘锦土地使用税和房产税减免19.2万元。工程服务公司辽河基地北厂房大修节约税金1.83万元，利用契税同一投资主体免税优惠，节约税金2.02万元。第七，落实疫情期间社保减免政策，减少支出228万元。第八，优化资金管理，合理使用票据，增加财务利息收入创效，同时强化收支配比，以收定支，同比减少税费资金占用39%。

【管理提升】 2020年，工程服务公司持续推进基础管理提升，全面制修订各部门规章制度35项，梳理完善业务流程76项。强化经营分析管理，按季度组织经营分析会，财务部门月度分析经营现状，全面培养员工经营管理意识。建立指标倒推机制，提前对全年经营情况摸底并倒排收入支出计划，保障结算任务顺利完成。强化成本管控，从项目计划入手，收入与支出合同对应、结算与收入挂钩，即把控项目全生命周期运行，又防范经营性系统风险。进一步明确岗位和职责，推行"首问负责制"，推进机关工作作风整体改善，大大减少推诿扯皮现象，提升工作效率，服务基层单位。机关管理意识提升，研究梳理工作内容，优化业务流程，减少办理环节，用效率换效益。实施"工程服务公司360°绩效考核"，全方位考评员工工作表现，真正实现多劳多得的正向激励机制，提升员工工作积极性。

【质量安全环保】 2020年，工程服务公司全面落实有感领导，坚决贯彻"管工作管安全、管业务管安全""全员参与"的管理理念，以"夯基础、抓重点、强管理"为基础，强化"红线"意识，树立底线思维，坚持以QHSE体系推进为主线，以风险防控为核心，以现场管理为切入点，突出事故源头防范和隐患治理，狠抓过程监管，强化监督考核，完成全年QHSE工作目标，实现全年无人员伤害、财产损失、环境事件、质量事件发生，取得总人工时1225244小时、总可记录事件率0.82的好成绩。车辆安全运行48万千米，新冠肺炎零感染，各专业工程质量控制指标达标，自产产品出厂合格率100%，综合顾客满意度98.2%，石油专用计量器具检定率达到100%，综合能源消耗总量控制在计划指标内良好的业绩，工程服务公司荣获长城钻探工程公司2020年度质量安全环保节能先进单位称号。

坚持疫情防控常抓不懈，秉持"宁可十防九空、不能失防万一"的理念，压实疫情防控主体责任，细化疫情防控各项措施，强化防控措施监督检查实现疫情防控双零目标。

有效落实领导责任、直线科室责任和属地责任,全年组织领导班子授课4人次,开展各类专项检查18次,强化落实《工程服务公司承包商三年专项整治实施方案》要求,完成对承包商警告3%和清退3%目标,年度专项检查实地查看40家承包商,涉及七个类别,优选9家承包商,黄牌警告7家承包商,内部清退承包商6家。强化QHSE考核,分析提出管理问题15项,整改关闭15项,全年考核通报14次。职业健康方面完成体检13人次,职业病危害因素检测点3处。落实专项风险因素辨识,有效评估风险等级,实际辨识各类风险197项,推动"直线科室+区域巡查+承包商自行巡查"兼职监督模式,全年排查各类现场隐患402个,完成隐患整改398项,剩余4项明确整改时间。

【党建工作】 2020年,工程服务公司坚持党的领导,贯彻落实习近平总书记重要指示精神,开展"不忘初心、牢记使命"主题教育整改问题回头看、十九届四中、五中全会精神学习活动,各党支部利用"三会一课"组织学习。压实主体责任,制定工程服务公司2020年党委工作要点,制修订《工程服务公司党委工作规则》,完善党委会程序和民主议事规则;根据班子调整情况,及时修订完善《党委领导班子党建责任清单》和党建联系点等制度3项,将一岗双责落实落细。组织党委中心组学习12期,以多种形式为载体加强处科两级领导、党员、全体员工的思想建设。深入开展"战严冬、转观念、勇担当、上台阶"主题教育活动,开展基层领导提质增效工作访谈全覆盖。组织开展"应对低油价,怎么看、怎么办、怎么干"大讨论和"我为企业发展献计策"活动,收集意见建议35条。坚持以员工为中心,深入开展"平安工程"建设,开展员工慰问和困难帮扶、困难员工慰问181人次,发放助学金4人次,发放防疫物资5万元。协助完成长城钻探工程公司250名退休人员社会化移交工作。党风廉洁风险防控体系建设牢固,制定《工程服务公司2020年度党风廉政建设责任书》并组织签订,签订率100%。开展"以案为鉴,不忘初心"百日警示教育活动。持续开展"四风问题"整治工作。加强重要节日期间廉洁教育。工程服务公司运行稳定,全年无群体事件发生。

(张　贤)

委内瑞拉综合项目部

【概况】 2020年,委内瑞拉综合项目部原机关设置12个部门,分别为作业部、市场部、HSE部、社会安全部、财务部、法律部、人力资源部、医疗部、后勤保障部、装备部、钻井液管理部、综合办公室。主办公室位于MONAGAS(莫拉加斯）州府MATURIN（马图林）市，下设油基钻井液厂区、固井作业厂区、华威修保厂区及东部ANACO（阿纳科）和西部两个前线营区，基本上形成覆盖委内瑞拉主要油区、较为完善的后勤保障和市场开发保障体系。2019年以来，委内瑞拉综合项目部按照长城钻探工程公司总部要求，特殊时期大幅压减机构和中外方人员，整合后委内瑞拉综合项目部机关由13个部（室）压减为6个组，分别是生产运行组、安全装备组、财务核算组、市场开发组、人事法律组、后勤保障组，中方人员由原来的150人压减至25人，当地雇员由原来927人压减至56人。

【历史沿革】 长城钻探工程公司于1999年进入委内瑞拉市场，2001年中标PDVSA（委内瑞拉国家石油公司）8部钻机钻井项目，同年8月成立委内瑞拉项目部，以原中油国际工程公司委内瑞拉子公司（CNPC SERVICES VENEZUELA LTD.S.A.）名义签订并执行合同。2008年，项目规模发展壮大，钻修机数量扩展到29台规模，成为PDVSA陆上最大的钻井承包商，被甲方认为"最可信赖的合作伙伴"。2009年，集团公司业务重组划转16部钻修井机给渤海钻探，中油测井技术服务有限公司（CNLC）委内瑞拉项目并入，成立委内瑞拉综合项目部。2010年，按照集团公司海外市场划分原则，通过"技术引领发展"模式开拓高端技术服务市场，钻井液、固控、测录试、固井、定向井等专业不断实现突破。到2013年，项目技术服务业务规模已超过钻修井业务，市场转型取得突破性进展，发展为委内瑞拉石油工程技术服务领域具有重要影响力的综合性承包商之一，在当地树立CNPC和GWDC良好的品牌形象。2015年项目产值峰值达到20亿元，经营成果连续多年占长城钻探工程公司海外业务权重的1/4左右。项目累计签订合同额66.35亿美元，完成收入236.97亿元人民币，完成钻井769口、修井500口，钻井进尺超过211万米。累计培养平台经理120多人，后继储备平台经理60多人，为油田单位、集团公司输送各类管理人才200多人。委内瑞拉综合项目部先后多次获集团公司及长城钻探工程公司先进集体荣誉称号，被长城钻探工程公司命名为唯一的"海外项目示范单位"。

【主营业务】 2020年，委内瑞拉综合项目部主营业务分为钻修井、井筒技术、测录试和修保业务4个板块10项目业务，服务内容包括钻修井、油水基钻井液、固控、固井、录井、定向井等井筒技术服务业务以及贸易、修保等辅助业务，推进钻井总包项目及综合一体化业务。服务业主为PDVSA及其合资油公司，业务市场覆盖委内瑞拉东部、西部、重油带等PDVSA三大主要油区。按照集团公司应对美国对委内瑞拉实施升级制裁的风险要求，委内瑞拉综合项目部在2019年9月4日之前全面暂停作业。截至2020年底，全部钻修井设备及专业技术服务设备全部进入封存状态，项目处于停工留守状态。

【资产及装备状况】 2020年，委内瑞拉综合项目部主要设备为钻修井机12台，其中ZJ70D钻机4台、ZJ50DB钻机2台、HH300液压钻机1台、E-1700

钻机1台、ZJ30C钻机3台、XJ650修井机1台，综合录井仪13套，固控设备56套，固井设备8套，定向井设备6套，顶驱8台。固定资产原值94494万元，净值21237万元，设备新度系数0.22。

【工作方针】 2020年，委内瑞拉综合项目部应委内瑞拉急剧恶化的投资环境及美国对委新制裁风险，按照集团公司和长城钻探工程公司总部应对美国对委内瑞拉升级制裁的工作部署，坚持"走得开、守得住、回得来、有未来"的工作原则，深入推进和抓好各项应对工作，确保集团公司整体利益不受影响；特殊时期，处理好甲乙方关系，维护和储备好现有市场；规避美国制裁前提下，尝试创新性的业务发展模式。清欠工程款，严格控制成本和节省各项开支，抓好经营风险防控和社会安全管理，做好封存设备的保养和看护，为逐步恢复作业做好准备工作。

【生产经营】 2020年，在新冠疫情和美国对委内瑞拉严厉制裁的双重打击下，委内瑞拉经济形势加速恶化，当地汽油断供，物价飞涨，货币严重贬值，委内瑞拉综合项目部经营管理工作遭受前所未有的挑战和考验。委内瑞拉综合项目部全体中外方员工，团结一心、攻坚克难，全面贯彻落实长城钻探工程公司三届三次职代会精神，应对新冠肺炎疫情和停工期间成本支出压力，落实长城钻探工程公司提质增效专项行动工作要求，牢固树立"过紧日子和苦日子"的思想，最大限度降低亏损额度，坚决打赢疫情防控阻击战和亏损指标可控保卫战。委内瑞拉综合项目部在疫情防控、工程款回收、成本减控、提质增效等重点工作上取得显著效果，全体中外方员工保持零感染，员工生命安全和身体健康得到保障；工程款回收取得重大突破，成功利用中联油账户回收甲方欠款2.9亿美元（其中总部代收2.38亿美元，5220万美元等待支付）；提质增效专项行动取得积极成果，人员压减、成本管控等方面采取有效措施，全年实现较经营指标减少亏损1823万元，减亏15.5%，完成长城钻探工程公司下达的经营任务和目标。

【重点工作及成果】 全力抓好疫情防控工作，确保全体中外方人员零感染。2020年，委内瑞拉综合项目部贯彻落实集团公司对海外国际业务疫情防控提出的各项工作要求，持续夯实疫情防控措施，严防死守，毫不松懈地抓好项目疫情常态化防控工作。针对集团公司境外疫情防控视频巡检提出的问题，进行责任落实和销项整改，同时采取有效措施应对和防范疫情期间的抢劫、偷盗等衍生风险。长城钻探工程公司总部和拉美协调组指导，制定《新冠肺炎疫情常态化防控方案》和《新冠肺炎疫情专项应急预案》，持续升级和更新预案内容，定期开展应急演练。组织中外方员工开展疫情常态化防控知识学习和培训，掌握疫情防控要点；建立WHATSAPP疫情防控工作群和人员出行轨迹跟踪表，及时通报当地疫情信息，每天两次上报体温和出行信息，全覆盖、无死角做好雇员跟踪和疫情预防管理。项目办公室、基地、设备封存大院执行进出管控措施，非必要人员禁止入内，保安每天对必要进入者进行体温检测，监督属地所有人员必须佩戴好口罩。严格按照中国驻委内瑞拉大使馆和集团拉美协调组防疫要求，做好乘坐包机和商业航班员工动迁准备、核酸检查、旅途及隔离期间的新冠肺炎疫情防控工作，完成因疫情滞留项目中方人员100%的倒班工作。中国驻委内瑞拉大使馆和集团公司拉美协调组的统一组织和协调，项目21名滞留员工分两批次乘坐委内瑞拉政府包机顺利回国，4名员工乘坐该包机成功返回项目工作。另外，通过商业航班完成4名回国及3名返委中方人员倒班。坚持底线思维，完善中方驻地"安全岛"建设，严格执行离岛审批机制，加强安全岛安保措施、通信及物资保障，坚决阻断病毒输入风险和途径。树立持久战思想，储备生活物资和新冠肺炎防疫物资。批量采购米面油等主要生活物资，减少配送频次，储备量始终满足半年消耗需求；通过总部寄送、当地采购方式，及时完成新冠药品、检测试剂盒、口罩、酒精等防疫物资补充和储备，用量由原来3个月提升至6个月，持续保障坚守员工基本需求。注重员工心理疏导，确保员工身心健康。针对中方员工长期滞留项目工作的情况，委内瑞拉综合项目部领导定期与中方人员逐个交流，进行心理疏导，组织全员参与长城钻探工程公司及拉美协调组组织的心理辅导讲座，在节假日开展网络象棋、扑克牌等娱乐比赛活动，减缓员工的心理压力，做好"稳住人心"的员工管理工作；加强人文关怀，项目工会多次慰问员工及家属，了解并帮助员工解决家庭生活困难，做好在岗员工"稳在当地"的安抚工作。加强中方人员健康管理，号召全体中方员工居家锻炼，合理安排作息。全年委内瑞拉综合项目部全体中外方人员保持零疫情、零感染。

深入开展提质增效专项行动，人员压减和成本压控取得显著效果。分析研究，找准减亏点，制定详细的提质增效目标、措施和方案，将中外方人工成本、设备维保费用、运行费用作为成本压控的重点。一方面将中外方人员压减作为提质增效工作的重中之重来抓，制定并实施人员压减方案；另一方面，对可压减支出进行严格管控。全年压降成本1833万元。

清欠工程款，努力降低物资库存余额，两金压控取得积极成果。集团公司及长城钻探工程公司总部支持，利用中联油账户资金清欠工程款。面对美国制裁带来的工程款结算渠道中断的困难，委内瑞拉综合项目部开拓思路，探索工程款清欠新渠道，向长城钻探工程公司和集团建议利用中联油账户进行工程款清欠，多次参加集团公司组织的讨论会。集团公司、中油油服、长城钻探工程公司总部多方努力，2020年7月甲方支付2.9亿美元，大幅降低工程款回收的经营风险。多措并举降低物资库存余额。长城钻探工程公司采购管理部帮助和协调，通过调剂方式和报废处置过期的固井和钻井液化工料，降低物资库存2988万元。

推进甲方解决已完工合同工作量结算遗留问题。委内瑞拉国家石油公司石油工程技术服务发票开具流程烦琐，审批环节较多，管理机构工作效率低，各地区基本处于瘫痪状态，其结算系统也经常出故障，加之新冠疫情影响，汽油紧张，全国又实施隔离措施，严重阻碍已完工合同工作量的正式发票开具进度。委内瑞拉综合项目部多次组织召开关于推动甲方加快解决结算遗留问题的专题会，制定目标、落实责任，千方百计推进甲方解决已完工工作量的 GRAFO 号、合同关闭及开具正式发票并录入 PDVSA 系统等问题；拜访委内瑞拉国家石油公司高层及各地区甲方，多次给委内瑞拉国家石油公司副总裁及各地区总经理写信要求加快已完工合同工作量单据的审核确认，并多次通过视频会商讨解决方案，甲方虽然在推进该项工作，但由于工程款结算环节及合同关闭程序冗长烦琐，完成工作量跨期较长（2014—2019 年），涉及多达 70 个合同，导致进展缓慢。全年开出 871 万美元的正式发票，目前还有已完工未能开具正式发票的挂账金额 9400 万美元。

维护好甲乙方关系，调研项目重启方案，做好特殊时期的市场开发工作。继续保持与委内瑞拉国家石油公司及其合资公司的沟通和联系，婉拒甲方启动服务的要求，维持好甲乙方关系。2020 年以来，甲方多次要求我方尽快恢复作业，特别是 2020 年 9 月份，委内瑞拉国家石油公司副总裁来项目调研，迫切希望长城钻探工程公司项目尽快重新启动生产作业，中委合资公司 MPE3 项目为恢复产量对修井服务的需求也很迫切。针对这种情况，委内瑞拉综合项目部向甲方解释当前启动作业存在的实际困难，如受新冠疫情影响，重启作业所需的人员、物料及服务难以保障，当地汽油极其短缺，当地的交通出行都得不到正常保障等，婉拒甲方启动服务的要求，同时向甲方表示，一旦形势好转后，将向公司总部汇报相关情况，争取早日重新启动作业。拖延已授标项目的合同签订，7 个已授标待签项目均为去年上半年参加的公开招标或议标项目，甲方多次催促签订合同文本。按照当地招标法，中标后如不签订合同，将面临被暂停两年承包商资质及罚款的风险，为规避法律风险，与甲方沟通，及时递交合同签订所需支持文件，尽量拖延签署合同文本。重点跟踪中委合资公司 MPE3 项目市场。为在条件成熟的时候尽快恢复服务，委内瑞拉综合项目部与合资公司初步达成 350HP 修井机服务项目和井口装置修复项目，2020 年 5 月份就井口设备及工具服务项目服务价格初步达成一致，合同总额约 1000 万美元。做好重新启动项目的调研工作。按照中油油服统一组织的委内瑞拉"专服"项目框架思路和工作要求，开展相关调研，并将调研信息汇报长城钻探工程公司总部。同时，贯彻落实长城钻探工程公司 2020 年市场经营分析会提出的工作要求，完成项目公司股权和资产转移相关调研工作，为后续重新启动运行项目做好准备。密切跟踪北京华盛荣成实业发展有限公司（以下简称华盛荣成）与委内瑞拉国家石油公司业务合作进展。2020 年 10 月 29 日，华盛荣成与委内瑞拉政府代表、委内瑞拉国家石油公司天然气公司高层进行视频交流，主要是委内瑞拉东部 ANACO 地区气田有 112 口老井修复需求，希望华盛荣成尽快介入该项目，同时表示下一步将邀请代表方到油田现场实地考察油井状况。

做好封存设备和QHSE管理，确保项目安全平稳。2020年委内瑞拉综合项目部12部钻修机和所有专业技术服务设备全部进院封存，同时严格按照封存管理程序和要求做好设备保养工作，达到随时启动服务的要求。当前委内瑞拉社会安全形势恶劣，抢劫、偷盗、绑架等社会治安事件频发，特别是因疫情影响，政府实施"7+7"封锁隔离政策，失业民众大幅增加，生活必需品价格持续飙升，民众日常生活难以为继，造成各类社会治安事件持续增高，部分地区还发生骚乱、哄抢等事件。委内瑞拉综合项目部继续强化社会安全管理，密切关注社会安全动态，中方人员居家办公，执行"安全岛"管理，禁止中方人员私自外出；合并中方驻地，压减中方人员，减少中方人员分散暴露风险；增强武装安保，协调国民卫队和部队士兵为项目办公室、基地、中方驻地提供武装保护；升级驻地、办公室、基地的安防设施，储备应急资金、油米面水等应急物资，确保极端状况下中方人员的生活所需。

委内瑞拉综合项目部党工委根据长城钻探工程公司党委2020年党建工作总体要求和部署，学习贯彻"两个条例"，不断加强基层党组织建设，持续提升基层党建工作水平。组织广大党员干部学习党的十九届三中、四中全会精神，加强政治理论学习，提高思想政治觉悟。组织开展"以案为鉴、不忘初心"百日警示教育及"形势、目标、任务、责任"主题教育活动。推进平安工程"子工程"建设，查找不足、完善制度，建立健全依法合规经营管理体系。根据班子成员分工，修订班子成员党建责任清单，进一步压实责任，形成相互监督机制。加强党风廉政建设教育，组织签订党风廉政责任书，为党员干部转作风、树清风、划"红线"、明"底线"。发挥党员先锋模范作用，组织党员为支持新冠肺炎疫情防控工作自愿捐款9100元。发挥党组织战斗堡垒作用，抓好超期工作人员思想稳定工作。

（何　涛）

古巴项目部

【概况】　2020年，古巴项目部克服新冠疫情和低油价带来的不利因素，持续深化与甲方市场融入与业务转变，精心组织生产经营运行，严抓疫情防控、生产安全、环保、井控、社会安全等工作，推进提质增效专项行动，坚决打赢疫情防控阻击战和经营效益的保卫战。

【市场开发】　2020年，古巴项目部采取优化开发策略、创新合作模式等一系列措施，取得良好的业绩。全年签订合同额完成签约额指标的191%。其中钻机项目占比74%，工程技术服务类项目占比18%，服务贸易项目占比8%。

借助长城品牌优势，融入古巴石油

发展战略。根据古巴长期受美国制裁，基础工业薄弱、经济困难，市场规模有限的特点，形成独特的市场开发战略，即稳定钻井市场，坚持多层次深度市场开发，在钻机服务的基础上，扩展钻井液、定向、测井、录井服务，完善钻井技术服务全产业链，注重开辟蓝海市场，扩展维修服务和境外服务贸易，形成钻井工程＋技术服务＋设备修造＋服务贸易的格局，成为古巴石油全方位的战略合作伙伴。

续签钻机合同，稳定传统市场。增加ZJ70D钻机合同额；签订水基钻井液服务合同；签订甲方CUPET-4钻机大修合同；扩充测井服务合同扩充合同；签订境外服务贸易合同。项目有9个服务合同正在执行，另有13个合作业务正在推进，钻井、钻井液、定向、录井、测井等均在合同执行期，各作业队伍均有充足的合同额支持。

创新合作模式，向综合一体化服务转变。经过数十次的技术和商务谈判，初步达成综合一体化服务框架协议。下一步，GW139队计划施工的STC-400井应用"双轨制"报价模式，以目前执行的合同日费制模式结算，综合一体化报价模式为辅助，验证综合一体化服务报价的准确度，施工过程中不断收集资料、总结经验，调整报价结构。

补齐技术短板，完善服务产业链。引进旋转导向工具，同甲方签订合同，结合调研情况和现场实际作业需要，做经济技术评价。向甲方推荐长城钻探工程公司固井服务，实施以点带面，逐步推进的策略，全年完成甲方4台固井车、1台双机橇等固井设备的检查与维修。

签订套管贸易合同，助推市场新突破。跟踪甲方物资进口需求，针对大位移水平井的特殊技术要求，帮助甲方甄选国内外专业厂家为其提供技术设计，确定套管选型，并紧盯市场信息，及时调整报价策略，确立竞争优势，最终完成套管贸易合同签订。

【安全生产】 2020年，古巴项目部4部钻机、16支工程技术服务队伍满日费率99.79%。各队伍密切合作，团结一致，受到甲方高度赞誉，获甲方表扬信9封。

抓好钻机服务合同执行。收集甲方作业信息，针对各钻机的情况和甲方的作业需求，提前做好作业部署，提示井队做好各项准备工作。针对现场问题及时给予井队关于合同执行的指导和建议。

监督疫情防控措施落实。针对出现的疫情，制定疫情防控方案和各项预防措施，并严格监督疫情防控措施落实和执行。开展人员健康排查和防疫工作自查自改，及时发现疫情防控存在的不足立即改进。定期进行疫情通报，结合古巴疫情发展和各队作业工况及时提出防疫提示和要求。

做好作业安全提示。针对疫情防控要求，不得不减少面对面的交流和现场检查，每周结合疫情和作业工况，每周日为基层队伍做出下一周的作业安全提示、疫情分析及防控工作要点。全年发送《疫情防控和作业安全》32期，保障作业安全有序和人员健康。

狠抓作业风险管控。关注各钻机作业进展，针对现场作业风险进行安全提示，做好风险分析和提出风险管控要求，对存在风险制定风险消减和防控措施。督促现场做好自查自改工作，及时检查排除发现的风险。

强化应急管理工作。督促落实作业许可制度和应急演习制度。抓好每口井的地质风险预案的制定，针对每口井存在的风险进行分析和制定相关的应急预案。进入雨季，及时启动飓风预警工作。针对恶劣天气及时进行记录和提示。建立恶劣天气跟踪档案38期，其中飓风级别7起。所有恶劣天气都做到提前预警，提前部署。

【经营管理】 2020年，古巴项目部完成收入指标的110.87%，超额完成全年经营目标；提质增效专项行动效果明显，四十多项措施实现全年降本2643万元。

稳步提升财务基础工作质量。开展"资金支出核销业务"平安子工程建设，集中梳理排查资金管理中的10个方面54个风险点源，制定《古巴项目部资金管理办法》《古巴项目部备用金管理办法》《古巴项目部银行支票管理办法》和《古巴项目部资金计划及付款业务管理规定》资金管理制度4项，规避风险点。理顺中方工资编制发放业务，设计完善的自动计算工资表格，梳理流程，形成规范，工资按时发放不出现错误，同时利用软件发放工资条，工资项清晰，提高工资表编制的基础工作。依靠"财务工作大检查"整改活动，采用"扫荡式、地毯式、运动式"，清理检查财务各项工作，清理出大小问题20项，并进行有针对性整改，财务管理基础工作质量稳步提升。

提升预算管理科学化水平。发挥预算政策引导作用，构建与长城钻探工程公司发展战略相适应的预算指标核定机制，在非生产性支出、库存压降、单机单队核算等方面建立预算管理机制和工作流程，做好决策支撑。非生产性支出预算管理。年初制定非生产性支出预算，开展提质增效工作，全年预算支出2200万元，实际全年非生产性支出发生1722万元，同比下降15.55%计317万元，完成当年预算的78.27%。库存压降，重点加强各基层队物资的采购和消耗预算管理，将预算分解到各基层队的关键岗位，强化岗位责任管理，从岗位上提升物资计划的有效性和降库存的有效性。截至12月份库存余额3892万元，同比下降7%计298万元，比当年库存指标5000万元降低22.16%计1108万元。单机单队预算管理，建立单机单队预算指标，基层队效益均超额完成当年预算进度指标。

多举措开展提质增效工作。采取支出类合同价格复议、非生产性支出压减、退租公寓退租车辆、压降生活费、降低库存、压缩物资提报计划、修旧利废等40多项措施。推动"三复议"工作，经过三轮艰苦谈判，合同价格下降15%，全年节约成本677万元；压减非生产性支出，采用各种措施压减非生产性支出236万元。清退租赁的两台车，把一辆老旧的车修理之后利用起来；退租两套公寓，整合压缩现有公寓，节省租赁费；压减生活费。对生活费定额进行写实调整；压减招待费用，全面严格审核招待费的审批报销。压缩物资计划提报，物资统购价格进一步压减，统购计划物资节约成本300万元，新招标的采购价格比去年下降10%以上，下半年物资计划提报减少1000万元。革新创造修旧利废，全员参与革新创造修旧利废，节约140万元。基层队先后形成"利用废旧材料制作厨房轴流通风扇""自学技术利用充油机维修随钻仪器节约空运回国维修成本""利用当地资源修理恢复水罐车变速箱""修理废旧对讲机完成通讯调试，保证现场沟通顺畅"优秀革新创造成果11项。压降其他成本，人工成本压降、减少大修频次的措施降本450万元。

【工程技术】 2020年，古巴项目部在古巴工程技术服务市场取得新突破，创多项施工纪录，以优秀的业绩扩大工程技术市场份额，同时狠抓井控风险管理，井喷失控和井喷着火事故为零；井控隐患消项整改率100%；关键岗位员工井控有效持证率100%。

定向井服务创大位移井新纪录。优选金刚石PDC钻头，引进先进随钻测量仪脉冲，优化井眼轨迹，持续提升定向井服务能力。2月完钻的SMN-1000井创造最大井深6708米、最大垂深2307.19米、最大水平位移5565.92米、最大水垂比2.42等多项作业纪录。优化随钻测量仪器电池和螺杆作业寿命的搭配使用，减少起下钻作业频次，提高设备利用率和作业效率。

钻井液服务市场占有率100%。改进如电稳定性、虑失性、封堵性等钻井液性能，克服泥页岩水敏性强、井壁稳定性差等难题，增强钻井液润滑性提升井眼净化力和机械钻速，降低井下复杂事故率，确保施工安全。完钻的VDW-1011井创造同区块建井周期最短、油基钻井液作业井段最长5492米、水平位移最长6792.18米、水垂比最大4.02、主眼井深最深7710米等多项纪录。进行水基钻井液配方升级，抑制性、封堵性、润滑性显著提高，与同专业其他服务单位相比，建井周期同比减少3个月。钻井液服务深得甲方信任，全年钻井液市场占有率100%。

提升井控风险管理，确保施工安全。全员严守井控安全关，组织各岗位学习井控实施细则，确保井控标准和制度措施得到有效落实。组织5次节前和特殊敏感时期的井控大检查，8次基层队井控隐患自查自改活动。统筹规划防喷器提报工作，确保井控设备功能齐全和使用年限符合井控标准。根据《古巴项目部防喷演习实施细则》，组织开展全工况井控演习，做实井控演练，提高操作技能。

【物资装备管理】 2020年，古巴项目部局持续加强物资和装备管理，后勤保障工作确保生产物资和防疫物资充足，多方式开展设备巡检，设备维修保障得力。

提升后勤保障工作，及时高效。降低采购成本，减少资金占用，加快物资周转，保障生产物资供应，严格执行物资计划会审，计划数量和金额大幅下降，控制库存总量同时保障项目生产顺利运行。疫情期间做好生产物资、生活物资、防疫物资和应急物资的组织、协调、运输、储备工作。

疫情暴发初期，从当地紧急采购防护服700套、各种级别口罩10500只、防护眼镜27副、一次性医用手套500

副、消毒液 320 升，酒精 242 升，温度计 76 支等物资；之后陆续从秘鲁寻到 30000 只一次性医用口罩；从国内分批紧急空运 231200 只一次性医用外科口罩、160 个测温枪，4000 人份胶体检测试剂盒，110 套隔离防护服以及 400 个防护面罩，确保达到长城钻探工程公司要求的储备防疫物资最少 6 个月的要求。古巴国内生活和食品等物资紧缺状况下，多渠道采购生活物资（调料、米、面、水、油等），确保 3 个月以上生活物资储备，保障抗击疫情的物资需求。

因地制宜开展装备管理，务实创效。克服疫情影响和大修人员、急需配件无法及时就位等困难，采取上井巡查、基层队持续进行设备自查自改、电话跟踪及指导等多种有效方式进行设备巡检工作，发现隐患问题及时整改，降低设备维修费用，保证设备安全平稳运行。

3 台 7000 米钻机在钻井作业结束后，与甲方沟通并争取到一个月设备整改时间。各队克服整改期间古巴雇员缺少，疫情期间人员工作难度大等诸多不利因素，按照计划完成钻机、罐区、泵房清理、补漆配件更换工作，对一些常用设备进行解体检修，GW119 队按照长城钻探工程公司及项目封存要求进行封存工作。

【QHSSE 管理】 2020 年，古巴项目部着力抓好全员能力评估和基层基础工作，从严从细从实做好 HSE 各项工作，夯实 HSE 管理基础，提升自主管理能力，逐步提高项目 HSE 管理水平和 HSE 业绩。

全面完成 HSE 目标指标。未发生任何安全生产事故，工业生产、交通安全伤亡率均为零，消防安全经济损失为零，损工工时率（LTIF）为零，项目百万工时达到 873120 小时，HSE 事件 13 件，百万工时总可记录事件率 4.58，全面完成年初制定的各项 HSE 工作指标。

强化责任落实，提升全员参与 HSE 管理意识。年度签订《HSE 管理目标责任书》《质量管理目标责任书》《井控管理目标责任书》《交通管理目标责任书》等 46 份，签订《社会安全和 HSE 承诺书》165 份，签订《疫情防控责任书》149 份。古巴项目部主要领导每周组织召开疫情防控周会，每月组织安排召开安全生产月度会议，定期组织召开 HSE 专题会议，落实党政同责。项目部各职能部门采取专项检查、巡视检查、上井指导、驻井帮助、双向沟通交流等形式，强化落实直线责任。逐级签订"一岗双责"责任书，实施一级对一级属地责任的监督考核。

强化风险管理，提升作业风险预前防控能力。组织开展全员风险辨识活动，完善各专业危害因素清单，增强员工风险意识、提高风险防控能力。开展风险评价活动，根据风险评价结果，重新梳理 16 项安全重点风险防控方案，更新其中 4 项防控方案内容，确保实现风险全过程管控。推广应用 HSE 风险管理工具，有针对性地推广班前会、安全经验分享、JSA、PTW、安全观察与沟通、上牌挂锁、临时用电、HSE 事件管理、四重覆盖法等风险管理工具的有效和强化应用，安全经验分享 1537

次,填报安全观察与沟通卡片1013张,上报HSE事件18起,JSA136次,PTW172次。

强化子体系建设,建立健全项目HSE管理体系。完成HSE子体系文件修订工作,修订HSE文件35个,新增HSE文件3个。项目在7月份和10月份分别组织上下半年HSE子体系内审,查出不合格项70项,全部完成整改销项。开展HSE子体系内审,查找项目管理短板,评估项目HSE管理体系运行质量,提升体系文件的操作性、符合性和适用性。

强化交通、培训、井控、健康、环境管理。审核项目准驾人员信息,管理好准驾人员,确保驾驶人持证上岗,定期组织准驾人员进行安全交通规章、防御性驾驶培训,开展防御性驾驶培训55次,培训准驾人员326人次。每半月对行车记录仪数据进行下载、分析。开展常规培训7561人次,疫情防控培训77次,培训1900人次。构建项目井控监督管理网络,逐级签订井控安全生产责任状,层层细化,责任到人,严格执行井控十大禁令,完善口井地质风险预案,提升井控应急反应和处置能力。

完善健康管理办法,建立和完善员工健康管理档案,开展职业健康管理调研,组织相关岗位员工签订接害岗位《职业病危害告知书》。组织开展流行病风险评估,完善防控措施和防控方案。组织员工参加心理健康培训,开展沟通交流谈心活动,不断提升员工身心健康。围绕"关爱自然,刻不容缓"环境日主题,提高员工安全环保意识、生态环境理念、环境保护水平,杜绝各类环境事故发生。

齐心协力抗击疫情,精准施策。1月份国内新冠疫情严重,3月中旬开始古巴暴发疫情并迅速蔓延。面对各种不利条件和困难,不等不靠,发挥自身优势,每日跟踪和分析古巴疫情形势,第一时间建立项目疫情防控方案和应急处置预案,细化和落实疫情防控措施,差异管理,精准施策,常态化人员防护,加强重点场所管控,及时补充防疫物资,构建三级联防联控机制,将常态化防控方案落实到位,得到长城钻探工程公司及集团公司认可,并获"抗击新冠肺炎疫情先进集体"的荣誉,实现疫情防控和生产经营"双胜利"。

(柳国瑞)

加拿大综合项目部

【概况】 2020年底,加拿大综合项目部有中外方员工11人,作业队伍5支,包括钻机4部、顶驱1台。负责管理长城钻探工程公司加拿大石油公司(GWDC Canada Petroleum Ltd.)和前进钻井公司(Advance Drilling Ltd.)两家公司,同时代管集团公司和壳牌公司合资的瑞智建井公司在加拿大加拿大综合项目部是中国石油及所有中资企业在加拿大唯一的石油钻井工程技术服务公司，始终秉承长城钻探工程公司"为油气打井，为效益施工"的服务理念，为客户提供钻完井施工、能源开发等相关技术服务，能够承钻垂深4000米以内的直井和水平井。服务的甲方超过50个，包括中国石油（加拿大）、HITIC、GHES、Crescent Point、Midale、Vital、ABE、Petro-Lin等，涉及业务包括钻井、钻井液、定向、修井、总承包。

【生产情况】 2020年，加拿大综合项目部有钻机4台，其中ZJ20K钻机2台，ZJ30K钻机1台，ZJ40K钻机1台。由于疫情影响，加拿大综合项目部全年作业大幅缩减，利用自有钻机和当地资源，为Petro-Lin公司完成1口侧钻水平井作业，钻井进尺734米；为Petro-Lin公司组织进行1口井试油工作，为GHES公司实施修井、弃井等各项作业，累计37井次。

2020年，加拿大综合项目部米湾湖项目投产至今，累计产油11.08万吨，累计产气2090.31万立方米。其中，2020年累计产油4682.43吨，累计产气112.50万立方米。由于油价低迷，从3月底停止生产至年底，全年产油量较2019年度减少1.97万吨。

【安全生产】 2020年，加拿大综合项目部中方员工及当地雇员新冠肺炎实现零感染。项目部完成的各类作业，各项要求均达到甲方要求，报废井0口，事故次数0次，全年无重大伤亡事故、交通事故发生，保证钻机等各类作业队伍全年生产运行安全有效进行。

（张永刚）

厄瓜多尔和秘鲁综合项目部

【概况】 厄瓜多尔和秘鲁综合项目部（以下简称项目部）包括长城钻探工程公司厄瓜多尔项目和秘鲁项目，下设综合办、作业部、市场部、后保部、QHSE部、财务部和前线基地（厄瓜多尔和秘鲁各1个）。2020年，受新冠肺炎疫情和低油价影响，按照长城钻探工程公司要求，项目部推进提质增效工作，开展中外方人员缩减和降薪工作，用工总量由191人缩减至141人。其中，中方人员27人（人事关系在项目部的仅4人），当地雇员114人。面对疫情和低油价的巨大冲击，项目部全体干部员工迎难而上，以长城钻探工程公司职代会工作部署为指导，以长城钻探工程公司提质增效专项行动工作安排为抓手，发扬善决策、敢担当的工作作风，在逆势情况下各项工作取得积极进展。

2020年，项目部完成各类技术服务496井次，实现收入7638万元。

【市场开发】 2020年，项目部全员参与市场开发，通过雇员连续做成秘鲁油管贸易项目，利用远程视频会议系统开展线上市场技术推介 12 次，线上雇员技术培训 6 次。发展非常规项目，包括秘鲁 G&M 公司隧道钻井液服务、利用螺杆拆装架提供套管修扣等服务。利用各种资源搜寻市场信息，利用互联网搜寻国家公开招标信息，尤其是贸易项目，获厄瓜多尔炼厂硫化氢螯合剂服务项目参与机会，从秘鲁当地新闻得知炼厂扩建项目，完成 PETROPERU 服务商注册。利用国内资源。发动中方员工家属关系获取厄瓜多尔炼厂项目国内服务商信息，最短时间内与辽河油田公司沟通，制定方案和报价，响应长城钻探工程公司与国内油公司合作共赢的号召。开展当地合作。与秘鲁当地公司签订合作协议，开发地质分析、环保、工程服务领域的合作。修订奖金分配考核体系，彻底打破"大锅饭"思想，打破平均主义，激发全员闯市场、创效益的热情与干劲。

厄瓜多尔市场。首次进入 PAM 市场，提供为期 45 天的钢丝作业，因无代理，后续 3 年期合同总价最低仍未能中标，下一步改变投标策略；与 Andes 合同复议价格仅降低 2%—5%，与往年续签降幅差别不大；以价降量增方式，PVT 合同、ILT 合同等，获得更高的分配工作量；以价格复议为契机，固控废弃物合同提前锁定未来 3 年工作量。

秘鲁市场。首次进入 GMP 录井市场，提供 19 口井的综合录井服务；首次进入 GYM 公司市场，为其隧道项目提供钻井液技术服务；贸易服务成果丰硕。先后中标 G2G 公司 1.8 万英尺油管贸易和抽油机配件、井口工具贸易项目；9 月份再次中标 Olympic 公司抽油杆贸易项目。10 月中标 SPAET 公司压裂砂项目。

【主要措施和成果】 2020 年，受疫情影响，厄瓜多尔项目全年全面停工，疫情集中暴发期间，为保障安第斯甲方生产井服务的正常生产运行，积极部署，合理调配，保障员工身体健康的同时为下一步的复工复产提供疫情期间正常作业经验及规范。秘鲁境内 3 月 6 日发现首例新冠患者，3 月 16 日全国进入紧急状态，甲方 4 月 30 日钻机全面停产，秘鲁分部疫情防控下配合甲方完成钻井作业 2 个月，零人感染。秘鲁较 2019 年新增专业 2 个，新启动服务 2 项。

探索参与非 CNPC 甲方业务，国家石油公司 PAM 硫化氢埃斯梅拉达螯合剂项目。探索参与大包服务项目，Orion 石油公司 5 口井钻井及完井服务标，单口井报价 170 万美元。

疫情形势下面对甲方产能缺失，主动为甲方承担生产井钢丝完井作业任务。探索非 CNPC 甲方业务，并首次中标直属国家石油公司 PAM 的区块作业任务，完成一期 45 天钢丝完井作业。

中标秘鲁 GMP 甲方 23 口井录井工作，实现秘鲁市场录井专业零突破。

疫情期间项目部自主编纂制定防控方案，保障员工人身健康，全面实现中方人员零感染。疫情暴发甲方相继停产后积极转变思路，产业链由上游钻探业务向下游采油业务倾斜，服务形式由技术服务向贸易销售拓展，疫情期间油管锚及封隔器维护保养业务持续正常作业，同时为 GYM 隧道井提供实验室样品检测服务 9 次，完成一批次油管销售贸易，达成一批抽油杆销售贸易签订，中标SAPET六七区压裂砂采购合同。

【科技创新】 2020年，项目部各专业均有健全的SOP操作规程，定期更新并统一管理。疫情前，厄瓜多尔和秘鲁2个国家，雇员当地化率达到86%，通过健全SOP、不断培训，实现从基地设备维护保养到上井施工的一整套流程的100%当地化。

【质量安全环保】 2020年，项目部建立以中方员工公寓为依托的"安全岛"，自3月开始，项目部四个地点均实现100%封闭管理。建立完整的当地员工自主管理体系，中方人员只需远程管理即可实现项目运营。拉美地区为全球疫情"震中"，在疫情与油价双重大考中，项目部超前谋划、主动作为，响应集团公司及长城钻探工程公司国际业务疫情防控要求，转变思路、认真思考、精心准备。先后开展主题教育、困难帮扶、后勤保障、谈心工程、邀请员工医护家属进行旅途防护讲座等一系列活动，将长城钻探工程公司"稳在当地、稳住人心"的双稳工作要求落到实处。

HSE管理方面。完善项目部月度HSE绩效考核制度，坚持"党政同责、一岗双责、齐抓共管、失职追责"，严格落实安全生产责任制，明确谁主管谁负责的原则，改变HSE管理思路，HSE工作需要全体员工的共同参与。HSE管理改革成效显著，项目部在长城钻探工程公司HSE综合管理考核稳步提升至考核的第3名。全面完成长城钻探工程公司和甲方、当地政府部门下达各项HSE指标，安全管理工作再创佳绩。

【党建工作】 2020年，项目部发挥党组织模范带头作用，以党建工作为引领做好疫情期间各项工作，形成一些有效做法和创新亮点。加强组织建设，增强凝聚力，严格落实民主集中制。项目部党工委按照集体领导、民主集中、个别酝酿、会议决定的原则，不断完善内部议事和决策机制，增强班子共同贯彻民主集中制原则的自觉性和主动性。项目的重要抉择按照"三重一大"的政策开会讨论，包括基地的建设、物资的采购、重要市场招投标等；加强作风建设，树立良好形象。坚持民主生活会制度。发扬批评与自我批评的优良传统，在党组织活动和日常工作中开展批评与自我批评。将党建工作融入生产经营及防疫工作中。发挥党组织的政治优势，转变观念，统一思想，为全面完成各项生产经营指标及抗疫工作提供思想保障。

【企业管理】 项目精细管理。2020年，项目部财务工作精雕细琢，在厄秘两国建立多级审批制度，规避单人操作资金流失风险，逐级批复审批确认，责任落实；建立当地员工晋级体系，为当地员工建立完备的职业规划，体现国际公司人文关怀；逐步锻炼年轻队伍，建立敢打敢拼的项目部企业文化，队伍年轻化、多元化、国际化；发挥内部资源共享优势，完成GMP气测录井1个月内从合同中标到项目启动，先后从厄瓜多尔调剂录井设备两套，完成录井服务19井次；通过与当地分包商合作共赢，完成测试专业油管锚及封隔器维护保养服务先开展服务后进口设备，累计完成服务43井次；秘鲁分部一季度通过厄瓜多尔定向井海蓝仪器中标OLYMPIC

公司2口定向井服务项目；发挥管理资源优势，互通有无，相互协作，厄瓜多尔和秘鲁之间相继进行专业技术和项目部管理支持5人次；疫情停产期间，不等不靠，化被动为主动，开展项目部内部微培训11期，内容包括后保、市场、安全、当地法律法规等，提高全员素质，做到疫情期间有提高、有改善、有进步，实现管理提升提质增效。

资源调整。根据实际需要从阿尔及利亚协调钻井液专业5台离心机变频器至秘鲁；配合国际测井公司将秘鲁待命的一套测井大车及设备调剂到古巴，促使长城钻探工程公司资产效益最大化；动员固井公司闲置设备调至秘鲁，开拓固井服务业务。

提速增效。分包商降价谈判，疫情停产期间，与雇员签订临时保障性合同，基本工资暂停，只发基本保险工资，解放雇员，同时节约成本；社区人员的运输公司裹胁当地居民意志，无理要求涨价20%，面对复工复产在即强行堵路要挟涨价，纯粹的卖方市场不利条件下，同时在复工复产当前的紧迫形势下，项目部群策群力进行多轮谈判，最终通过当地市长进行居中调停，实现原价续签；零伤亡、零事故、零污染，高品质地完成甲方各项服务需求。坚持"四早"和"四提前"原则，1月25日下发项目部文件暂停项目人员倒班；1月29日下发项目部文件开始储备防疫物资；2月4日制定项目部第一版中西语肺炎防控措施；3月7日实行安全岛封闭管理；8月13日完成第一版复工复产方案；8月22日响应集团公司超期人员倒班要求启动第一批回国动迁，10月初完成所有人员倒班轮换，零人感染。

发展方式。依时而动，顺势而为。统一封存设备，注意设备的PM1&2&3维修流程，继续推进TnPM管理；密切关注经济形势和市场环境，寻找一切可能的市场机会，争取复工复产；按照长城钻探工程公司市场开发模式的四个转变指示，结合当前形势，争取更多贸易机会；以现有服务捆绑模式拓展业务量占比或新业务带入；通过合包、分包等模式整合资源开拓市场。

优化项目管理机制。增强政治自觉，坚定维护核心。实行矩阵式管理、两级管理。为实行有效的跨国管理以及考虑人员精简的实际情况，打造既有按职能划分的垂直领导系统，又有按分部或事项分别组建领导小组的横向领导的结构。领导小组维权，垂直领导分责。领导班子按项目部领导班子分工文件，各负其责；两个分部分别设置分部经理，综合管理厄瓜多尔和秘鲁两个分部各项工作，直接向项目部领导班子负责。

强化队伍建设。不忘初心，对党忠诚，营造风清气正的办公生态。坚持把政治标准放在首位，旗帜鲜明，以德为先。从战略高度大力推进年轻化干部队伍建设。加强培养，使用优秀年轻员工，最大程度发挥青年优质潜力才能，最大程度为年轻干部提供发挥才能的空间和创业平台，加强项目部干部队伍梯队建设。

激发基层活力。千金买骨、城门立柱。权责对等是制度正义的基本原则，奖惩则是企业保障正常生产经营的重要

阿尔及利亚综合项目部

【概况】 2020年,阿尔及利亚综合项目部(以下简称项目部)下设8个部门,1个前线基地,34支作业队伍(其中钻修队12支、顶驱6支、录井5支、钻井液队8支、固井1支、测井1支、测试1支)及1个钻井液处理站。截至2020年底,有中外员工136名,其中,中方96人,当地员工40人,当地化率29.4%。全年项目钻井开钻1口、完井2口,年进尺3493米;修井开钻7口,完井13口,侧钻井进尺10米。

【经营指标】 2020年,项目部完成产值23562万元,其中,钻修井板块收入23418万元,测录试板块收入144万元。收入指标45000万元,实际收入比指标收入减少21438万元,完成全年收入指标的52%。

【市场开发】 从2020年初开始,受新冠疫情和国际石油市场"量价齐跌"的总体形势的影响,阿尔及利亚国民经济受到严重冲击,外汇储备跌破警戒线,政府大幅削减石油行业投资计划,国家石油公司SONATRACH同步大幅压缩勘探开发计划、提前终止所有境外钻机作业合同,其直属钻井公司ENAFORD和ENTP的钻机动用率也降到48%的历史最低水平。

2020年,针对诸多不利因素,项目部市场开发工作遵循"海外市场有效益、国内单位有边际"的市场开发新原则;抓住市场重新洗牌的机会,动态调整市场开发工作重点和重心,力争实现市场扩容,分担市场风险。长城钻探工程公司领导指导、项目部领导带领,项目部主动出击,多渠道入手,广泛收集相关专业市场信息、精细分析、精准定位、审时度势,确定明确的投标策略,最终在Lot 3、Lot 4的竞标中,战胜包括HLB、BAKER、Gulf Energy等强劲对手中标。完成合同正式签署,进入到项目启动阶段。这次中标不仅仅实现长城钻探工程公司定向井技术服务在阿尔及利亚主流服务市场的突破,也坚定持续加大在专业化服务方面参与竞争的信心和决心。

【安全生产】 2020年,项目部以生存发展为根本任务,在新冠疫情全球大暴发背景下,一手抓安全生产,一手抓新冠肺炎疫情防控,两者并重,做到"两不误、两促进",确保项目各项生产经营活动安全平稳运营，保障员工生命财产安全。坚持"党政同责、一岗双责、齐抓共管、失职追责"原则，以"落实责任、强化监督、控制风险、深化考核、持续提升"的管理思路，突出基层队的风险分级管控和安全隐患治理。推动五项风险防控工具的使用，主抓疫情防控、社会安全、井控、消防、交通、环境保护等重点HSE管理工作。落实疫情防控措施，全面封闭管理，网格化管控和人防护，扎牢"三道防线"，实现项目部"零感染、零输出"的疫情防控目标。项目部以生产经营效益为年度目标，强化各级HSE监督管理，不断夯实基层队伍的HSE管理基础，加强隐患综合治理，降低项目生产经营风险，全年无责任事故发生，实现项目"安全，高效"安全生产经营目标和HSE管理目标。

【科技创新】 2020年，项目部有1部钻机服务于属国SONATRACH石油公司钻井局，为其提供探井、开发井钻完井技术服务。依设计要求，该区域井设计五开井，二开、三开直井段采用"塔式"满眼钻具组合，PDC钻头匹配大钻压（23—25吨）、大排量（3000—3800升/分）、高转速（160—170转/分）、高密度（相对密度2.04—2.25）钻进，并推广应用PDC钻头+涡轮复合钻井技术，严密生产组织协调管理，严格落实钻修井各项工程技术措施，取得较好成效。

【企业管理】 2020年，项目部领导班子分析项目面临的严峻市场形势，超前预测2020年项目部的发展将进入低速换挡期和精细化管理的阵痛期，明确提出"观念转变拉动成本管控，精细管理带动效益增长"的降本增效思路。然而年初一场突如其来的新冠疫情席卷全球，各行各业无一幸免。2月24日，阿尔及利亚新冠疫情暴发，受此影响，五月份所有作业队伍全面陷入停产，在工作量急剧萎缩和新冠疫情的双重暴击之下，阿尔及利亚综合项目部项目部领导班子带领全体员工一手抓生产经营，一手抓全面抗疫，经营上实施"开源节流，降本增效"措施，抗疫上执行长城钻探工程公司和西非公司的各项工作指示，经过广大干部员工的不懈努力，各项工作均取得较好效果。

【党建工作】 2020年，项目部坚持把深入学习贯彻习近平新时代中国特色社会主义思想、党的十九届历次全会精神和关于大庆油田发现60周年贺信重要指示精神及对中国石油一系列重要指示批示精神作为首要政治任务，组织集中学习；带动班子成员和全体党员主动跟进，带头开展个人自学、讲党课、撰写心得体会和学习笔记，促使学习教育快速推进，要求全体党员干部业余时间利用党建信息平台开展自学；同党工委班子成员一起坚持双周集体政治学习制度，利用每月基层生产安全例会和每周项目部办公例会开展学习交流互动；主动参加大使馆、长城钻探工程公司组织的党课，开展"不忘初心，牢记使命"主题教育活动，坚定政治立场，提高政治站位，增强"四个意识"，坚定"四个自信"，做到"两个维护"。

（余 涵）

乍得综合项目部

【概况】 2020年，乍得综合项目部有20部钻修井机和59支各类技术服务队伍。包括：其中5000米钻机5部、4000米钻机6部、3000米车载钻机4部、车载修井机5部。固井服务队伍6支、钻井液服务队伍7支、录井服务队伍8支、测试服务队伍8支、测井服务队伍5支、搬家车队1支、废弃物处理队伍5支、取心队伍1支、控压钻井队伍1支、定向井队伍3支、顶驱队伍8支、地质研究队伍1支、解释工作站1个、管具与井控车间队伍1支、钻前工程队伍1支以及清蜡队伍2支。项目部机关部门11个，包括综合办公室、人力资源部、财务部、生产协调指挥中心、作业部、工程技术部、后保部、HSE部、装备部、市场部、前线基地。

【主要生产经营指标】 2020年，乍得综合项目部实现开钻30口，完井28口，完成总进尺50414米。修井开工77口井，完井78口井。测井：162井次，固井20口/42井次。录井：36口/692天。测试：112层/38井，钻井液服务22口井。

【主要措施和成果】 2020年，乍得综合项目部将中国石油市场保障作为生产运行工作的重点，促落实、抓管理，项目领导常驻一线指导生产。年末，统计需要协调完成的工作265项，其中108项在生产协调会议提出当天就给予解决，有效促进队伍的稳定发展，节约各生产队伍的时间，解决燃眉之急。与2019年同期相比，非生产时间减少59%。GW96队利用生产的间隙时间，自己动手改造营房，将8栋轮式营房全部改为整拖式。既节省近40万元改造费，还通过对营房的改造，提高搬家速度，得到甲方认可。项目搬家服务队在统一指挥下发挥最大效用，井队搬迁速度明显提升，2020年上半年井间搬迁20井次，吊装2240车次，井队平均搬迁速度提高约32.15%，相较于2019年提高6.15%，节约成本94万美元。

乍得综合项目部克服外围探区作业半径大、社会风险高、路况差、搬家路途远、地质条件复杂、钻完井作业风险高、后勤保障困难多等多重难题，实现探区的安全高效钻井作业，各项指标突出。上半年在外围探区完钻7口井，平均井深2366米，与2019年同期相比，外围探区平均钻井井深增加14.16%，平均机械钻速提高6.3%；为免受雨季影响，要求施工周期节点准确、连续，为不耽误甲方现场施工，超前组织、合理调配专业服务设备和人员分别驻扎在各井队，保障中国石油外围探区钻井作业的整体提速提效，保障加大外围勘探开发。

生产组织能力提高、井间搬迁速度提升，外围探区有力保障以及与甲方及时有效的沟通，确保项目高效完成甲方安排的各项任务，提升服务质量，使甲方满意度得到提升。2020年5月，中国石油甲方给GW96队平台经理陈新友和项目生产协调中心主任寇树勇分别发来表扬信，生产重启之后，10月给复产告捷的GW96队全体发来表扬信，11月又给复产的首支队伍GW217队以及支援他们的GW236队、GW127队员工发来表扬信。

【科技创新】 2020年，乍得综合项目部地化录井服务项目实现增储。中国石油新增地化录井服务平台，实现对储层岩性、物性、含油性的准确解释评价以及烃源岩各类地质属性的精细评价，为随钻地质导向、完井试油选层、综合地质研究提供技术支撑，也为中国石油甲方增储上产提供技术支持。

测井成功开拓新的服务项目。中国石油项目完全接受乍得综合项目部RDT（地层测试）测井项目，非常认可此项测井资料。配合测试进行5井次地层参数取样，配合中国石油集团东方地球物理勘探有限责任公司进行2井次垂直地震剖面测井，完成2井次生产测井，进行2井次成像测井。这些新项目的开展，既为甲方提供更多更好的资料，也增加项目的收入。

在中国石油罗尼尔老区块和外围新区块的直井使用随钻提速技术对复杂区块直井，防斜打直提速效果显著。对比2019年未使用随钻提速技术平均机械钻速10.11米／时，2020年使用直井随钻提速技术平均机械钻速15.21米／时。不仅井身质量得到保证，井身质量优，井筒光滑，为完井作业提供有利条件，满足甲方工程设计、地质勘探和开发的目标，而且随着直井随钻提速钻井技术的应用，有效解放钻压，机械钻速从18.37米／时逐步提高到26米／时。

【质量安全环保】 2020年，乍得综合项目部启动交通安全管理、搬家安全、设备安全等多个专项行动，建立疫情立体防控体系、疟疾专项防控体系，进行升级疫情防控和系统化防治疟疾，取得良好效果；通过看好门、管好人，实现社会安全升级管理；环保措施与作业施工同步进行，杜绝重大环保事件发生；通过办公前移、管理前移、服务前移，严把关、严检查、严考核、严守底线的"三前四严"措施实现"三零"目标。

疫情防控方面。自疫情暴发以来，乍得综合项目部立即行动，依据集团公司《疫情常态化防控工作指导意见》，针对乍得现场不同的防疫风险点，制订完善《冷链食品疫情防控方案》《宪兵保安疫情防控方案》《第三方外来人员疫情防控方案》《疫情防控期间司机驾车外出个人承诺书》（中英法）等多项专项防疫措施，储备充足的防疫物资和新冠防治药品，确保现场制度化、科学化、体系化防控疫情，实现新冠肺炎零感染目标。1月26号，乍得综合项目部立即停止所有中方人员及国际雇员的动迁；2月3号，按照人员流动网格化、区域化原则，中方人员往来恩贾梅纳与罗尼尔前线停止，以进一步切断输入源。第一时间对首都驻地、前线基地及各钻修井队现场实行全封闭管理。所有班前会、培训会等转移到室外召开。执行办公室网格化管理，大幅减少同一办公室内人员数量。落实分餐制：公共餐厅停用，使用笼屉式餐盒，在各人房间就餐。常态化全员体温检测：所有人员每日至少早晚两次体温检测。体温异样者，立即隔离。严把封闭管理营区主入口。基地大门随时落锁，HSE雇员在大门值班，监督保安。所有外部货车及司机进入基地或井场前要测体温，体温正常并佩戴口罩方可进入。一次只允许一台车一名司机进入，司机全程严禁下车。截至年底，前线接收从卡麦隆杜阿拉港口来的货物269车，未出现任何异常情况。

疟疾防控方面。乍得是疟疾高发区，每年5—11月份为雨季，蚊虫猖獗。乍得综合项目部高度重视员工健康管理，依照"早发现、早报告、早治疗、见热治疟、见疟治恶、预防为主、防治结合"的方针，严格落实各项防控措施，跟踪分析近6年来中方人员患疟疾情况，疟疾患病率整体呈逐年下降趋势。多年防疟、治疟经历，乍得综合项目部构建出疟疾立体防控体系，进行系统化防治疟疾：由项目HSE部全面管控、项目医疗队各驻队医生预防检测治疗、个人防范、后勤灭杀、外部依托的疟疾立体防治体系，确保疟疾防治工作及时高效，保障员工生命安全。

社会安全升级管理方面。基地外围周界采用双层围栏，高度2米，外围栏顶部设立约0.5米带刺铁丝网，内围栏底部和顶部分别架设直径0.5米蛇腹形滚刺铁丝网。内围栏周界安装有16通道摄像头。办公区和住宿区单独设立一道围栏，高度2米，围栏底部和顶部分别架设直径0.5米蛇腹形滚刺铁丝网，周界安装8通道摄像头。基地内外围栏之间设置壕沟：宽2米，深2米。外围栏内有2米高，3米宽的沙坝。基地四个角设置4个警戒塔。设置11各哨岗，其中大门处1个、办公区域外1个，其他9个分布在基地内。安装巡更系统，安保人员1小时打卡巡逻。罗尼尔基地出入口设置双层栏杆及减速带，并配备破胎器及防撞装置。井场出入口设有防撞桶内部装满水、自制减速带、由防撞桶和警示带规划出"S"形弯路，满足车辆缓冲设置要求。人员准军事化管理：所有中方人员严禁外出。只要有中方人员跨区动迁，必须有武装宪兵护卫。加大安保力量配备：恩贾梅纳驻地、蒙度基地宪兵数量加倍；外围封存井场在原有商业保安的基础上，每个封存点新增加15—20名宪兵。基地保安升级管理：保安全部实现封闭管理，将罗尼尔前线基地划分成7个巡逻区域，配备安保人员巡更系统，每1小时对基地进行一次全覆盖巡逻，加强夜间对安保人员管理，确保基地24小时可控。由HSE部每月不定期组织对当地保安人员的培训。每月对安保人员进行打分考核，连续两月不合格的向甲方安保部门申请换人。

交通、消防安全管理方面。车辆配齐安全设备：所有在用车辆均配备全球定位系统，皮卡车和SUV均安装防翻架，所有车辆配备安全带、灭火器、急救包、拖车带、警示牌和随车工具，并通过全球定位全程监控司机驾驶行为，防范驾驶员的超速和疲劳驾驶行为。强化派车管理：严格执行"派车单制度"和出车前安全培训。制定并严格执行《乍得综合项目部搬家板车载货捆绑规范》，车况不合要求的车辆禁止装车，要求至少配备4条捆绑铁链及4个刺轮紧链器，捆绑不合格的车辆绝对不能放行。针对乍得旱季道路扬尘严重的风险，专门制定《乍得综合项目部扬尘天气行车管理规定》。制定《乍得综合项目部重型车辆押车管理规定》，要求除皮卡、中巴以外的所有车辆上路必须进行押车，油区内最高限速40千米/时，确保重型车辆行车安全。消防安全培训与演练相结合，通过重复的检查—培训—实战演练，不断提高员工消防应急能力。

环境保护方面。制定《项目部环境保护管理办法》和《环境污染应急预案》，有效控制环境风险，同时也保证项目在发生环境污染突发事件时能迅速、有效开展现场处置救援工作，避免事故扩大。作业现场严格执行《境外钻修井队环境保护规范》和"五个八条"，使用专业废弃物处理服务队，对所有钻井液废弃物不落地处理，坚决杜绝油污和生活污水外排或者泄露事件。定期检查防渗膜是否有渗漏；每天检查井场"滴漏跑冒"情况；生活污水排至专门的排污池，固体垃圾分类存放，定期拉至当地污水治理点和垃圾场处理；所有钻井液材料上盖下垫，防雨防晒，及时处理散落地面的处理剂。

应急管理工作方面。2020年5月15日，在帕维塔外围施工的GW127队井场附近发现有50多名疑似反政府武装人员；5月26日，萨拉马特外围安全形势有恶化趋势，甲方提前取消后期作业，GW58队和GW235队撤离萨拉马特外围勘探区块。事发突然，乍得综合项目部立即汇报西非公司、甲方和长城钻探工程公司应急办，立即启动应急预案，按照预案组织中方人员开始紧急撤离。前驻现场的HSE部管理人员24小时值班，全程管控落实；撤离过程中不得与当地人近距离接触、全程佩戴口罩、中途不在城镇停车、每隔半小时汇报撤离位置及周边安全情况、到基地隔离14天等防疫措施。两次紧急撤离，行程超800千米，途经多处有疫情发生的城市。3支井队60名中方人员安全撤回基地，没有新冠感染等异常情况。

【精神文明建设】 2020年，乍得综合项目部以党内组织生活的方式将形势任务教育、一人一事思想政治工作和提质增效主题教育结合，利用多种途径宣传引导员工统一思想，干优质活，过紧日子，传好经验，群策群力，共御寒冬。通过电话、走访的方式加大对基层员工及家属的沟通、慰问，以党员联系群众的形式发挥党组织的战斗堡垒作用，为基层员工及家属排困难、解忧愁、抚心情，确保不因疫情和降薪影响员工情绪，确保稳定。通过增强网络条件配置，分享电影、电子书资源和健康、健身知识，增加文体活动等措施，将员工注意力转移到健康生活和快乐工作上来，以稳定在岗员工工作状态，确保其身心健康。

3月份，创立乍得综合项目部文化载体《长城乍得风采》，树立企业正能量精神。为树立企业文化正能量精神，发挥宣传的引导激励作用，在乍得综合项目部范围内形成浓厚集体氛围，稳定队伍，稳定人心，着力宣传各基层队在疫情防控、提质增效、坚守岗位过程中涌现出的先进事迹和先进典型，以激励先进，鼓励后进，鼓励在岗员工落实好疫情防控工作，保护好自己，确保人员安全、思想稳定，同时，鼓舞各队切实做好提质增效和复工复产工作，为乍得综合项目部和长城钻探工程公司发展尽心尽力。截至12月31日，在乍得综合项目部公众号上发布稿件42篇，有13篇同时在长城钻探工程公司公众号、微博、主页等平台上刊登发布。《长城乍得风采》成为项目抓宣传、抓思想、抓稳定工作的主阵地，成为国内领导和各二级单位及时掌握乍得动态，了解项目发展的有效载体和信息窗口。

【企业管理】 2020年，乍得综合项目部领导班子成员深入前线，靠前指挥，就近及时的解决前线生产经营中的决策问题，提高项目运行效率；针对钻修井队搬家时间过长的问题，组织成立搬家服务队，大幅提高井队搬家的速度，为支撑甲方争效上产；针对井队和技术服务队伍生产组织工序衔接不畅的问题，项目部领导班子组织成立涵盖多方位专业人员的生产协调指挥中心，提高生产效率。被乍得上游项目公司评为安全生产先进单位，被长城钻探工程公司评为疫情防控先进单位。

（宋　川　王　勇　周克晟）

尼日尔综合项目部

【概况】 2020年，尼日尔综合项目部机关设置综合办公室、市场部、后勤保障部、财务部、HSE部、作业部、装备部、工程技术部，前线设置AGADEM基地。员工总数最高1281人，其中中方350人，雇员931人。

尼日尔综合项目部有各类服务队伍最高达到72支，其中钻井队伍9支、修井队伍4支、固井队伍9支、钻井液队伍9支、顶驱队伍10支、定向井队伍7支、测井队伍9支、录井队伍9支、测试队伍2支、钻具队伍1支、地面队伍2支、解释队伍1支。

【主要生产指标】 2020年，尼日尔综合项目部开钻37口，完井48口，累计进尺91962.7米，平均井深2078.8米，平均机械钻速22.99米/时。

年初预算工作量100口井，受疫情和低油价影响，全年实际作业完井48口，完成预算工作量的48%。

【主要措施和成果】 建立、健全总包模式下的管理制度。2020年，尼日尔综合项目部针对二期大包作业模式，制定大包井收入分配机制、搬迁作业标准化流程、大包井工序量化写实制度、大平台经理管理制度等，为大包作业模式下的施工打下制度基础。

雇员国际化有序推进。疫情导致中方员工健康风险升高、成本大幅增加、且无法正常倒班，难以适应二期复产要求。尼日尔综合项目部推进员工国际化，严格面试，逐步将预录人员安排至现场熟悉工作，为2021年二期全面复产打基础。

【安全生产】 2020年，面对新冠疫情的暴发，尼日尔综合项目部迅速成立防疫领导小组，设立疫情专职负责人，明确"一个目标，两个原则"，及时出台22项项目部疫情防控管理手册，制定和完善22项管理制度。现场严格执行内部网格化、外部封闭、个人防护、定期检测四项管理要求，强化对"四类人员，三个环节"的管控。制定4项动迁管理制度，利用各方资源，安排超期人员倒班回国。发挥驻井监督作用全力为现场生产运行提供支持和保障，加强对吊装、高空、设备检修等高风险作业、重点工序的作业许可管理和过程监督，督促现场做好生产组织、工序写实工作，严格落实每班的工程指令。

全年尼日尔综合项目部累计发布社会安全信息48条，安全提示4期；落实外出审批和带兵制度，降低人员暴露风险；强化现场物防、人防建设，提高现场防御能力，与安保监督沟通些对偏远作业现场增派安保士兵；不定期组织现场开展应急演练，提高现场人员应处置能力。持续识别环保风险，完善管理制度，制定措施降低环保风险，全年修订2项管理制度，新增1项管理制度《钻修井队现场环保管理指导意见》。

【工程技术】 2020年，尼日尔综合项目部建立完井大数据库，以同区块、同井型为基础，通过对不同队伍、不同井段进行分类数据统计对比分析，制定合理的实钻参数和技术措施；编制3个区块的施工作业指导书，下发到井队和专业队伍遵照执行，现场施工指令统一出口，规范作业；推进工程技术实时远程系统（ESIC）的信息化系统建设，为后续施工提供技术保障；优化工具的选型，针对区块低速泥岩段缩径严重，通过优选螺杆类型，采用可调螺杆增大使用角度，在保证轨迹平滑的基础上，降低滑动比。

【装备管理】 2020年，尼日尔综合项目部继续做好中国石油二期项目设备保障工作，从队伍启动、设备维护保养到设备封存等各方面提供支持。GW23队设备封存多年，此次启动从甲方临时下达通知、人员准备到设备开钻，总计用时14天，刷新尼日尔修井队启动最快纪录。

通过人员选拔和培训，加强对机械师和电气师的设备维护保养类的培训。自行设计建设修理厂房，提高设备维修能力。制定多项措施，落实设备封存管理，做到"随启随用"。对长期封存设备进行清洁、防腐，油、水、钻井液排放干净；做好下铺上盖并定期保养，按照分类、集中、整齐的原则进行摆放。

【后勤保障】 2020年，尼日尔综合项目部组织839车自港口至Diffa的国际内陆运输和清关，清关运输效率比在尼兄弟单位高50%以上。利用在Diffa的资源优势，配合海关提升物资稽核效率，提前组织资源转运。同年在Diffa组织956车的沙漠运输，转运效率比在尼兄弟单位高60%以上。依托当地清关运输资源实施GW88队设备清关运输机转运。在中方人员无法到达目的港接货、验收、组织装车情况下，选择优质的当地清关运输资源安全、高效、准时完成GW88队全部设备的2600千米的国际运输及500千米的沙漠运输，实现零货损、零事故。通过"一商一策"、价格与油价挂钩等方式，与承包商共同协商和处理存在的问题，全年节约成本195万元，工程服务类合同平均降价10%。采购类合同平均降价8.8%。全年利用在尼日尔和周边国家的资源，采购44万只医用外科口罩，运回国内支援长城钻探工程公司的防疫、抗疫工作。

（杨宗强）

肯尼亚项目部

【概况】 肯尼亚项目部服务内容包括地热钻井、油气钻井、固井、空气钻井、定向井等，业务范围包括肯尼亚高温地热钻井服务项目、肯尼亚油气钻井服务项目。截至2020年12月底，肯尼亚项目部有员工28人。其中，中方人员23人，外籍雇员5人，当地化率18%。

【市场开发】 2020年，长城钻探工程公司公司下达合同签约额为零，肯尼亚项目部全年无新签合同。配合集团公司关于地热开发与发电一体化项目的工作，推动集团公司向肯尼亚能源部回函，引入中国核电共同推进地热开发与发电项目；协助市场部提供乌干达投标资料；跟进肯尼亚电力公司拟进行钻井项目招标动态。

【生产组织】 2020年，肯尼亚项目部主要进行设备的回运工作，原有7部钻机主体设备及配套的空钻、固井及定向等设备，大部分钻机主体设备均于2020年3月份转运回国内。截至年末，仅剩余GW117队、GW191队部分设备及无回运价值的设备物资，其中GW117队、GW191队部分设备完成海运询船工作，剩余无回运价值的设备物资完成处置评估，做好发往乌干达设备处置的前期准备工作。

【经营情况】 2020年，由于主体设备回运无可执行合同，肯尼亚项目部收入大幅降低，全年完成账面收入750万元，超额完成预算指标，包括依据2014年签订的定向服务合同，有关条款收取的超期未付工程款的利息收入30万元，和内部调剂库存材料形成的其他业务收入720万元；未完成预算指标；期末应收回资金13063万元。

【HSE管理】 2020年，肯尼亚项目部做到"零伤害、零事故、零污染"，做好新冠病毒疫情防控工作，全年零感染零疫情，实现年初制定的HSE管理目标。加强HSE管理危害因素辨识，安全隐患排查和治理，开展风险评价工作；开展员工健康评估，及时进行赴境外项目限制疾病的申报工作并更新其个人健康档案；项目车辆5台，无交通事故。

【设备管理】 肯尼亚项目原有GW188、GW117、GW120、GW192、GW190、GW191、GW116钻机主体设备、4套固井设备、6套空气钻设备以及常规定向设备等，主要生产设备完好率达到99.9%，主要专业设备润滑达标率100%，强化一保对号率100%，年度设备事故率为零。

【人力资源】 2020年,肯尼亚项目部落实用工总量控制实施方案,做好等停队伍人员安置。组织中方员工参加HSE升级及取证培训、井控培训、反恐培训,持证率100%。

【地热一体化项目】 2020年1月3日,集团公司向肯尼亚能源部发函,正式引入中国核能电力股份有限公司(以下简称中国核电)作为合作伙伴共同推进地热开发与发电项目,并提出增加中国核电作为签约方来修改备忘录。2月3日,肯尼亚能源部正式回函,不必将中国核电作为签约方来修改备忘录,如果我方确认,对方将以中国核电作为执行机构之一的形式来起草修订备忘录。下一步将推动集团公司向肯尼亚能源部回函,引入中国核电共同推进地热开发与发电项目,开展下一步工作。

【党群工作】 2020年,肯尼亚项目部落实长城钻探工程公司党委各项工作部署,加强海外项目思想建设、组织建设、作风建设。以党的十九大和十九届五中全会精神为指导,深入贯彻新时代党建工作总要求,全面落实长城钻探工程公司党委2020年工作部署,聚焦基层党建,抓学习,强思想;学习党的十九大、十九届五中全会精神,贯彻落实习近平总书记关于新冠肺炎疫情防控和经济社会发展的有关要求及关于中国石油系列重要指示批示精神;贯彻《新形势下党内政治生活若干准则》,于11月底召开《不忘初心、牢记使命》专题民主生活会;健全廉洁风险防控机制,全面推进4项"平安子工程"建设,实现廉洁风险防控全覆盖。

(岳明杰)

苏丹项目部

【概况】 2020年,苏丹项目部有员工765人,其中中方员工143人,雇员622人,本土化率81.3%。下设8个机关科室、3个基地。有固定资产35台(套),原值38418万元,净值2729万元;无形资产0项,原值0万元,净值0万元。全年实现收入19868万元,超额完成长城钻探工程公司下达的经营考核指标。面对疫情蔓延、社会安全形势持续严峻、经营环境不断恶化,苏丹项目部全体员工坚定信心、聚力前行,落实长城钻探工程公司各项工作部署,完成年度经营目标,为"十三五"收官、"十四五"开局奠定坚实基础。

【生产运行】 2020年,苏丹项目部贯彻和落实长城钻探工程公司的"管理提升年"工作方针和政策,开展人员培训工作。现场雇员主要培训工作如下:做好现场新雇员的面试、培训和雇员实习及工作期间评估工作;协助现场和HSE部做好现场雇员的安全、技能和应知应会的培训管理工作。针对南苏丹当地修井机将要迅猛发展的势头,认真分析,勇于探索苏丹项目部修井机可持续性发展的低成本运行模式,把设备物资管理和人员成本运行作为重要突破口,南苏丹每支修井机队伍平均每天降低运行成本1096美元,实现可与当地公司分庭抗礼的局面。运行"PDCA"循环工作方法,杜绝施工质量事故,提供优质技术服务。全年钻井3口,修井158口,井身合格率100%,安全搬家无事故161口井次;开钻14口、完井15口,总进尺14981米,电测成功率100%。基层队开展季度满意度调查,坚持服务就是竞争力,落实既定改进措施20余条,实现百余隐患不留死角,现场收集客户需求6项,为项目制定个性化、人性化服务提供基础支撑。前线各专业队伍收到甲方各层级表扬信34封。协调长城钻探工程公司在其他海外闲置的资产,调入肯尼亚闲置营房和YL项目闲置酸化设备,扩大苏丹市场,节约新购设备费用。同时长城钻探工程公司统一协调,将6区的氮气车组转运伊拉克,盘活苏丹项目部闲置资产。

【市场开发】 突出合资合作优势,"稳固北边"市场。2020年,苏丹项目部面对苏丹经济持续恶化,油田投资缩减,导致油田工作量不断减少。为了稳固苏丹市场,降低商务风险,发挥非洲雄狮石油服务公司优势,协助合资公司完成GW101修井机服务6个月合同更新,保障GW101队作业连续;跟踪2BOPCO甲方作业计划,启动GW266队和Tiger9队两部设备作业,同时,推动GW266钻机合同3+1年更新;针对苏丹6区不断提高合同苏丹磅支付比例,采取竞合策略,协调中方、苏丹当地公司共同抵制6区提高修井、钻井液、吐哈泵车等项目苏丹磅比例,为下一步争取有利的合同条款奠定基础;同时,完成6区钻井液、吐哈泵车、取心、测试服务和2BOPCO区测试、录井、井下电加热合同续签更新,推动6区钻井液合同2年期更新谈判,成功涨价15%;参与苏丹业主招投标和合同重启谈判工作,完成6区录井、锅炉泵车服务、热采工具、油田服务贸易和2B区钻井液服务项目投招标,苏丹17区测试录井项目重启稳定苏丹业务。

坚持紧抓市场重心,"扩大南边"市场。夯实主业,确保钻修井机业务,协调和沟通完成3/7区现有3部修井机合同延续;跟踪新投标修井项目评标进展,按照既定目标积极引导甲方授标;成功推动1区GW128队修井合同1+1年更新,确保队伍顺利启动作业;发挥GWDC品牌优势,规避市场竞争风险,推动3/7区打捞、钻井液、定向井服务、地质研究等服务合同续签;协调和组织甲方人员到国内开展服务资质能力验收,成功中标1区废弃物处理项目;中标1区油田勘探开发人员技术支持、Unity加密井优化地质研究、PDC钻头贸易项目,恢复测试服务合同;整合国内优势资源,推动贸易项目扩展。寻求优质承包商参与3/7区油田工具和化学剂贸易项目,完成1区化学剂瓶试和投标工作,贸易合同额创新高;跟踪参与5A区修井机大包服务投标,推动油田CPF泵租赁服务,当地公司合作,开展化学剂瓶试工作,跟踪化学剂招标进展,寻求5A区项目突破。

坚持1+N市场开发模式,"拓展周边"市场。贯彻长城钻探工程公司市场开发的工作要求，开展"1+N"的市场开发，在长城钻探工程公司总体部署和安排下，前往利比亚进行市场调研和推介，完成合作伙伴协议签署，推进 ZALLAF 和 WAHA 油公司市场机会。密切跟踪加蓬、马达加斯及乌干达市场信息，递交加蓬 Oil Indian 测试项目和马达加斯加录井合作项目投标，并跟踪评标进展。

坚持客户关系维护，打造良好甲乙方关系。为降低新冠疫情给市场工作带来不利影响，市场开发人员克服困难，做好个人防护，采取节假日和定期相结合，拜访 MOP、中方和伙伴关键人员，沟通项目信息，了解甲方作业计划，推动项目审批等工作，打造良好的甲乙方关系。

开展新技术推介，储备项目利润增长点。面对南苏丹本土化进程不断加快，营商环境恶化，竞争无序，传统业务不断面临当地公司和民营公司的挤占，推动新业务的开发，根据甲方油田开发生产需求，在 3/7 区开展 "T" 形钻井技术推介，完成 4 口井的筛选评价和 2 口井的概念设计，目前协助甲方进行招标立项资料编写工作。同时，推动 3/7 区酸化新增压裂控水、深部堵水、除垢、超细水泥堵水等项目，协助甲方完成预算和 ITB 资料编制工作，争取引入新的成熟技术，为项目储备新的收入增长点。

【疫情防控】 2020 年，苏丹项目部持续健全疫情常态化防控体系，执行区域负责制，实施一地一策、一队一策、一岗一策、一人一卡，每月组织巡查各单位疫情防控工作，针对新增风险和薄弱环节制定预防措施，建立形成不同区块、不同队伍的风险防控表，防控体系日趋完善；强化疫情防控专项培训和宣贯，每日利用班前会宣传防疫知识和个人防护要求，在员工餐厅及室外明显处张贴英阿文宣传材料，组织人员通过视频参加甲方和长城钻探工程公司组织的防疫培训班。全年开展疫情防控培训和宣贯 209 次，培训员工 1865 人次，持续提升员工个人防护意识；修订项目防疫体系文件和应急预案，健全各单位管控措施和应对程序。监督执行疫情防控升级管理规定，继续加强疫情防控风险辨识和应对工作，更新 8 个单位的风险清单，修订完成南北苏丹疫情防控应急预案，针对不同情况制作演练脚本 5 个，组织开展桌面和实操演练 35 次，367 人参加，确保员工应急处置能力持续提升；严格控制雇员流动风险，办公室雇员实施居家办公，现场人员延长工作时间，减少倒班频次，严格落实雇员倒班隔离措施。完成 31 个队次倒班、133 次区域人员流动，组织人员隔离 672 人次，未出现异常病例和感染事件；加强防疫物资储备。通过项目部自购的方式，补充各类防疫药品 800 余盒，双抗体检测试剂盒 500 余盒，其他包括二氧化氯空气凝胶和防疫喷剂等防疫物资，确保防疫物资满足 6 个月以上的用量；强化热带病防治工作，继续落实弥雾机、灭蚊灯、马来热香皂、蚊香、蚊帐等防蚊设施的使用，更新马来热防控措施和治疗要求，通过当地采购和国内配置，及时补充配备马来热的预防治疗药品，拓展远程医疗会诊资源，加强健康传染病专项检查，每天跟踪全员身体健康情况，出现病例逐级汇报；对全员分级管理，针对不同岗位员工风险等级不同，分别采取针对性防控措施，坚持"人、物、环境"同防。重点抓好访客管理、个人防护、餐饮管理，严控我方员工与第三方人员接触，员工返岗前各项检测齐全，强化外来物品管控，完善重点场所环境消杀，所有返岗人员疫苗注射率100%；有序推进中方人员倒班。通过商业航班组织人员轮换；通过以上方式确保项目疫情防控工作平稳有序推进，实现疫情"零感染"目标。

【质量安全环保】 2020年，苏丹项目部发生HSE事件24起，其中未遂事件12起，急救箱事件9起，医疗处置事件3起，损工伤害率（LTIF）0，总可记录事件率（TRCF）2.9。南北苏丹社会安全可记录事件共225起，项目部未发生社会安全突发事件。实现零事故、零伤害和零污染"三零"目标。以安全生产专项整治为重点，突出目标引领、问题导向和底线思维，深化全员责任落实、强化全过程风险防控、优化全方位监督指导、细化全天候措施落实，以责任落实为抓手，以基层为重点，狠抓过程管控，继续强化风险工具推广应用，突出领导责任，着力治理现场隐患，严查违章现象，培养雇员自主意识，从严、精细、扎实推进HSE各项工作，持续提升现场HSE管理水平。

【党建和思想政治工作】 2020年，苏丹项目部党工委团结带领广大干部员工，增强"四个意识"，坚定"四个自信"，做到"两个维护"，全面加强党的建设，发挥"把方向、管大局、保落实"的作用。以思想引领为切入点，宗旨信念的根基不断筑牢。丰富学习载体，以点带面、点面结合学习贯彻落实"两个条例"，不断增强思想自觉和行动自觉。开展"战严冬、转观念、勇担当、上台阶"主题教育，围绕提质增效专项行动部署，开展基层宣讲9次，专题研讨9次，提升全体党员领导干部攻坚克难的决心。优化两级组织设置，苏丹项目部党工委和3个基层支部完成换届，组织建设进一步完善。以打造风清气正为目标，党风廉政建设深入推进。持续开展"平安工程"建设，建立4项"子工程"。深入开展百日警示教育活动，坚持用身边事教育身边人，党支部宣讲案例10次，覆盖143人。以关爱困难职工群体为措施，组织温暖进一步体现。走访、慰问困难职工及外部市场家属累计8人次，疫情防控期间，对驻外员工家属集中慰问2次，实现全覆盖。

（张　琪）

苏丹作业区

【概况】 2020年，苏丹作业区员工总数233人。其中，中方员工60人、苏丹员工111人、南苏丹员工53人、巴基斯坦雇员6人、乌干达雇员2人、菲律宾财务1人，外籍员工占员工总数的74.25%。

【主要生产经营指标】 2020年，苏丹作业区经过全体员工不懈努力，实现营业收入17508.68万元，完成年度收入指标29000万元的60.37%；苏丹作业区应收账款年初余额20222万元，全年回款27143万元，12月末应收账款余额9265万元，较年初下降54%，综合回款率75%，回款率对比以往年份大幅度提高，较为出色地完成年初制定的各项任务指标。

【主要产品】 2020年，苏丹作业区在苏丹和南苏丹的业务主要涉及测井、射孔、录井和测试等井筒技术服务，还有筛管完井、化学堵水、资料解释处理和油田研究等服务项目。正在执行13个技术合同，为南1区、南3/7区、苏丹6区、25区等已进行勘探开发的区块提供技术服务。

全年完成579井次测井作业、完成1010层测试作业、录井作业天数469天，解释研究处理中心完成40井/层的解释工作。

【主要措施和成果】 2020年，在新冠疫情和低油价双重冲击下，石油行业发展面临较大下行压力，长城钻探工程公司党委领导，苏丹作业区认清严峻形势，立足当前，着眼长远，围绕"低成本发展和提升竞争力"工作总要求。按照"转观念、拓市场、重合规、控成本、保安全、强党建"的工作思路，精准施策，真抓实干，开展生产经营工作，领导班子以"一岗双责"的责任担当，坚定推动各项工作落地生根，贯彻执行长城钻探工程公司新冠肺炎疫情"常态化"防控要求，实现疫情防控和生产经营"两不误，两促进"。苏丹测井作业区通过全方位提升"十种能力"，做好"四个全面加强"，打赢疫情形势下市场攻坚战，转换惯性思维，抓住南苏丹上产，认识风险，提高市场适应能力，进一步提升北苏丹本土化管理和作业质量，加强南苏丹全面化管理与各关键岗位人员配备，全方位规划和推进管理团队、技术支持和现场作业团队建设，做好设备更新配套、适用技术体系化，实现北苏丹、南苏丹市场长期健康发展，持续进行管理提升，打造中国石油海外工程技术业务典范，为苏丹测井作业区可持续发展夯实基础。

全年投标／议标／延期／合同更新／合同内增值项目23次，其中投标项目10个，议标项目5个，延期更新项目7个，合同内增值项目1个。除去7个投标项目仍在评标（部分因疫情原因延缓），全年完成7个投标／议标项目签约，1个议标待签；完成6个延期更新／合同增值项目，1个中标待签，签约率93.8%；1个项目——南苏丹1区库房项目丢标（民企超低价中标）。完成新签合同4567万美元，完成年度合同额指标4500万美元的101.5%。

将"控成本"作为年度重点工作部署，2020年1月1日开始，正式启动提质增效工作。开展头脑风暴，广泛征询意见和建议62条，并在班子会上集中讨论，对于合理化和操作性强的措施，拍板执行，立见成效；进行全部门、全要素成本测算，制定降本增效目标，形成责任状；按照长城钻探工程公司总部提质增效工作部署，制定作业区提质增效实施方案，实施细则，并以文件形式下发；建立分析通报制度，包括提质增效清单，提质增效工作通报，提质增效专项分析；开展"战严冬、转观念、勇担当、上台阶"主题教育活动，找准定位，以收定支，牢固树立过紧日子思想，对提质增效工作进行推进。

通过技术引领，开创性完成南苏丹第一口油井PLT作业，首次在南苏丹水平井段固井质量全井段测量作业等，实现合同内增值，创收创效640万元。推动完成DPOC ICD控水筛管补充设备采购，创收33万元；针对DPOC甲方Abyat S-3重点井推介求产测试，额外动用超深穿透射孔弹替代常规射孔，增收70万元；创新模式，首次签订贸易合同，DPOC甲方制作装岩屑盒产值11.5万元；配合总部，投标坦桑尼亚Dodsal公司测井项目，完成测录试等合同投标。

作业区全面开展合同复议专项行动，全面开展合同降价谈判工作，完成全部23个复议合同的补充协议签订工作，降价均在14.35%，超额完成长城钻探工程公司的合同复议降价要求，全年节约169万元；合理压减投资规模，本着"逐年推进、按需扩展、标准够用"原则，重新优化基地投资建设方案，压减和暂停基地建设投资，投资总额压降40%。以保安全、控成本为前提，全面梳理资产投资，资产投资压减30%以上；进一步夯实采购计划。加强多层审核环节，靠实物资计划，物资预算由年初的1432万元调整到343万元，削减1089万元（测井933万元、录井78万元、测试78万元），削减76%。

开辟北、南运输通道，调剂测井仪器，节约物资采购成本180万元。

持续深入开展管理提升，积极应对低油价。按照"队伍精化、资产轻化、库存减化、财税筹划"的思路持续提升管理，降本增效，保障利润指标顺利实现，队伍精化，控制人工成本。加强中方员工培训和选拔培养，推动中方人员全面化。本土员工按照工作量来安排现场出勤，末位淘汰解聘部分雇员，降低人工成本。通过筛选高岗位员工，稳定中间员工，精简低岗位员工，着力提升本土化从数量到质量的提升，最大限度利用现有人力资源，调动人员积极性。资产轻化，优化资产结构，根据市场容量及油田发展规律控制资产规模，优化作业区资产结构，加强资产管理，立足现有设备升级改造，精心维修保养现有设备，保持良好状态支撑作业，截至年底，作业区管理资产账面原值68246.62万元，净值5314.59万元，总体资产新旧率0.08。库存余额2081.11万元，较年初下降9.93%，整体控制在年度指标2400万元内。

持续推动提质增效工作，专业重点推进本土化发展，降低用工数量，降低人力成本；加大物资调剂力度，盘活库存物资。苏丹测井作业区各基地各专业对物资库存进行梳理，加强日常消耗料管理，合理利用现场现有资源，减少不必要的消耗和当地采购，直接材料成本大幅较低。通过严格管控，开拓思路，主动求变，全面践行提质增效理念，把紧日子过精、过细、过好。陆续停用等停队伍卫星电话12部和GPS41台，节约成本16万元；鼓励前线和专业人员主动修旧利废，利用自有人力和设备资源开展基地建设、现场仪器维修，节约费用67万元；成功开辟3/7基地菜地节约生活费用16万元。通过灵活选择付款方式节约运费20万元。通过更换朱巴和基地网络服务商节约网络费用20万元。细化管理挖潜增效139万元。

研判南北苏丹油田未来发展形势，为南1区复产进行规划，推动测井、录井、测试设备及相关物资运往Unity营地，全年有2个录井仪、3辆测井车及配套仪器、1套钢丝车、2套井下工具运抵Unity营地。

北苏丹、南苏丹均列于极高风险国家，运营环境充满不确定性，财务风险持续加大。政府财政紧张，监管更加严格，纠纷及罚款增加。同时，过渡政府对于前政府签订的一系列法规文件及已经清缴的税款条件等持不认可态度。苏丹测井作业区在CNPC办事处及地区税收协调小组指导下，秉持"中石油一盘棋"思想，与其他中国石油工程技术服务单位保持步调一致，维护集团公司在海外整体利益。4月，收到南苏丹国家税务局开出要求补缴2019年215万美元企业所得税的通知，经过谈判，最终以补交3万美元税务罚款关闭该事项。

持续开展内控体系建设和风险管理工作，不断加强自身风险防控意识，提升重大风险防控能力。HSE管理。深入学习贯彻党和国家、集团公司安全环保工作要求，落实长城钻探工程公司各项部署，以保障作业区高质量发展为根本任务，从严从细从实做好HSE各项工作，以提升员工个人安全意识和能力为工作重点，全年组织各类HSE培训299次，参加1794人次；继续强化执行安全巡视监督制度，全年完成作业队伍巡检312次，实现季度全覆盖；发现安全隐患433项，完成整改433项。继续全面升级放射源的管理，所有放射源无论活度大小，在丢失、被盗和失控等风险防控方面重视程度一致，均升级为II类放射源管理；建立动态监控部门、作业队和放射源库"三方联动"的监控机制，作业队负责人对所领取的放射源要每天早、中、晚定时向基地专职放射性防护官报告放射源状态，基地专职放射性防护官全天每2小时检查源库一次，确保源库安全，识别环境因素，落实防控措施，避免环保事件发生。作业区全年无损工及以上事件，总可记录事件率3.82，实现年初HSE目标指标，良好业绩获油公司认可。

管理和技术人员逐渐年轻化和本土化，作业区开始着力完善人才梯队建设，明确培养方向，优化人力资源结构。一方面，加强中方员工培训和选拔培养，推动中方人员全面化。苏丹测井作业区要求中方队伍具备"管理人员一人多岗、技术人员一岗多能"的素质。

施工质量及作业时效获甲方高度赞扬，全年收到甲方表扬信7封。其中重点有南苏丹3/7区测井项目成功完成Abyat S-3长井段超深穿透射孔作业甲方书面表扬信；南苏丹3/7区测井项目高效完成ESP Y Tool首井联合作业，得到甲方书面表扬信；苏丹1/2/4区测井项目完成Laloba-19井射孔作业，取得良好的出油效果；3/7区测试项目成功完成Abyat S-3试油作业，获甲方表扬信；南苏丹3/7区2020年度优秀录井服务书面表扬等。

按照长城钻探工程公司要求组织开展各项井控专项检查和井控回头看活动，发现井控相关隐患15项，全部按要求整改关闭，并进行验证。对测井、录井、试井各专业的作业项目进行井控风险评估，并制定控制措施。组织每一位基层岗位员工，进行井控视频会材料学习，并组织井控知识考试等方式，提高全员井控风险意识，提升应急能力，促进安全生产有效进行。落实"六个评估"要求，建立和完善队伍井控能力评估、井控装备验收、新工艺和新技术应用前评估、井控技能和岗位安全适应性评价等机制，科级干部履行关键工序及关键环节井控管控的监管责任，将井控风险降到最低。着重落实井控持证上岗制度，全体中方人员和关键岗位当地员工井控及硫化氢防护取证率100%。定期开展井控技术、井控装备等技术培训，确保各岗位员工熟练掌握本岗位井控要求。按照年度计划积极开展井喷应急演练、带压操作应急演练及硫化氢泄漏应急演练，规范紧急情况下应急流程，提高各岗位员工的井控知识水平及井控操作要求，使项目员工熟练掌握异常情况下紧急处理措施，能够快速有效处置突发井控异常情况。主抓井控安全责任制，根据作业井控风险特点建立由专业经理作为井控安全工作第一责任人，对井控工作负全责，由项目经理及带队工程师层层负责的井控安全责任制度，专业经理、项目经理及带队工程师明确各自岗位的井控管理安全职责，建立健全本项目井控管理制度和管理流程。强化员工井控意识，锻炼队伍，提高作业专业性和安全性，确保井控态势平稳受控，更把井控安全工作落地生根，精益求精。

【疫情防控】 2020年，苏丹作业区坚持员工生命高于一切的理念，依据长城钻探工程公司国际业务新冠肺炎疫情常态化防控工作方案，坚持"五个到位"，因地制宜提出"预防和应急并重"、构筑"意识防线、个人防线、物理防线"三道防线的防疫思路，力争实现确保不发生聚集性疫情和因疫情导致死亡病例"两个不"，做到疫情防控和生产经营"两不误"，实现疫情防控和生产经营"双胜利"的防疫目标。为达到这一目标，苏丹测井作业区成立由项目部经理任第一责任人、中外方员工共同参与的疫情防控组织体系，统筹安排各项防疫工作。班子成员落实有感领导，每人负责一个驻地，实施分片负责，对口联系，包干管理，确保基层措施落实。

作业区为确保中方人员在疫情期间进行安全轮换，对出国人员进行年龄和基础病筛查，并结合体检评估，合格的人员在接种新冠疫苗之后方可派出。对轮换人员集中开展旅途防护音频培训，讲解旅途各个阶段的防护要求和注意事项，筑牢意识防线，确保旅途中不发生感染。

作业区根据"按需分配、避免浪费"的原则储备各类防疫物资和生活物资不少于3个月用量，安排专人负责，确保各类物资在有效期内使用。各基地储备防疫物资包括口罩、测温枪、防护服、检测试剂等。另外也储备阿比多尔、磷酸氯喹、连花清瘟胶囊、强的松等应急药品以及制氧机、血氧仪和呼吸机等医疗检测设备。除此之外还依托集团公司宝石花医院7×24小时咨询热线,为苏丹测井作业区提供疫情常态化防控技术支持;依托尼罗河地区协调组南苏丹内外部资源(SOS和中国援外医疗队),增强应急处置能力;收集和掌握南苏丹当地医疗机构和医疗物资等应急救治资源,建立起联系机制。

作业区鼓励在岗员工定期通过微信公众号或服务电话向盛心阳光进行心理咨询,释放负面情绪;组织员工参加心理疏导培训、为员工家庭送防疫物资、家访等方式,缓解员工因疫情和长期工作带来的心理焦虑和紧张情绪。

作业区场执行空间和时间网格化管理,重点强化高风险场所管理。对所有返岗人员执行:抗体/核酸检测+14天隔离+抗体检测+7天网格化管理,检测阴性者方可返岗工作;建立隔离区,周围安放钢栅栏加强物理隔离,调整闭路电视监控系统(CCTV)摄像头的方向对准隔离区,监督当地人员的隔离情况。餐厅停止堂食,实施分餐制,员工使用各自固定的餐具;中外方餐饮服务人员禁止进入对方工作区域,防止交叉感染,保障现场作业安全。

【科技创新与技术改造】 2020年,传统测井、录井、试井市场逐渐饱和,苏丹作业区主动引入新技术,转型开发新市场,推动产业链向高端延伸,夯实CNLC品牌的市场引领者地位。随着南苏丹、北苏丹区块普遍进入油田开发中后期,含水率较高,油田稳油控水问题日渐突出,甲方迫切需要结合新的测井技术手段来更加精细、准确、定量地测量和描述水淹状况以及油藏剩余油分布规律,为下一步调剖堵水提供技术支持。

作业区把握市场需求,推进套后测井技术的应用,如PSSL全谱含油饱和度和RLAC过套管电阻率测井技术应用。成功推介并引入PSSL和RLAC新技术。成功完成30口井的PSSL作业和1口井的RLAC作业。作业后增油降水效果明显,帮助甲方增油5822桶/日,降水11100桶/日。

南苏丹3/7区完成FK-29井PLT+Ytool+ESP+SBT+PSSL+MPFM联合作业,创造南苏丹多个纪录,包括第一次产油剖面测井,第一次Ytool+ESP施工,第一次单井井筒技术多项目多专业联合作业。依据解释结果,甲方采取补孔堵水措施,增油289桶/天,降水604桶/天,含水率降低22%,增油控水效果明显,甲方发来感谢信盛赞苏丹测井作业区的专业技术服务能力。

南苏丹3/7区推进水平井RDT+MDT(井下爬行器配接径向水泥胶结扇区成像测井仪器)作业,在3/7区水平井FL-25H顺利完成作业,首次在南苏丹实现在水平井段固井质量的全井周测量。水平井和大斜度井进行固井质量评价、分析识别水泥串槽,是当前南苏丹油区生产面临的一个难题,实践证明苏丹测井作业区的新技术能帮助甲方解决这一痛点。测试专业从传统测试技术转型完井技术,以传统测试专业技术探井综合测试、井下工具、地面分离器、多相流量计计量、钢丝测压和井下取样等为基础,陆续拓展业务范围,由传统测试技术向生产完井技术方面拓展。取得两口井的 ICD 筛管合同。进一步推广以 AICD 控水筛管为主的稳油控水技术，解决老井高含水和新井含水上升快的难题。录井专业立足于提供常规录井服务，推介如岩心分析和 PVT 服务、数据远传等新技术，结合专业优势，推动数字化油田建设。

【安全生产】 2020 年，苏丹作业区全面贯彻落实长城钻探工程公司三届三次职代会精神和总体部署，落实"五深化、五强化""五严五狠抓""五个不放松"和"五个零容忍"的安全环保工作要求，结合作业区实际，以保障苏丹测井作业区业务高质量发展为根本任务，追求"零伤亡、零损失、零污染"目标，突出目标引领和问题导向，强化全员责任落实，坚持风险分级防控和隐患排查治理的双重预防机制建设，深化体系运行，着力抓好全员能力评估和基层基础工作，从严从细从实做好社会安全和 HSE 各项工作，推进苏丹测井作业区社会安全和 HSE 管理体系建设稳步提升。

2020 年，苏丹、南苏丹社会安全形势仍充满不确定性。南苏丹过渡联合政府成立，基尔任总统，马查尔任第一副总统，另外 3 名副总统来自不同的政党。全局势整体向好，但利益分配等问题仍是以后双方争论的焦点，加上南苏丹救国阵线未加入过渡联合政府中并时常爆发小规模战争，安全形势总体复杂多变。苏丹过渡政府和几个叛乱组织在朱巴签署一项和平协议，旨在解决数十年来造成数百万人流离失所和数十万人死亡的冲突，但是国内前总统的势力仍在，不时组织示威游行，扰乱国家安定。在这样的形势下，苏丹作业区预防与应急并重，一方面根据形势变化升级"人防、物防、技防、信息防"，一方面全面更新应急预案、落实应急资源、开展应急演练，提升应对能力。

作业区加强 HSE 监督队伍建设，优化 HSE 监督管理体制和运行机制，坚持"安全第一，预防为主；统一管理、分级负责、监管分开；指导、帮助、纠正、改进为主"的原则，严格 HSE 监督管理，并响应长城钻探工程公司要求，组织中方专职 HSE 人员考取注册安全工程师资格证，提高专职人员理论水平。

放射源、火工品是作业区安全管理的重中之重，疫情期间，召开专题会议，讨论疫情期间如何加强对危险品的管理，提出切实有效的升级措施，保障危险品安全。严格按照当地法律法规与长城钻探工程公司环保管理规定落实各项环保措施，重点是做好垃圾分类、有毒有害垃圾处理以及尽可能地避免作业过程中的落地油。受当地资源限制，有毒有害垃圾处理仍然主要依托于甲方，各基地将有毒有害垃圾分类回收后交于甲方统一处理；作业过程中，对存在落地油风险的操作尽可能铺设防渗膜，避免造成土壤污染。苏丹测井作业区在苏丹、南苏丹面临的主要健康管理风险包括疟疾、霍乱等地方传染病及新冠肺炎病毒，以及现场医疗救治资源缺乏、薄弱，随着员工年龄增长带来的突发疾病风险。针对这些风险，作业区为确保中方人员疫情期间安全轮换，对出国人员进行年龄和基础病筛查，并结合体检评估，合格的人员在接种新冠疫苗之后方可派出。同时为现场配备药品和急救设备，增强现场应急救治能力；依托集团公司宝石花医院7×24小时咨询热线和尼罗河地区协调组南苏丹内外部资源，增强作业区应急处置能力。

拓展培训渠道，采取内外部培训相结合的方式，为北苏丹、南苏丹当地员工组织作业所必需的多项安全取证培训，包括井控安全、放射性安全、火工品安全、化学品安全、叉车操作安全、防御性驾驶等培训科目；同时，测录试项目在现场利用作业间隙及业余时间，按照"多频次、短课时"的原则组织员工的实操安全与技能培训。通过这些培训，南苏丹当地员工安全意识和能力提升，有效降低安全管理风险。

【企业发展与精神文明建设】 2020年，苏丹作业区持续强化项目管理和经营管控，向精细化管理要效益，做细抓实提质增效各项工作。坚持稳增长、增效益，实现在北苏丹、南苏丹市场长期健康发展，按照"33358"的工作目标，即紧密围绕"安全、收入、利润"三个中心，建设"基层队伍、市场营销队伍、管理队伍"三支队伍，强化基层建设、基础工作、基本素质"三基"工作，开展"质量安全、市场、作业、员工管理、社区建设"五项基本工作，在现场推行"质量、安全、技术、库房、雇员、机械、SOP、执行力和上井检查"八项基础工作，逐步推进精准工厂化管理。最终目的是实现"一类项目、CNLC品牌建设、人才培养"："一类项目"是向公司汇报经营成果，也就是企业生产的核心；"CNLC品牌建设"是企业文化建设，也就是企业的灵魂；"人才培养"是着眼明天或更长远考虑保证企业长期健康发展的必然要求，也是关注企业中的个体，真正实践"以人为本"。贯彻执行长城钻探工程公司新冠肺炎疫情"常态化"防控要求，实现疫情防控和生产经营"两不误，两促进"，稳定南苏丹市场，开发周边国家市场和新贸易服务机会，靠多元化市场突破谋发展。深入学习党的十九大精神，并将党的十九大精神贯彻到工作当中，用党的十九大精神武装自己，指导工作。利用网络优势开展工作，展开培训和加强日常交流，互帮互助，增加队伍凝聚力。并联系南苏丹、北苏丹实际，把党的十九大精神落实到作业区生产经营上来，落实到广大干部员工的实际行动上来，推进长城钻探工程公司国际一流石油工程技术总承包商建设。通过开展党建工作和"两学一做"活动，发挥党员干部的先锋模范作用，加强自主学习自主提升，建立人才梯队，完善"技术队伍、市场营销队伍、管理队伍"的建设。

加强基层党建工作。苏丹测井作业区党支部工作是以企业文化建设为载体，通过长城钻探工程公司、苏丹作业区企业文化推进，落实和执行基层党建工作。苏丹作业区坚持"短期是做项目，长期是培养人和积累经验教训"的发展理念不动摇，将本土化经营和中方人员的全面化作为作业区发展的一项长期战略，秉承"用发展吸引人，用事业凝聚人，用工作培训人，用业绩考核人"的国际化人才培养思路。强调"服务意识，主动意识，精品意识，协作意识",坚持"热心,积极,稳妥"的工作原则。坚信团队精神和组织文化是作业区充满活力的源泉,开展"沟通、交流、团结、和谐"活动,促进员工文化融合,培养团队精神,增强集体的凝聚力和战斗力。树立"管理＝服务"的思想,靠前指挥,注重细节管理,沟通无极限,真正实现从思想、意识和行动上服务好,解决好执行力的问题。弘扬"诚信、合作、创新、业绩"为主要内容的长城钻探工程公司核心价值理念;将测井、录井、试井三个专业及解释研究中心团结成一个以苏丹测井作业区为管理中心的战斗集体。

苏丹作业区在长城钻探工程公司年度评优中取得丰硕成果:获2020年度生产管理先进集体、党风廉政建设工作先进集体、井控管理先进单位、财务资产先进单位、统计管理先进单位、国际市场抗疫复产先锋、集团公司海外油气合作先进单位等荣誉称号,王国强、邓南、唐金祥、郑大洲、呼学平、孔庆东、雷虎、黄雪松、李光虎获长城钻探工程公司市场抗疫复产先锋,邓南获集团公司抗击新冠疫情先进个人,刘辉、孙磊获规划计划工作先进个人,呼学平获财务资产先进个人,蒋永军获统计管理工作先进个人,孙宏亮获质量管理先进个人,顾宇琳获质量管理标兵,胡宗武获质量工匠,黄雪松获生产管理先进个人,唐金祥获市场准入先进个人,卢宣言获物资管理先进个人,张来获物资管理提质增效先进个人,刘亮获HSE管理先进个人,崔红山、卢宣言获HSE先进个人,郑大洲获设备管理系统先进个人,卢宣言获政务信息先进个人等。

(黄雪松)

突尼斯项目部

【概况】 2020年,突尼斯项目部组织机构:综合办公室、财务部、非洲后保基地。截至年底,有员工11人。其中,中方3人,当地员工8人,当地化率73%。无动用设备,工作量完成为零;非洲后保基地封存2部钻机设备。

【主要生产经营指标】 2020年,突尼斯项目部全年没有作业和完成的工作量,全年实现收入0;年底库存额1669万元,比年初2550万元减少881万元,完成长城钻探工程公司下达库存指标1800万元。

因疫情等影响,油价上下波动较大,市场增加缓慢,市场增量不大。突尼斯市场小,受疫情及国际油价降低影响严重,钻井市场一直萎靡不振;市场零散油公司规模小,抗市场风险能力弱,而且受到当地国家钻井公司的市场保护,基本垄断当地市场。

【主要措施和成果】 2020年,突尼斯项目部根据长城钻探工程公司总体部署,1月份按要求及时组织完成GW103

钻机到泰国的集港运输发运工作；7月份完成顶驱33个集装箱设备从国内发运到后保基地的接收工作；10月份完成测试公司4个集装箱货物到乍得的发运工作；根据长城钻探工程公司部署，制定本项目部提质增效专项行动实施方案。落实各项具体行动计划的责任人和责任部门，把提质增效工作作为全年最重要工作来抓，本着"一切费用皆可降"原则，削减一切一般性支出，严控非必要支出，确保实现管理费用（不含人工、折旧）下降30%，五项费用下降50%。通过合同价格复议和人员压减，减少成本支出15.13万元；结合所在国疫情防控具体形势，遵从集团公司和长城钻探工程公司整体疫情防控工作督导和指导，做好员工疫情防控工作，杜绝衍生风险。按照集团公司《疫情防控工作指导手册》等文件防控要求，制定符合项目部疫情实际的《突尼斯项目部项目新冠疫情防控方案》和《突尼斯项目新冠肺炎疫情防控应急预案》等疫情防控文件体系，确保疫情防控措施落地，实现零感染的防控目标。抗疫初期向国内发送口罩等防疫物资，为长城钻探工程公司防疫事业作出贡献。

年初组织利比亚当地员工进行市场调研，落实利比亚各油公司的迫切需求，重点跟踪关注AGOCO、WAHA、AKAKUS、SIRIT、ZUETINA等油公司以及国家钻井公司NWD，与他们保持定期通信联络和沟通，由利比亚当地员工定期到油公司拜访，及时了解甲方需求和最新项目进展情况，并邀请油公司相关人员来突尼斯协商洽谈具体合作意向和方案。

开展SIRTE钻机投标项目准备工作。在市场部指导下2月份购买SIRTE公司2部ZJ50D钻机招标书，收集相关资料信息，进行投标前期准备工作，后经长城钻探工程公司总部综合评价放弃投标。

【安全生产】 2020年，突尼斯项目部持续实施全封闭管理，提升意识、严格自律、加强防范，落实疫情常态化防控方案的各项措施及"两稳两争两保"工作要求，实现零感染目标。

坚持以"管行业必须管安全、管业务必须管安全、管生产经营必须管安全"为原则，以HSE管理体系建设为主线，以各类审核、检查、事故中暴露的突出问题为导向，构建风险防控和隐患排查治理双重预防机制，落实全员HSE责任，强化事故事件预警，精准施策、分类指导，整治管理顽疾，培育自主意识，完成年初制定的各类社会安全和HSE管理目标，实现"零事故、零伤亡、零污染"。

根据集团公司和长城钻探工程公司相关要求，以及疫情带来的衍生社会安全威胁，着重抓好社会安全管理工作，持续开展社会安全风险评估，分区域评估所在地区社会安全风险并制定相应的应急预案及完成在集团公司的备案更新事宜。加强在项目部和后保基地所采取的各类"三防"措施。根据集团公司及长城钻探工程公司相关要求及突尼斯项目部自身的特点，加强交通安全管理、消防安全管理、环境及健康管理等各项专项管理工作，实现杜绝各类安全及环保事故。

（阿里木　江·艾合买提）

伊拉克综合项目部

【概况】 伊拉克综合项目部下辖伊拉克钻修项目部和伊拉克测井作业区，机关设在阿联酋迪拜，下设伊拉克地区的艾尔比尔、阿哈代布、鲁迈拉、哈法亚、格拉芙、东巴6个基地。截至2020年12月，有各类服务队伍90支（钻机5部、修井机5部）。动用23支，包括钻修井队2支、各类技术服务队伍21支；等停队伍67支，动用率26%。员工487人，其中中方员工194人，外籍雇员293人，当地化率60%。

【主要生产经营指标】 2020年，伊拉克综合项目部钻井开钻2口，完井2口，进尺3485米；修井开钻18口，完井20口；测井完成346井次/109井作业；解释完成169井次/132井；测试完成712层作业；录井完成2129日/31井作业。受疫情影响，钻修井、测井、录井和解释工作量同比均大幅下降。实现全年收入61690万元，考核调减后实现收入47384万元，完成全年预算指标的52%。

【主要产品和服务】 2020年，伊拉克综合项目部继续执行格拉芙钻井总包项目，包括1部钻机及定向井、录井、测井、测试、压裂、酸化等专业服务队伍执行格拉芙PETRONAS提供24口井总包项目，1部钻机及定向井、录井、测井、测试、压裂、酸化等专业服务队伍执行格拉芙PETRONAS提供3口井总包项目，1部钻机为ERIELL提供钻机分包日费项目。2部修井机执行BP鲁迈拉修井日费项目；1部钻机执行埃克桑美孚西古尔纳1#分包斯伦贝谢钻机日费项目，2020年4月5日合同结束；1部钻机执行埃尼修井分OILSERV修井日费项目，2020年5月14日合同结束。测井作业区现有测井、录井、试井、解释作业队伍，分布在艾尔比尔、阿哈代布、哈法亚、鲁迈拉、格拉芙和东巴区域，为alwaha、petrochina、petronas、HKN、KAR group、振华石油等甲方提供包括测井、录井、测试、解释、酸化、连续油管等服务。

【主要措施和成果】 2020年，在疫情和油价的双重冲击下，伊拉克境内各石油公司新钻井作业几乎停滞，伊拉克综合项目部主动转变思想开拓市场，以总包市场突破为奋斗目标，坚持市场定价策略，积极把握市场机遇，进一步深化当地合作，与IDC战略合作取得阶段性进展。全年新签续签合同28个，合同额15563万美元。

【安全生产】 2020年，伊拉克综合项目部全年未发生社会安全事件、井控、环保及质量事故，未发生中方员工感染新冠肺炎确诊病例，返岗中方人员新冠疫苗接种率100%，健康体检合格率100%。因新冠疫情原因造成大量队伍等停，全年199.35万人工时，较2019

年下降200万人工时，降幅50%；车辆安全行驶38.6万千米，较2019年减少60万千米，降幅39.2%；STOP卡27869张，较2019年减少70402张，降幅71.6%；PTW 8452份，较2019年减少20470份，降幅62.6%；开展演习763次，较2019年减少1236次，降幅61.8%。

【科技创新与技术改造】 2020年，伊拉克综合项目部格拉芙总包项目坚持以技术保障措施为先导，加大总包项目新技术应用推广力度。根据前期施工经验，针对施工过程中可能面临的高扭矩、高摩阻、泥岩缩径、页岩垮塌、油层黏卡等各种风险，从钻头选型、钻具组合、钻井参数、钻井液体系以及工程技术措施等方面编制技术方案；制定明确的钻井提速目标，并分解到钻井施工各个阶段。国际事业部牵头成立钻井提速工作组，利用即时通信提供24小时在线远程技术支持，每周召开提速例会，针对施工过程出现的复杂和困难，及时提出优化技术指导方案。GW95队钻井提速效果明显，首口井机械钻速创造区块同井型的最快纪录。

全年实现"零"生产事故，"零"质量事故，"零"井控事件，无设备安全事故，主要设备完好率98%以上，获甲方表扬信20封。

【企业管理】 2020年，伊拉克综合项目部提质增效专项工作成果显著，年初制定的94项开源节流降本增效措施有效落实，取得经济效益5940万元，其中新增收入508万元，节约成本支出3590万元，节约投资支出1842万元。增收情况：测井作业区跟踪联合能源Block 9区块作业计划，开展技术交流、加强市场开拓，7月份签下该区块10口井测井作业分包合同，实现增收508万元。节支情况：及时遣散等停队伍人员，优化人员结构，推行"一套人马、两个牌子"：综合办／人力资源部，装备部／作业部，HSE部／社会安全管理部共用管理人员，避免额外人工支出；制定员工精简方案，精简人员739人，含中方94人、外方645人，人员压控完成率82%，节约人工成本1279万元。开展价格复议平均降低合同价格10%以上，实现降价合同数量106个，节约成本913万元，支出节约额达11%。加强设备维护、修旧利废，提高作业能力、减少外包服务，各类措施节支420万元。细化库存管理，杜绝非必要物资采购，利用现有材料库存，加强成本精细管理，各类措施节支324万元。牢固树立"一切成本可以降"的理念，压控非生产性支出640万元。加强投资业务管理，及时取消或压控投资计划。

【精神文明建设】 2020年伊拉克综合项目部班子成员深入到前线基地，面对面与员工交流，同时采取匿名网络征集诉求等方式，征集到员工8个方面核心诉求，全部及时予以回应、解决。"一人一策"做好员工思想工作，急员工之所急，先后安排4名家里老人病危、家人车祸情况的员工在停航前回国；加强对在岗员工家属的慰问安抚，对节日期间在岗中方员工家属通过网购礼品并附上慰问话语慰问，介绍采取的防恐措施，获家属的理解与支持。加强在岗员工心理疏导，确保员工心理健康，依托宝石花医院等国内医疗资源开展视频讲座、心理疏导 261 人次。

【党建工作与队伍建设】 2020 年伊拉克综合项目部加强政治建设，提高政治站位，牢固树立"四个意识"，做到"两个维护"。常态化推动"两学一做"，持续开展不忘初心、牢记使命主题教育。加强思想建设，落实目标责任，广泛开展"战严冬、转观念、勇担当、上台阶"主题教育活动。增强全员忧患意识，勇挑重担，形成合力，推进项目提质增效工作有序开展。开展"夺取疫情防控和高质量发展双胜利"主题宣传活动，弘扬抗疫保产正能量，长城钻探工程公司内外发表宣传稿 11 篇，对在岗 17 名同志疫情期间的先进事迹予以通报表扬，保持队伍昂扬斗志。加强组织建设，筑牢战斗堡垒。"把方向、管大局、保落实"，务实高效开展海外党建工作，组织学习贯彻"两个条例"，全年党支部学习 19 次，开展"党课开讲啦"活动；七一利用内部即时通通信群开展传递党旗和重温入党誓词活动。加强党风廉政建设，树立良好生态，严格履行三重一大决策程序，召开多次党工委会议和领导班子会议集体研究重大事项，把权力关进"制度的笼子"里。持续开展好"以案为鉴不忘初心"百日警示教育活动，累计传达党风廉政文件 6 次，各基地党支部传达、学习 15 次。督促干部员工疫情期间严格服从长城钻探工程公司、协调组、各片区统一领导，做到一切行动听指挥。

（马　超）

伊朗综合项目部

【概况】 2020 年 12 月，伊朗综合项目部设有综合办公室、作业部、财务部、后保部、阿瓦兹基地 5 个部门，下设包括钻修井、测井、测试酸化、录井在内的 4 个专业；在册员工 127 人，比年初下降 61%。其中中方在册 26 人，外籍雇员 101 人，员工当地化率 80%。作业队伍 12 支。其中，修井 1 支，测综合测试 4 支，连续油管酸化 2 支，钢丝 2 支，测井 3 支。除测试队伍有作业外，其余队伍全部等停。服务地点覆盖伊朗陆上全境及波斯湾海上区块。固定及长摊资产原值 10.81 亿元，净值 0.82 亿元，资产成新率 7.6%。主体设备 35 台（套），分布在测井、录井、试井和钻井专业。测井专业：设备 13 套，其中陆上 3 套测井拖橇系统，海上 5 套测井车和 5 套测井托橇系统。测试专业：设备 19 套。其中，5 套地面设备，5 套 DST 设备，2 套钢丝设备，1 套液氮设备，4 台酸泵设备。2 台压裂设备。录井专业设备 2 套；钻井修井机 1 套。

【市场管理】 2020 年，伊朗综合项目部完成签约及续签合同 5 个，合同额 345.9 万美元。

【经营管理】 2020年,伊朗综合项目部126队完成3口井修井作业,截至12月底,设备封存暂无作业。常规测试作业36井62层,酸化作业8井20层;测井作业111井次;录井硫化氢服务作业2井次172天。

截至2020年12月底,伊朗综合项目部实现收入3647.54万元,同比下降78.55%计13335.99万元。剔除按长城钻探工程公司安排部署的四部钻机回运相关费用1841.61万元,2020年闲置设备折旧摊销2068万元,完成全年预算指标的127.88%。持续开展开源节流降本增效工作。围绕降本增效主题,准确研判,精准施策,物资减化,严格控制材料成本,严控当地、第三国采购增量,全面梳理库存,调剂部分材料到兄弟项目;人员精化,严格控制用工总量,控制工资水平,大幅降低人工成本;资产轻化,调拨闲置资产,提高设备利用率,降低设备成本。2020年,钻修井1—12月份营业成本5084.37万元,同比下降53.30%计5803.64万元。测录试专业主营业务成本14229.80万元,同比下降43.33%计10879.72万元。

统筹组织开展设备资源优化工作。组织开展设备等资产的调出工作,配合兄弟项目做好新项目启动的设备检验检测和设备发运工作。2020年1月6日开始,原在石油工程开发公司(PEDEC)名下33票入关许可(Green Paper)的4部钻机、顶驱、钻技服、固井、测井、测试的设备开始集港,回国设备发运回国,压缩用工总量。打破部门和队伍界限。通过部门合并、人员精简、岗位兼容等多项措施,中方人员从41人减至26人,压减37%;年初外方雇员287人,至年底解聘186名外方雇员,压减到101人。多措并举推进两金压控工作。一是工程款清欠工作。2020年,针对当地国家石油公司客户,继续探索提油结算新模式,与第三方公司展开合作,合规推进提油结算工作;针对当地非国有公司客户,动员各方社会资源,不断创新清欠方式、多措并举,尽可能多、尽可能快回收工程款。

钻修井板块:2019年末应收账款余额33935.31万元,2020年增加925.46万元,总计应回收款项34860.77万元,回收4907.04万元,完成全年预计回收金额5013.96万元的97.87%。12月底应收账款余额29953.73万元,比2019年同期余额33935.31万元低11.73%计3981.58万元,回收率14.08%,比2019年同期回收率20.85%低6.77%,有效降低资金风险、坏账风险。

测录试板块:2019年末应收账款余额51753.47万元,2020年月增加4404.31万元,总计应回收款项56157.78万元,回收29339.76万元,完成全年预计回收金额10354.25万元的283.36%。12月底应收账款余额26818.03万元,比2019年同期余额51753.47万元低48.18%计24935.44万元,回收率52.25%,比2019年同期回收率24.72%高27.53%,有效降低资金风险、坏账风险。

存货情况:推进低效无效资产处置工作。截至2020年底,低效无效库存物资金额5076.7万元,较年初7454.82

万下降2378.12万元，降幅31.9%，完成长城钻探工程公司下达的降库指标。钻修井板块：截至12月底库存余额为0。测录试板块：截至12月底库存余额6513.98万元，在途物资421.35万元，共计6935.33万元。

推进税务清算工作。一是完成关闭OTS、PTS公司2018年增值税清税审计及所得税清算。二是加紧推进所得税返还事项。收到OTS公司2009至2012年度、2014至2015年度税收返还款共计635.20亿里尔（折人民币1053.92万元）。尽最大努力规避税收风险，最大程度保障长城钻探工程公司合法权益。

【QHSSE管理】 2020年伊朗综合项目部依据年度QHSSE工作计划开展相关工作，基本完成工作计划指标，未发生各类重大安全事故、环保事件和职业健康事件、质量事故，无发生中方人员被抢劫和重大财产损失等社会安全案件，HSE和社会安全业绩总体良好。全年着重做好三个方面工作：一是在疫情发生初期，响应采取防控措施，加强防疫物资储备、人员培训、出入管控等，并建设阿瓦兹防疫"安全岛"，将疫情防控工作稳步开展，保障中方人员安全和项目部正常运行。二是在2020年1月份苏莱曼尼被美军暗杀后，美伊局势迅速升温，达到战争边缘，伊朗综合项目部立即启动应急预案，与地区公司和长城钻探工程公司总部保持24小时联系，同时启用卫星电话、应急车辆、应急物资等资源，做好随时撤离准备。另外结合长城钻探工程公司安排，伊朗综合项目部再次对应急撤离预案、资产保全方案进行更新，升级社会安全"三防"管理，增派持枪警察，24小时巡逻，确保基地人员和财产安全。三是在疫情严重的情况下，为保障中国石油MIS项目修井任务在11月份正常进行，伊朗综合项目部依据"一项目一策"原则开展复工复产，坚守"一手抓疫情，一手抓生产"的理念，布置相关防疫管控措施，对人员管理、井场网格化管理、物资出入检测、防疫物资配备、应急处置等做详细安排，加强对雨季安全、设备动迁、起放井架、开井等高风险作业的风险把控，开展井喷、硫化氢泄露的应急演练活动，提升队伍的应急处置能力，最终完成4口修井任务，获甲方高度赞誉。

【党建工作】 2020年，项目部党工委持续开展"以案为鉴 不忘初心"百日警示教育活动，学习《关于落实党风廉政建设责任制，进一步强化责任考核责任追究倒查追溯实施办法》《长城钻探工程公司领导干部党风廉政建设"一岗双责"实施办法》《长城钻探工程公司党委关于贯彻落实中央八项规定精神的实施细则》三项制度文件。利用"三会一课"等党内活动时间，组织全体党员讲汇编中的案例，通过党员的亲身讲述提高党员干部的警惕意识。百日警示教育期间开展警示教育活动7次，学习汇编中全部违规违纪案例及其他与项目涉及业务相关的违规违纪案例。教育引导广大党员干部坚定理想信念，严格树立廉洁意识，敬畏党纪法规。每逢节假日及重要节点，项目部党工委通过会议、邮件、中油即时通等做好纪律提醒。同时设置举报通道，威慑违规违纪行为。教育引导党员干部用党纪政纪约束自己，以廉洁自律的实际行动做出榜样。

伊朗综合项目部党工委在长城钻探工程公司的领导下，坚持五个"一以贯之"的总体思路，深入推进党风廉政建设和反腐败工作做细做实，推进"三不腐"长效机制建设，推动全面从严治党向纵深发展，持续构建风清气正的政治生态，为长城钻探工程公司健康稳健发展提供纪律保障。

（李　会）

阿曼综合项目部

【概况】 2020年，阿曼综合项目部用工总量315人。其中，国内派遣63人，本地招聘外籍员工252人，当地化率80%，GW67队除机电师和顶驱工程师以外岗位实现100%本地化。全年3部钻机开钻40口，交井40口，进尺104067米，比2019年略有下降。2支热采队2口蒸汽驱井年注汽量28263吨。

【安全生产】 2020年，阿曼综合项目部GW110队实现2年无损工事件，GW19队实现3年无损工事件，GW67队实现5年无损工事件。全年阿曼社会局势总体平稳，阿曼综合项目部未发生社会安全事件。全体员工100%完成健康体检和职业健康体检。

【提质增效】 2020年，阿曼项目部制定并实施提质增效专项行动方案，主要包括劳动竞赛、合同复议以及减员增效等内容实现项目利益最大化，采取安排当地雇员复员休长假，休假期间薪酬减少49.47%，中方人员看班期间按人事处2009年15号文件规定发放薪酬。岗位津贴和现场津贴合计每月减少66730元，减少人工成本支出34%；热采项目采取同样措施减少支出48%，全年人工成本减少支出486万元。

阿曼综合项目部各类支出类服务协议及租赁合同40个，绝大部分合同进行价格复议和降价工作，至2020年底，98%的支出类合同完成价格复议和降价，价格复议为项目全年创效182万元。

抓好搬家作业组织，提前规划线路、搬家作业程序和预搬家计划，制定搬家计划，细化搬家组织，优选搬家机具，合理安排设备拆搬安顺序。搬家实施过程中不断总结经验，持续提高搬家速度。截至2020年底，缩短搬家时间全年创效150万元，与2019年同期相比，全年各项成本支出减少818万元。

【降本增效】 2020年，阿曼综合项目部围绕"修旧利废，盘活闲置项目"的方针，采取结合生产实际，实行降低库存严控物资采购的办法，最大可能做好项目内外物资修复和盘活闲置资产；严格控制现场物资的库存和使用；向承包商提出价格复议和降价的要求，达到项目成本支出减少的目的，要求各支队伍重新梳理各自的材料和废旧设备,"从点滴做起,降本增效,修旧利废",力求达到长城钻探工程公司降低生产成本的目的,在修旧利废上下功夫、出效果。与2019年同期相比,2020年实现总体节约180万元。

【党建工作】 2020年,阿曼综合项目部面对阿曼严峻疫情和低油价双重冲击,将党建思想政治工作融入抓好疫情防控、提质增效专项活动中,发挥党支部战斗堡垒作用党员先锋模范作用,开展"形势、目标、任务、责任"主题教育、建党九十九周年主题党日活动及"两个条例"对标学习等系列党建活动,开展"以案为鉴、不忘初心"党风廉政建设教育活动,做好党员发展工作。全年项目部发展1名预备党员,培养入党积极分子1名,1名党员获集团公司直属优秀共产党员称号。

(唐 波)

巴基斯坦测井作业区

【概况】 2020年,巴基斯坦测井作业区业务获突破,改变单一测试服务的现状,测井专业10年后重返巴基斯坦市场。截至2020年底,测试12套设备(6套地面设备、4套APR、1套橇装钢丝设备和1套车载钢丝设备),测井2套IQ设备和井下仪器。为满足联合能源UEPL测井要求,在卡拉奇通过租赁场地建立第二基地。中方人员7名,作业区编制2名,测井专业5名中方员工。当地员工127名,测井专业雇佣伊朗雇员5名。2020年作业区工作量176层次,产值2112万元。

【市场管理】 2020年,巴基斯坦测井作业区开拓市场,收集测试、测井相关的标书及资格预审20个,技术服务标15个,赢得测井合同2个,测试合同8个。市场开拓方面实现两个突破:首次中标OGDCL(巴基斯坦石油天然气开发有限公司)井下测试服务主合同,占据巴基斯坦井下测试服务主要市场;同时,突破PPL(巴基斯坦石油有限公司)测井业务。全年作业区合同签约金额940万美元,测试840万美元,测井100万美元,超额完成年度500万美元市场签约指标。

【HSE管理】 2020年,巴基斯坦测井作业区未发生损工时事件及人员伤害事故,未发生中方人员和当地雇员新冠疫情感染事件,未发生环保污染事故和健康事件,做到全年安全生产无事故,各项HSE指标均控制在长城钻探工程公司总部下达指标之内。

(李雪宁)

阿联酋项目部

【概况】 2020年，阿联酋项目部主要为阿布扎比国家石油公司（ADNOC）提供钻井服务。截至2020年12月，员工总数82人。其中，项目部中方有18人，外籍雇员有2人；井队中方员工62人，井队外籍雇员全部解雇。下设综合办公室、生产作业部（作业和后保）、QHSE部（安全和市场）、财务经营部等4个部门和1个Habshan基地、有3支钻井队（GW65、GW75、GW164）、3部1500HP钻机，资产原值总额3.67亿元，末期资产净值总额8231万元。

2020年，面对疫情蔓延、合同提前终止的严峻形势，做好新冠肺炎疫情常态化防控工作，加强现场安全生产管理，未发生员工感染事件，未发生任何QHSE事件，多次打破当地纪录，多次获甲方表扬信、HSE月度奖、搬家奖及作业奖，实现"两稳两争两保"工作目标。2020年11月至年底，开展钻机设备封存和中方人员遣散工作。

【指导方针】 2020年，阿联酋项目部坚持"13461"工作思路。抓牢一条主线，以党的十九届四中全会精神和习近平新时代中国特色社会主义思想为指导，贯彻落实长城钻探工程公司三届三次职代会精神，持续开展"不忘初心，牢记使命"主题教育活动，以拓市场、提质量、重安全、降成本、控风险、抓党建为主线，坚定不移做大做强项目，为长城钻探工程公司实现高质量发展和建设"六个典范"企业目标作出新贡献；强化三个坚持：坚持低成本发展战略、坚持提高核心竞争力、坚持高质量发展方针；把握"四个方向"：做大做优钻机服务、推进总包一体化服务、拓展工程技术服务、实现合同增值服务；做好"六项工作"：重点做好市场开发、工程品牌、安全环保、降本增效、风险防控和海外党建六项工作；实现一个目标：努力完成全年目标任务，加快推进国际业务高质量发展，为长城钻探工程公司建设成为国际一流石油工程技术总承包商而奋斗。

【生产作业】 2020年，阿联酋项目部高效组织生产运行，创造多项施工纪录，3月份GW65队仅用3.75天就完成ZJ50D钻机安全搬家作业，打破BAB油区同类型钻机搬家作业3.85天的最快纪录；5月份GW75队在BAB区块仅用7.96天完成BB1433井的施工任务，打破甲方自有井队8.35天的最快纪录，创造该区块同类型井最快钻井施工纪录。甲方季度竞赛成绩优异，第一季度GW65队获甲方63支陆上钻井队总排名第七和BAB区块第一名，第二季度GW75队获甲方62支陆上钻井队总排名第五，第三季度GW65队获甲方55支陆上钻井队总排名第六，总体保持优秀的作业能力和生产管理水平。获甲方贺信、表扬信14次，获甲方作业奖、搬家奖和HSE月度奖 43.85 万美元，整个合同期获奖金 61.05 万美元，赢得甲方高度赞誉。从年初至 2020 年 10 月 31 日，阿联酋项目部 3 部钻机实现开钻并连续作业。全年开钻 23 口，完井 26 口，钻井进尺 7.37 万米；钻机总动用率 80%。3 部钻机作业期间的满日费率为 99.88%（2020 年 95.46%），提高 4.63%；NPT 率为 0.12%（2020 年 4.54%）；零日费率为 0（2020 年 2.53%）。

【市场开发】 2020 年，阿联酋项目部参与过油管、测试、固井和录井等 4 项投标，其中录井正在评标，固井提交报价，另外 2 项无法满足已退出；陆上 1000 马力、500 马力钻机和连续油管等 3 项与甲方开展议标，后来甲方暂停；收到投标意向书 9 项，回复参与 5 项，不参与 4 项；提供车辆、储备罐租赁服务报价 17 项，甲方接受 11 项，获 126 万美元确认单。全年未得到合适的市场机会，新签合同额为 0，无新增队伍及降价情况。当前执行 3 个陆上钻机租赁服务子合同，2020 年 12 月 3 日到期；2020 年 4 月 23 日和 8 月 4 日甲方两次发通知函，确认 3 部钻机子合同 10 月份终止。3 部钻机在 10 月份被甲方先后释放，11 月份完成封存。市场开发工作主要亮点，4 月甲方执意提前终止合同并要求变更通知期由 180 天缩短到 60 天，阿联酋项目部顶住压力，坚守合同底线，通过长达数月谈判，最大限度保住 3 部钻机 2020 年度工作量，并在合同提前终止向甲方收取每部钻机 30 天非作业日费。全力争取并最终说服甲方在检测期间支付 3 部钻机 42 天的非作业日费 115.51 万美元。挖掘甲方潜在需求，主动开展增值服务，拓展新的收入渠道，全年获甲方服务确认单 126 万美元。

【安全管理】 2020 年阿联酋项目部全力开展疫情防控工作，提前研判国内外疫情发展态势，做好生产、防疫、生活物资准备工作。提前制定防控方案，明确防控责任，做好疫情防控各项部署。提前与甲方、承包商、服务商等各方沟通协调，达成联合抗疫共识，发挥整体抗疫优势，保障生产平稳运行。强化防疫培训，全年组织培训 4802 人次，员工整体防疫意识和安全意识提升。强化过程管控，及时完善防控方案措施，全面铺开疫情防控工作，加强监督和专项检查，发现问题立即整改消除隐患。强化措施落实。落实人员健康防控，减少人员接触风险；落实人员流动防控，消减交叉感染风险；落实重点场所防控，杜绝聚集性感染事件发生；落实疫情衍生风险防控，预防社会安全事件发生。保障员工健康，组织核酸检测 380 余人次；开展谈心谈话、心理测评、体育健身、节日慰问、家人连线视频、观看中秋网络节目等活动，缓解员工心理压力；组织防暑降温、抗疲劳培训和短休轮休，缓解员工疲劳；组织中方员工入境倒班和回国休假，彻底消除中方关键岗位超期疲劳安全隐患。持续推动 QHSSE 管理工作上台阶，完成长城钻探工程公司下达的年度各项 HSE 指标，有效确保 HSE 体系高效运转，全年无任何可记录事件发生，累计获甲方月度 HSE 激励奖 20.3 万美元。甲乙双方联动组织开展 14 项 HSE 活动，全面提升员工安全意识，有效促进 HSE 文化深度融合。HSE各项评比成绩优异，甲方HSE季度考核结果较去年提升10%，2020年度长城钻探工程公司HSE综合考核97.09分，较2019年有大幅提升。全年中外方员工未发生新冠疫情确诊病例，实现"抗疫情、抓生产、保效益、树品牌"工作目标。未发生社会安全和HSE事故事件，完成长城钻探工程公司下达的工作指标和年初制定HSE工作目标。有效杜绝社会安全、生产安全、环境污染、职业病危害及交通安全事故事件的发生，累计百万工时损工事件发生率和百万工时总可记录事件率均为0，交通事故百万千米事故率为0，交通驾驶五千千米违章率0.02，甲方季度HSE考核平均得分89.7%，各类整改措施关闭率100%；废水、废气、固体废物规范处置达标率100%，社会安全防恐取换证率100%，常规健康体检率100%，各项指标与去年同期相比有显著提升。

【经营管理】 2020年，阿联酋项目部发挥"干毛巾里再拧水"精神，开展"安全增效、提速增效、市场增效、经营增效、降本增效"五项重点工作，实现开源增收5218万元，增效降本1863万元，完成全年工作目标1535万元的121%，保障完成全年经营业绩。主要措施：加强生产组织和设备管控，创造高作业满日费率99.88%，超过年度98.5%的工作目标，实现增收569万元，完成490万元目标的116.1%；紧盯甲方需求，加强与客户沟通，拓宽收入来源渠道，在储备罐租赁、甲方额外搬家、第三方食宿费、车辆租赁、第三方加油、筛布使用、VBR租赁、HSE工具、额外劳务人员服务等方面取得甲方订单，全年实现合同增值服务收入4159万元，增值业务创利707万元，完成全年增值创收2000万元工作目标的208%；持续提升搬家速度和效益，近距离大包合同费用节约支出27万元，井间距搬家周期平均控制在5.66天，实现增加日费收入490万元；加强设备管理，节约维修成本支出487万元，优化钻机设备检测方案，压缩检测周期，增加日费收入302万元，严控检测费用427万元占原计划2040万元的20%；传递经营压力，累计对包括服务类、设备租赁类和物资采购类等128项合同和PO完成合同复议工作，合同复议平均价格降幅为18.49%。全年实现收入31203万元，比2019年同期12556万元增加18647万元，完成全年收入指标2.2亿元的142%。全年收回工程款36534万元，回款长城钻探工程公司总部21117万元，综合工程款回收率98%，超额完成长城钻探工程公司下达的清欠指标任务。库存材料余额614万元，较年初减少534万元，降幅46%，其中三年期以上无动态物资余额229万元，较年初减少525万元，降幅70%，超额完成长城钻探工程公司下达的1130万元库存压控指标。

【党建工作】 2020年，阿联酋项目部党工委持续开展"战严冬、转观念、勇担当、上台阶"主题形势任务教育，全体党员干部提质增效意识不断增强。组织宣贯党的十九届四中全会、十三届全国人大三次会议精神学习，不断提高党员干部政治意识。抓好"两个条例"学习贯彻，开展基层党组织考核评议工作，规范党组织规定动作，不断提升基层党建工作。组织开展"五一""十一"等节日在岗员工家属慰问活动,进一步加强员工归属感。全年报道疫情防控、提速提效创造纪录等7篇、信息通报6期,境外单位新闻媒体发稿排名第二。

(严世帮)

科威特项目部

【概况】 2020年,科威特项目部设4个部门,分别是作业部、QHSE部、经营市场部和综合办公室,设编制11人。2部修井机正常作业;9支录井队,由于疫情2支等停,7支作业。全年两支修井队开钻45井次,完井45井次。其中GW102队开钻23井次,完井23井次,平均搬家时间1.11天;GW103队开钻22井次,完井22井次,平均搬家时间1.16天。录井完井79口,录井天数2297天,比2019年增加完井6口,录井天数增加272天。

科威特项目部自成立以来,加强项目合规化管理,加强项目内部制度建设。按照甲方KOC合同要求,建立总体系、应急管理体系、作业和维护保养体系、质量管理体系、第三方承包商管理体系、HSE管理体系、人员管理体系等七大体系。

【工作业绩亮点】 2020年,科威特项目部两支修井队伍获KOC LTI Free奖励。两支修井队伍从2019年5月26日和5月29日开钻以来,工作表现良好,整体运行安全平稳无事故,2020年5月26日和5月29日获KOC LTI Free一周年奖励,两队奖金金额127万元,并获甲方管理组TL签发的两封表扬信。

开展"五新五小"群众性经济技术创新活动。科威特项目部修井专业团队响应号召,结合现场工作实际,设计优化井队消防系统、空压机房、发电机房、工具接头、振动筛排污口、固定式硫化氢线路、太阳能点火装置、封井器报警系统、污水处理系统等集成化,改造现有设备,满足中东高端市场的要求,提高井队拆装速度和搬家效率,同时降低作业风险,保证人员和设备安全。

科威特项目部录井专业团队强化生产组织与协调,获甲方表扬信。录井专业团队不断摸索,通过对标甲方标准,制定出一套从设备搬运、安装到日常生产的作业流程,保证所有队伍作业模式的标准化,国际化,以此为基准,质量方面得到保证。疫情暴发后,原有的作业模式被打破,中方人员与甲方面对面沟通以及上井技术支持受限。科威特项目部录井团队中方人员24小时手机待命,现场小队在遇到重点井或现场设备出现问题时,中方人员全天候远程技术支持,以确保证现场作业平稳运行,高质量完成作业任务,获甲方钻井工程师以及现场监督的一致好评和认可。2020

年9月22日MLU112501/GW-ML131小队在MU-0028甲方重点探井完井后获甲方表扬信邮件一份，感谢全体录井人员对该井录井过程中对细节的关注和把控，使甲方顺利完成MU-0028的钻井任务。

【提质增效】 2020年，科威特项目部制定人工提质降本方案，稳步推动减员降薪工作；安排与各服务商商谈价格复议，最大限度传递经营压力，推动降价工作；制定专业提质增效工作计划，深挖潜力，厉行节约，逐项跟踪推动。

2020年科威特项目部经受极高温天气、甲方严格标准和疫情防控的三重考验情况下，响应长城钻探工程公司开展"提质增效"的号召，做好各项工作。科威特项目部有服务类合同、设备租赁类合同及其他合同28个，全部完成价格复议，平均价格降幅为7.10%。提质增效方面，获效益400余万元，其中作业方面节约150万元，两队LTI free奖金超过127万元。设备方面的提质增效工作，科威特项目部将主要方向放在"设备内部修造"和"设备修旧利废"两个方面；全年科威特项目部完成"设备内部修造"9项，"设备修旧利废"11项，合计节约31余万元。

【疫情防控】 2020年，科威特项目部成立由项目部经理任第一责任人、中外方员工共同参与的疫情防控组织体系，将疫情防控责任落实到个人。科威特项目部班子成员落实有感领导，制定并分派包干联系点，实施分片负责，对口联系，包干管理，确保基层措施落实。按照集团公司常态化疫情防控方案要求，结合项目实际情况，制定并更新7版疫情防控方案。

【安全生产】 2020年，科威特项目部制定项目HSE工作计划和工作要点运行计划跟踪表；签订HSE安全承诺书43人次、目标责任书11份，交通安全责任书4份；上报领导干部个人安全行动计划9人次；安全活动联系点记录12人次；召开项目部HSE例会10次，重点解决日常管理中存在的难点和困难；组织各单位梳理现场隐患并上报一批次HSE投资计划。每周进行巡检并上报巡检周报，全年上报巡检周报48份、巡检月报12份。每月进行交通监管，下发交通管理通报12份、组织各基层单位进行HSE危害因素识别，并在长城钻探海外作业管理系统（OMS）中完成更新HSE危险因素识别711项。上半年完成项目部HSE体系文件修订工作，并上报长城钻探工程公司备案。同时按照上级要求组织安全生产月活动和世界环境日活动。上半年制定项目部注册安全工程师培养计划。8月份按照上级安排，组织质量月活动，并在长城钻探工程公司网站发表一篇通信。9月份参加中油油服组织的交叉内审，36项问题全部关闭，并反馈给西部钻探审核单位。完成科威特项目部2020年度HSE和社会安全体系内审，并向公司备案。

【质量安全环保】 2020年，科威特项目部全面完成年初制定的各项HSE目标；杜绝造成重大社会影响的安全事故，杜绝重大工业生产火灾、爆炸事故，杜绝生产安全亡人责任事故和影响恶劣的一般性事故，杜绝井喷失控和着火责任事故，杜绝境外项目因社会安全管理原因造成中方人员被绑架和致死责任事件，杜绝健康、安全、环保违法事件，杜绝环境污染事件，杜绝重大急性职业病危害事故，杜绝一次性直接经济损失100万元以上事故。

通过健全HSE管理体系，完善管理制度，突出过程管控，促进现场HSE管理水平提升。录井专业实现安全生产无事故的目标，助力长城钻探工程公司在科威特油服市场的品牌提升。

质量方面，科威特项目部全年完成质量管理各项工作。继续按照质量管理手册进行质量管理，同时重点解决制约现场提高生产效率、影响服务质量的问题，实现项目实体质量的提升，助力科威特项目部在科威特高质量发展，打响长城钻探工程公司品牌。

【经营管控工作】 提质增效和成本管控工作。2020年，科威特项目部提质增效专项工作成果显著。年初制定21项具体措施，全年完成提质创收199万元，降本节支379万元，累计约578万元，全面完成年初制定的提质增效目标。全年实现收入10666万元，超额完成长城钻探工程公司下达利润指标。

风险防控工作情况。全面梳理劳工、海关、财税、采购贸易等方面的潜在风险，制定措施，明确责任，坚决止住经营效益"出血点"。加强安全风险管控：对每个岗位、每道工序、每个环节、每项工作进行安全风险分析和隐患排查整改，严守安全生产"四条红线"。加强合规风险管控：进一步完善合规管理体系建设，提高全员遵章守纪的自觉性和责任感。加强廉洁风险管控：继续贯彻执行"三重一大"决策制度，确保权力运行、物资管理、资金管理、干部管理全面受控。

【党建工作】 2020年，科威特项目部党组织由科威特项目部党工委和102队、103队两个党支部组成。科威特项目部中方人员10人，其中党员8人。加上基层队、各专业党员24名，科威特项目部党员总数32名。

2020年，科威特项目部始终注重党员队伍学习，提升党员党性素质。组织党员学习长城钻探工程公司党委相关文件，学习习近平总书记重要讲话，深入贯彻习近平总书记重要讲话精神，坚定不移改革创新推动中国石油高质量发展，学习长城钻探工程公司纪律检查委员会文件，学习专题片《平"语"近人——习近平总书记用典》，学习党风廉政建设警示教育案例，学习《党章》和中国共产党廉洁自律准则等。既把握政治方向，顾全大局，又学习身边案例，警钟长鸣，营造良好的工作和政治环境。

【"三基"工作】 深入基层，贴近现场，为一线排忧解难。2020年，科威特项目部管理人员下沉一级，班子成员到一线收集意见建议，解决现场实际问题，推动项目顺利启动。履行"一岗双责"，营造项目健康环境，开展为基层送清凉活动，解决现场高温下洗澡、基层队厨师配备等问题，按照长城钻探工程公司党委要求，实实在在为基层做事。

提升素质，坚定立场，夯实政治平安基础。强化政治学习，思想紧跟形势需要。由于疫情，人员长时间不能倒班，科威特项目部全体人员发挥吃苦耐劳精神，使项目顺利运行。坚持和完善民主生活会制度，班子成员严格要求自己，发扬民主，依纪依规办事。

立足支部，激发活力，做好"三基"工作。建立支部组织机构，明确职责。发挥基层党组织和党员先锋模范，尤其是基层党员都很年轻、有活力，加强他们的政治和业务素质，使年轻人在高端市场的锻炼下，健康成长。现场按照"三基"工作要求，严格标准化管理，提成作业业绩，尤其在降本增效方面群策群力，展现长城钻探工程公司形象。

公开公正，发挥"三重一大"作用。规范项目资金使用、重大问题决策和选人用人机制，坚持公平公正。注重对基层干部选拔，和福利待遇的公开透明；涉及项目的重大事项，集体分析决策，群策群力，严格"三重一大"程序和合规管理，确保项目良性发展。

心系员工，团结稳定，突出政治平安核心。科威特项目部各党组织坚持谈心工程，激发大家创业激情，丰富大家文化活动，劳逸结合。配备健身娱乐器材，支持和鼓励基层单位开展特色活动，为基层解决实际问题，注满健康向上的正能量。完善民主管理制度，鼓励员工参与科威特项目部经营发展和管理决策，科威特项目部抓环节管理降本增效，抓过程控制规范运行。

（赵富波）

哈萨克斯坦项目部

【概况】 2020年，哈萨克斯坦项目部市场工作量同比下降50%，钻井进尺减少54%，超额完成长城钻探工程公司下达利润指标。贯彻落实长城钻探工程公司职代会精神，把握"一带一路"油气核心合作区发展机遇，克服休假员工签证失效、货币贬值、政府干预、工作量大幅缩水、停工停产等不利局面，坚持以生产经营为主线，持续推进管理提升，着力提升项目核心竞争能力，全面完成长城钻探工程公司安排各项任务。哈萨克斯坦项目部党工委荣获集团公司直属先进基层党组织，生产、井控、安全、质量等业务工作均跻身长城钻探工程公司对口业务的先进行列，HSE业绩连年持续向好。

截至2020年12月31日，哈萨克斯坦项目部在册人员总数678人，同比减少68人，减少9.1%；其中，中方员工55人，同比减少5人，减少8.3%；哈方623人，同比减少63人，减少9.2%。有钻修井机15台，其中托管长城钻探工程公司钻机3台，平均新度系数0.41；租赁CNPC-AMG公司钻机12台，平均新度系数0.02。有钻修队伍15支（含等停队伍），其他服务队伍12支（钻井液队伍5支、固井队伍2支、酸化队伍1支、定向队伍2支、井控服务队1支、管具服务队1支）。与2019年同期相比，钻修和服务队伍数量没有变化。

【市场开发】 2020年，哈萨克斯坦项目部签约合同额3766万美元，完成全年签约额指标的76.8%，比2019合同额减少3873.2万美元，减少50.4%。

全年年开钻19口（深井11口、浅井8口），完井19口（深井11口、浅井8口），完成井总进尺35521米（深井33336米、浅井2185米）。与2019年相比，全年开钻持平；完井减少1口，减少5%；进尺减少42779米，减少54.6%。全年深井平均机械钻速6.85米/时，比2019年提高28.7%；新承钻的浅井平均机械钻速14.5米/时。钻井井身质量合格率100%，钻井交井合格率100%。

2020年，哈萨克斯坦项目部克服市场工作量同比下降50%，钻井进尺减少54%的不利形势，剔除汇兑影响因素，完成长城钻探工程公司下达的利润指标。

【科技创新】 实施一井一策。2020年，哈萨克斯坦开展成熟区块深井技术有形化，分井型、分区块、分井段制定适用性技术模板。

制定个性技术方案。制定专层专打技术，集成应用个性化PDC钻头，实现安全快速钻井。

新技术推介，提升服务甲方技术能力。通过邀请国内专家到克兹洛尔达和阿克纠宾州进行技术交流，使用工具费用较低的贝克休斯地质导向技术＋国产元素录井技术施工水平段，以及元素录井和连续轻烃技术获甲方认同。631井、808井较2019年同区块同井型平均完井周期分别提速29.73%、40.9%。

哈萨克斯坦项目部承钻的808井甲方2020年首口新井优质交井，钻井周期19.05天，完井周期25.75天，双双打破区块施工纪录，赢得甲方高度评价，施工经验登载在中油中亚石油有限责任公司网站供兄弟单位借鉴。MB-134井建井周期6.98天，创造区块浅钻市场的最快纪录，受到甲方通报表扬。

【管理提升】 市场份额逆势突破。2020年在甲方工作量缩减50%以上、疫情期间强制停产严峻形势下，哈萨克斯坦项目部一体化钻井总包市场份额创历史新高；2013年以来首次获得侧钻井市场服务；首次进入浅钻市场，且多口井技术指标创造区域纪录，赢得甲方高度赞誉；贝克休斯地质导向技术＋国产元素录井技术以及贝克旋转导向＋元素录井模式应用两项技术推介获甲方推广实施。

创新模式，突破瓶颈，实现提质增效最大化。通过控制长期合同用工、推广电代油项目、重复利用钻井液、比价招标采购、轻量资产投入等措施，实现全要素成本降耗，全年降本增效4247万元。其中，政府强制员工涨薪33%，经多次协调只涨薪10%，节约人工成本1300万元。

【疫情防控】 2020年，哈萨克斯坦项目部始终把疫情防控作为首要政治任务和一把手工程，在哈萨克新冠肺炎疫情和不明肺炎相互交织影响最严重的阿克纠宾地区确保没有发生聚集性感染，确保中方人员零死亡。尤其是"一人一策"和"一部门一策"，缩小和细化管理网格，分阶段、分人群和分区域精准施策，赢得中亚地区公司和油公司好评，并被提议在复工复产的油公司中推广。哈萨克斯坦项目部是长城钻探工程公司最早复工复产的境外哈萨克斯坦项目部之一，为长城钻探工程公司减亏争作贡献。马贤清的成功救治是集团公司和长城钻探工程公司领导"以人为本，生命至上"的深刻诠释，为长城钻探工程公司其他海外项目的疫情防控提供经验和教训。

【安全环保】 2020年，哈萨克斯坦项目部LTI为0，可记录事件率（TRCF）5.91，无重大（人身伤害、安全生产、交通、环境污染、井控）事故，社会安全方面未发生中方人员绑架、致死责任事件，完成长城钻探工程公司各项QHSE任务指标。连续10年未发生重大突发事件、绑架、罢工、游行等社会安全事件；连续9年井控安全零事故；连续7年重伤及以上HSE事件为零。

强化井控全过程风险管控。强化井控"联责、联管、联动"机制运行。从制度、装备、应急、培训等方面进行"全方位、全覆盖"式井控检查，早发现、早整改、早圈闭。实行井控"一井一策、一段一策"。依照甲方井控设计，编制中俄文版《钻井地质设计和口井地质风险评估报告》。强化井控人员取证。中方员工和施工井队现场员工井控实际持证率100%。

加强QHSE风险管控，实现安全保障。持续抓实疫情防控的同时，全面推行HSE绩效考核，落实HSE措施，推进HSE工作上水平。杜绝工业生产亡人事故、井控安全事故、环境污染事件、职业健康事件及社会安全事件。全面完成长城钻探工程公司和甲方各项HSE指标。

齐抓共管，压实HSE责任。以落实领导、直线、属地责任为抓手，通过签订《2020年QHSE管理目标责任书》《安全联系点》，开展"四个一"活动，月度HSE专题会以及测评考核、管理评审，实行HSE月度考核，将领导HSE奖金与直线责任部门、属地责任单位HSE业绩挂钩。

强化HSE风险分级管控。组织全员开展"写风险、评风险、控风险、消风险"的危害因素辨识和评价活动。

（郑连国）

哈萨克斯坦测井作业区

【概况】 2020年以来，面对新冠肺炎疫情、低油价以及坚戈贬值的三重冲击，哈萨克斯坦测井作业区根据长城钻探工程公司下达的生产经营指标，结合作业区实际情况，落实长城钻探工程公司提质增效专项行动工作部署，坚持可持续高质量发展方向不动摇，坚守"现金流为正"底线，不断提高运营管理水平，优化提升服务保障能力，努力降低生产运营成本，坚决打赢疫情防控战和经营效益保卫战,为哈萨克斯坦测井作业区低成本可持续高质量发展奠定牢固基础。

市场开发成果。全年哈萨克斯坦作业区投标42次,中标或部分中标28次,未中标或部分未中标14次,中标率67%。长城钻探工程公司下达哈萨克斯坦测井作业区全年市场签约额指标3200万美元,哈萨克斯坦测井作业区全年新签合同额80.2亿坚戈,折合约2100万美元,完成年度签约指标的66%。其中CNPC内部市场合同额72.98亿坚戈,占比91%;非CNPC市场合同额7.22亿坚戈,占比9%。延续合同21.3亿坚戈,全年可执行合同额101.5亿坚戈。

合同执行情况。2020年,哈萨克斯坦测井作业区整体合同执行率为61%,较2019年同期约下降14个百分点,主要原因包括以下几个方面:一是受所在国疫情影响,生产作业不连续。2020年前三季度,为应对疫情,按照哈国政府要求,3月16日—5月10日、7月6日—8月16日的累计三个半月内,部分甲方全面停工,部分甲方阶段性大面积压缩开工量,仅保留少数钻机的零星作业。二是受低油价冲击,各甲方削减实际开工量。ADM、KAM、克山以及其余当地油公司纷纷取消本年作业计划,主要甲方CNPC-AMG、PK、KMK也大幅度削减计划井数。

工作量完成情况。哈萨克斯坦测井作业区全年完成测井作业830井次,较2019年减少465井次,降幅36%;射孔作业230井次,较2019年减少157井次,降幅40%;完成录井作业1300天,较2019年减少1053天,降幅45%;完成测试作业680井次,较2019年增长22井次,增幅3%;完成解释作业1130井次,较2019年减少436井次,降幅27%。各专业工作量较2019年均不同程度下降,主要原因是CNPC—AMG公司探井、大斜度井较2019年同期大量减少,以浅井为主;受疫情和低油价影响,各甲方开工量大幅下降;受防疫管控政策影响,全年累计大面积停工累计3个半月。(表3)

【生产运行】 2020年,哈萨克斯坦测井作业区坚持基本管理制度不动摇,做好项目日常生产运行的常态化管理工作;按照长城钻探工程公司疫情防控总体要求,坚持防控措施不放松,有效保障员工生命健康安全和队伍稳定;夯实低成本发展基础,积极应对恶劣外部环境的影响。

表3 2020年,哈萨克斯坦测井作业区工作量完成情况

作业项目	2020年	2019年完成	升/降	升降比例(%)
射孔	230井次/230井	387井次/387井	-157	-40
录井作业	1300天/48井	2353天/92井	-1053	-45
测井解释	1130井次/285井	1586井次/420井	-436	-27
测井作业	830井次/830井	1295井次/1295井	-465	-36
测试	680层次/680井	658层次/657井	22	3

生产组织工作。坚持"单井计划书"制度不动摇,将疫情防控融入其中,包括人员动员、队伍日常管理、作业过程管理的各个环节,在有效管控作业风险的同时,将疫情感染风险始终控制在最小范围内。

复工复产工作。自8月中下旬各主要甲方恢复工作量以后,作业区迅速完成队伍配套,有效保障甲方生产作业。9月份起,作业完全恢复到疫情前水平。

生产保障工作。围绕人员、材料、设备三大核心开展工作:材料方面,通过第三国采购,确保火工品储备无后顾之忧,预计年底通过国内空运渠道,可完成1—2年用度的射孔器材储备;人员方面,在所在国劳务签证政策进一步收紧、劳务配额压缩40%的大环境下,仍然完成本年全体中方员工的劳务许可和签证延期工作,可确保今后一年的人员需求;设备方面,受疫情影响较大,部分主体设备和仪器迟迟得不到修复。

项目管理工作。坚持早会、周会、月度会制度不放松,确保日常管理工作稳定有序。同时,围绕"三年亏损治理目标",以提质增效专项行动方案为抓手,持续开展人员精简、合同复议等工作,进一步捋清发展思路,打牢低成本发展基础。

【提质增效】 2020年,哈萨克斯坦测井作业区制定提质增效专项行动实施方案,通过持续开展专项工作,增收245万元,压降成本2158万元。向CNPC-AMG成功争取原属于BGP的课题1.52亿坚戈,折合245万元;完成对全部51家服务商和供应商合同的议价工作,降价幅度在5%—44%不等,总体上达到平均降价幅度10%以上的要求,全年节省成本21.36万元;取消部分代理服务合同,减少中间环节差价。取消阳光国际餐饮配送合同,自行采购,在不超长城钻探工程公司设定的境外员工伙食费标准的情况下,压降生活成本10万元。

采取有效措施,实现人工成本硬下降。一是人员精简方面,全年精简中方员工6人,压降人工成本200万元;精简外方员工100人,压降人工成本150万元。二是薪酬调整方面,5月起,降低一线作业提成奖金0.6个百分点,降低二线员工绩效奖金基数20%,取消2020年剩余所有节日的节日奖金发放,压降人工成本60万元。三是人员出勤方面,结合疫情防控要求和实际工作量,严控一线人员倒班数量,各基地每次倒班人员约为以前的60%—80%,90%以上的二线人员4—12月份在家远程办公或待工。从总体效果来看,2020年人工成本约4480万元,较2019年同期减少952万元,降幅17.5%。

全方位梳理管理费用支出环节,减少或取消不必要支出,管理费下降615万元,降幅40%,超额完成30%的压降指标;加快亏损项目清理,关闭斋桑测井项目,压减固定成本约80万元;推进1套测试地面车载设备的跨国调剂工作。一季度调剂1套到土乌项目,节省本年折旧成本80万元;实施税收筹划增效,申请由长城钻探工程公司总部代付承接研究项目的国内科研单位的分包费,避免在当地缴纳20%非侨民所得税,2020年申请代付总额2100万元,节约非侨民所得税420万元。

【井控方面】 2020年，哈萨克斯坦测井作业区按照长城钻探工程公司相关要求落实井控管理工作。一是做好规定动作，组织哈萨克斯坦测井作业区测录试基层队井控管理绩效考核安全专项检查，对照标准逐一整改不符合项；二是不定期监控人员"三证"情况，及时安排人员参加井控培训，杜绝主要作业人员无证作业情况；三是利用"单井计划书"和月度QHSSE会议平台，抓好井控风险识别控制、井控设备和隐患检查等基础工作，定期通报整改，防患于未然。

【QHSSE管理】 2020年，新冠肺炎疫情发生以来，哈萨克斯坦测井作业区坚决落实长城钻探工程公司防控要求，制定适应作业区实际的防控方案，快速落实防控措施，将人员感染风险降到最低：一是坚持人员网格化管理，包括实行远程办公、分餐制、隔离制度等。二是人员倒班严格执行集团公司关于核酸和抗体监测及流调要求。三是做好医疗资源保障，与具有新冠肺炎病例收治能力的医院建立紧密联系，保证发病人员时及时送医，同时，作业区储备足量医疗物资和生活物资。四是发挥作业区党工委作用，和工作时间超期中方员工多谈心，纾解中方员工情绪。平时倡导中方员工加强身体锻炼，保证身心健康。对当地员工耐心做好防疫相关政策和规定的解释工作，对重点员工进行重点沟通和联络，做好管控，达到稳定的效果。五是加强疫情衍生风险的防范，主要是社会安全和生产安全两方面：社会安全方面，加强中方员工管理，严禁不必要外出，避免发生社会安全事件；生产安全方面，加强安全培训，包括SOP学习培训，重点是放射源、火工品、交通、井控、消防用电和作业等方面，提高员工安全意识和技能，预防各类事故发生。六是全面落实集团公司、中油油服和长城钻探工程公司各项防疫要求和规定，特别是集团公司《中国石油国际业务新冠肺炎疫情常态化防控指导意见》（第一版）和（第二版），编制作业区疫情防控方案和应急预案，修订六次。

按照长城钻探工程公司年度HSE总体工作部署，结合作业区特点和实际开展2020年度HSE工作，全年无重大安全生产事故发生；LITF值为0，与2019年一致；TRCF值为8.66，较2019年提高1.75；安全行车千米数达74.6万千米，较2019年减少57.6万千米；安全生产工时达到46.2万小时，较2019年减少40.5万小时。主要原因是受疫情影响，工作量下降，行车里程缩减，人员出勤减少，工时减少，事件减少。

【经营管控】 转变发展方式。2020年，在新冠肺炎疫情、低油价和坚戈贬值的三重冲击下，哈萨克斯坦测井作业区的经营短板和核心问题暴露无遗：刚性人民币成本居高不下，导致总体成本压控十分吃力，经营的灵活性和盈利能力严重不足。为解决这一核心问题，必须加快向适应自身特点低成本发展模式转变，通过压减非当地化的人民币刚性成本，逐步提高经营成本的外币成本比例，构建与收入高度联动的成本体系，才能够有效抵御当前低收入、坚戈持续贬值带来的经营风险。

提质增效和成本管控工作开展情

况。全面贯彻落实长城钻探工程公司2020年提质增效专项行动工作部署，哈萨克斯坦测井作业区制定2020年提质增效专项行动实施方案，确定本年度提质增效工作方案的5类14项具体措施，涉及提质增效量化总体目标4220万元，其中增收目标2765万元、成本压控目标1455万元。通过持续开展合同价格复议、人员精简、亏损项目清理、闲置资产调剂、税收筹划等专项工作，全年实际增收245万元，压降成本2158万元，提质增效2403万元。

风险防控工作情况。2020年，哈萨克斯坦测井作业区在经营方面面临的主要风险仍然是税务检查风险、汇率贬值风险以及应收账款减值风险，全年总体上未发生系统性的经营风险。随着疫情的不断发展，所在国经济、财政方面的压力不断增大，防范税收检查风险是哈萨克斯坦作业区今后的风险防控重点工作。2020年主要风险防控工作：一是按照长城钻探工程公司要求，做好规定动作，定期开展重大经营风险排查和识别工作，记录和跟踪排查情况；二是通过开展合同复议等工作，对哈萨克斯坦作业区各类合同进行重新梳理和内审，将提前发现的一些问题予以警示和整改；三是按时做好当地各类税收的汇算清缴工作；四是在人员精简过程中，进一步梳理劳资合同条款、雇员集体合同条款，重新修订部分合同内容，使合同进一步合法合规。

两金压控。哈萨克斯坦测井作业区持续落实长城钻探工程公司关于"两金压控"的工作要求，预计年末可完成年度工作指标。应收账款方面，加大应收账款清欠力度，年末应收账款余额较年初下降50%，完成长城钻探工程公司下达的回款率80%的指标。一是细分账龄，重点催收以前年度工程款；二是多渠道了解、分析各甲方资金状况，划分催收难易程度，制定针对性催款计划；三是多手段并用，确保账款催收工作的力度和效率；四是落实催收责任主体，定期跟踪，保持催款工作的连续性。库存方面，持续落实在途物资清理工作，年末库存余额6200万元，较2019年同期压降5%。科学制定物资采购和使用计划，保持采购渠道通畅，避免不必要的大批量物资采购，避免资金占用和库存虚高。

经营指标完成情况。长城钻探工程公司下达哈萨克斯坦测井作业区收入考核指标1.95亿元，哈萨克斯坦测井作业区实现账面收入9743万元。

（梁伟营）

泰国项目部

【概况】 2020年，泰国项目部有员工318人，其中中方员工60人，泰国当地员工258人。项目部中方人员7人，基层队中方人员53人，中方人员多数都是专业技术型人员，在整个项目中起到主导作用；当地员工，多数为一般性专业人员，其余是后勤服务人员。项目当地化率81.13%，其中GW80队、221队和GW103队三支钻井队当地化率达88.52%。

泰国项目部有作业队伍14支，其中：钻（修）队伍4支，GW80队、GW221队、GW229队、GW103队（修）；技术服务队10支，包括测井、录井、固井、定向、钻井液小队；顶驱服务队伍3支；ELINE套管内射孔作业队2支（新启动）。GW80队、GW221队、GW103队（修）及3支顶驱服务队服务于泰国国家石油公司（PTTEP）的钻修井项目，ELINE测井项目2支作业队服务于泰国国家石油公司。GW229一体化项目为CNPC-HK公司提供包括钻井、定向、钻井液、固井、测井、录井一体化服务，受疫情影响，设备封存处于停等状态。

【生产经营】 经营指标完成情况。2020年，泰国项目部收入预算指标为15000万元（表4）。

至2020年12月，实现账面收入12987万元，完成收入考核指标的86.58%

通过单机单队收入、成本、同期对比表（表5）分析，未能完成收入考核指标的主要原因是在新冠疫情和低油

表4 2020年1—12月泰国项目预算指标完成情况表

泰国项目部	收入情况			管理费支出情况			合同额完成情况		
	收入（万元）	年度考核指标（万元）	完成率（%）	管理费（万元）	年度考核指标（万元）	支出率（%）	已签合同额（万美元）	年度考核指标（万美元）	完成率（%）
	12987	15000	86.58	977	1000	97.69	4225	2296	184.02
合计	12987	15000	86.58	977	1000	97.69	4225	2296	184.02

表5 泰国项目部各项收入、成本同期对比表

序号	项目	GW97	GW103	GW80	GW221	GW229	GW193	PTTEP抽油机项目	PTTEP抽油杆项目	PTTEP测井项目	合计
1	2019年实际收入（万元）	55.04	0.00	4030.34	3939.06	3120.28	0.00	1155.52			12300.23
	2020年实际收入（万元）	9.83	1083.12	3954.94	4038.65	0.00	0.00	3051.65	476.17	372.83	12987.19
	增减额（万元）	-45.21	1083.12	-75.40	99.59	-3120.28	0.00	1896.13	476.17	372.83	686.96
	增减比例（%）	-82.14		-1.87	2.53	-100.00		164.09			5.58

续表

序号	项目	GW97	GW103	GW80	GW221	GW229	GW193	PTTEP抽油机项目	PTTEP抽油杆项目	PTTEP测井项目	合计
2	2019年实际成本（万元）	82.00	0.00	3670.26	3531.26	2331.18	56.19	1132.37	0.00	0.00	10803.25
	2020年实际成本（万元）	17.66	1616.72	3061.20	3784.32	774.25	9.36	2671.75	438.21	559.97	12933.44
	增减额（万元）	−64.34	1616.72	−609.06	253.06	−1556.93	−46.83	1539.38	438.21	559.97	2130.19
	增减比例（%）	−364.30	100.00	−19.90	6.69	−201.09	−500.32	57.62	100.00	100.00	16.47

价的双重冲击下，甲方缩减投资，分公司GW229队全年无工作量，比2019年收入减少3120.28万元；新配套的GW103队2020年5月13日才开始搬家作业，配套设备前期整改费用和动员费较高，导致GW103队利润为负。

工作量完成情况。截至2020年12月31日，泰国项目部开钻77口井，完钻77口井，钻井进尺216385米。进尺同比减少27292米，降幅11.09%。进尺下降主要原因是GW229一体化项目因疫情未启动，无进尺；GW221队从2020年8月19日至10月12日执行6口井的压裂作业，无进尺（表6）。

【市场开发】 2020年，泰国项目部投标3个：PTTEP套管井测井标、缅甸GOLDPETROL钻机大包标和PTTEP钻机大包标。中标PTTEP套管井测井标，中标金额1282万美金其中两个为废标。

全年完成新签、续签合同额4225万美元，超额完成年初长城钻探工程公司下达的2296万美元考核指标的184%（表7）。

表6 泰国项目部生产工作量情况统计

	GW80		GW221		GW229	
	2020年	2019年	2020年	2019年	2020年	2019年
开钻口数（口）	36	40	41	44	0	8
交井口数（口）	36	40	41	45	0	8
进尺（m）	121609	119615	94776	104655	0	19407
搬家次数（次）	9	11	15	15	0	1
平均搬家时间（日）	1.39	1.49	1.55	1.68	0	4.61
最快搬家时间（日）	1.21	1.03	1.17	1.39	0	4.46

表7 2020年泰国项目部新签、续签合同内容

序号	合同名称	合同号	起始日期	结束日期	甲方	服务内容	合同期	合同额（万美元）	合同性质
1	钻机服务（GW221）	THC19-5157	2020-4-26	2022-9-30	PTTEP	钻机	2年+9个月	1452	新合同
2	修井机服务合同（Rig GW103）	THC19-5186	2020-4-30	2021-4-30	PTTEP	修井	1年	262	新合同新业务
3	抽油杆	THC20-5090	2020-4-1	2023-4-1	PTTEP	抽油杆	3年	516	新合同新业务
4	测井射孔	THC19-5180	2020-5-15	2023-11-30	PTTEP	测井射孔	3年	1282	新合同新业务
5	钻机大包服务	GWDC-TH-201601	2016-3-8	开口合同	CNPCHK	钻机大包	开口合同	713	续签合同

服务价格变化情况。由于受到全球疫情和低油价的双重影响，泰国项目难以独善其身。5月，PTTEP甲方向所有钻井服务商提出降价要求，泰国项目部与甲方充分沟通，且以GW80长期以来良好的作业业绩为依托，最终以GW80单支队伍降价2%来满足甲方要求。其他的服务商，钻机日费的降幅都达到5%—8%。

主要市场工作。参与PTTEP钻机市场。2020年上半年与PTTEP甲方及国内相关部门和单位密切配合，准备相关PTTEP钻井大包材料。经过两轮竞标，最终以微弱价差失标；12月份参与第二轮的日费竞标，目前正在评标过程中。缅甸PTTEP陆地输气管道项目市场调查。年初收到PTTEP缅甸项目关于输油管道采购服务的相关市场调查，甲方主要目的是寻找潜在输油管道的优质供应商。该项目为陆上输油管线，要求数量为24英寸管线490千米，20英寸管线100千米，需求时间在2021年第三季度。泰国项目部推荐的国内供应商通过甲方的资审。泰国项目部通过PTTEP关于裸眼井测井和钢丝作业的资审，其中钢丝作业收到甲方标书，11月10日截标，准备中。经过向PTTEP推介钻井大包，2020年9月收到甲方计划与GWDC签署全球战略合作伙伴协议的邮件，持续跟踪中。

市场开发工作亮点。2020年，市场工作所取得的最突出的部分就是新业务的开拓。上半年成功引进修井机服务和测井服务。这两个新业务的成功引入，主要取决于对当地市场的准确把握以及对成本的精细测算，知己知彼，在当地市场竞争形势激烈的情况下所取得的重大突破。

【主要措施和成果】 提质增效工作开展情况。2020年，泰国项目部将提质增

效作为全年头等大事来抓,根据泰国项目部提质增效实施方案,确定工作目标和具体措施,压紧压实工作责任,同时增强大局意识,树立必胜信心,积极主动,迎难而上。全年开源增收849万元,降支降耗1388万元。

以市场为龙头,拓展思路,逆势前行。2020年3月,泰国项目部与山东高原温睿石油装备有限公司合作中标PTTEP抽油杆贸易合同,合同金额516.02万美元,按照订单的方式分批次执行,合同期限3年。4月19日收到第一批订单70万美元,8月2日到达泰国林查邦港口。泰国项目部2020年5月成功中标泰国国家石油公司PTTEP关于套管井测井、射孔服务合同。该服务项目合同期3年零6个月,工作量370口井,合同总额1282万美元。这是继拿下抽油机和抽油杆大宗物资装备采购合同后再次突破泰国工程技术服务市场。

加大应收账款清欠力度,加快总部回款。泰国项目重点清收单位是ISTECH ENERGY EP-5PTE.LTD,是唯一一家应收账款账龄超过一年的单位,截至2020年12月余额为3.83万美元。泰国项目部年初甲方欠款1649万元,本年应结算工程款12305万元;收回工程款12302万元;期末应收账款余额1652万元(其中年初甲方欠款余额27万元),综合回款率88.16%。加快总部回款,泰国项目部以材料费和租赁费形式回款长城钻探工程公司总部439万美元,同时也减少项目资金占用费。

实施税收筹划增效。不断完善税收筹划方案,2020年12月以设备租赁、材料费方式对外账进行税收筹划,增加外账成本3014万元,为项目节省企业所得税404万元。做好泰国税收优惠政策争取和落实,因受到疫情影响,泰国政府出台预提所得税的相关优惠政策,此项优惠政策,为泰国项目部节省企业所得税约77万元。

强化精益成本管理,严格生产成本过程控制。价格复议创效,运输服务合同价格下降10%。经过多次艰苦谈判,2020年5月下旬重新签订运输服务合同,在原合同价格基础上下降10%,合同执行时间从2020年5月1日开始,截至2020年12月节省运输费35万元。复议物资采购价格。E-LINE项目投资的五栋野营房在当地完成制作,野营房在当地采购价格低,同时省去海运和国内运输环节,节省费用约14万元;其他物资采购节省16.7万元,截至2020年12月物资采购成本节省30.7万元。资产管理创效,减少非必要设备投资,GW221队减少年初固定投资计划130万元。平均每年节省固定资产折旧费约11万元,截至2020年12月节省固定资产折旧费约11万元。2020年,修旧利废创效节省成本42.3万元。加大开展修旧利废工作,拆分GW80队废旧设备利用其配件,修复103队气动试压台和节流管汇控制箱,节省2.5万元;修复GW80队柴油发电机急停保护阀岛总成、GW80队钻井泵连杆大小头轴承,节省18万元;项目招聘临时电焊工4名,制作射孔器材爬犁两个,比对外采购节省2万元;制作上井工作偏房两个,比对外采购节省2万元;制作枪架、射孔枪运输架、小车等，节约成本5万元；修复GW103队消防泵，制作高压水枪；修复GW80队的高压清洗机，作为E-LINE的高压水枪，节省3.8万元。为E-LINE项目制作防爆箱6个，节约采购成本9万元。调剂资产创效，2020年6月调剂GW229队环形防喷器到GW80队，设备原值35万元，截至2020年9月节省长期待摊费2.32万元，调剂时间到2020年9月。

采取有效措施，实现人工成本硬下降。严格按照长城钻探工程公司薪酬文件要求来管理等停队伍员工薪酬，因受到疫情影响，泰国项目GW229队甲方CNPCHK未能如期开钻，人工费同比下降675万元，如果剔除2019年兑现96万元影响，相当于人工费同比下降771万元。

控减管理性支出。2020年，剔除人工费和折旧费的影响，非生产支出同比下降111万元（其中"五项"费用同比下降55万元）。增加管理人员的情况下，严控管理性支出，厉行节约，全年"五项"费用40万元，不超总部48万元指标，剔除人工费和折旧费情况，非生产性支出总额289万元，略超长城钻探工程公司总部下达的指标280万元。

【新冠疫情防控】 强化领导责任落实。2020年，泰国项目部领导班子落实包干制，实施分片负责，对口联系，包干管理，落实境外新冠肺炎防控九项规定。坚持"宁可十防九空，不能失防于万一"理念，做好"双稳"工作，稳在当地，稳住人心，确保作业现场疫情防控和生产作业平稳安全可控。

做到疫情常态化防控"五到位"。疫情暴发初期，泰国项目部高度重视这场突如其来全球性大瘟疫，组成一支以项目经理为组长的抗疫战斗小组，严格执行集团和长城钻探工程公司的抗疫政策，令行禁止，不折不扣完成上级命令指示。制定《泰国项目部冠状病毒应急预案（英文版）》《泰国项目部——冠状病毒疫情紧急情况下应急预案》《长城钻探工程公司泰国项目部因新冠疫情引发的突发事件应急预案》，适时修正《海外疫情国家新冠疫情防控方案——泰国项目部（第五版）》；在准备启动GW229一体化项目前完成《GW229一体化项目复工方案》；在进入疫情常态化防控阶段后，完善修正《泰国项目部新冠肺炎疫情常态化防控案——第四版》；做到思想认识到位，方案调整到位，统筹协调到位，领导班子作用发挥到位，衍生风险防范到位。

人员倒班有序推进。泰国项目部紧密跟踪国内和泰国疫情期间出入境政策变化，制定并及时调整倒班计划，根据泰国项目部运行需要按照轻重缓急稳步有序推进员工倒班。

强化医疗资源保障工作。虽然泰国医疗条件较好，政府疫情防控有效，但是泰国项目部不等不靠，积极联系并搜集作业区附近有效医疗资源，以彭世洛的医保医院和作业区的县医院为依托，同时清查各作业队的医疗资源；驻队医生、常备药品、医疗器械。长城钻探工程公司支持下，订购一批防疫药品，如阿比多尔、藿香正气软胶囊、连花清瘟胶囊、莫西沙星等。同时采购制氧机、医用氧气瓶及指氧仪作为急救医疗设备，保障项目部防疫工作。储备3个月以上的防疫物资和生活物资。

关注中方员工身心健康。受疫情影响，员工倒班进度推进缓慢，大部分人员超期工作近一年时间，身体到达极限疲劳状态，项目领导定期到现场和员工座谈答疑解惑，按照长城钻探工程公司规定发放超期补助，并组织超期员工在基地通过轮休、健身、走路、打篮球的方式进行解压放松，缓解员工疲劳。

加强当地员工管控。坚持重点精准施策，重点对八类人员、四类场所加强管控，做到早发现、早报告、早隔离、早治疗，确保人员排查全覆盖，人员流动全网格；当地员工通勤管理是一个风险点，泰国项目部根据集团公司"一国一策、一地一策、一项目一策"的差异化管理要求，结合泰国疫情具体情况，6月底前完成全员249人的抗体检测筛查，筛查结果全部为阴性。疫情防控培训：新冠病毒知识、个人防护知识、工作防护知识、应急处置及其他知识，累计55场次，1959人次。针对12月17日第二轮疫情暴发泰国项目部升级防控措施：一是排查员工居住地，疫情附近员工禁止倒班；二是强化现场中方人员自我防护意识；三是曼谷办公室实行弹性工作制，要求雇员居家办公为主；四是做好防疫物资，生活物资储备；五是做好冷链食品管控；六是密切关注疫情发展落实医疗资源，提前做好各项应急预案。

加强对疫情衍生风险防控。疫情进入常态化后，泰国社会、经济、全面进入恢复期，同时也暴露出严重的社会问题，从9月份开始在曼谷首都就暴发小规模的示威游行，10月14日开始曼谷示威游行持续蔓延，有可能进一步恶化，泰国项目部密切关注泰国示威游行的进展情况。

【质量安全环保】 QHSSE管理总体情况。2020年，泰国项目部落实长城钻探工程公司"党政同责、一岗双责、齐抓共管、失职追责"的HSE管理要求，坚守"四条红线"，增强底线思维，全面提升项目HSE管理水平，确保现场作业安全平稳运行。全年未发生可记录HSE事件和健康、安全、环保违法事件，员工健康体检及评估率100%。成绩的取得主要得益于以下主要工作的开展：制定《2020年泰国项目部社会安全和HSE管理方案》，并编制管理方案运行计划表，严格按照时间节点落实各项工作。领导班子成员3人全部完成境外单位副处级及以上领导干部安全生产能力评估。落实领导干部个人安全行动计划及安全联系点制度并制定泰国项目部安全生产承包点制度。泰国项目部领导参与制定并履行领导干部安全行动计划。项目工作期间，落实安全联系点制度，加强和属地单位的沟通，及时了解并协助解决属地单位存在的问题。9月，泰国项目部根据《公司关于调整公司领导干部安全生产承包点的通知》，制定并下发《关于调整泰国项目部领导干部安全生产承包点的通知》，对领导班子和部门负责人的安全生产承包点进行划分，并定期开展现场督导检查工作。暴发疫情以来，泰国项目部领导一手抓生产一手抓防疫，疫情防控与生产并重。强化风险识别，落实隐患排查及治理制度。组织基层单位按照"五步法"开展危害因素辨识并上传到OMS系统，泰国项目部根据主要风险并提出相应的消减控制措施。落实项目部、巡视监督及基层队伍三级隐患排查制度。2020年，泰国项目部每周到各基层作业队伍进行巡检，发现问题561项，编制《泰国项目巡检周报》并下发到各基层单位。每月由基层队伍平台经理及甲方现场监督组织现场人员和第三方作业人员开展1—2次隐患排查，发现并及时整改隐患。

完成项目部质量、社会安全及HSE子体系修订及审核。根据长城钻探工程公司新版《质量管理手册》和《长城钻探工程公司项目部质量管理计划书提纲》修订项目部的质量子体系，根据长城钻探工程公司新下发的社会安全管理文件修订泰国项目部的社会安全子体系，根据长城钻探工程公司新版《长城钻探工程公司工程公司HSE管理手册（C版）》，修订项目部HSE子体系，子体系经各级领导审核后上报长城钻探工程公司备案，下发到各基层单位并组织相关培训。受疫情影响，项目部组织两次QHSE管理体系审核，4月8—9日项目安全总监带队组织体系内审，发现8项不符合项，无严重不符合项，全部关闭。9月2—4日由安全总监带队对泰国项目部社会安全和HSE体系审核，发现7项不符合项，无严重不符合项。通过对泰国项目部上下两个半年内部审核评估，依据《2020年境外单位HSE体系运行评估标准》，设施完整性、能力培训和意识等5个要素有待进一步提升，通过评估后审核组一致认为项目HSE管理体系运行充分、有效、适宜。泰国项目部于10月15日对承包商SP搬家公司的作业现场和HSE体系进行审核，出具审核报告并督促帮助承包商的HSE体系持续改进。

加强员工健康管理，确保员工身心健康。落实长城钻探工程公司关于中方员工健康体检及评估制度。受疫情影响，项目员工无法正常倒班休假。项目在岗26人，大部分人员体检评估过期，国内准备上项目人员全部完成健康体检和健康评估。按照国际事业部要求严格基础病筛查，基础病患者疫情期间暂缓出国。加强在岗员工健康监测，定期由队医组织对井队员工进行体温、血压、血糖等监测。关注超期在岗员工心理健康。按照泰国法律规定，每年对当地雇员进行一次职业健康体检，体检后由体检医院出具体检报告及结论，并给出是否适合继续从事本岗位工作的建议，泰国项目部根据医生的建议，对不适合继续从事本岗位工作的人员进行调岗或有偿辞退。GW103和E-LINE项目启动前都对当地员工进行健康体检。

加强员工培训管理。按照年初制定培训计划，通过内外培训相结合，不断提高员工危害辨识和风险管控能力。防恐应持证人员58人，实际持证人员58人；HSE应持证人员58人，实际持证人员58人（因疫情影响，出国人员HSE证件自动顺延至疫情结束）；井控应持证人员55人，实际持证人员55人，泰国当地司钻及以上岗位都持有有效井控证。泰国项目部非财务管理人员4人参加生产经营管理者财务知识网络培训班。2名入党积极分子参加2020年第一期发展对象网络培训班。项目在岗人员通过网络培训的方式参加集团公司举办的管理层和操作层防恐网络培训班。组织当地员工消防、急救、叉车作业、吊装作业等培训12期，培训人员305人次；利用班前会、周例会组织微培训80次，培训1333人次。健全完善泰国项目部当地员工晋级评价体系，对关键岗位人员上岗前进行能力评估与测试，经过考核确定是否胜任该岗位。

【党建工作】 2020年，泰国项目部通过多种方式组织宣传学习党的十九大会议精神及习近平总书记一系列讲话精神，坚持四个自信，牢固树立四个意识，不忘初心，牢记使命，坚定维护以习近平为核心的党中央权威和集中统一领导。根据《长城钻探工程公司公司党风廉政建设责任制实施细则》《长城钻探工程公司党委落实党风廉政建设主体责任实施细则》等相关规定，与泰国项目部科级以上干部签订《泰国项目部2020年度党风廉政建设责任书》，传达学习《关于公司党风廉政建设追责工作规定》和长城钻探工程公司下发和转发的有关违规违纪通报，根据长城钻探工程公司下发的《学习资料汇编》开展"以案为鉴，不忘初心"为主题教育的学习活动，进一步增强泰国项目部党员和干部的反腐、拒腐意识。

分析党风廉政建设风险点，并制定化解风险的有效措施。将物资采购、"三公"费用支出等作为主要管控的风险点，规范管理制度和审批流程，发挥财务部监管职能，建立监督管理机制。为进一步提高科学决策水平、防范决策风险，依据长城钻探工程公司《长城钻探工程公司"三重一大"决策制度实施细则》，结合项目实际，完善项目部"三重一大"决策制度实施细则。

【企业管理】 2020年，泰国项目部坚持以习近平新时代中国特色社会主义思想和党的十九大精神为指导，深入贯彻落实长城钻探工程公司2020年总体部署，坚持以低成本发展战略，强化精细管理和降本增效措施的实施，全面提升市场竞争力；以市场为导向，多头并举，在稳定现有市场基础上，寻找扩大市场规模的机会，实现开源目标；加强项目经营风险管控，不断提升项目管理水平，完成长城钻探工程公司2020年下达给泰国项目部的经营考核指标。以"高质量推进典范企业建设，全力保障勘探开发"为主题开展劳动竞赛；为打赢疫情阻击和效益实现保卫战，开展2020年提质增效专项行动。

坚持低成本经营理念，深化降本增效措施，增强市场竞争力。进一步加强项目经营精细管理，总结和梳理2020年降本增效工作成绩基础上，针对项目经营面临的严峻形势，深挖管理潜力，拧干"毛巾"里最后一滴水；强化项目经营管理责任制落实，完善项目经营管理部门和基层队的绩效考核机制，进一步激励员工的降本创效激情，促进各部门工作效率和基层队作业绩效不断提高。

以市场导向，固本开源，加大多层次开发市场力度，实现市场规模效益。推进HSE体系建设，坚持"一岗双责、失职追责"的HSE责任制，推进HSE自主化管理文化建设。加强支部党建工作，牢固树立"四个意识"，把握发展方向，增强支部的凝聚力和战斗力。

（张伟东）

印尼项目部

【概况】 2020年新冠疫情蔓延全球，迅速发展成为世界性的重大突发公共卫生事件，导致全球经济下行风险加剧，国际油价断崖式暴跌，生产经营面临前所未有的挑战。面对这一突如其来的严峻形势，印尼项目部在长城钻探工程公司总部领导下，领导班子和全体干部员工团结一心坚守岗位，积极应对困难和挑战，开拓挖潜，"战严冬、转观念、勇担当、上台阶"，将各项工作要求落实到实处，守住疫情防控"零感染"的底线，保障生产作业顺利开展，完成长城钻探工程公司提质增效、降本节流的目标。印尼项目部获长城钻探工程公司2020年先进单位、2020年市场开发先进集体、2020年生产管理先进集体。

2020年，印尼项目部用工总数91人，其中中方人员37人，当地用工54人（不含劳务外包）；设6个部门及1个前线基地；有ZJ70钻机（自有）4台（GW16/18/121/123）、ZJ30钻机（租赁）1台，钻完井液服务（自有）队伍6支、固井（自有）队伍3支、顶驱3支（包括正在发运1支）；主营业务涉及油气总包、地热总包、钻井管理输出和钻井液及固井服务等。

【主要生产经营指标】 2020年，印尼项目部完成地热总包服务井2口，油气总包服务井1口，总包修井1口井，钻机总包1口井，正在执行日费钻井1口井，钻机总包1口井，累计进尺8405.8m，与2019年同期相比降低28%。同时还完成钻井液单项服务20井次，固井单项服务3井次。全年实现账面收入17569万元。

【市场管理】 2020年，印尼项目部坚持以"精细化管理，低成本、高质量"为核心竞争力，开拓非中国石油、非常规能源市场，实现外部市场签约额及收入分别占比99.7%和99.9%，通过打开市场新局面突破海外市场划分的瓶颈。截至年末，注册投标41个，其中中标5个，正在议价2个，正在评标2个，正在投标1个。

坚持低成本发展战略，不断取得市场突破。印度尼西亚油气市场较为成熟，油服行业竞争激烈，印尼项目部领导班子审时度势、明确定位，坚持以"低成本、细管理"为发展战略，连续取得市场突破。经过近3个月的筹划、测算，一举中标SAKA钻机日费项目，成功迈入印度尼西亚高端油气市场；顺利中标香港金地集团South Jambi天然气区块钻井液技术服务项目（JSJB）；和当地公司联合投标，中标GWN油气市场3口大包井（550马力钻机）钻井液、固井服务。通过向印度尼西亚中小油公司推介大包模式，成功中标SRMD修井及钻井标。

着力差异化发展道路，优化市场布局。克服市场划分限制等因素，坚持走差异化道路，开拓新能源市场及油田增产等周边服务。推进地热市场开发，全力准备GDE两个区块的钻机包，力争在地热市场有新的斩获，努力实现项目向大包市场、非常规市场及高端油气市场转型和发展。推进中信印尼Lofin-2井测试项目，参与甚至承揽甲方的地质、钻井、开发方案设计，同时推进油田增产、堵水等技术服务。6月份与EPI公司签订在印度尼西亚地热市场的全面战略协议，参与EJEN地热市场2口井的钻机服务（1500马力以上）。

【经营管理】 2020年，印尼项目部深入推进提质增效，突出低成本战略。推进项目提质增效工作。全年梳理在执行合同34个，合同总金额人民币2162万元，完成谈判合同34个，降本金额233万元，全面完成长城钻探工程公司总部合同复议要求。修旧利废、库存调配、压减非生产性支出及"五项"费用，节约成本约110万元。压控非生产性支出，削减、严控所有非必要支出，在长城钻探工程公司总部削减指标的前提下，控制总额在指标范围内。

细化经营管理，完善风险防控机制。建立健全风险防控管理流程，定期召开内控合规委员会视频会议，对客户建立风控档案。坚持效益为主，确保资金回笼安全，重新梳理发票制作审核流程。有效规避汇兑损失风险。2020年印尼盾兑美元波动较大，采用当地货币结算，确保汇率风险的合理转移和规避。做好税收筹划，保障税返还率在95%以上。多渠道缓解资金紧张不利局面。制定付款计划，做到每月定额支出，和中国银行签订反担保协议，将保函降低至40%，大幅减少资金占用。清理法人机构，关闭内账责任中心。

【QHSSE管理】 强化防疫管控，打赢疫情防控阻击战。2020年，印尼项目部以管控中方人员为核心和抓手，坚决贯彻"两稳、两争、两保"工作目标，雅加达地区自3月20日推行全体员工居家办公，现场引导甲方实现联防联动，一地一策，一队一策，一人一策开展防疫工作，中方员工未发生新冠感染事件。动态编制更新总体疫情防控方案、常态化防控方案、项目启动／复产防疫方案并组织培训和监督落实。组织40人次回国休假，人员轮换完成比例达到92%，国内待返岗人员全部参加复产防控培训，34人次接种新冠疫苗，接种率100%。落实紧急医疗资源，雅加达确定8家新冠定点医院，1家登革热定点医院，上门核酸检测机构5家；作业现场4家新冠定点医院；落实印度尼西亚SOS医疗救治和转运能力。保持动态补充防疫物资和生活物资，口罩、防护服、护目镜、洗手液、储备量不少于90天。识别衍生社会安全风险，尽早干预，提前化解，疫情导致印度尼西亚经济衰退，失业率上升，社会矛盾激化，涉华负面舆情蔓延。推进复工复产同时，及时发布预警信息进行风险提示，主动维护社区及当地员工关系。

常抓不懈，持续加强HSE管理。加强承包商管理，提升大包项目管理水平，印尼项目部根据大包项目分包商多的实际情况，招聘当地HSE管理人员进行规范化管理，制定下发经过甲方审核认可的各分包商专项桥接文件和HSE计划书，项目执行过程中，践行监督检查职能，约谈和警告HSE业绩不佳的服务商2次，现场承包商HSE检查2次。健全体系管理。ISO 9001、ISO 14001和ISO 45001质量、安全健康和环境体系通过当地认证机构的年度外审。加强培训演练、安全检查工作。全年实施各类培训46次，组织各种工况下的演习32次、安全检查122次。STOP卡5990张、JSA 954次、PTW 1262张、JMP 1674次。

【生产组织】 坚持精细化管理，力求低成本生存。2020年，印尼项目部超前统筹谋划，提升工作效率。提前安排准备工作，克服时间短、工作量大（人力资源、设备整改及运输、钻前准备、疫情防控、社区关系沟通等）等诸多困难，确保来之不易的SAKA项目顺利启动，仅用时3个月顺利完成总计156车次370千米陆运和2000千米海运的"两栖"搬迁，并达到开钻要求，受到甲方管理层认可。加强人员管控，提升现场执行力。由于疫情原因，无法做到靠前指挥，作业部坚持每天连线现场，对每一个问题进行清单式追踪解决，有效提升现场执行力。持续加强NPT原因分析，缩短作业周期。地热项目，由于钻机造成的NPT时间占总作业时间的3%，比之前同行作业队降低4%。平均完井周期比甲方设计提前9.5天完钻。中信项目，由钻机造成的NPT时间仅8小时，占总作业时间的0.45%，创造在中信塞兰资源控股有限公司最好的作业表现纪录。

有序推进项目制度化管理，持续降低作业成本。不断提升当地化率。现场中方人员数量由原来的31人降低到现在的8人。钻井队当班人员的数量由原来的9人，降低到现在的4人，固井作业仅保留2名中方人员岗位，不仅降低防疫压力，还减少人员成本。尤其是Seleraya项目进行100%当地化管理试验，完成1口修井和1口钻井服务，验证其可行性，并暴露管理中存在的问题，有待项目从管理方面进一步加强。持续完善考核机制，在现场建立关键岗位KPI考核制度，即约束行为，又激励工作热情，有效提升现场工作效率。

提升红线意识，加强井控管理。制定英文版地热井井控操作程序，修订和完善井控管理办法和实施细则等8项制度。加强井控设备维修保养，按印度尼西亚政府要求进行封井器检测和取证，报废生产年限超过16年的封井器设备，并上报封井器投资计划。积极与甲方沟通，建立井控桥接文件，组织进行关井程序的现场培训、井控演习，取得甲方认可。

【党建文化建设】 坚持合规管理，依靠制度管项目。2020年，印尼项目部组织完善《印尼项目部"三重一大"决策制度实施细则》《关于规范和加强商务招待管理工作的通知》等制度，下发《关于加强疫情防控期间党员干部工作纪律管理的通知》，制定《印尼项目部评标管理办法》等制度。

严格把控，选好用好党员干部。全年提拔任用科级干部3人，培养入党积极分子1人，1人被评为长城钻探工程公司优秀共产党员。

抓实基层党建工作。坚持执行"三会一课""主题党日""民主生活会"和"党员评议"等规定动作。发挥党员模范带头作用。4名党员支撑SAKA项目

土库曼和乌兹别克项目部

【概况】 土库曼和乌兹别克项目部(以下简称项目部),隶属于长城钻探工程公司中亚大区,下设 5 个机关部门(综合办公室、财务部、市场部、作业部、QHSE 部),4 个基地(土库曼斯坦萨曼杰佩基地、巴尔坎基地、乌兹别克斯坦布哈拉基地、卡尔西基地)。基层专业项目包括:乌兹别克斯坦 EPSILON 修井机租赁项目,土库曼斯坦阿姆河测井项目、测试项目、ENI 测井项目;乌兹别克斯坦卢克测试项目、新丝路测试项目、EPSILON 测试项目、苏尔汗测试项目;乌兹别克斯坦测井项目、乌兹别克斯坦定向井项目等。2020 年在土库曼斯坦和乌兹别克斯坦两个国家提供修井、测井、测试、射孔、连续油管、桥塞、定向井、完井工具、解释研究、物资贸易等服务,管理酸化、气举等分包商队伍。服务的甲方:CNPC 阿姆河公司、CNPC 乌兹别克斯坦新丝路公司、EPSILON 公司、ERILL 公司、俄罗斯卢克公司、意大利 ENI 公司等。

2020 年,项目部有队伍 30 支,包括:土库曼斯坦自有队伍 11 支:测试 2 支地面、1 支井下、3 支钢丝、3 支测井、1 支射孔、1 支解释;乌兹别克斯坦自有队伍 19 支:1 支修井队、4 支地面测试队、2 支井下工具测试队、2 支钢丝试井队、2 支连续油管队、1 支泵车队、1 支射孔队、1 支完井作业队、1 支存储式 PLT 测井队、1 支桥塞队、1 支定向井队、1 支校深测井队、1 支解释队。截至 2020 年 12 月,员工 279 人,其中中方人员 45 人,外籍员工 234 人,本地化率 84%。

【主要生产经营指标】 2020 年,项目部新签合同额 4428.5 万美元,完成年度指标 2000 万美元的 221%;收入 9445 万元人民币,完成产值指标 8100 万元人民币的 117%。

【市场开发和技术服务】 2020 年,项目部以长城钻探工程公司政策为指导,围绕全年目标指标,执行项目部制定的"稳、增、变"工作方针,全年完成新签市场合同额和中标待签合同额 3513.5 万美元。其中:乌兹别克斯坦,LUKOIL 连续油管技术服务合同,合同额 392 万美元,3 月份签订,有效期至 2021 年底,工作量 28 口井,服务内容包含堵水、酸化、诱喷等;EPSILON

连续油管技术服务合同补充协议，合同额400万美元，3月份签订，有效期至2021年底，月租，服务内容包含酸化、诱喷等；EPSILON公司定向井技术服务合同，CALLOUT合同，合同有效期至2021年12月31日，合同额3500万美元；ERIELL公司定向井服务合同，1口井，合同额25.4万美元。土库曼斯坦、阿姆河公司3口井井间压隐患消除、泄压管线建设项目，合同额11.3万美元；阿姆河公司MAPS测井技术服务合同，100万美元。实现新业务、新项目的增加，为项目部持续稳定发展打下基础。

【主要措施和成果】 2020年，项目部深化一体化服务理念，EPSILON市场再获佳绩。2019年EPSILON公司与长城钻探工程公司达签订增产一体化服务合同，根据长城钻探工程公司以单项业务为主向总承包一体化服务为主转变的市场策略，2020年各项优势技术纳入一体化范围内，修井、PLT、钢丝、完井等整合到合同下，形成整体优势，获甲方认可和技术依赖。

跳出固有服务理念，发散式寻找市场机会。由于疫情和低油价双重影响，工作量减少，复工时间不定，为打破困局，项目部采用发散性思维，不再局限于固有服务，以甲方需求为导向，以解决甲方困难为目的，以创造产值为根本。通过持续沟通与市场竞争，拿下阿姆河公司3口井泄压管线修复项目、气处理厂贸易项目，以及ERIELL公司定向井设计项目等新服务，形成补充和新增市场。

技术服务为先导，与西方公司同台竞技。乌兹别克斯坦EPSILON潜在市场巨大，项目部高度重视，认真调研分析，迅速调整市场策略，在定向井、小套管开窗侧钻、钻井液等进行市场布局。结合地质研究分析，储层特点，对EPSILON各个区块针对性的定向井技术解决方案，获甲方技术部门认可。经过近半年努力，成功拿下两年定向井技术服务合同。

乌兹别克斯坦测试修井防疫和生产两不误。Eriell/Surhan测试项目和EPSILON修井项目在乌兹别克斯坦疫情大暴发的不利情况下，认真筹划，从人员居家、返岗隔离、上井作业以及休假等几个方面制订全流程闭环的疫情控制方案，包括休假隔离告知书、返岗流程表、单队作业防控方案等，在人员筛查、严控对外接触、日常检验等几个方面下大力气，确保Eriell/Surhan测试项目和EPSILON修井项目零感染，全年保持稳定作业，贡献可观的经济效益。

CNPCIT测试项目创造年度最高测试产量纪录。完成1口高压、高含硫和高含二氧化碳井地面测试＋钢丝作业施工任务。该井属于高压高含硫高含二氧化碳"三高"大斜度定向井，测试日产天然气超过120万立方米。项目部及现场作业人员共同努力，精细组织，提前筹划，在设计、人员、设备以及组织等各方面采取有针对性的一系列有效措施，最终成功完成该井测试任务，赢得甲方阿姆河公司和项目部党工委"双赞誉"。

ENI项目成功开工并顺利投产。土库曼斯坦西部里海ENI项目在2020年1月开工。这是土库曼斯坦测井首次在土库曼斯坦里海地区作业，服务商为意大利ENI（埃尼）公司，对测井作业的HSE和作业质量提出很高要求，测井期间2—3名甲方代表在测井大车中仓监督测井。SFTT地层测试为海外地层测试测井频次最高的项目，同时甲方对SFTT资料的要求非常严格。在疫情的不利影响下，顶住疫情导致的人员匮乏、配件短缺等困难，完成9井次作业，获甲方好评。

【安全生产】 2020年，项目部总人工时为40万小时，比2019年下降20%。发生HSE事件12起，可记录事件1起，可记录事件率2.47。HSE事件发生起数比2019年下降47.8%。无重伤、亡人和财产损失事件发生。收集STOP卡353张，与2019年同期持平。项目部有应急预案24个，其中测井专业5个、测试专业9个、项目部10个，作业现场开展应急演练63次，参演619人次。开展应急培训31次，参培339人次。有车辆31台，比2019年新增2台。准驾59人，比2019年新增13人。累计行驶20万千米，比2019年下降33%。未发生交通安全事件，连续多年取得良好业绩。依据2020年长城钻探工程公司发布的《长城钻探工程公司综合管理体系文件》对项目部HSE体系进行修订，更新管理文件6个，新增管理文件5个，删除管理文件2个。完善监督队伍体系，实现两级监督，设置专职HSE总监，根据测录试队伍规模小的特点，设置兼职驻队HSE中方监督14名、本地监督13名，承担监督职责，落实监督责任。项目部自成立以来，每年均实现项目安全生产目标，无各类重大安全事故发生，环境保护、危险化学品管理符合当地政府部门和长城钻探工程公司管理要求。

【疫情防控】 2020年，从3月份疫情初期到疫情常态化，项目部把控住各个关键节点，项目部班子成员每周例会制定完善的措施，加强对关键环节把控，雇员休假、返岗前居家隔离、宾馆隔离、在岗期间等的防控工作分工负责，项目部把重点精力落到"外防输入、保持基地现场零疫情"上，每个环节都进行核酸检测。人员倒班实行"一人一策"，核酸+抗体检测，穿戴全部防护，严防人员旅程感染，确保进入属地的均为健康人员。通过各种渠道集结应急物资和应急药品，推动中方人员完成疫苗接种。生产不间断同时，实现在岗中方人员"零疫情"，确保员工身心健康和安全。

【生产基地建设】 2020年，项目部设有土库曼斯坦萨曼杰佩基地和巴尔坎基地、乌兹别克斯坦布哈拉和卡尔西基地，基地的各项后勤保障职能完善，各项安全、环保、安防指标达到甲方和当地政府的要求，各项功能逐步健全和完善，成为支持前线生产的重要保障。

【项目改革与基础管理】 2020年，为夯实项目部各专业现场作业队的安全管理基础，项目部制定现场安全第一责任人制度、现场HSE驻队监督制度，构建项目部HSE监督网络。专业经理/专业负责人为专业安全管理第一责任人，全面负责项目部专业QHSE工作；项目经理为项目部属地安全管理第一责任人，负责本项目、本属地内的专业QHSE工作；作业队长为作业队现场安全第一责任人，由项目经理直接指派，负责当次作业在属地现场全过程的QHSE工作；现场HSE驻队监督为作业队现场安全主要责任人,由项目经理直接指派,履行HSE驻队监督职责,全面负责QHSE监督工作,同时协助作业队长做好当次作业的QHSE执行和整改工作。根据QHSE管理"纵向到底、横向到边"的原则,严格做好作业现场的HSE执行和监督,为杜绝事故和高危事件、提高基层作业现场QHSE有效执行、全面提升QHSE管理水平、实现专业QHSE自主管理打下基础。

【基层党建与精神文明建设成果】 2020年项目部设党工委书记1名,同时另设2名委员。下设5个党支部,分别为项目部机关党支部、乌兹别克斯坦前线党支部、土乌测井党支部、土库曼斯坦测试党支部、乌兹别克测试党支部。全年完成1名党员的纳新,有党员36名,占总人数46人的78%。党员干部技术领先、爱岗敬业,带领团队成员、本地员工完成一项项急难险重的任务,在防疫和生产中发挥表率作用。按照海外党建"五不公开"原则,做好党建规划,深入学习习近平新时代中国特色社会主义思想和党的十九大及二中、三中、四中、五中全会精神,不断提高政治素养。加强政治学习与实际相结合,打造风清气正的工作环境。项目部班子以身作则,党支部组织引导,不忘初心、牢记使命,持续推进"战严冬、转观念、勇担当、上台阶"主题教育活动,贯彻学习长城钻探工程公司第三次党代会会议精神,将先进的理论方法融入实际、将长城钻探工程公司的管理要求落实。持续夯实基层党支部功能,引领基层团队稳扎稳打。

(丁启光)

阿塞拜疆综合项目部

【概况】 阿塞拜疆综合项目部(以下简称项目部),由长城钻探工程公司阿塞拜疆代表处(Greatwall Drilling Company Azerbaijan representative)和中油测井阿塞拜疆分公司(China National Logging Corporation Azerbaijan Branch)两个机构组成。2003年,中油长城钻井阿塞拜疆代表处和中油测井阿塞拜疆分公司两个机构在阿塞拜疆注册成立,2010年,按照国内重组的安排,这两个机构合并成立长城钻探工程公司阿塞拜疆综合项目部。项目部按照"一套班子,两块牌子"(一套班子,即项目实行一体化管理;两块牌子,即长城钻探工程公司阿塞拜疆代表处和中油测井阿塞拜疆分公司两个法人实体)进行管理,设有5个部门:作业部、后保部、财务部、综合办公室以及前线基地。

2020年12月,项目部有员工43人,其中钻井人员41人,测井人员2人,员工当地化率53.5%。作业队6支,其中钻修井队3支(ZJ70D钻机1台、ZJ30C车载钻机1台、XJ650车载修井机1台)、顶驱服务队2支、测井服务队1支。完成钻井进尺11739米，开钻5口，完钻7口，测井作业158井次（测井7井次、射孔2井次、清蜡作业149井次），发生人工时122280小时，未发生LTI及以上HSE事件。其中钻修井队3支（ZJ70D钻机1台、ZJ30C车载钻机1台、XJ650车载修井机1台），顶驱服务队2支，2020年下半年关闭测井业务。

项目部在长城钻探工程公司总部各部门的统一指导下，完善"钻机带人员服务"模式，并拓展UBOC油田海上钻机平台日常维修保养业务，实现"下海"目标，为进一步拓展物资贸易和海上油田技术服务奠定基础。2月份开始阿塞拜疆爆发新冠肺炎疫情，低油价时期的到来，工作量急剧下降，影响"钻机带人员服务"模式的运行；受疫情影响，项目经理坚守岗位长达一年，千方百计促成商务包机，解决项目人员的停留和倒班困难；9月份爆发纳卡地区军事冲突，威胁到项目部所有中方员工的生命安全，项目部在疫情防控常态化的前提下，顶住战争压力，实现项目部所有人员"零感染，零输入，零事故"的目标（表8）。

【生产经营】 2020年，项目部上半年开钻5口，完井7口，实现钻井进尺11739米。钻井液服务0井次，顶驱服务7井次，录井0井次，测井作业158井次。受疫情及油价的影响，3支井队于2020年4月先后收到甲方暂停施工的通知。2020年5月ZJ70D钻机人员开始为UBOC公司海上1#平台钻机提供日常保养和维修服务（表9）。

【市场开发】 2020年，项目部完成议标项目7个，投标项目1个；签订服务合同5个，合同额847万美元（表10）。

表8　阿塞拜疆综合项目部资产情况

队伍	固定资产原值（万元）	固定资产净值（万元）	长摊资产原值（万元）	长摊资产净值（万元）	原值合计（万元）	净值合计（万元）
GW25	1173	112	59	7	1232	119
GW82	954	54	743	36	1697	90
GW88	258	60	801	0	1059	60
GW69	4357	286	2863	0	7220	286
顶驱	3023	190			3023	190
钻井液	28	2			28	2
项目部	96	4.6			96	4.6
小计	9889	708.6	4466	43	14355	751.6
测井	1995	113	431	0	2426	113
录井	11	0.5			11	0.5
小计	2006	113.5	431	0	2437	113.5
合计	11895	822.1	4897	43	16792	865.1

表9　2019年和2020年阿塞拜疆综合项目部工作量完成情况对比

项目		2019年	2020年	增减率（%）
钻修井	进尺（m）	27577	11739	−57.43
	开钻数（口）	14	5	−64.28
	交井数（口）	14	7	−50
	钻机维修（套）	1	1	100.00
	修井（井次）	0	0	0.00
	钻井液（井次）	0	0	0.00
	顶驱（井次）	7	7	100.00
测录试	测井作业（井次）	75	158	110.66
	录井作业（井次）	0	0	0.00
	测井解释（井次）	0	0	0.00

表10　2020年阿塞拜疆综合项目部新签合同额

板块	甲方名称	合同名称	合同额（万美元）
钻井	AOC	GW69队AOC公司钻井日费合同	111.6
	SOCL	GW82队SOCL公司钻机带人员服务合同	136
	SOCL	GW25队SOCL公司钻机带人员服务合同	148.29
	KAOC	GW82队KAOC公司钻机带人员服务合同	95.23
	UBOC	GW69队UBOC公司海上平台钻机维修服务合同	107.5
	UBOC	GW69队UBOC公司钻机配件物资采购合同	6
	钻井小计		604.62
测井	SOL	SOL公司测井射孔CALL-OUT合同	25
	BOC	BOC公司测井射孔CALL-OUT合同	5
	SOCL	SOCL公司测井射孔CALL-OUT合同	5
	SOL	SOL公司清蜡服务CALL-OUT合同	10
	测井小计		45
	总计		649.62

【主要措施和成果】　积极沟通，排除障碍，促成议标合同。2020年，由于油价及疫情影响，阿塞拜疆石油工程技术服务市场处于饱和状态，当地钻井承包要求政府对现有工作量进行公开招标，项目部积极和SOCAR及政府部门沟通，用阿塞拜疆项目以往的服务业绩和技术支撑，说服甲方最终完成签订新投标议标项目合同4个（AOC公司GW69队两口生产井钻井项目议标、KAOC公司GW25队钻机带人员服务项目议标、UBOC公司海上平台钻机设备试运行服务项目议标、

UBOC公司海上平台钻机长期维护保养服务项目议标），其中UBOC公司海上钻机维保服务项目是继2019年项目部为该公司提供海上钻井平台钻机大修服务成功后，再一次获得类似服务的机会。

充分准备，平稳有序，完成合同续签。为甲方谋划、为甲方着想的思路和钻机带人员服务模式的成功赢得甲方的信任。2020年底，项目部就开始准备原有合同的续签工作，完成AOC公GW69队日费合同、SOCL公司GW82队钻机带人员服务合同、SOCL公司GW25队钻机带人员服务合同、KAOC公司GW82队钻机带人员服务合同。全年实现新签合同额847万美元。但随着全球疫情蔓延，原油价格下跌，GW25队、GW69队和GW82队合同甲方暂停，提出待原油价格恢复后再重新启动。测井业务的CALL OUT服务合同也由于油价下跌和疫情影响，没有工作量，随即对人员进行解雇，对设备和仪器进行项目间的调剂。

主动出击，争分夺秒，突破贸易市场。2019年与SOCAR Drilling Trust公司签订MOU后，2020年阿塞拜疆项目部把与SOCAR Drilling Trust合作作为优先考虑。全年完成为其采购一年的油基钻井液材料的询价；积极与其沟通，争取为其代购钻机配件的机会。

加强联络，夯实基础，开拓后疫情市场。疫情阻断和甲方以及政府层面对面的交流，项目部在疫情初期因地时制宜制定市场工作的策略，日常联系常态化，利用邮件及社交软件常联系潜在客户，加深感情，互通思路，掌握信息；重视甲方的关切，对服务价格进行测算，做好已签合同的复议工作；针对市场变化，做好阿塞拜疆石油工程服务市场再梳理、再调研、再重新部署工作；下大力气做好各油公司、政府及当地贸易的资格准入工作。

【生产作业】 项目启动及生产组织。2020年，项目部稳固现有市场，持续提升服务甲方能力。GW82和GW25执行"钻机带人员服务"合同模式持续平稳运行三年，由甲方组织生产、安全管理等，项目部提供少量中方人员进行设备看护。2020年以来平稳保障甲方钻井生产施工任务，再次得到甲方好评。开发一个市场、站稳一个市场、带动一片市场。5月7日正式开钻的UMID-1海上钻井平台再度鸣响，意味着今年3月签署的阿塞拜疆UBOC公司所属UMID-1钻井平台设备维保合同的执行进入实质性阶段。该海上项目运行良好，执行维护保养工作的GW69队始终坚持十六字方针："主动排查、规定保养、监管结合、互帮互学"。

工程技术与井控管理。2020年，项目部实现开钻5口，完钻7口，其中"钻机带人员服务"模式完井6口，钻机日费模式完井1口，全年未发生井控险兆事件。

一是压实责任，明确各级井控管理职责。年初项目部分别与作业队签订《井控责任状》，明确各基层队的井控安全责任。按照合同，"钻机带人员服务"模式下的井控安全责任在于甲方，但项目部按照"为甲方谋"的井控管理思路，对甲方现场的井控设备安装、试压、演习、坐岗等环节进行督促和指导。发现问题，提醒和建议甲方监督整改。钻机日费模式下，项目部建立"半小时应急圈"和科级干部住井制度，按照新版《井控规程》开展井控管理，执行长城钻探工程公司的各项井控标准和管理规定。二是提高技能，培养现场"井控明白人"。利用项目井控巡检与井控培训机会，基层队中方人员学习井控知识，完成由设备技术人员向"井控明白人"的转变。项目部每月对在作业队伍开展井控巡检，与中方人员共同沟通、讨论井控问题，提出井控隐患7项，井队中方人员在明白问题所在后，向甲方监督建议，井控隐患全部进行销项整改。基层队伍停工前，对井队中方人员开展井控培训12人次。三是清晰短板，积极采取补救措施。井控方面主要问题为部分井控设备使用年限达16年，甲方不认可井控设备使用16年强制报废的规定，坚持井口试压合格即可使用的理念。项目部寻找第三方试压厂家，对封井器进行工厂级试压，联系四川科特设备检测公司，对在用的远程控制台进行检测和维修，弥补井控设备超期使用的短板。

【企业管理】 GW69队陆地日费模式。制度建设方面。2020年，项目部重点关注经营管控，相比其他队伍日费模式从设备到人员再到配件、柴油等，都是由项目部提供，各项管理制度的制定要充分考虑经营效益。增强每位员工的归属感，严格控制各项支出，在节约挖潜、修旧利废、降低库存等方面下足功夫。持续提升队伍核心竞争力，打造成能够体现长城钻探工程公司深井队伍敢打硬仗、能打胜仗优质钻井队。同时，众所周知阿塞拜疆的井下地层极为复杂，钻井液密度窗口小。GW69队曾多次面对地质风险未知，井下复杂情况较多等困难，井下复杂情况处理的技术保障无疑是重中之重；井控工作、常规操作、预防井下事故为主要风险防控。为此，项目部建立GW69队井下复杂情况预案、HOVSAN区块井控管理办法等多项制度。

GW69队海上服务模式。项目部始终坚持稳固现有维保市场，持续提升服务水平的原则。通过管理制度，加强全员市场责任意识。实施区域化管理，完善甲方每一个设备的精细化维护保养标准，向甲方展现项目部对国产设备的专业技能，进而获取甲方对项目部进一步的依赖性。重点保障现场机械师、电气师对甲方设备的认知程度，加强与设备生产厂家的沟通，为其创造有效的培训机会，以生产厂家的专业技师为标尺来要求现场机械师、电气师，真正成为甲方心目中的设备专家。同时，保障好海上项目的常规配件的储备，避免因为配件不足导致海上项目大日费的等停。根据甲方的设备及工作环境先后建立起甲方日汇报制度、现场日检查表制度、工作日志及交接备忘制度、雇员培训制度、海上平台设备维保期间新冠防疫预案、日常维护操作方案、设备维护保养手册、设备运转记录等多项管理办法，平稳的保障海上正常作业。

GW82队、GW25队"钻机带人员服务"模式。重设备、重后保，从现场设备管理、作业时效等方面提升基层队整体素质，以精细化管理为抓手，努力打造安全、优质、高效、独立运营基层队为目标。力争做到甲方满意、持久运营。面对甲方新成立的钻井公司时，展现项目现有的良好面貌及长城钻探工程公司实力，严格落实阿塞拜疆设备管理制度等相关文件，通过多年积累的宝贵经验，进一步提升长城钻探工程公司在该地区的市场竞争力。

【后勤保障】 抓牢投标机遇，完成里海首秀。2020年，项目部成功拿下SOCAR旗下UBOC公司的UMID1平台钻井设备的大修合同，迎来进入阿塞拜疆市场后与阿塞拜疆国家石油公司的首次合作。利用大修合同的完美收官，展示出项目部对设备的专业水准，也使得UBOC公司决定不再进行招标，直接指定由长城钻探工程公司来执行UMID1平台即将施工的U1-18井的设备维护保养合同。与UBOC公司总裁开会期间，他多次表示当初选用长城钻探工程公司是最正确的决策，再三感谢项目部对其设备的改良、维护，感谢通过项目部的努力使得施工期间没有出现任何因为设备停等的现象。国内兄弟单位及长城钻探工程公司总部得知项目部长期"下海"以后，分别在钻二蓝图绘、长城钻探工程公司网页及微博上都刊登专题报道。同时，被《中国石油商报》称之为"内有金刚钻，外揽瓷器活"，长城钻探工程公司里海首秀真出彩。

UMID1平台的U1-18井在开钻验收期间，阿塞拜疆国家石油公司的总裁Rovnag Abdullayev亲临UMID-1平台出席开钻验收。在提到设备维护时，Rovnag Abdullayev再次赞扬当初UBOC选用长城钻探工程公司的正确决策，肯定UBOC公司与长城钻探工程公司的合作机制，高度认可长城钻探工程公司在设备方面的专业技术。开钻验收期间UBOC公司也特意将GW69队在大修设备期间的照片制作成宣传栏，供其他第三方单位学习，为SOCAR的多个单位起到有力的宣传作用。

提高现场精细化管理标准，打造一支随时可以胜任挑战的冲锋队伍。GW69队于2019年12月15日收到甲方紧急动员令，要求5天后开始搬家运输，1月7日达到开钻水平。这意味着封存近8个月的设备需要在22天内完成搬家并达到开钻水平。面对如此巨大的挑战项目部为GW69队精细谋划，认真组织，于12月20日开始搬家作业，2020年1月1日成功完成井架起升，1月7日一次性通过开钻验收，刷新启动到开钻的历史纪录，得到甲方高度赞扬。

2020年4月下旬，三支陆地钻机先后进入封存状态，项目部按照《关于加强长城钻探工程有限公司境外设备封存管理工作的通知》的相关要求，制定《阿塞拜疆项目部设备封存管理办法》。三支井队不折不扣地按照管理办法的相关规定来落实各项封存工作，在最短的时间内，高质量完成设备封存，为后期的看井工作、设备启封打下良好的基础。

【QHSE管理】 收集信息，研判疫情形势。2020年2月28日阿塞拜疆境内发现首例确诊病例后，阿塞拜疆切断与其他国家空中、陆上交通，出台特殊隔离政策，强制执行国民居家隔离政策。疫情趋缓，特殊隔离政策放宽，9月份全国开始复工复产，10月份气温逐步降低，疫情出现反弹，日增确诊病例超过1000例。阿塞拜疆政府再次采取严格隔离措施，全国隔离政策延长至12月1日，教育机构停课，周末公共交通停运，阿塞拜疆陆路和空中边境继续关闭，仅保留货运和包机运行。

严防死守，守住防疫底线。项目

部按照"一地一策、一项目一策"进行差异化管理，落实"重在预防、重在细节"各项防疫措施。责任落实到位。成立项目经理任组长的新型冠状病毒肺炎疫情防控工作领导小组，明确疫情防控职责，落实防疫责任。措施跟进到位。在不同时间段下发《阿塞拜疆综合项目新冠肺炎疫情防控方案》《新冠状病毒肺炎疫情管控措施与责任大表》《关于进一步做好"钻机带人员服务"模式下疫情防控工作的通知》《UMID1海上平台设备维保业务新冠肺炎疫情防控预案》《新型冠状病毒肺炎疑似感染应急处置预案》《食堂食品卫生管理条例》《疫情常态化下人员国际动迁管理办法》《阿塞拜疆第一（二、三）批中方人员回国总体方案》和《中方人员赴项目旅程方案》等多个疫情防控文件，细化和完善不同队伍、不同作业状态、不同任务的防疫措施。根据集团公司国际部文件，先后6次修订《海外项目疫情防控方案——长城钻探工程公司阿塞拜疆综合项目部》，汲取集团公司先进防疫经验。防疫培训到位。通过现场培训、微信群培训、张贴图片和参加企业培训等方式，组织防疫培训66次，参加培训621人次。疫情暴发初期，项目领导亲自组织防疫物资真伪辨识培训、防护物资正确使用培训等，提高员工防疫意识和技能。细化执行到位。人员采用网格化管理，网格间人员不交叉，每日执行体温检测，人员外出严格执行审批。当地雇员远程办公或在家休假，减少通勤，每日阿方HR管理人员通报居家当地员工健康和出行状况。居住和办公场所每日进行消毒、通风。物资交接采用非接触式交接。制定用餐程序，按照"进餐厅前手部消毒—自助取餐保持安全距离—取餐后口罩悬挂于专门地点—分桌用餐—餐具自我管理—分别消毒"进行；疫情进一步严重后，项目部采取分餐制，人员打餐后回寝室用餐。动态管控到位。疫情长期发展，基层队业务发生变化，管控措施随之调整，进行动态管控。GW25队、GW82队、测井业务由作业转为停工，设置缓冲区，按"安全岛"模式管控。Umid1海上钻机维修保养项目启动，按照"一队一案"制定海上平台设备保养项目防疫预案，落实各项防疫措施。物资储备和医疗资源到位。不断补充各类防疫物资，确保防疫物资储备在90天以上用量。储备有医用外科口罩2000个、N95医用口罩200个、防护服60套、医用护目镜60个、3台制氧机及洗手液、酒精、消毒液等。米面油水等生活物资储备量维持在3个月以上的量。与两家医院签订核酸检测合同，预约后可到居住点进行检测，完成125人次核酸检测。储备一定量防疫药品，储备有连花清瘟胶囊45盒、试剂盒39个、阿比朵尔10盒、藿香正气滴丸10盒、感冒清5盒及其他一些提高抵抗力的药品，阿比多尔、干扰素等抗疫西药也在当地寻到充足货源。应急演练到位。制定新冠肺炎疑似感染应急处置预案，开展预案培训2次，组织中方人员发生疑似感染事件桌面演练1次。疫情暴发后，人员情绪不稳定，交通事故增加，加强GPS监控和派车管控。人员超期严重，人员心理波动大，容易发生生产事故，开展"节假日慰问""一对一"电话沟通，为海上人员配备网络终端，保证员工与家人的语音和视频沟通，采取一系列措施缓解员工心理压力。

积极主动，推动人员倒班。推动人员倒班轮换，保证项目的持续运转。4月份UBOC海上平台钻机维护项目启动，陆上钻机和测井业务停工，大量陆上中方人员等停，海上业务作业人员短缺。推动中方人员回国（返岗）手续审批，筹划等停人员回国和海上人员倒班工作。全年组织28名中方人员分三批动迁回国，7名中方人员分两批动迁返回项目，均实现换班（1名常驻巴库人员除外），实现人员100%轮换。在常态化疫情的大环境下，项目构筑"组织防控、个人防护"防线，推动人员轮换复工复产措施，坚持"两手抓、两手硬"，做到"两稳两争两保"，坚决守住中方人员"零感染"底线。

精心组织，顺利完成2020年工作目标。2020年，项目部未发生井喷失控和着火事故，未发生重大工业生产火灾、爆炸事故，未发生生产安全亡人事故，未发生环境污染、生态破坏及放射性污染事故，未发生重大急性职业病危害事故。发生人工时122280小时，发生险肇事件3起，急救箱事件0起，限工事件0起，LTI事件0起；未发生恶性传染病危害事故和由心理问题引发意外伤害事件；废水、废气、固体废物处置符合当地法律法规要求，未发生环保和生态破坏事件，项目未发生任何项目部责任的重大质量安全事故发生，工程质量方面各专业施工作业的质量控制指标均达标。实现项目部年初的QHSE工作目标。

突出重点，强化专项安全管理。监督管理。对作业队伍实行差异化监督管理，施行全覆盖巡检检查。1—2月份实现所有队伍月度巡检全覆盖，发现隐患问题19项，其中承包商管理1项、工具方法使用2项、环境保护1项、井控管理7项、设备设施3项、现场作业5项，所有问题全部得到整改。

培训工作。利用网络，组织培训，提高员工技能。1—12月参加网络防恐培训6人次；市场知识网络培训4人次；处级干部财务知识培训2人次，项目开展新冠肺炎知识与预防培训690人次。组织当地机械师、电器师参加网络培训7人次，全部顺利通过并获得证书。

交通安全管理。控制车辆上路，加强GPS监控，减少车辆道路暴露时间，降低交通风险。项目作业队伍等停，仅保留5台车辆运行，车辆全部安装有GPS。1—11月份，车辆运行千米数为74551千米，有责交通事故0起。项目驾驶人员缩减至2人，停止4人内部准驾证，全年未发生超速驾驶、疲劳驾驶行为。

危险品管理、借助当地资源，确保危险品安全。危险品存储在SOCAR旗下的危险品库房，SOCAR旗下的危险品库看护与国家安全部、军方等均有联系，有能力保证危险品的安全。每个月核对危险品数量，防止危险品数量差错。由于疫情影响测井业务停工，放射源民爆物品均处于封存状态。

员工健康管理。建立员工健康台账，多次进行基础病排除，对有基础病人员利用商业包机安全返回国内。疫情发生后新上项目人员，全部接受健康评估和注射新冠疫苗。开展健身活动，在遵守阿塞拜疆政府特殊隔离政策的情况下，开展室内跑步机、基地院内的健步走活动，鼓励员工自发学习八段锦、太极拳等锻炼方式。补充营养，提高免疫力，项目人员每天至少保证一杯奶、一个蛋，提高蛋白质摄入量。

社会安全管理。2020年9月27日阿塞拜疆和亚美尼亚在纳卡地区发生军事冲突，冲突规模不断扩大，战事持续一个多月，双方打击目标逐步向境内其他城市民用目标转移，风险急剧增加，集团公司国际部多次召开专题会议，将阿塞拜疆社会安全风险等级上升至高风险Ⅲ级。项目高度重视，连续多次召开会议，制修订《阿亚军事冲突应急预案》，制订应急撤离预案，考察应急撤离路线，准备撤离应急包，进行资产保全，设备安装远程监控系统，基地增加当地保安等。按照集团公司国际部要求，制定人员分批撤离计划，完成第一批人员（3人）撤离工作。进一步保持与使领馆、国别组的联系，做好随时应急撤离的准备。

【提质增效】 2020年，项目部按照《长城钻探工程公司2020年提质增效专项行动方案》的工作要求，项目部成立以项目经理为组长，各部门、各基层队负责人为组员的工作领导小组，制定《长城钻探工程公司阿塞拜疆综合项目部2020年提质增效专项行动实施方案》《长城钻探工程公司阿塞拜疆综合项目部提质增效工作责任分工大表》，扎实有效开展此项工作。

积极开展人工成本压降工作。减少当地雇员，降低人工成本。项目停工后，合法解雇当地雇员有33人。为海上项目保留的当地雇员，等停期间只发放基本工资。精简中方人员，降低人工成本。基层队人员10人解除托管人事关系，转回二级单位，项目部人员1人报人事处进行调剂。减少中方人员滞留境外时间，降低人工成本。办理中方人员回国手续，多方联系包机安排人员尽快回国。

积极开展合同价格复议工作。项目部对正在执行的设备维修、运输、清关、人员签证、租赁、自采物的12个合同进行价格复议。其中7个合同获降价，平均降价幅度为10.38%，2个合同终止，另外3个合同无法降价，保持原价格执行。

积极降低复工复产成本工作。制定《阿塞拜疆项目部设备封存管理办法》，严格执行降低钻井重新启动成本的具体措施。梳理合同执行中的设备短板，考虑甲方对设备的反馈意见，最小投入完成设备维修整改工作。做好分析总结工作。项目部各业务负责人以及基层队负责人分别对3部钻机（GW69、GW82、GW25）近几年的作业进行总结，包括完成的工作量、时效和经营分析、生产组织工作、存在的问题、取得的经验教训、下一步复工重点工作等，进一步稳固全球能源公司（GEA）钻修井市场，做强钻机服务精品工程。

积极降低项目非人工运营成本工作。梳理项目车辆，封存部分车辆。暂停钻机设备和测井业务各类车辆手续办理。积极配合，做好准备，调拨测井大车及部分设备到泰国项目，降低测井业务折旧费用。

加大力度控减管理性支出。对项目部及井队办公用品统一采购，终止供应商办公用品采购合同，通过多方询比价，自行采购。严格执行招待费用事前审批制度，无审批不予核销。控制通信费用。梳理减少现有上网卡、电话卡数量，重新制定电话费限额，关停在国内人员电话卡。采取措施，从节约一张纸、一支笔、一度电、一滴水做起。

建章立制，合规管理。梳理各类规章制度，完善补漏，学以致用。梳理项目运行各类风险，早发现、早管控、早消除隐患。

【风险防控】 2020年，项目部生产运行受到低油价和新冠疫情的冲击，项目部结合所在国经营环境变化，从市场开发、财税、HSE、劳动用工、海关等方面，开展经营风险评估及风险应对措施制定工作。

市场开发风险。GW69、GW82、GW25三支钻机服务的甲方为同一个油田公司，甲方受疫情影响大大减少投资计划，钻机等停，存在无后续合同的风险。时刻跟踪甲方动向，加强看井期间的设备管理，保证甲方复工时第一时间顺利启动。GW69队海上设备维护保养项目，阿塞拜疆国家石油公司SCOAR旗下的多家钻井公司对长城钻探工程公司形成较大程度的竞争，存在失去海上市场的风险。持续提高服务质量，以优质高效的业绩，取得甲方的信赖，努力争取合同外工作量，如设备防腐、设备功能测试、设备更新等。同时大力推介长城钻探工程公司的技术服务项目，发展服务贸易市场。

财税方面。受疫情及低油价影响，国家经济下行，财政困难，税务部门加强对当地公司审计，找各种理由征收税款。税务部门对项目部2016—2018年外账进行税务审计，对2016年计提的PSG公司坏账提出质疑。项目部通过与外账审计服务公司、律师咨询，向税务局提供提计坏账的合理依据，并配合税务局审查，做好沟通解释工作。阿塞拜疆国家产业结构单一，大部分生产、生活物资均依靠进口。受疫情及阿塞拜疆与亚美尼亚爆发冲突影响，当地通货膨胀率较高，造成生产、生活物资成本增加。项目部将密切关注当地货币走势，严控当地货币银行存款金额，根据需求进行当地货币兑换，多余款项汇回长城钻探工程公司总部。

HSE风险。2020年发生全球新冠疫情，2月28日阿塞拜疆发现首例新冠肺炎确诊病例，经过严格的全国隔离政策，疫情得到缓解。进入10月后，阿塞拜疆第二轮疫情暴发，新增病例再创新高，疫情防控需要的各项成本急剧增长，存在人员感染造成项目停工的风险。9月27日阿塞拜疆和亚美尼亚发动战争，随着一个多月的战事持续，攻击目标向双方境内民用目标转移，集团公司要求人员分批进行撤离，给项目正常运转带来风险。

劳动用工风险。受疫情扩散和油价下跌影响，甲方业务锐减，当地石油行业是本国的就业支柱，失业率剧增，导致当地雇员解雇及中方人员劳动许可申请难度加大，中方人员工作签证的拒签风险提高。项目部将加强与当地监管部门的沟通，寻找有实力的人力资源公司合作，通过各种办法来打通途径。

海关风险。受疫情扩散和油价下跌影响，海关免税许可办理以及物资、设备进关难度加大，有延期清关处罚及增加海关税收的风险。加强与律师及当地监管沟通，随时掌握海关政策变化情况，制定对策，规避风险。

【经营管理】 全年经营指标完成情况。2020年，项目部实现收入3250万元，完成预算指标的81.25%；非生产性支出138万元，占全年指标的91.39%。

两金压控情况。2020年底库存余额730万元，与年初库存余额1478万元相比减少748万元，压降51%；与全年库存指标760万元相比，压降30万元。2020年应收账款年初余额11673万元。年末应收账款余额12304万元。当年工程款回收率为61%，回收率低的原因：一方面由于疫情影响，甲方未正常工作；另一方面由于国际油价暴跌，全球能源AOC甲方从4月开始停止所有对外付款，并表示在明年复产后再进行支付。以前年度历史欠款工程款回收率为2%，主要是大额历史欠款仍未收回。

亏损项目扭亏方面。由于长期工作量不足，导致测井设备长期闲置，2012年以来持续多年亏损。中国石油SOL公司近年也没有新井钻井计划，2019年全球能源公司（GEA）收购Go Well公司成立自己的测井公司，测井项目进一步扩大市场难度很大，将来几年也看不到扭亏的希望，在海上也没有机会进入BP和TOTAL等油公司的技术服务市场。按照长城钻探工程公司提高项目运行质量和效益，及时止住出血点的战略，调拨设备内部调剂至泰国及乌兹别克斯坦项目，但仍保留中油测井阿塞拜疆分公司当地注册法律实体，开展其他业务。

税收筹划情况。项目部依据PSA（产品分成协议），享受免征增值税及进口关税的优惠，但需要根据PSA协议中政府规定的税率由甲方代扣代缴利润税。如果利润税率为0的，就需要缴纳企业所得税。由于项目部利润税率为0的部分占比较低，不适用采取有成本的税收筹划方式，主要还是采取进口材料加价方式进行税收筹划，降低外账利润。

【党建工作】 2020年，阿塞拜疆综合项目部直属党支部有党员8人（管理人员有党员4名，作业队有党员4名）、入党积极分子1名。项目部直属党支部组织结构为党支部书记吴升，党支部副书记汤代远，宣传委员张华照，青年委员戴栋。

2020年2月，国内暴发新冠肺炎疫情，阿塞拜疆综合项目部直属党支部组织全体党员进行新冠疫情捐款活动，全体党员自愿捐款支援国内新冠疫情防控。3月，项目部党工委在长城钻探工程公司党委领导下，学习贯彻《中国共产党国有企业基层组织工作条例（试行）》和《中国共产党党支部工作条例（试行）》文件，开展党建教育，落实各项制度，加强组织建设，落实基层党建"两学一做"教育常态化制度化，推进开展创先争优的实践活动。加强党风廉政建设，扎紧"不能腐"的制度篱笆，刚性执行"三重一大"制度，做到依法决策、科学决策、集体决策、民主决策，促使项目有效规避决策风险，全面提高经营管理水平。抓好"安心工程"，加大服务一线员工的力度，不谈空话，为员工做好事办实事。

2020年，项目部荣获长城钻探工程公司优秀党员、先进个人、先进工作者、优秀干部、优秀技术能手、劳动模范、优秀班组等荣誉称号累计16人次。

（颉小峰）

爱国　创业　求实　奉献

长城钻探工程公司西部钻井公司
GWDC Western Drilling Company

2020年1月16日，图为长城西部钻井有限公司召开2020年工作会议，有126名职工代表出席会议。会上，长城西部钻井有限公司执行董事、经理高文龙作题为《牢记初心使命、深化改革创新，为实现公司高质量稳健发展而努力奋斗》的工作报告

2020年4月28日，从鄂尔多斯盆地东部天然气勘探区块施工现场传来消息，鄂尔多斯盆地煤系气风险勘探水平井绥平*井顺利完井，该井的顺利完井，为煤系气地质综合研究、勘探部署及施工钻探积累宝贵经验，对于盆地东部上古生界煤系气勘探意义重大

2020年5月14日21时，在山西省大宁县完成配套的长城西部钻井有限公司70249钻井队通过甲方验收后鸣笛开钻，标志着长城西部钻井有限公司在推进深部层系勘探开发、钻井装备现代化方面迈出坚实的步伐

2020年6月30日,长城西部钻井有限公司在榆林召开长城西部钻井有限公司纪念建党99周年暨2020年党委工作会议,会议设盘锦、青海等多个分会场。公司副总师以上领导、机关各科室和单位负责人、各级党组织书记,钻井队主要负责人和部分"两优一先"代表共计90余人参加会议

2020年9月上旬,国际钻井公司分管人事工作的副经理到长城西部钻井有限公司回访时获知,国际钻井公司调剂到长城西部钻井有限公司的员工表现令人满意,并表示愿意进一步合作。国际钻井公司表示,年底前还将为长城西部钻井有限公司调剂派出部分技术骨干

2020年,长城西部钻井有限公司组织到延安红色教育基地开展党组织活动暨在梁家河培训学院开展2020年党支部书记(党务干部)培训班,来自各生产区块的33名党务干部参加此次培训

长城钻探工程公司科威特项目部
GWDC Project in Kuwait

在科威特 Burgan 油田 BG-0453 井现场，GW103 队最终通过甲方 KOC 的层层验收和测试，提前 28 天开钻，是中国石油在科威特项目的首支顺利启动的钻修井队。这意味着长城钻探工程公司钻修井项目成功进入科威特高端市场

科威特油区内的沙尘暴已经连续刮了一周。"千淘万漉虽辛苦，吹尽黄沙始到金"，面对沙尘暴的袭击，GW103 队迅速启动恶劣天气应急预案，提前谋划、精心安排，全体人员坚守岗位，不等不靠。针对完井、搬家作业工况，深入排查每一步工作面临的风险，并制定消减措施，落实专项责任人

自队伍启动以来，科威特项目部 GW103 队坚持全员绩效考核制度。每周评选"安全之星"，进行物质奖励。每月对员工进行考核打分，对表现不好的员工进行批评教育、屡教不改的员工出具警告信。对重点工作、突出问题、重复问题重点考核，加大考核权重。图为对近期表现优异的雇员颁发荣誉证书和奖金

为迎接国庆节的到来，科威特项目部 GW103 队组织一场"迎国庆、保生产、促安全"的党员主题日座谈会。座谈会大家畅所欲言，表达对祖国的祝福，同时对队伍提质增效、"大反思、大排查、大整顿"活动等重点工作进行讨论

图为中午接班前，司钻正在对钻机关键部位进行认真检查，确保当班的作业的安全

图为 GW102 队进行防喷演习，两名印度尼西亚钻工抢接旋塞。通过频繁进行井控关井演练，增强员工的井控意识和应急处置能力

长城钻探工程公司土库曼和乌兹别克斯坦项目部
GWDC Project in Turkmenistan and Uzbekistan

土库曼和乌兹别克斯坦项目部（以下简称项目部）分布在土库曼斯坦和乌兹别克斯坦两个国家，负责提供修井、测井、测试、射孔、连续油管、桥塞、定向井、完井工具、解释研究、物资贸易等服务，管理酸化、气举等分包商队伍。服务的甲方有 CNPC 阿姆河公司、CNPC 乌兹别克新丝路公司、EPSILON 公司、ERILL 公司、俄罗斯卢克公司、意大利 ENI 公司等。图为 2020 年 3 月项目部领导班子黄威总来到现场拜访 ERIELL 甲方

高温高压气井测试是项目部的特色技术，随着十多年的技术积累，已经完全占领当地高温高压气井测试技术服务市场。图为苏尔汗 4-0 井经过半个月的地面测试，顺利完成最后一层作业，最终该井 36/64 英寸油嘴，井口流动压力 6950 磅 / 英寸^2，井底温度 160 摄氏度，硫化氢含量 6%，日产天然气 127 万立方米，再一次刷新本区块单井日产量

项目部持续创新服务模式，增加服务种类，利用连续油管设备，为甲方提供氮气气井、洗井、酸洗、射孔、打水泥塞等服务。图为连续油管队在经过设备搬家、安装、调试、开工验收等一系列作业准备后，连续油管顺利入井到底，进行冲洗井筒作业

项目部服务的气田高含硫和二氧化碳，对井下测试工具密封件腐蚀严重。图为测试队进行DST工具下井前试压作业，每次作业前都需要细致的保养每个部件，试压环节更是重中之重，工具好的状态是DST测试作业成功的前提

高温、高压、高密度钻井液井的井下测试作业难度高，成功率低，极易危害套管安全。项目部经过长期的技术积累，使用进口井下工具，取得苏尔汗气田所有的井下测试工作量。图为苏尔汗4-0井现场进行下DST工具作业

自疫情开始以来，项目部按照领导要求，每周四通过ZOOM视频会议系统，将土库曼与乌兹别克斯坦前线作业基地、作业小队、办公室，以及在家办公的当地雇员组织在一起，集中讨论项目部疫情防控、市场、作业、安全、人事、清关物流等各方面的问题。图为在线周会画面

建设国际一流
石油工程技术总承包商

中国石油集团长城钻探工程有限公司

CNPC GREATWALL DRILLING COMPANY

中国石油集团长城钻探工程有限公司年鉴 2021

第十二篇
附　　录

公司规章制度索引

长城钻探工程公司工程建设项目管理办法

长钻公司制〔2020〕3

长城钻探工程公司投资项目可行性研究管理办法

长钻公司制〔2020〕61

长城钻探工程公司造价与定额管理办法

长钻公司制〔2020〕16

长城钻探工程公司新闻宣传和信息发布保密管理办法

党建办〔2020〕12号

长城钻探工程公司资金管理办法

长钻公司制〔2020〕63

长城钻探工程公司物资仓储及库存物资管理办法

长钻公司制〔2020〕21

长城钻探工程公司投标人失信行为管理办法

长钻公司制〔2020〕62

长城钻探工程公司招标活动异议和投诉处理管理办法

长钻公司制〔2020〕11

长城钻探工程公司物资采购管理办法

长钻公司制〔2020〕10

长城钻探工程公司境外机构物资采购管理办法

长钻公司制〔2020〕12

长城钻探工程公司国内生产设备租赁管理实施细则

长钻公司制〔2020〕2

长城钻探工程公司机关各部门HSE职责

QHSE委〔2020〕15

长城钻探工程公司机关人员履职待遇、业务支出管理规定

长钻公司制〔2020〕33

长城钻探工程公司负责人履职待遇、业务支出管理规定

长钻公司制〔2020〕32

长城钻探工程公司公务用车管理办法

长钻公司制〔2020〕20

长城钻探工程公司会议制度

长钻公司制〔2020〕35

长城钻探工程公司保密违法违规行为处分办法

长钻公司制〔2020〕18

长城钻探工程公司涉商业秘密人员保密管理办法

长钻公司制〔2020〕19

长城钻探工程公司印章管理规定

长钻公司制〔2020〕1

长城钻探工程公司工程技术管理规定

长钻公司制〔2020〕49

长城钻探工程公司境外项目启动管理实施细则

长钻公司制〔2020〕52

长城钻探工程公司境外项目基层队出国人员资质审核管理实施细则
　　　　　　长钻公司制〔2020〕45
长城钻探工程公司出国人员健康体检及评估管理办法
　　　　　　长钻公司制〔2020〕37
《长城钻探工程公司境外工程及服务类采购管理实施细则》
　　　　　　长钻公司制〔2020〕8
长城钻探工程公司国际市场投标实施细则
　　　　　　长钻公司制〔2020〕60
长城钻探工程公司国际市场开发管理办法
　　　　　　长钻公司制〔2020〕59
长城钻探公司员工违法犯罪处理暂行规定
　　　　　　长钻公司制〔2020〕57
长城钻探工程公司员工奖惩管理办法
　　　　　　长钻公司制〔2020〕6
长城钻探工程公司员工考勤管理办法
　　　　　　长钻公司制〔2020〕7
长城钻探工程公司中层级专业技术岗位人员管理办法
　　　　　　长钻公司制〔2020〕31
长城钻探工程公司机关专业管理人员职业晋级暂行办法
　　　　　　长钻公司制〔2020〕23
长城钻探工程公司职业技能等级认定管理暂行办法
　　　　　　长钻公司制〔2020〕41
中国石油集团长城钻探工程有限公司企业年金实施办法
　　　　　　长钻公司制〔2020〕46

中国石油集团长城钻探工程有限公司过渡年金实施办法
　　　　　　长钻公司制〔2020〕47
长城钻探工程公司人事档案工作管理办法
　　　　　　长钻公司制〔2020〕28
长城钻探工程公司油气风险作业业务管理办法
　　　　　　长钻公司制〔2020〕58
关于规范长城钻探公司管理人员及其亲属经商办企业行为的规定
　　　　　　长钻公司党〔2020〕39
长城钻探工程公司参控股公司重大事项管理办法
　　　　　　长钻公司制〔2020〕40
长城钻探工程公司合规管理办法
　　　　　　长钻公司制〔2020〕26
长城钻探工程公司管理创新管理办法
　　　　　　长钻公司制〔2020〕25
长城钻探工程有限公司装备管理办法
　　　　　　长钻公司制〔2020〕29
长城钻探工程公司外事接待实施细则
　　　　　　长钻公司制〔2020〕56
长城钻探工程公司因公出国管理办法
　　　　　　长钻公司制〔2020〕22
长城钻探工程公司国内市场奖励评选办法
　　　　　　长钻公司制〔2020〕48
长城钻探工程公司国内市场管理办法
　　　　　　长钻公司制〔2020〕44

长城钻探工程公司内部控制运行评价管理办法
　　　　　　长钻公司制〔2020〕42
长城钻探工程公司业务流程管理办法
　　　　　　长钻公司制〔2020〕15
长城钻探工程公司运输管理办法
　　　　　　长钻公司制〔2020〕24
长城钻探工程公司土地公路管理办法
　　　　　　长钻公司制〔2020〕30
长城钻探工程公司钻修井机业务外包管理实施办法
　　　　　　长钻公司制〔2020〕43
长城钻探工程公司工程技术服务企业及施工作业队伍资质管理实施细则
　　　　　　长钻公司制〔2020〕9
长城钻探工程公司内部纠纷仲裁管理办法
　　　　　　长钻公司制〔2020〕4
长城钻探工程公司生产运行管理办法
　　　　　　长钻公司制〔2020〕5
长城钻探工程公司生产用成品油使用管理办法
　　　　　　长钻公司制〔2020〕17
长城钻探工程公司违规经营投资责任追究工作暂行规定
　　　　　　长钻公司制〔2020〕64
长城钻探工程公司自主知识产权技术创新成果推广应用创效奖励办法
　　　　　　长钻公司制〔2020〕38
长城钻探工程公司工作规则
　　　　　　长钻公司制〔2020〕34

长城钻探工程公司党委工作规则
　　　　　　长钻公司党〔2020〕17号
长城钻探工程公司党建工作责任制考核评价实施细则
　　　　　　长钻公司党〔2020〕56号
长城钻探工程公司全员安全生产记分管理办法
　　　　　　长钻公司制〔2020〕54
长城钻探工程公司HSE事故管理办法
　　　　　　长钻公司制〔2020〕53
长城钻探工程公司所属单位主要负责人安全生产述职实施办法
　　　　　　长钻公司制〔2020〕55
长城钻探工程公司安全生产承包点管理办法
　　　　　　长钻公司制〔2020〕51
长城钻探工程公司生产安全风险防控管理办法
　　　　　　长钻公司制〔2020〕50
长城钻探工程公司高危作业安全生产挂牌制实施办法
　　　　　　长钻公司制〔2020〕39
长城钻探工程公司社会安全管理规定
　　　　　　长钻公司制〔2020〕36
长城钻探工程公司HSE专项费用管理办法
　　　　　　长钻公司制〔2020〕27
长城钻探工程公司企业标准制修订管理规定
　　　　　　长钻公司制〔2020〕13
长城钻探工程有限公司标准化管理办法
　　　　　　长钻公司制〔2020〕14

长城钻探工程公司"三重一大"决策制度实施细则

长钻公司党〔2020〕29号

长城钻探工程公司改革重大事项稳定风险评估实施办法

维稳〔2020〕51

(吴　雪)

报刊文摘选录

长城钻探威远页岩气施工连创纪录

本报讯(特约记者吴丹　通讯员赵琳)2月25日记者获悉，长城钻探钻井一公司承钻的威202H34-3井已顺利完钻，完钻井深5590米，水平段长2500米，水平位移为3013.12米，创造了长城钻探威远自营区块最长水平段、最大水平位移、2500米水平段无事故3项施工纪录。

长城钻探钻井一公司一手抓疫情防控，一手抓生产经营，细化防疫保生产措施，科学有效落实工作要求，精益求精提高施工质量，全力夺取疫情防控和生产施工双胜利。

威202H34平台是中油油服"630钻井示范工程"重点项目。钻井一公司全力组织推进中油油服"630钻井示范工程"施工，加快提升井队服务保障能力。面对施工中的难点，钻井一公司加强完成井邻井资料数据分析，积极与甲方页岩气项目部、工程院和相关方单位制定施工方案。在积极做好疫情防控的前提下，按照"一井策，一段一策"原则，及时调整施工方案和优化技术参数，精细操作，确保每道生产作业环节安全，强化作业工序衔接，大大提高生产效率。

近日，这个公司施工的威202H34平台两口井顺利完井，优异的施工业绩获得长城钻探特别嘉奖。其中，1号井以55.47天获得西南地区常规导向1800米水平段施工钻井周期最短纪录，2号井以2305米刷新长城钻探威远自营区块有效水平段最长施工纪录。

威202H34-3井施工时，钻井队克服疫情期间道路封闭、物资供应困难等不利条件，升级作业现场管理，不仅加强施工现场消毒，对施工员工每天进行早晚两次测温工作，而且严控外来人员进入现场，确保防疫生产两不误。

(摘自2020年3月2日《中国石油报》)

长城钻探阿联酋项目获甲方好评

中国石油网消息（特约记者丁磊 通讯员严世帮）5月11日，长城钻探阿联酋项目GW75队施工的BB-1405水处理井，顺利完成下套管作业，在海外疫情暴发、油价下跌的情况下，仍然保持着工作量连续。这得益于这个公司在阿布扎比国家陆上石油公司"MurbanDrill-Off"竞赛中的优异成绩，并获得甲方贺信表扬。

根据甲方公布的今年一季度"MurbanDrill-Off"竞赛结果，长城钻探阿联酋项目GW65队获得ADNOCOnshore所有63支陆上钻井队总排名第七和阿布扎比Bab油区22支钻井队第一的成绩。GW75队也取得了总排名第二十名的好成绩。甲方作业团队对GW65队的出色表现给予了高度评价并发出贺信。

截至目前，这个项目已累计开钻12口井，完井12口，完成进尺2.92万米，组织搬家作业12井次，作业满日费率高达99.93%，无零日费作业时间，未发生任何QHSE事件，并多次获得HSE月度奖、搬家奖及作业业绩奖。今年3月，GW65队作业效率超出甲方预期，比计划缩短11.06天，单井搬家创造了3.75天的Bab油区最快纪录，连续获甲方嘉奖；GW75队实现单井搬家最快纪录3.85天，获得甲方书面表扬。

今年年初以来，这个项目把疫情防控作为当前第一位工作来抓，科学应对，分批安排超期员工短休，实施井队营地网格化管理，严格体温检测和行踪登记，同时加强防疫、生产和生活物资储备，强化现场安全管理，实现了"疫情防控管理到位、安全生产运行高效"的工作目标。

（摘自2020年5月12日《中国石油报》）

长城钻探钻井三公司管理创新实现扭亏增盈透视

（记者 周问雪 通讯员 漫肃宁）低油价下，钻探公司工作量不饱和，实现创效难上加难。长城钻探钻井三公司以精细单井成本管理为抓手，在企业自我革命中找到了效益出路。

2017年寒冬未去，公司率先实现扭亏为盈，服务价格不断下滑，经营业绩却步步为"盈"。2016年人均负债还在6万元，而到今年4月30日，钻井进尺同比增长20%，成本仅增加4.3%，累计完成进尺、进尺完成率排在长城钻探首位。

精细单井成本管理精细在哪里？给钻井三公司究竟带来怎样的变化？对钻探业务降本增效有哪些启示？

把成本写实——

眉毛胡子从"一把抓"到"分开抓"

从盈利角度看，钻井三公司业务结构并不占优。经过多年重组，公司目前专门从事浅层钻井、老井侧钻、分支水平井、侧钻水平井等业务。相比深井和技术服务业务，浅井施工"短平快"，单口井产值不高。

近年来市场量价齐跌，物料成本不断上涨，公司盈利难度很大。把成本压下来，成为公司盈利的重要途径。

在钻探行业，以单井为成本管理核算的单元不是一个新鲜事，但是能抓实抓细到什么程度，其中大有讲究。钻井队就是没有围墙的工厂，战线长、环节多，花钱的地方也多。传统的单井成本管理，往往眉毛胡子一把抓，很难堵住成本上的"跑冒滴漏"。钻井三公司也存在着先干后算的老大难问题。

围绕生存和管理难题，钻井三公司从2014年开始构建单井成本精细管理体系，形成事前预算、事中日清月结和事后目标成本考核管理闭环，并通过信息化系统将成本管理流程化、透明化，消除了单井成本管控盲区。

首先，对单井目标成本进行精细写实，把繁杂费用写全写细。公司分区块、分井型细化了200多个费用子项目，建立了覆盖全面的单井标准成本数据库，不仅有物料消耗、运输服务等变动成本，还有资产折旧、人工成本等固定成本，均纳入预算管理。同时把成本管理细化到单井、单队、单车、单项业务最小工作单元，做到眉毛胡子"分开抓"，再科学确定单井预算成本，实现先算后干。

"从成本最细单元的地方抓起，一井一策。过去4年累计交井超过2500口，每口井成本预算都不相同。"公司单井考核人员刘雪松说。

其次，实现对单井动态成本的精确掌握。在施工中，井队花了哪些钱，都要日清月结，及时准确记录单井实际成本，提高成本管理的指导性、能动性，从干完再算转向边干边算、边算边干。

再次，落实对单井目标成本的精准考核。保证考核及时，"完井一口、考核一口"，把单井目标成本与系统归集的实际成本进行对比，而不是像过去等到月末，确保第一时间反馈经营成果。坚持考核公开，"成本费用亮一亮、考核结果晒一晒、奖金分配比一比"，提升了内部管理监督，以考核推动成本比拼，互竞互促。

"建立精细化成本管控体系是公司发展的必需。向下，它遏制了单井单队成本'跑冒滴漏'；向上，撬动了经营管理决策的科学化。"钻井三公司总会计师黄以文说。

为井队赋能——

一线围着井口转，机关围着基层转

如何让精细成本管理紧贴生产实际，在基层井队落地？钻井三公司选择对原有的管理模式进行改革创新，为井队"赋能"。

推行机构扁平化，让井队能担责。单井成本管理要求目标一站直达井队，而以往指标都是层层分解，逐级考核。

为了解决机构臃肿、效率低下问题，钻井三公司大刀阔斧，革命性地取消大队级机构，两级机关人员分流近50%，实现了目标直达基层队，解决了管理不到位、信息不对称、责任不落实的问题。

推动管理权限下放，让井队能决策。公司进一步增强井队生产经营自主权，井队可以在目标成本范围内自主调整生产安排，协调外围支持队伍，进一步提升降本增效的灵活性。各钻井队长还拥有岗位奖金分配权，确保每位员工个人贡献与奖金精细挂钩，进一步激发了队伍积极性。

推进信息化平台建设，让井队能操作。单井成本涉及面广，事无巨细。为了方便井队日清月结录入成本，公司整合企业各项管理资源，开发"管理信息系统"，涵盖15个业务子模块，实现了业务流、物流、资金流、信息流有机融合。通过信息系统，井队日清月结所需的人力精力更少了，上传下达效率更高了，实现了"让信息多跑路，基层少跑腿"。

推实职能转变服务保障，让井队能依靠。要让井队一门心思提速降本，服务保障必须跟得上。在扁平化改革中，钻井三公司没有一"扁"了之，而是将二级大队的技术指导、支持统筹等职能保留下来，为一线提供业务支持。公司选拔职业经理人、职业政工师、职业安全监督，轮流倒班，实现24小时驻在井场、靠前指挥。同时成立物资保障中心和后勤服务保障中心，集中配送物资材料，提供专业化后勤服务，让井队工作、生活无忧。

"通过改革，实现了井队围着井口转，机关围着井队转，二线围着一线转。每个井队就像一个小型项目部，大展拳脚，降本增效。"钻井三公司经理助理王丽娜说。

将全员激活——

把企业当自己家一样算好账

4月25日，钻井三公司30561队成为辽河油区今年首上两万米进尺的钻井队，比去年的纪录还提前28天。截至4月30日，钻井三公司完成全年进尺总量的45%。

"大家都干得飞起，速度一口比一口快。"30561队队长郑永富如是形容。

干劲十足的背后，是钻井三公司将结余"一分不留"作为奖励兑现给井队。在每口井成本预算上，施工周期少一天，结余就多一些。一年下来，最先进和后进的队伍奖金差距可以达到5倍。对于员工来说，节约时间就是为自己挣收入。

浅井施工，拆搬安、转场频繁。精细成本管理推行后，各类工序效率大幅提升。"以前推着干，现在抢着干。"郑永富说，"改革后，工作量更大了，但我反而觉得担子轻了。"

激活全员还体现在推动机关与基层凝聚合力上。信息管理系统融合了市场、生产、物资、资产等模块，全业务链各项成本透明清晰。打破了基层与机关、机关与机关之间的信息壁垒，推动对降本的目标形成共识，执行落地。

"钻井三公司信息系统为协调各业务单元、抓实成本管理提供了载体，值得借鉴。"中油油服财务资产部主任解光银说。

精细成本管理推动了全员理念从

"生产型"向"经营型"转变。越来越多的井队努力会算账、能协调、善经营。公司涌现一批企业"工匠"开展技术革新、挖潜增效，大幅提高了生产效率。今年，员工中兴起了自发学习钻机设备维修的"潮流"，部分单队修理费用从月均三四万元降到最低2000多元。"员工将企业当自己家，人人心里有本账。"王丽娜说。

目前，精细成本管理已经在长城钻探蔚然成风。"成本倒推法""六条曲线"等一批基于精细理念的管理方法在各二级公司推行。"低油价以来，长城钻探顶住压力，完成每年经营指标，与精细成本管理密不可分。"长城钻探成本管理科科长于晓艳说。

精细单井成本管理提升了钻井三公司市场服务能力。过去3年，钻井三公司收到来自业主的表扬信42封。在新疆、冀东、辽河等市场，业主普遍评价这个公司施工"精细管理，技术过硬，努力钻研，服务优质"。

从曾经亏损到步步为"盈"，钻井三公司持续6年不懈探索，从机关到基层全业务链齐行动，线上线下相结合，才把成本管理真正精细化下来。成本管理是一项系统工程，尤其是在低油价下，降本增效既要做实做细，也需全局统筹全员响应，更要不断创新完善，真正与生产实际融合。

(摘自2020年6月9日《中国石油报》)

优质服务　甲乙共赢　长城钻一乍得项目提质增效

本报讯（特约记者吴丹　通讯员董德运　张海波）5月22日，在BaobabN1-35平台作业的长城钻探钻井一公司乍得项目GW96喜获甲方CNPCIC表扬信，信中对GW96队疫情期间作业表现给予高度赞誉。

随着疫情全球大流行，乍得境内确诊病例不断增加，面临疫情防控、生产经营等多重压力。长城钻探钻井一公司牢固树立"成就甲方就是成就自己"的施工理念，珍惜到手工作量，一手抓疫情防控，一手抓生产经营，打出提质增效"组合拳"，取得良好效果。

钻井一公司一方面坚持不懈做好中方和当地雇员体温监测及物资消毒工作，从源头上杜绝输入性感染，另一方面，想甲方之所想、急甲方之所急，坚持以优质服务赢得市场份额。在承揽探井KAPOK-E2井的施工重任中，尽管无该区块地质资料和钻井数据可参考，但GW58队凭借以往在乍得其他区块的施工经验，逐渐摸索出符合该井的钻井液性能和钻进参数，并以比甲方设计提前8天的完钻周期业绩，创造乍得外围勘探区域施工新纪录，赢得甲方高度肯定。

施工中，这个公司紧盯生产时效，严格执行甲方指令，做好工序衔接，优质高效完成多口井施工任务。GW96队接连承钻的Parkia3井、Parkia101井这两口井，完井周期较设计周期均至少提前3天。此轮正在施工的BaobabN1-35井仅用时5天便到达完钻井深，比设计提前了3.5天。

面对国际油价下跌，这个公司深挖潜力，将开源节流、降本增效活动不断引向深入。柴油作为井队生产生活的动力源，消耗数量巨大。各钻井队在确保安全和井上正常供电的情况下，在测井、起下钻等主生产时间关闭多余发电机组。同时，严格控制车用柴油耗量，按照千米数和车辆型号进行柴油配给，最大限度控制柴油出库。3至4月，各钻井队柴油消耗同比明显下降。

（摘自2020年6月2日《中国石油报》）

长城钻探GW215队钻井进尺破万米

中国石油网消息（特约记者吴丹 通讯员闵顺 毕国栋）5月14日，从长城钻探钻井一公司获悉，这个公司尼日尔项目GW215队在GololoW-11井钻进至766.8米时，钻井进尺突破万米大关，成为CNPC尼日尔二期项目施工的8支钻井队伍中，率先突破万米的钻井队。

今年，GW215队正式执行CNPC尼日尔二期项目大包井合同。项目施工伊始，在长城钻探尼日尔综合项目部和钻井一公司的协助下，GW215队与兄弟队伍一起，对前期施工井进行全面总结，通过制定和完善Koulele区块施工作业指导书、改造固控设备流程、调整施工参数、优化定向工艺、改变钻井液体系及性能等措施，不仅杜绝了井下事故复杂情况的发生，还达到了钻井提速的显著效果。截至目前，该队已完成井平均机械钻速达到每小时23.25米。

今年2月份以来，新型冠状病毒肺炎肆虐全球，严重影响中方人员倒班、物资供应以及有序工作秩序。GW215队充分利用党员包班组、党员示范岗等活动载体，开展面对面谈心谈话活动，鼓励和引导职工摆正心态，释放潜能，全身心地投入到生产工作中去，确保生产平稳有序推进。

从4月25日开始，尼日尔当地正式进入拉马丹节。当地雇员从早上4点到晚上7时处于禁食状态，白天体力明显不足。面对此状况，GW215队始终坚持以人为本的原则，充分尊重当地文化，通过合理安排雇员工作任务，减少雇员日间工作量，确保了生产安全高效，雇员在拉马丹期间状态良好。

截至5月14日，GW215队累计开钻3口，完井5口，井上生产平稳顺利。

（摘自2020年5月19日《中国石油报》）

长城钻探苏里格气田分公司多点发力保障勘探开发

中国石油网消息（记者 张旭 通讯员 刘洋 尉晓文）截至6月27日，长城钻探苏里格气田分公司完成物资采购、设备采购、服务价格下浮，累计增效400余万元。自"战严冬、转观念、勇担当、上台阶"主题教育活动开展以来，长城钻探苏里格气田分公司依托"高质量推进典范企业建设、全力保障勘探开发"主题劳动竞赛和提质增效专项行动两个载体，在产能建设、老井挖潜、管理提升等方面多点发力，各项工作平稳运行。

在产能建设方面，分公司超前开展征地部署，有序组织人员返岗复工，精心编制钻、试、投运行计划，克服了疫情带来的产建工作滞后等困难。目前，分公司共完成78口气井征地及钻前工程施工，完钻新井59口，压裂气井62口，投产新井60口。同时，分公司强化钻井工程跟踪监督，严格按设计、标准施工，平均钻井周期和完井周期较去年同期缩短了1.24天和1.10天，平均钻遇气层+含气层厚度较去年同期增加0.64米。

在老井挖潜助力方面，这个分公司将气井分为自然连续生产井、措施连续生产井、间歇生产井及长关井，根据各类气井特点制定差异化管理对策，按照"一类一措施"思路，完善基础数据采集、措施条件优选、试运问题解决等排水采气措施评价系统，建立了气井"全生命周期精细化管理"制度。目前，共实施各类措施5.7万井次，增产气量同比增加11.6%。通过继续加强老区提高采收率研究，深化三个区块老区地质再认识，开展储量复算及剩余储量评价，深化气藏精细描述，落实剩余储量分布，持续推动侧钻水平井剩余气挖潜，提高储量动用程度，全年共优选实施侧钻水平井10口，目前正稳步推进。

在提升管理方面，分公司以主题教育为纲领、提质增效为目标、劳动竞赛为抓手，把提质增效的全年目标细分到每月的劳动竞赛指标中，以"五项""五小"成果立项为载体，在分公司范围内广泛开展"先进操作法""革新创造成果"等创新创效攻关及合理化建议征集活动，累计征集攻关选题46项、合理化建议38条。

（摘自2020年6月29日《中国石油报》）

长城钻探油基岩屑无害化处理装置问世

本报讯（通讯员 杨勇 张惠茹）9月8日，长城钻探钻井液公司自主研发的油基岩屑无害化处理装置顺利通过验收进入总装阶段准备出厂。该装置采用全自动化程控处理，其处理能力、处理后的岩屑含油率、基础油回收率均达国内先进水平，与国际先进水平相当。

此装置采用电磁微波及热载体方式加热，最高操作温度达310摄氏度，可实现基础油回收利用以及油、水、固三相分离，同时满足白油基和柴油基油基岩屑处理，处理后固相含油率小于1%，基础油回收率达90%以上。在基础油裂解温度以下进行处理，保证分离基础油的物化性质不发生改变，分离后的基础油可直接配制油基钻井液，实现了油类资源的回收利用，最大限度降低了处理成本与钻井液配制成本，符合循环经济和清洁生产需要。

油基岩屑无害化处理装置的成功研制，有效解决了现场油基岩屑污染问题，实现了油基岩屑"无害化、资源化"处理，为油基钻井液广泛推广应用和页岩气高效开发，提供了坚实的技术保障。

（摘自2020年9月14日《中国石油报》）

"雪中保供"长城苏里格采气人保证完成任务

中新网内蒙古新闻11月30日电 苍茫大漠，皑皑白雪，红衣战白雪，2020年的第一场雪为长城钻探苏里格采气人带来了严峻挑战。从11月20日夜间开始，连绵的风雪在毛乌素沙漠肆虐，为保证天然气生产安全平稳运行，无惧困难的苏里格采气人选择了与寒风暴雪战斗，即使鼻尖冻得通红，双手僵硬得不听使唤，他们仍然克服重重困难，坚守在岗位。公路上，井站中，一点点的红汇聚成冬日暖流，流淌过苏里格深处的山峦，流淌过荒漠井站的小屋，融化冰凌，融化冻雪，让带着暖意的气流从苏里格大地输送到全国。

接下来看看苏里格人是怎样做的。

加快除雪速度，全面保障车辆人员出行安全。为保障员工和车辆安全出行，作业区及时组织员工对区部及站内积雪进行清扫。仅用2个小时就将区部及集气站的道路积雪清理完毕，保证了员工的安全出行。

加强隐患排查，全面保障设备设施安全运转。作业一区由区长亲自带队，迅速组织人员对雪后的作业区集气站及重点井进行安全隐患检查，并要求重点对分离器和压缩机伴热带排查，防止出现设备设施冻堵。苏53区块内3座集气站以最快的速度清理站内外的积雪保证设备设施及油水拉运平稳运行，将原来每2小时巡检一次调整为每1小时巡检一次。

加强管线巡护，全面保障集气管线平稳输气。风雪过后，进井路被大雪封堵车辆无法通行；采气树本体结冰湿滑，给开关井及泡排投棒措施造成了很大的困难；作业区巡井队及时组织10路巡井人员，克服困难，不惧严寒，徒步进入井场，及时清理井场积雪、吹扫管线、巡护管网，全天共计开关井85口、吹扫流量计46口、管线巡护140千米，投棒46口井，有效地保证了作业区的生产平稳。

合理安排配产，全面保障油水拉运畅通。由于雪后道路湿滑，路况不定，油水拉运车辆行驶缓慢，无法在正常时间段内到达集气站，使站内的油水拉运情况就显得更加困难。作业区生产保障队根据各站产液量合理安排拉运车辆，同时技术工程队通过优化开关井，错峰生产调控，在保证产量的情况下，减少气田产出液，缓解集气站油水拉运问题。全天降低产出液118.1立方米，顺利拉运轻烃38.2吨，气田产出水405立方米。

通过作业区全体员工的共同努力，作业区顶住了大雪降温带来的不利影响，打赢了今年冬季的第一场"风雪保供攻坚战"，圆满地完成了309万立方米的日产气量，超出运行计划日产气量4万立方米。接下来，作业区将总结此次抗击风雪的经验，并针对今年可能出现的寒冬的情况，进一步完善防暴风雪预案，盘点防暴风雪物资，为"冬季保供"保驾护航。

（摘自2020年11月30日《中新网内蒙古》）

（姜青松）